崔子忠研究

下卷

宋磊 编著

天津出版传媒集团
天津人民美术出版社

图书在版编目（CIP）数据

崔子忠研究. 下卷 / 宋磊编著. -- 天津 : 天津人民美术出版社, 2024.12
ISBN 978-7-5729-1507-9

Ⅰ. ①崔… Ⅱ. ①宋… Ⅲ. ①崔子忠（?-1644）—中国画—绘画评论 Ⅳ. ①J212.052

中国国家版本馆CIP数据核字(2024)第052062号

崔子忠研究（上、下卷）
CUI ZIZHONG YANJIU（SHANG, XIA JUAN）

出 版 人：杨惠东
责任编辑：田殿卿
助理编辑：周　园
责任审校：李　慧　甄丽洁
　　　　　李登辉　李育伟
　　　　　崔育平　杨睿渊
特约审读：李文慧
技术编辑：何国起
出版发行：天津人民美术出版社
社　　址：天津市和平区马场道150号
电　　话：(022)58352900
邮　　编：300050
网　　址：http://www.tjrm.cn
经　　销：全国新华书店
制　　版：天津市彩虹制版有限公司
印　　刷：天津市豪迈印务有限公司
开　　本：889毫米×1194毫米　1/16
版　　次：2024年12月第1版
印　　次：2024年12月第1次印刷
印　　张：32.25
印　　数：1-2000
定　　价：398.00元（全两卷）

版权所有　侵权必究

总卷

编　　著：宋　磊

编　　委：宋少伯　姜仁珍　范韶华　王　悦

上卷

编　　著：宋　磊

编　　委：姜仁珍　范韶华　王　悦

下卷

编　　著：宋　磊

顾　　问：杨惠东　田殿卿　牟少岩

策　　划：宋竹行　宋少伯

装帧设计：田殿卿　王　巍

项目设计：赵紫平　闫晓辉　吴　倩

目录

001 《胶东崔氏族谱》与崔子忠

012 崔子忠生卒年考

022 崔子忠原籍及"家住三城二水滨"考

033 崔子忠家族背景研究

049 崔氏家族诗书画世家及礼学背景研究

063 崔子忠与莱阳宋氏及其群从关系的研究

096 《桑梓之遗录文》之姜垓、宋应亨、宋璜、崔灿帖及无名氏帖考

110 崔子忠流寓北京及放弃科举时间考

115 崔子忠在北京的几位主要朋友

122 崔子忠的绘画老师及其师法的诗书画家

150 崔子忠的弟子及后世师法者

164 崔子忠晚年的隐居生活与绘画创作

198 崔子忠之死

217 再看"南陈北崔"

233 崔子忠年谱

269 后 记

《胶东崔氏族谱》与崔子忠

《清史稿》等历史文献记载崔子忠为"莱阳人",但莱阳地区至今未发现与崔子忠有关的谱牒或证明材料。而清礼部尚书王崇简关于崔子忠"其先山东平度州人"[1]的说法,笔者却在山东省平度市找到了大量佐证材料。在这些材料中,以《胶东崔氏族谱》最为重要,最支持王崇简的观点。尽管该谱并无崔子忠的名字,仅在三支十世栏目中注有"流寓北京"字样,但如果将"流寓北京"的家族背景、个人信息与王崇简撰写的《都门三子传》崔子忠部分加以比对,却可以发现两者高度相似,崔子忠的人生观、价值观和审美取向也能在此找到恰当注脚,各方面信息表明,"流寓北京"者是崔子忠,《胶东崔氏族谱》是他的族谱。下面试对此进行研究,为便于论述,本文中"流寓北京"者简称"谱中崔",王崇简撰《都门三子传》崔子忠部分简称《崔子忠传》。

一、《胶东崔氏族谱》

《胶东崔氏族谱》刊刻于清康熙二十八年(1689),谱书纵 41.8cm,横 24.6cm,线装精印,原谱封面损毁,后补封面题名《崔氏族谱》。因谱中《族谱序》等文称其为"胶东崔氏族谱",后世续谱又称"胶东崔氏族谱续谱",今称之为《胶东崔氏族谱》。

《胶东崔氏族谱》起首文为《元昭武大将军汉军都元帅左都监军崔公神道碑考》(元胶水县教谕时惟敏撰 明四川按察司佥事崔廷槐考),次为清顺治十年(1653)拔贡崔诏之撰写的《胶东崔氏族谱序》,再次为清仙游知县给正一品衔崔岷撰写的《族谱序》。由这些序文得知,平度崔氏家族原籍青州府寿光(今山东省寿光市),金元之间,其始祖崔世荣担任登、莱二州汉军都元帅左都监军,授昭武将军,驻守莱州,卜居胶水县昌李村(今山东省平度市店子镇昌里村),入籍胶水县,明初,胶水县改名为平度州,因而被人们称之为"平度崔氏"。该谱支系清楚,注释详尽,全面记述了平度崔氏家族迁移、发展的历史,是了解明清两代平度崔氏家族情况的重要资料(图1)。

崔姓是中国古代著名的望姓,齐丁公伋嫡子季子为崔氏之祖,始居济南东朝阳县西北崔氏城,后分为清河郡、博陵郡两大支,主要分布在今山东、河北

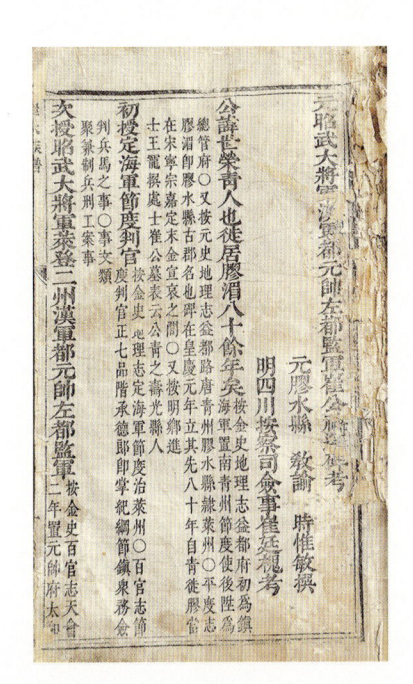

图1《胶东崔氏族谱》首页 清康熙二十八年(1689)刻本

一带。山东胶东地区的崔姓分支颇多，概括起来可以分为三大支：平度崔氏，始祖崔世荣（属清河郡）；莱阳崔格庄崔氏，始祖崔执中（属博陵郡）；莱西桃花寨子崔氏，始祖崔琳（来自栖霞，郡望不详）。在这三支崔氏中，以平度崔氏家族财力、文化积淀最为雄厚，能够与王崇简《崔子忠传》及相关历史记载取得呼应，因此，《胶东崔氏族谱》可称是研究崔子忠及其家族文化背景最为重要的文献资料。

二、王崇简《崔子忠传》的可信性及其内容

在各类崔子忠传记中，涉及崔子忠家族背景的文章有三篇，其中，以王崇简撰写的《崔子忠传》最详细、最具说服力，见于《青箱堂文集》等。周亮工《因树屋书影》也有崔子忠传记，其内容与王崇简《崔子忠传》基本相同，刊刻时间比《青箱堂文集》早十八年，但却在文前注明"王敬哉曰"，可知这篇传记是从王崇简那里抄来的。高承埏在《崇祯忠节录》中记载，崔子忠"先世山东平度州（一作莱阳）人"[2]，态度模棱两可，疑其说仍然源于王崇简。总之，王崇简应是"其先山东平度州人"说法的最初提出者。

（一）《崔子忠传》的可信性

王崇简（1602—1678），字敬哉，一作敬斋。顺天府宛平县（今北京市）人。明崇祯十六年（1643）进士。清顺治三年（1646），经顺天学政曹溶举荐授内翰林国史院庶吉士，官至礼部尚书加太子少保。卒谥文贞。

王崇简是明末清初著名的诗人、政治家和虔诚的佛教徒，平生谨言慎行，为人作传褒扬有度，亲友不避其短，政见不同者不掩其长。清代诗人钱澄在《青箱堂重刻集序》中评曰："夫气出于性情而后为真气，而后有真诗，吾视先生不矜过高绝人之行，不为蹉刻已甚之事，平淡率易，善气迎人，……世争服其典型，皆以为道隆。"[3] 诗文家陈玉琪评曰："大宗伯王公，治礼者也。"[4] 清初著名诗人宋琬赞曰："吾友王子敬哉，北地之伟人也。"[5] 其同代人推崇若此，清顺治、康熙两代皇帝对他也十分尊重和信赖，准其参与机务，与其子王熙同朝为官，史称"父子尚书"。

王崇简是崔子忠移居北京后最亲密的朋友，举家拜崔子忠学画。他与崔子忠先后受知于畿辅督学御史左光斗，同为顺天府学生员、复社"北直顺天府"社员。他的家离崔子忠居所不远，稍有闲暇，即前去拜访，常常谈话至深夜，崔子忠则常常为他创作一些绘画作品，两人相交数十年，感情至深。

王崇简不仅对崔子忠的个人生活和家庭背景非常了解，对崔子忠故乡的情况也非常熟悉。自明天启至清康熙年间，他与众多莱阳士子建立了深厚的友谊，其中包括崔子忠的老师宋继登、同学宋继发、宋继澄、宋琮、宋玫、赵士骥、宋应亨以及宋琬三兄弟。清顺治二年（1645）十月，他自江南避难北归，一家人就住在宋琬的莱阳家中，其间，游览当地名胜，拜会故交士子，形同第二故乡。总之，无论从王崇简的人品及与崔子忠的关系，还是他对胶东地区的了解看，他所撰写的《崔子忠传》，都具有较强的可信性。

（二）《崔子忠传》的内容

王崇简《崔子忠传》版本众多，文字不尽相同，今选录《青箱堂文集》卷八《都门三子传》崔子忠部分如下。

崔子忠，字青蚓，一名丹，字道母。其先山东平度州人。嘉隆时有仕至显官者，子补荫留京师，遂家焉，即其祖也。家故饶，万历时上供珠玉诸珍货，率佥京师富民办纳，中官勒抑，费不赀，复不时与直，家以此中落。

子忠为诸生，甚贫，于六经无不读，得诸戴礼者尤深。为文崛奥，动辄千言，不加绳削而自合，督学御史左公光斗奇其才，置高等食饩。及数试而困，慨然弃去，不复应试。荜门土壁，洒扫洁清，冬一褐，夏一葛，妻疏裳布衣，黾勉操作。三女亦解诵诗，虽无终日之计，晏如也。工图绘，为绝技，

时经营以寄傲。人有欲得其画者，强之不可得，山斋佛壁则往往有焉。更善貌人，无不克肖。平生不修刺谒势人，当时贵人多折官位愿与之交，皆逃避不顾。先是子忠偕蒋生渔郎受业于宋公应登之门，同学宋氏兄弟既贵为大官，并不至其门。蒋生早死，则收辑其遗文，时为人称说之。不喜饮酒，二三故人以文字过从，谈竟日不能去。当天启时，阉竖魏忠贤用事，有国子生建议立祠太学，约其同舍生，生不敢显绝，子忠教生蓬垢病卧以免。左公为阉竖陷诏狱，逮毙而归榇，人莫敢近。时史公可法与予皆诸生，受知于公。史公就视于狱，予哭于郊，几不测。子忠曰："二生何愚也，不能为魏劾之脱史弼于死，徒效郭亮、董班哭李固、杜乔，何益耶？"士自四方来，慕其人，多谢不见，人或尤之，笑曰："交游盛而朋党立，东汉之季可鉴也。"后果有以复社植党言者，其识力过人如此。其人短小端饰（按：康熙《宛平县志》作"伤"），双眸炯炯，高冠草履，萧然若在世外，不知贫贱之可戚也。所作诗歌古文词，人鲜知者，徒知其画耳。董文敏公尝谓其人、文、画皆非近世所常见。年五十病，几废，亡何遭寇乱，潜避穷巷，无以给朝夕，有怜之而不以礼者，去而不就，遂夫妇先后死。[6]

三、《胶东崔氏族谱》与王崇简《崔子忠传》的比对

（一）"谱中崔"与崔子忠家族背景的比对

《崔子忠传》记载"家故饶""嘉隆时有仕至显官者，子补荫留京师，遂家焉，即其祖也"，"谱中崔"的家族经济背景及其从祖父的荫官经历与其相似。

1. 家族经济背景

"谱中崔"的家族是胶东地区著名的世家大族，富甲胶东，"谱中崔"的从高祖崔廷槐在《先考处士府君暨先妣孺人行状》中记载：

始祖世荣，青之寿光人。金元间为定海军节度判官，累官昭武大将军汉军都元帅左都监军，卜居郡之胶水县昌李之原，遂为胶水县人。国朝洪武间制，升县为平度州。今州城北四十里，有昭武公暨其子武略将军润、明威将军澍等墓在焉。……数传之后，将军校尉犹数十辈，国朝初始失其官，然不可考矣。……闻诸长老，自吾高曾而下，世以赀雄乡里，迨吾先府君，益大于口以恢洪先业。[7]

崔廷槐生于明弘治十三年（1500），卒于嘉靖三十九年（1560），由此可知，远在弘治至嘉靖年间，崔氏家族已经五代"赀雄乡里"。"谱中崔"的高祖崔廷桂是嘉靖朝衡王府良医正，颇有经济才能，他一人兼理兄弟六人财产，"时六室同爨，食指且千，子侄彬彬辈起，公独持家政，抚摩教训无异己出，一家之内，雍雍如也"[8]。由于经营有方，原本"赀雄乡里"的崔氏家族更加富有，土地林场遍布胶东各地，甚至在邻县也有自己的"飞地"。《胶东崔氏族谱》显示，自"谱中崔"父亲上溯九代，崔氏家族一直保持着胶东首富的地位，当地民间流行谚语："宁看崔家上坟，不看城隍出巡。"（崔文亭《平度崔氏家世录》）其雄厚的经济实力与王崇简《崔子忠传》记载相同。

2. 嘉靖、隆庆年间的仕宦及补荫情况

"谱中崔"家族在嘉靖、隆庆年间的科举盛况及"谱中崔"从祖父崔侯的补荫情节与《崔子忠传》记载基本相同。

（1）"谱中崔"家族嘉靖、隆庆年间的科举盛况

"谱中崔"家族原是胶东地区著名的将军世家，由于武官社会地位不高，他们并没有获得社会真正的尊重。为改变这种状况，崔氏一世祖崔得福举家迁往平度州城文庙旁，选择当地最好的老师教育子弟。数代而过，至嘉隆年间，崔氏家族科举业勃然兴起，涌现出许多知名人物，如嘉靖年间著名诗人、四川按察司佥事崔廷槐（嘉靖丙戌进士），诗文家、武邑知县崔桓（嘉靖辛酉解元），陕西汉中府平利县知县崔廷枫（嘉靖丁巳贡士），诗文家、永平府同知崔淳（隆庆庚午选贡）等。与此同时，半岛地区的世家

大族也开始与其联姻，崔氏家族由此完成从军旅之家到官宦诗书之家的转变。

"谱中崔"的曾祖父兄弟二人官职不高，但由于职务特殊和政治联姻的缘故，影响却非常大。"谱中崔"的曾祖父崔津，嘉靖年间人，国学生，官鸿胪寺序班（从九品），在朝中负责"典侍班、齐班、纠仪及传赞"[9]，官衔虽低，但职掌百官班次、朝会礼仪，能够经常见到皇帝并与众大臣来往，却是地地道道的显官。崔津的原配妻子是嘉靖朝首辅毛纪的孙女、太仆寺卿毛渠的女儿。毛纪是明代历史上具有重要影响的官员，先后侍奉过三朝皇帝，有拥立之功，参与朝廷大政方针的制定。毛渠身为九卿之一，官从三品，管理全国马政。他们的身份如此显赫，崔津的影响力可想而知。

"谱中崔"的从曾祖崔淳活跃于嘉靖、隆庆、万历年间，历官直隶广平府威县知县、顺天府顺义知县、昌平州知州，补永平府同知（正五品），官职虽然不高，但由于昌平州地处通往明陵的大道，朝廷每年祭祖都要经过这里，迎送供亿，职位非常显要。万历朝首辅于慎行称赞他是"北州良牧国股肱"[10]，称两人为"石交"；诗文家、礼部尚书冯琦与他诗酒往来，唱和成集，由此可见，他是一位在朝中颇有影响力的官员。综上，"谱中崔"的曾祖父、从曾祖父的情况与《崔子忠传》记载相符。

（2）"谱中崔"从祖父的补荫情况

《崔子忠传》称崔子忠的祖父因先辈官职显赫得以补荫留京。查《胶东崔氏族谱》，"谱中崔"的祖父崔佶是个廪生，并无补荫记载，但他的从祖父崔侯未经科举正途，"由庠生授镇抚"，却属于典型的荫官。"从祖父"与"祖父"虽然有所不同，但按照古代宗亲观念，却可以统称为"祖"。且崔淳过继崔津的儿子崔侯为嗣，两支已经合二为一，《崔子忠传》中的"祖"又语焉不详，因此，崔侯"祖"的身份可以成立。

"谱中崔"的曾祖父崔津有给儿子崔侯补荫的条件。正如上述，他的原配妻子的祖父为嘉靖朝首辅，官从一品；父亲为太仆寺卿，官从三品。按照当时的荫官制度，可以荫补九品至从五品官员多人，补荫者可以是儿孙，也可以是近亲。毛氏子弟考中进士、举人者比比皆是，均能自立，在这种情况下，荫补转至亲戚是非常自然的事情。《胶东崔氏族谱》显示，崔津有两个儿子均官居六品以上，但仕进路线皆不清楚。其四子崔倧由庠生官至海外龙武右营都司加游击衔再加三级，食俸近二品，《（道光）重修平度州志》竟然记载"不知所以仕"。他们的晋升不由科举正途，当与这层婚姻关系有关。

"谱中崔"的从曾祖父崔淳也有机会给崔侯补荫。由《明神宗实录》得知，由于他的哥哥崔津担任明廷的礼官，负责引导皇帝、王公贵族和百官参拜行礼，他也被朝臣们误称为"引礼之子"[11]。崔淳的工作非常突出，于慎行记载："知昌平州，州在陵京大道，兼有寿宫之役，送迎供亿，劳勚为多。考满，奏最，升永平府同知。"[12] "历仕赤畿，以才望著，乃至两千石。"称他为官最大的功绩是祀陵有功。历朝皇帝对忠心守护其祖陵的官员不吝奖赏，奖励的形式往往是"荫子"，崔淳表现如此杰出，焉有不赏之理？何况嘉靖、隆庆以后，原定京官三品以上才能补荫的规定已经形同虚设，许多中等官员子弟不经太学或科举，即可被授予官职，崔淳完全可以通过各种关系为崔侯请荫。而崔淳原本有子，却过继崔津的儿子崔侯为嗣，明显具有补荫动机。值得注意的是，崔淳是万历年间著名的炼丹家，"尤精黄伯之术"[13]，万历中期后隐居故乡大泽山修仙炼丹，分食四方。其间，朝中许多重要官员前去拜访，如颇为明神宗倚重的朝臣于慎行和山东布政使参政沈九畴等，便在这一时期访问大泽山，与他裁景赋诗。明神宗中年以后痴迷丹药秘方，试图长生不老，崔淳是否通过这些官员将丹药献给了皇帝，从而获得封赏？虽然无从得知，但在他归田十年之后，朝廷仍诏加褒奖，奉诏进阶四品，其中或许包含了荫子的奖赏。

除崔津、崔淳外，"谱中崔"的从高祖崔廷槐也有能力为崔侹补荫。崔廷槐是嘉靖朝著名诗人，他的最高官衔是四川按察司佥事，奉敕提督水利、驿传、茶法兼理学校。佥事正五品，官秩并不高，但奉敕提督水利、驿传、茶法，负责一省之科举教育，涉及朝廷与西域属国的关系和科举考试，却历来为朝野所重。崔廷槐的儿孙都很有出息，无须补荫，因此，近在三代之内的从孙崔侹自然会成为补荫对象。需要提及的是，在崔氏六兄弟中，崔廷槐、崔廷桂（崔侹的祖父）两支姻亲交叠，关系最亲，有提供补荫的感情基础。

（二）"谱中崔"的父亲与崔子忠父亲的比对

1. 崔子忠的父亲

《崔子忠传》记载："家故饶，万历时上供珠玉诸珍货，率金京师富民办纳，中官勒抑，费不赀，复不时与直，家以此中落。"联系前文"子补荫留京师，遂家焉，即其祖也"看，这位"率金京师富民办纳"导致家业败落的人是崔子忠的从祖父，但从对崔子忠科举生活的影响看，却应该是崔子忠的父亲（抑或兼指两人），败落的原因，是他们在金商买办珠宝过程中遭到宦官勒抑，造成资金亏空。

明代金商买办的方式主要有两种：一种是铺户买办，佥役的对象为在京的铺户、行户，将铺户编行，按照一定次序当行应役；另一种是召商买办（又称铺商之役、召买、商役、佥商等），佥役的对象包括编入铺行的铺户和未编入铺行的商人。但无论是哪一种金商买办方式，基本上都是按"行"当差，由此可知，崔子忠的父亲（或从祖父）是珠宝珍玩商人，在京从事珠玉买卖。

2. "谱中崔"父亲的职业身份与崔子忠父亲相似

"谱中崔"的家族是半岛地区著名的商贸世家，"家居滨海，僮仆贸易海上"[14]。"谱中崔"的族曾祖父崔旦曾力主开凿胶莱运河，认为海运乃足国富民之策，万世无穷之利，开凿胶莱运河后，"将见吴艫越艘，燕商楚贾，珍奇重货，岁出而时至"[15]。见识宏阔，可知其经商规模之大、范围之广。

关于"谱中崔"的父亲，《胶东崔氏族谱》记载："崔胤德，字函玉，任工部文思院大使转陕西西安府同州吏目。"[16] 明代文思院职掌舆辇、册宝、法物和各种器服所需金银犀玉、金彩绘素等装饰品之制造和供应，设大使、副使领其事。由此可知，"谱中崔"的父亲崔胤德负责宫廷金银珠玉的采办、制作设计工作，与珠玉贸易有关。需要指出的是，明万历年间，一些在朝为官的官商或官员子弟，依仗独有的政治资源和特权开店，专营赚钱行当，诸如独揽某项生意、紧俏物质囤积居奇等，获利颇丰。崔氏家族世代经商，崔胤德身为文思院大使，了解宫中珠玉的需求信息，掌握验货标准；其伯父崔侹官锦衣卫镇抚，享受特殊经商优惠政策；族祖父崔悟担任北城兵马司指挥，负责金商组织等工作。条件如此便利，珠宝生意一本万利，在这种风气影响和利益驱使下，他们必定会建立自己的珠宝商铺。

"谱中崔"的父亲崔胤德不仅从事的工作与崔子忠的父亲相近，其文思院大使的身份，也适合做珠玉金商"行头"，率领京师富民办纳。

所谓的"行头"，是指为了便于完成买办任务从本行内选充或佥充的头领。一般来说，"行头"身兼双重身份，乃是官府佥选负责各铺行管理并在铺行与官府之间起中介作用的人。但行头也有可能不从铺行内部选出，只要合适，与本行业相关且具有号召力的行外人同样可以担任这个职务。可见，即使崔胤德不是珠宝商，也有资格担任金商"行头"，率领京都富民办纳珠玉诸珍货。实际上，工部各司及内监司原本就具有采造的职责，工部也有权任命专差采办，如《明史》卷八十二志第五十八《食货六》记载："采造之事，累朝侈俭不同。……采办成就则工部四司、内监司局或专差职之。"[17] 明确指出文思院在采办珠玉方面具有不可推卸的责任。总之，"谱中崔"的父亲崔胤德负责的工作与崔子忠的父亲"率金京师富民办纳"非常相似。

3. 命运结局相同

"谱中崔"父亲崔胤德的命运结局与崔子忠的父亲相似。

明代文思院虽然隶属工部，但因为服务内廷，故而受内监司宦官直接管辖（文思院大使及其属员地位极其低下，面见宦官时必须行师生礼）。众所周知，明神宗对黄金珠玉有着特殊嗜好，至其执政中晚期，这种嗜好发展至病态，以至于矿监、税监四出，文思院成为宦官祸乱最为严重的机构。宦官们在采办过程中大肆敲诈勒索，贪污受贿成风。

万历二十六年（1598），明神宗谕选皇长子婚，三皇子、五皇子、六皇子、七皇子一并加冠，宫中所需珠玉急剧增加，采办日繁。万历二十七年（1599）五月，明神宗切责户部办纳珠玉迟缓，限期上供。九月，"户部进大珠龙涎香，命内库验收，仍以大珠不堪而退出，未进者，谕令精求速办，毋误典礼"[18]。户部急于上供，商人乘机哄抬价格，造成京城珠宝市场买多于卖，比旧价涨至五六倍甚至二十倍。当时，由于中官进纳索赂，名铺垫钱，费不赀，所支不足相抵，商民纷纷逃避金役。有司不得已，只好打破当行应役的规矩，"乃佥京师富户为商。令下，被金者如赴死，重贿营免。官司密钩，若缉奸盗。……京民一遇金商，取之不遗毫发，货本悉罄"[19]。崔子忠的好友王崇简也记载："神庙季年，……京师有金商之害，家少裕，多不克免。"[20]举国疯狂搜括黄金珠玉，作为专事舆辇、册宝、法物和各种器服所需金银犀玉、金彩绘素等装饰品制造、供应的文思院和珠宝商户岂能置身事外？崔胤德必定会被卷入这场浩劫，其或"率金"，或被金，担任珠宝金商"行头"的差事，也会自然而然地落到他的身上。

"行头"虽然是金商领导者，但也属于被宦官欺压剥削的对象。当时盘剥名目繁多，有铺垫钱、顶凤差罚钱、打倒扶起钱、招保钱、见面钱、茶果钱等，以致"该是百两者，使用即有六七十两，少亦不下四五十两，是已有四五六七分之赔矣"[21]。商人一旦被金当役，便难逃破家命运，"力不能者，即日受鞭棰，负缧绁，身死产绝而后止"[22]。行头要协调各方面关系，命运更加凄惨。金商没有人能够全身而退，这种特殊的历史政治背景，决定了崔胤德必然破家、被贬的命运。值得注意的是，万历二十九年（1601）十月，在册立、册封礼成之后不久，明神宗便开始指责典礼造办册宝、冠服等工作"尚未精纯""迟误"，[23]要求内阁查办内外经管官迟延、造办不精之罪。

文思院工作出现重大失误，大使自然难辞其咎。《胶东崔氏族谱》记载崔胤德"任工部文思院大使转陕西西安府同州吏目"，明文思院大使官秩正九品，州吏目从九品，此"转"不仅官降半级，且从朝廷转到地方，由独当一面的大使降为负责一州具体事务的吏目，显然是在贬官。而在《（道光）重修平度州志》中，崔胤德的同州吏目职务被列入《职官·援例》条目，可知他是在被免去文思院大使之后，通过捐援获得该官职，族谱称其"转"同州吏目，不过是体面的说法而已。崔胤德以州吏目终。明代州吏目月俸米约五石，这点收入糊口尚可，要提供子孙读书科举则勉为其难，《胶东崔氏族谱》显示，崔胤德子嗣稀疏且无功名，家道就此完全败落。

综上，"谱中崔"的父亲崔胤德的身份和命运变迁与崔子忠的父亲极其相似，王崇简称崔子忠"为诸生甚贫"，在此也能找到恰当的注脚（图2）。需要提及的是，崔子忠在题识、像赞中避讳"谱中崔"父亲崔胤德的名字，如《藏云图》中"胤"字的写法，左右偏旁皆异形，《息影轩画谱》中《真德秀》等画像题名、像赞，其"德"字的写法皆少一笔，虽合某些书体，却与《胶东崔氏族谱》不同，可视为他与"谱中崔"的重要关联。

四、"谱中崔"的个人信息与崔子忠比对

"谱中崔"生活的时代、祖居地及人生经历与崔子忠吻合，其主要体现在以下三点。

（一）生活的时代相同

在平度崔氏六支中，"谱中崔"属于第三支，其五服之内的同辈兄弟均活动于明崇祯年间和清初，如崔让之、崔谊之、崔谦之、崔诏之等，由此推测他

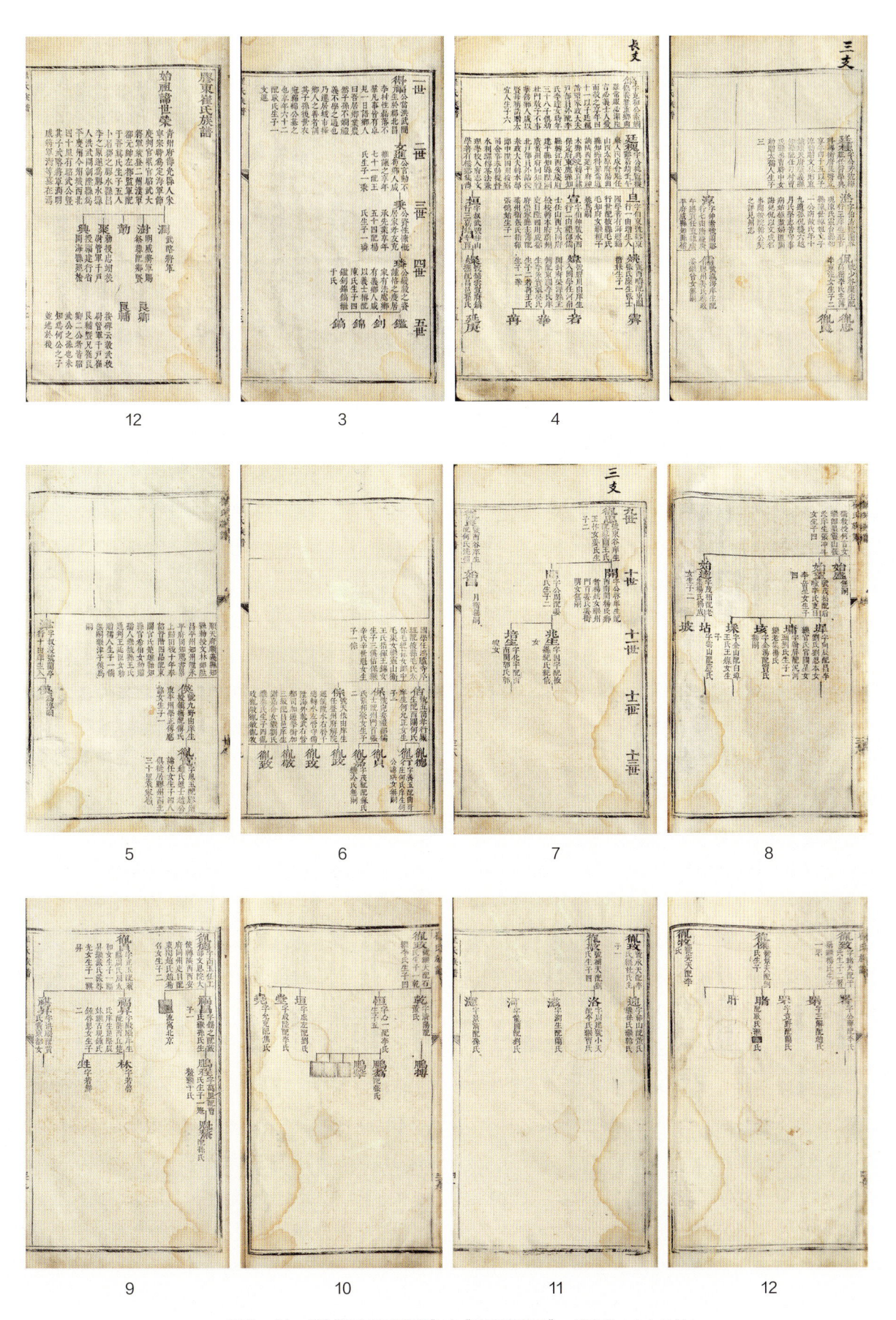

图2 （1—12）《胶东崔氏族谱》之《崔子忠世系》 清康熙二十八年刻本

也生活于这一时期。另外，他的高祖崔廷桂生于"宏（弘）治癸亥（1503）"[24]，明代男子的婚娶年龄为十六岁，《礼记》规定二十岁，姑且按婚配二十岁、生育间隔二年推算，他约生于万历二十七年（1599），至崇祯十七年（1644）四十六岁，这个年龄，与崔子忠《品画图》记载"时年二十有六。日月变迁，图形不易，故附记之。天启壬戌（1622）初冬，北海崔子忠题"[25]，以及王崇简《崔子忠传》记载"年五十病，几废，亡何遭寇乱，……遂夫妇先后死"基本吻合。

（二）祖籍、祖居地印合

"谱中崔"的始祖崔世荣祖籍青州府寿光，青州是古代北海国、北海郡的所在地，这种背景，与崔子忠经常在作品中题识"北海崔子忠"契合。而崔子忠在作品中题识"南城子忠"，钤印"家住三城二水滨"，又与"谱中崔"祖居平度州汉代即墨故城（史称"三城"）南城子、南城子地临大小沽河（史称"二水"）的地理环境相符（见本书《崔子忠原籍及"家住三城二水滨"考》）。

（三）流寓北京的经历相同

"谱中崔"祖居山东平度州，后流寓北京，其迁移轨迹与《崔子忠传》记载相同。需要指出的是，平度崔氏是当地崔姓中唯一的名门望族，"谱中崔"是该家族唯一"流寓北京"的人，与《崔子忠传》对应，"谱中崔"非崔子忠莫属。

五、崔子忠改名及其特殊的生活经历与"谱中崔"的对应关系

（一）崔子忠改名与"谱中崔"叔父、堂伯的联系

崔子忠始名丹，改名子忠。在他的作品中，常见"子""忠"连珠印和"忠""忠孝之家"之类印文。崔子忠改名并反复强调"子""忠""孝"的行为，与古代出继者借改名表明心迹类似。巧合的是，"谱中崔"唯一的叔父崔胤行恰好无嗣，按照古代的宗祧观念，"谱中崔"兄弟二人须有一人过继，族谱无其兄出继的记载，因此，出继者只能是他。平度崔氏忠孝传家，

假设"谱中崔"是崔子忠，他过继给叔父后以印文的形式表明心迹，是非常符合情理的事情。

需要提及的是，"谱中崔"堂伯崔胤忠的长子崔开也无子嗣，与崔子忠改名"子忠"、字"开子"契合；而崔胤忠次子崔阅与长子崔开的名字合并而成"开阅"，又与崔子忠的另一个字"开予"，能够形成对应关系（按：在胶东方言中，"阅"与"予"谐音，"开阅"速读作"开予"），且"子忠"与"开子"对应，能够平衡崔子忠因改名造成的与崔胤忠辈分的混乱，与崔子忠的道教思想观非常吻合。

（二）"谱中崔"失名与崔子忠的特殊生活经历契合

古代民间编纂族谱，背君、蔑视王章、犯义犯刑、弃亲、僧道、为奴者一般不能入谱，平度崔氏为官宦诗礼之家，其编谱体例当不外乎此。据此推测"谱中崔"在《胶东崔氏族谱》中失名，或与这些原因有关。

崔子忠的身份与上述对"谱中崔"身份的推测契合。他早年背井离乡，流寓北京，很早便遁入空门，为僧为道。晚年因清廷施行投充法成为他人奴隶，继而又因触犯逃人法，成为清兵追捕的逃犯，最后不得不走入土穴自甘饿死。（见本书《崔子忠之死》文）他是大明王朝的坚定维护者，生前"痛心国祚""移孝作忠"，[26]关注山东反清复明斗争。死后被"理教"教徒奉为精神领袖（按：理教为清初反清复明组织），纷纷到他的祀殿"崔爷殿"上香。[27]从民间的角度看，他属于僧、道、奴隶。从当政者的视角看，他属于蔑视王章、犯义犯刑。总之，按照民间编谱惯例，他不能被写入族谱。

其实，崔子忠多次改名，前后姓名不同，也可能是他被族人遗忘的原因。在当时，复社同道已经弄不清崔丹、崔子忠是否为同一人，千里之外的山东老家就更不用说了。他无子，死后被草草掩埋在京城一隅。平度崔氏家族撰修《胶东崔氏族谱》在清康熙二十八年（1689），此时距其死亡已经过去四十多年，时代鼎革，战争乱离，族人略闻其名而不知其人，似乎也只能以"流寓北京"记之。

六、"谱中崔"的家族文化背景与崔子忠精神品格、思想观念和学术研究的关联

通过上述多组比较，已经可以看出"谱中崔"与崔子忠的关联。事实上，"谱中崔"家族的文化背景、思想观念和学术取向，与崔子忠更加接近，能够更好地解释崔子忠非凡的人生经历和艺术成就。

（一）"谱中崔"家族的忠孝节义传统与崔子忠精神品格的联系

"谱中崔"家族是历史上著名的忠孝节义之家。仅元代以下，就有多名忠孝节烈人物，如"谱中崔"的先祖崔澍义杀奸相阿合马，以身殉国，传载《（嘉靖）山东通志》；高祖崔廷桂以德义闻名于乡，传载《（道光）重修平度州志》；祖父崔佶以"孝行"闻名，传载《胶东崔氏族谱》；族祖父、安州知州崔维䶮阖家抗清而死，钦赐"忠孝节烈之门"旌表，传载《山东通志》，等等，皆彪炳史册，其深厚的儒家文化传统，与崔子忠标榜"节义文章事功人品"，尚气节，明亡后不食清粟而死的表现契合。同时也使人坚信，只有在这种特定的文化土壤中，才能够孕育出像崔子忠这样的忠义之士。

（二）"谱中崔"家族的诗书画背景与崔子忠的关联

"谱中崔"家族是胶东地区著名的诗书世家，诗人书画家辈出。"谱中崔"的从高祖崔廷槐是明嘉靖年间具有全国性影响的诗文大家，其诗文集《楼溪集》被收入《明史·艺文志》。族曾祖父崔旦工书法，著《海运编》，被收入《四库全书总目丛书》；崔桓是平度历史上唯一的解元，博学能文，传载《（道光）重修平度州志》。从曾祖父崔淳工诗书，是闻名京畿、山东地区的诗人和书法家，传载《（道光）重修平度州志》。族祖父崔燨学博才高，文雄一世，尤精于诗，传载《（康熙）平度州志》。他的曾祖父、从祖父、父亲先后担任鸿胪寺序班、镇抚、文思院大使，在明代，这些官衔都是宫廷画家食禄的名头，尤其是文思院大使，原本就是画家初进宫时的职衔，据此推测他的家族是一个宫廷绘画世家。"谱中崔"家族源远流长的诗书画传统，能够很好地诠释崔子忠诗、书、画俱佳，最终成为一代绘画大师的原因，同时，也能很好地诠释崔氏绘画所特有的宫廷绘画基因和文学气质。

（三）"谱中崔"家族的医道、礼学背景与崔子忠的关联

"谱中崔"家族是著名的医学、道学、礼学世家。"谱中崔"的高祖、从曾祖父生活于嘉靖、隆庆年间，一个是衡王府良医正，精方论，为地方名医；另一个"精黄伯之术"，以炼丹术闻名朝野。他的从祖父、父亲生活于崇信道教的神宗时代，服务于皇宫，也当属于这一类人物。由于嘉靖、隆庆、万历年间医学与道教、道教与礼学的高度融合，他的曾祖父、从曾祖父、从祖父、父亲等都从事与礼学有关的工作，他们或为朝廷礼官，或协助朝廷祭天、祭陵，朝野瞩目，家族充满浓郁的医学、道教、礼学氛围，这种特殊的家族文化背景，与崔子忠毕生崇信道教、专心研究礼学、晚年为礼而死以及热衷于仙道绘画创作的现象契合。

（四）崔子忠的学术取向与"谱中崔"先辈的关联

崔子忠的学术取向与"谱中崔"的从高祖崔廷槐、从曾祖父崔淳关联，吻合点颇多，下面仅举一例说明。

崇祯十一年（1638），江南文人陈子龙编辑《皇明经世文编》，邀请海内复社元老提供材料并参与编审，崔子忠受邀参阅。其参阅的文章有：明代储罐的《防房疏（兵略）》《马政疏》《马政利病疏》《寄费阁老（狼病流贼）》《寄刘司寇》《与张都宪》，姜宝的《驿传议（川湖交界水驿）》《茶法驿（蜀茶）》《盐法议（盐井课额）》《议兴伊洛水田（伊洛水田）》《议防倭（闽粤防倭）》《议剿除山寇（汀漳山寇）》《漕河议（潘湖修闸）》《镇江府奉旨增造闸座记（镇江府增造闸座）》《送西溪刘贰守同知长芦运司序（盐运）》。这些奏疏、序、记等涉及水利、驿传、茶法、盐业、漕运、兵备，恰好是"谱中崔"从高祖崔廷槐、从曾祖父崔淳为官时的工作内容和

擅长的领域，如姜宝的文章《驿传议（川湖交界水驿）》《茶法驿（蜀茶）》等，甚至涉及"谱中崔"从高祖崔廷槐在四川为官时的工作内容，其人竟然与"谱中崔"从高祖崔廷槐同时期担任四川按察司佥事。

古今编书，编辑、审阅人通常编辑、审阅自己熟悉的学术（或家学）领域，从这个角度看，崔子忠应当非常熟悉水利、驿传、茶法、漕运，他"倾箱倒箧"[28]提供的这些篇章，当是他的家传资料（按：抑或是陈子龙知道他具有这种家学背景，要求他审阅）。总之作为平度崔氏的一分子，他审阅这些与崔廷槐、崔淳紧密关联的材料，显示出他与平度崔氏和"谱中崔"的必然联系。

七、结语

在上述研究中，我们进行了两方面对比：一是把"谱中崔"的家族经济背景、祖辈为官情况、个人信息等与《崔子忠传》及相关历史记载进行比较研究，结果是各个方面都非常吻合，即使个别信息略有出入，也能通过相应的史实予以解释；二是把"谱中崔"的家族文化背景与崔子忠的思想信仰、精神品格、艺术创作等进行关联研究，也能得到充分印证，且有助于加深对崔子忠的认识，解除某些历史疑问。从考古学的角度看，这种结果已经足以说明"谱中崔"是崔子忠。其实，仅从崔氏家族是平度州唯一的崔姓大族，"谱中崔"是崔氏家族唯一流寓北京的人看，也能够说明"谱中崔"是崔子忠，无须再行饶舌。综上，"谱中崔"是崔子忠，《胶东崔氏族谱》是他的族谱。

注释

[1] ［清］王崇简：《青箱堂文集》卷八《都门三子传》，收入《四库全书存目丛书》集部第二〇三册，齐鲁书社，1997年，影印本，第497页上栏。

[2] ［清］高承埏编辑《崇祯忠节录》卷一，收入周骏富辑《明代传记丛刊·名人类（45）》，明文书局印行，影印本，第209页。

[3] ［清］王崇简：《青箱堂诗集》之《青箱堂重刻集序（钱澄）》，收入《四库全书存目丛书》集部第二〇三册，齐鲁书社，1997年，影印本，第14页上栏。

[4] ［清］王崇简：《青箱堂诗集》之《序（陈玉琪）》，收入《四库全书存目丛书》集部第二〇三册，齐鲁书社，1997年，影印本，第11页上栏。

[5] ［清］王崇简：《青箱堂文集》之《序（宋琬）》，收入《四库全书存目丛书》集部第二〇三册，齐鲁书社，1997年，影印本，第3页下栏。

[6] ［清］王崇简：《青箱堂文集》卷八《都门三子传》，收入《四库全书存目丛书》集部第二〇三册，齐鲁书社，1997年，影印本，第497页。

[7] 《胶东崔氏族谱》之《先考处士府君暨先妣孺人行状》，清康熙刻本。

[8] ［清］李图总纂《（道光）重修平度州志》卷十四志七艺文（上）《崔公梅庄先生暨配曹孺人合墓表》，第51页a。

[9] ［清］张廷玉等：《明史》卷七十四志第五十《职官三》，中华书局，1974年，第1802页。

[10] ［清］李图总纂《（道光）重修平度州志》卷十四志七艺文（上）《崔公梅庄先生暨配曹孺人合墓表》，第52页b。

[11] 《明实录〈明神宗实录〉》卷三六五《万历二十九年十一月》，国立北平图书馆红格本微卷影印，第6832页。

[12] ［清］李图总纂《（道光）重修平度州志》卷十四志七艺文（上）《崔公梅庄先生暨配曹孺人合墓表》，第52页a。

[13] ［清］李世昌纂修《（康熙）平度州志》卷之四人物《崔淳》，第9页a。

[14] ［明］崔旦：《海运编》卷上《船舶考》，收入王云五主编《丛书集成初编》，商务印书馆，民国二十五年，第8页。

[15] ［明］崔旦：《海运编》卷上《船舶考》，收入王云五主编《丛书集成初编》，商务印书馆，民国二十五年，第9页。

[16] 《胶东崔氏族谱》，清康熙刻本，第39页a。

[17] ［清］张廷玉等：《明史》卷八十二志第五十八《食货六》，中华书局，1974年，第1989页。

[18] 《明实录〈明神宗实录〉》卷三三九《万历二十七年九月》，国立北平图书馆红格本微卷影印，第6288页。

[19] ［清］张廷玉等：《明史》卷八十二志第五十八《食货六》，中华书局，1974年，第1992页。

[20] ［清］王崇简：《青箱堂文集》卷十二《家谱·内传》，收

入《四库全书存目丛书》集部第二〇三册，齐鲁书社，1997年，影印本，第538页下栏。

[21] 高寿仙：《市场交易的徭役化：明代北京的"铺户买办"与"招商买办"》，《史学月刊》2011年第3期，第54页。

[22] 同[21]。

[23] 《明实录〈明神宗实录〉》卷三六四《万历二十九年十月》，国立北平图书馆红格本微卷影印，第6805页。

[24] 同[12]。

[25] 参见［明］崔子忠《品画图》（题识），美国普林斯顿大学艺术博物馆藏。

[26] ［民国］尚庆翰总纂《（民国）续平度县志》卷十二下 艺文志《胶东赋》，第19页b。

[27] 参见耿保仓等编著《保定地区庙会文化与民俗辑录》，天津古籍出版社，2007年，第237—238页。

[28] ［明］陈子龙辑《皇明经世文编》之《凡例》，明崇祯平露堂刻本，第15页a。

崔子忠生卒年考

生卒年是画家个案研究的基础，尤其是像崔子忠这样开宗立派、对明清绘画具有重要影响的画家，这个问题就显得更加重要。然而，由于崔子忠生前刻意避世远俗，甲申之乱后又未得"善终"，流传下来的资料十分稀少，其生卒年便成了数百年来悬而未决的问题。近些年来，随着人们对明清人物画研究的日益深入，崔子忠的生卒年开始引起注意，产生了许多新的观点。整体看，人们对崔子忠卒年的看法比较统一，生年则众说纷纭，莫衷一是。今以崔子忠早期作品《品画图》及相关历史记载为依据，对此进行专门研究。

一、崔子忠的生年

关于崔子忠的生年，目前比较具有权威性的材料有两则。一则是王崇简撰《都门三子传》，其中有关崔子忠的部分记载："年五十病，几废，亡何遭寇乱……遂夫妇先后死。"[1] 称崔子忠在李自成进京时已经五十岁，由此上溯，他出生于万历二十三年（1595）。另一则是崔子忠的《品画图》，其题识记载："时年二十有六，日月变迁，图形不易，故附记之。天启壬戌初冬，北海崔子忠题。""天启壬戌"为天启二年（1622），由此上溯，他出生于万历二十五年（1597）。两者记载的年龄相差两岁，比较而言，自然应该以崔子忠的记载为准，然而，崔王有金兰之交，王氏的观点也不可等闲视之，下面从研究《品画图》入手，对该问题进行探讨。

（一）崔子忠《品画图》真伪考

《品画图》在古代文献中未见著录，1982年，日本学者铃木敬编《中国绘画总合图录》，将其收入书中，作品现藏美国普林斯顿大学艺术博物馆。该图由画心和题识两部分组成，题识全文如下（图1）。

逼视之如草书十行下，纵横览之如蟠虹曲葛。古人之画葡萄也，先得之晶光雨露之表，而不惴惴于草枝木理间，求之点睛，政（正）虞飞去。古之画龙者，又得之于云汉空明之外，不事濡毫泼墨为工。师人不如师造化，疑写真而不写伪也。颊上三毛，可与论画。画右翊于尺缯上，远之而□然行，即之而诩诩然笑，退然不胜衣。其右翊之为恭，寂焉无所□。其右翊之言讷，讷然如不出诸其口也。尝试于疏烟淡月之下，游鱼升升之间，开万卷书，引太白酒令，一科头童子以棨枝邛杖，张之前后，依其左右，右翊其自相宾主耶。时年二十有六，日月变迁，图形不易，故附记之。天启壬戌（1622）初冬，北海崔子忠题。

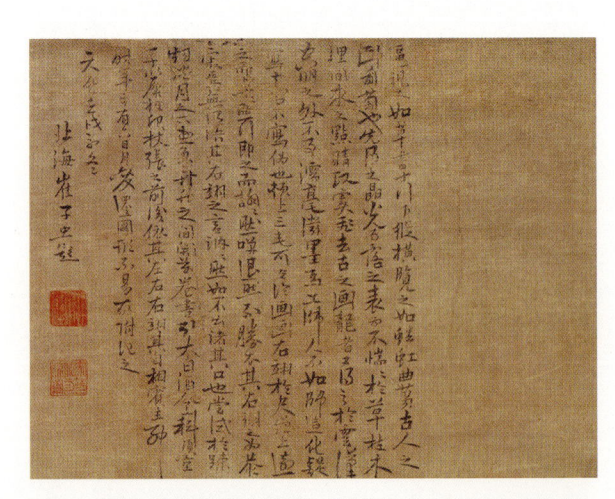

图1 崔子忠《品画图》（题识）美国普林斯顿大学艺术博物馆藏

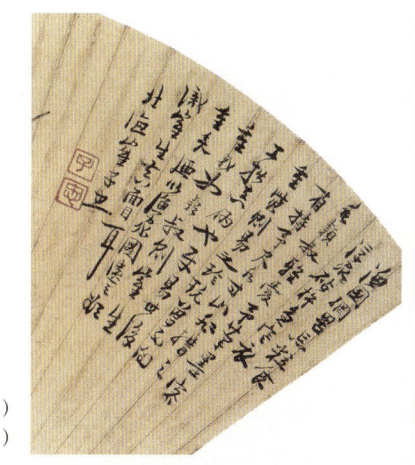

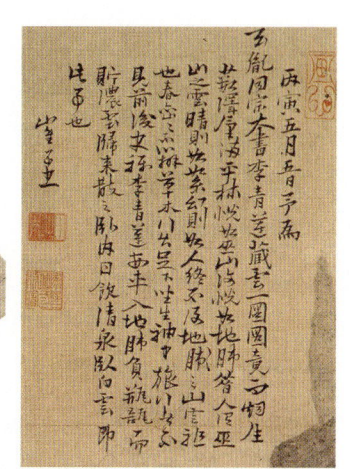

图2　崔子忠《渔家图》(题识)　首都博物馆藏(左)
图3　崔子忠《藏云图》(题识)　故宫博物院藏(右)

1.《品画图》与崔子忠作品的对比

《品画图》的绘画思想、绘画风格及文风，与崔子忠的思想观念和艺术风格契合，其契合点主要体现在以下几方面。

（1）绘画思想及文风

《品画图》题识洋洋数百言，识度宏阔，见解高迈，处处流露出对晋唐绘画的刻意追求，诸如"颊上三毛，可与论画""师人不如师造化，疑写真而不写伪也""求之点睛，政（正）虞飞去"等，皆与顾恺之、张僧繇、吴道子的绘画理论有关，其审美取向，与历史记载崔子忠"摹顾、陆、阎、吴遗迹，关、范以下不复措手"完全契合。[2] 在该题识中，作者从写真与写意等基础性问题谈起，渐及形与神的关系、艺术创作的方法和自己的人生理想，种种不甚相干的形象元素，如蟠虬、曲葛、葡萄、点睛、正虞、龙、云汉、右、翊、太白、童子等，瞬间转换，洋洋洒洒而又不离主题，颇有庄周《逍遥游》之风。尤其是对右、翊两位虚拟人物的描写，人名、空间位置交叠出现，古奥艰涩，初看令人如坠迷宫，但在弄明白相互关系之后，却使人心领意会，获得某种启迪。其崛奥曲结的文风和丰富的思想内涵，与崔子忠"为文崛奥，动辄千言，不加绳削而自合"[3] 相同。

（2）绘画风格

《品画图》具有很强的文学性，在该图中，作者借用李白《春夜宴从弟桃花园序》这一主题，虚拟出三位不同身份的人物和赏画情节，以庄重典雅的构图和写实手法，表达出超越世俗羁绊、优游书画的人生理想，作品所具有的叙事性、思想性以及由此所散发的宫廷绘画气息，与崔氏家族三代供奉明廷以及崔子忠师从宫廷画家姜隐、善于写真术、绘画富于文学性表达的情况契合。

在该作品中，无论人物、山石、树木造型，还是线描表现形式，均具有崔氏绘画的典型特征，如左下角官员俯身观画的造型和神情，与《洗象图》左下角俯身的星官和《藏云图》中仰视天空的李白相似；中心秉烛的主体人物、左下角戴项圈的幼女，与《云林洗桐图》中倪瓒、仕女相似；山石、树木的形态结构和笔法，与《藏云图》《云中鸡犬图》相似；衣纹中重复出现的Z字形结构，与崔氏绘画特有的图式符号一脉相承等。其线描法采用铁线描，虽然运笔略显平板僵直，缺乏崔氏成熟期作品曲结盘桓、倔傲奇拙的张力，但其内蕴的精神气质，却与崔氏绘画相通。题识书法融钟王于一体，笔法雄迈、兀傲、恣肆而内敛，与崔子忠《渔家图》《藏云图》题识如出一辙（图2、图3），且通篇数百字一气呵成，无丝毫迟疑，具有崔氏书法率直、畅快的特点。

2.《品画图》与《春夜宴桃李园图》刘嘉颖《摹崔子忠桃李园夜宴图》

（1）《品画图》与《春夜宴桃李园图》

《品画图》并非孤本。现藏山东博物馆并确定为崔子忠真迹的《春夜宴桃李园图》，无论题材内容、章法布局还是主体人物形象，都与其十分相像，稍具绘画专业知识，即可看出两者之间的联系，为同一系列作品无疑（图4、图5）。

（2）刘嘉颖《摹崔子忠桃李园夜宴图》与《品画图》《春夜宴桃李园图》的关系

民国时期画家刘嘉颖是最早看出《品画图》与《春夜宴桃李园图》关系的人，曾依据两图作《摹崔子忠桃李园夜宴图》。在该摹本中，他充分利用《春夜宴桃李园图》与《品画图》章法布局、主体人物造型基本相同的特点，以《春夜宴桃李园图》的中心人物为主体，去掉桃园背景和右边挑灯芯的女子，在右下方置入《品画图》戴项圈的幼女，使之成为一幅能够兼容两者面貌的新作品。其巧妙之处在于：遮住该图右边抱笙女子，画面呈现的是《春夜宴桃李园图》的景象；遮住左边官员身后两位侍女，呈现的则是《品画图》的景象，使人产生同时拥有两幅画的幻觉。刘嘉颖将这两幅画糅合在一起，说明他见过这两件作品，并认定《品画图》是崔子忠的真迹（图6）。这种观点通过电脑实验可以得到验证，将刘嘉颖《摹崔子忠桃李园夜宴图》水平翻转后，可以发现其摹本虽然以《春夜宴桃李园图》人物为主，但前边俯身男子和抱笙女童，采用的却是《品画图》的形象，其中抱笙女童是《春夜宴桃李园图》所没有的。

刘嘉颖将《春夜宴桃李园图》《品画图》合二为一，至少说明了三个问题：

其一，《春夜宴桃李园图》《品画图》在当时已经被人们确定为崔子忠真迹。根据刘嘉颖《摹崔子忠桃李园夜宴图》题识："崔高士青蚓《桃李园夜宴图》，旧藏胶西王氏家，岁癸巳（1893）段观数日，爱其笔致遒劲，展玩不忍释手，钩临一过，颇有心得，惜原本残缺，点缀处悉模糊，不可抚摹，所存止此，未免令人有尝鼎一脔之感耳。"以及清

图4　崔子忠《品画图》（局部）　美国普林斯顿大学艺术博物馆藏（上）
图5　崔子忠《春夜宴桃李园图》　山东博物馆藏（下）

具有很高的艺术鉴赏水平。其摹本中石桌与前述两画不同，却显示出崔氏笔墨固有的神韵，足以说明他深入研究过崔子忠，他将两幅画天衣无缝地组合在一起，说明他已经看出两画之间的联系。

其三，《春夜宴桃李园图》虽然具有桃园背景和雅集情节，却无题识，观之不过是几个文人小酌而已。刘嘉颖等人将其名之曰《春夜宴桃李园图》，一定是在与它相似的《品画图》中，看到了与李白《春夜宴从弟桃花园序》相似的语句"尝试于疏烟淡月之下，游鱼升升之间，开万卷书，引太白酒令"，因而受到启发。

需要赘述的是，潍坊是历史上著名的书画之乡，也是崔子忠的祖墓所在地，藏有大量崔子忠早期作品，如曹鸿勋《刘嘉颖摹崔子忠桃李园夜宴图跋》曰："崔高士画人间流传绝少，向尝于吾邑陈氏文石山房见《三酸图》《静女图》《渔家傲》三便面，笔力遒逸，神致如生。"称仅潍县陈介锡一人，便收藏有崔子忠三件作品。刘嘉颖毕生从事书画创作、收藏，与潍县等地收藏家往来密切，他能够同时看到这两件作品并将其合二为一，也就不奇怪了。

3.《品画图》与崔子忠早期生活的联系

崔子忠毕生坚持现实主义的创作原则，他总是借助某一主题，宣示生活中即将发生或已经发生的事情。《品画图》也不例外。根据崔子忠题识得知，该图原来并无题识，因"日月变迁，图形不易"，特意另附一纸详加说明，并注明该图作于天启二年（1622），"时年二十有六"，纪年纪事的意味非常浓厚。崔子忠的这一举动，使人联想到他在这段时间被畿辅督学御史左光斗置高等食饩，数试不第即慨然弃去并隐居山林的故事。

(1) "右""翊"与崔子忠早年科举生活的关联

"右""翊"源于汉代三辅"左冯翊""右扶风""京兆尹"，职掌相当于郡太守。在崔子忠的恩师中，有两位人物身份地位与"左冯翊""右扶风"相当：一位是天启元年（1621）至天启三年（1623）担任畿辅督学御史的左光斗，曾破格提拔他，给予参加北直隶乡试的机会；另一位是万历四十五年

图 6 刘嘉颖《摹崔子忠桃李园夜宴图》 山东博物馆藏

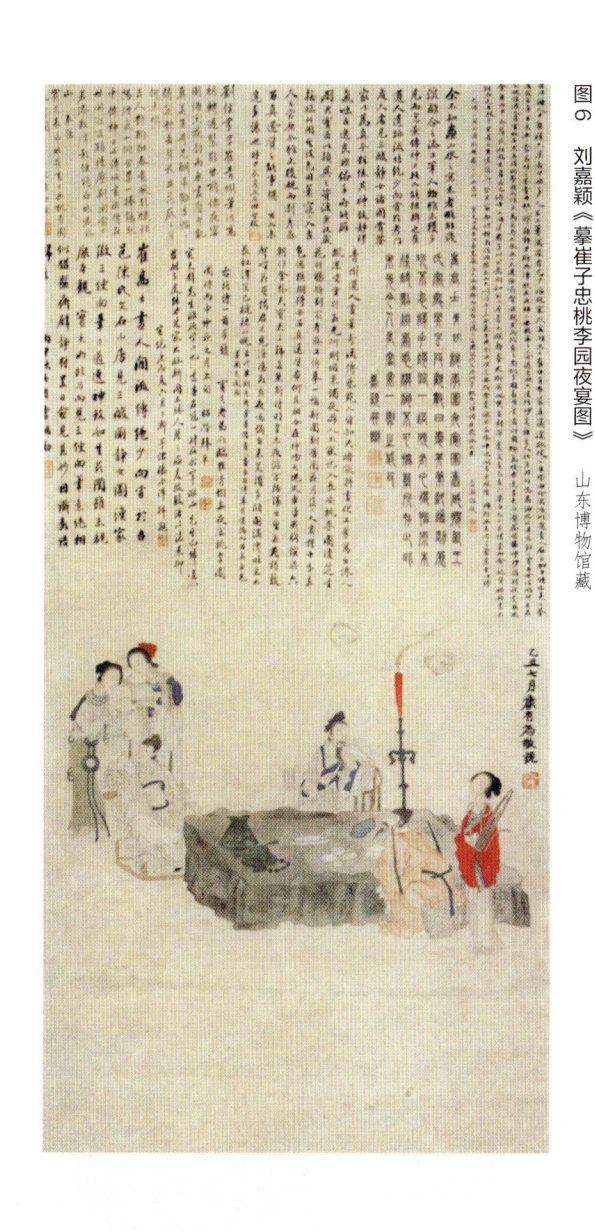

人陈陶《春夜宴桃李园图跋》："此《春夜宴桃李园图》为高密故家物……西翁先生见之，诧为真迹……以西翁所藏之《桃源图》便面、《桑梓之遗》之《啖果图》、先藏之《仕女图》证之，用笔无不吻合，稿为先生真笔无疑。"可知刘嘉颖认定《桃李园夜宴图》是崔子忠真迹，与王石经有关，陈陶所谓"以西翁所藏之《桃源图》便面……证之，用笔无不吻合"，是指王石经发现《春夜宴桃李园图》与《桃源图》等图式、人物造型相同，确定其为崔子忠真迹的情形，其中，刘嘉颖的观点还与他见过崔子忠《品画图》有关。

其二，刘嘉颖是民国时期潍坊画坛的代表人物，

（1617）至天启元年（1621）间"署北平太守事"、后改"署滦州太守事"的左之龙，崔子忠称他的儿子为"世兄"，可知他也可能是在科举考试中提携崔子忠的重要人物。

左之龙与左光斗同时、同地为官，职位相当。左之龙初官"署北平太守事"（职位相当于今天的代理北京市长），类"京兆尹"，后转"署滦州太守事"，滦州地在京师之左，类"左冯翊"。左光斗官秩与左之龙差不多，但职专提督学政，"督、抚、巡按及布、按二司，亦不许侵提学职事也"[4]，地位却在左之龙之上。且此前曾为屯田官，天启二年（1622）推行屯学新政，势力范围在北京、天津、河间、涿州一带，类"右扶风"。

明代科考制度严格。明英宗正统九年（1444）规定，所有参加举人考试的生员都必须参加预试，由所在省提学官考选，合格者方准参加乡试。此后，凡应乡试，都需经提学官会同地方官、教官考选。"天顺六年（1462），朝廷又颁布新《敕谕》十八条，进一步突出提学官'总一方之学'的权责。此后地方诸职的分工渐趋明确，在生员入学（童试）一事上，府州县官负责县试、府试，提学官负责院试；在生员的日常考核上，教谕、训导负责日课、月考，府州县官负责季考，提学官负责岁考；而最关键的选送岁贡、乡试二事，其权力皆在提学官。"[5]

按照这种制度，在北直隶科举考试中，左光斗有权录取生员并决定其能否参加举人考试，左之龙有初荐、协助考选等职责，两人有机会在考试中会面并形成工作关系。

众所周知，天启元年（1621），左光斗雪夜走访京城待考学子，破格录取史可法为童生第一名。崔子忠与史可法少年同学，也可能以这种方式被左光斗发现并提拔。在《品画图》中，主人擎灯引导两位官员模样的人赏画，暗示出这次会面在夜晚。由题识得知，"右""翊"因看到精美的绘画兴奋不已，但碍于礼法观念，却不能尽情表达自己的感受，情态颇为拘谨。主人则率性自适，一副悠然自得的样子。"右""翊"是虚拟的人物，但却与左之龙、左光斗的身份、性格相似：左之龙性格刚正，谨遵礼法，为地方行政官；左光斗则气定神闲，颇具钦差大臣的气度。需要提及的是，天启二年（1622）至天启七年（1627），崔子忠在京居住期间，每当考试来临，他的族祖父崔灿总要前去"慰问""鼓励"，提醒他务必在考前让考官"先从便铨考"，屡次问他"前督学使者可曾特鉴乎"并打探新任考官名字，试图帮助他通过考试（见本书《〈桑梓之遗录文〉之姜垓、宋应亨、宋玱、崔灿帖及无名氏帖考》之《〈无名氏帖一（未详书人姓氏）〉〈平度崔灿帖一〉考》）。崔子忠当时的态度无从考证，但在《品画图》中，他却通过"右""翊"观画，鲜明地表达了自己的态度，呼应了与二左的关系和崔灿的提醒。

所有迹象表明，《品画图》是一幅纪实性作品，与天启年间崔子忠得遇良师或科举考试有关。他借用的是李白《春夜宴从弟桃花园序》诗意，描绘的却是真实的会客场景和试图摆脱世俗羁绊的人生理想。

（2）《品画图》与崔子忠生活状态的关联

崔子忠出生于诗礼世家，少好恬静，文翰之暇，留心丹青。居京师，"蓬蒿翳然，凝尘满席。莳花养鱼，杳然遗世。兴至则解衣盘礴，一妻二女皆从点染设色，相与摩挲指示，共相娱说"[6]。在《品画图》中，主人高冠素服，形态放浪不羁，向客人讲述着自己的人生、艺术理想。左边官员恭敬地俯身观画；右边官员正襟危坐，侧头凝视图轴，似乎在倾听主人的高论。二女一童环伺前后：一女成熟稳重，貌似家庭主妇，抱书走向桌边；一女婵娟静好，抱笙仰望天空；童子隐身画后；石几摆满古籍文玩，周围绿色植物环绕，情景与崔子忠的日常生活状态非常相似。值得注意的是，两位女子的造型显示为母女关系，戴项圈的女子尚未成人，符合天启二三年间崔子忠年龄尚轻，只能生育一女的情况。

关于崔子忠的形象，王崇简《都门三子传》记载"其人短小端饰，双眸炯炯，高冠草履，萧然若在世外"[7]；钱谦益《崔秀才子忠》记载其"形容清古，言辞简质，望之不似今人"[8]；厉鹗《题敬身所藏崔子忠伏生授经图》记载"布袍草履神扬扬"[9]，这些形象特点，均可在图中仙风道骨的主人身上得到印证，而这位高冠素服者的形象，又与崔子忠作品中自传体人物如出一辙。

综上，《品画图》讲述的故事、展示的场景、透露出的思想观念及其书画风格，与天启年间崔子忠的生活和艺术完全印合，为崔子忠真迹无疑，其题识可以作为研究崔子忠生年的依据。

（二）崔子忠生年考

崔子忠与王崇简记载的年龄相差两岁。崔子忠不会记错自己的年龄，王崇简与崔子忠有金兰之交，也不会弄错他的年龄，出现这种结果的原因，只能是传统计龄习俗所致。

古代计龄有实岁（周岁）、虚岁之分，"春秋时期尚有周岁、虚岁混用之例"[10]，如《史记·孔子世家》记载孔子享年七十二，便是以实岁计龄的例子。"入汉以后虚岁渐渐成为通行之惯例"[11]，演变成为一种习俗。所谓的岁，实际上就是虚岁。按照这种习俗，崔子忠《品画图》记载的年龄应为虚岁。然而，崔子忠是一位不同流俗的高士和恪守上古礼法的理学家。他非常崇拜孔子，悉心研究古代儒家经典，"尤深于戴礼"[12]，学礼、习礼、守礼，像古人那样生活着，孤介不苟。为了礼，甚至不惜走入土窑自甘饿死。从他近乎刻板的礼学信仰和特立独行的行事风格看，必然会仿效孔子实岁计龄的范例。其天启二年（1622）二十六周岁，由此上溯，当生于万历二十四年（1596）。

实际上，由于实岁、虚岁转换的复杂性，上述周岁加一岁的方法并不准确。传统民俗虚岁与周岁的换算方法是，虚岁转换成周岁：在本人生日到来之前，周岁等于虚岁减去两岁；在本人生日到来及以后，周岁等于虚岁减去一岁。周岁转换成虚岁：在本人生日到来之前，虚岁等于周岁加两岁；在本人生日到来及以后，虚岁等于周岁加一岁。按照这种计算方法，如果《品画图》作于崔子忠生日之前，应在二十六周岁的基础上加两岁，虚岁二十八岁，出生于万历二十三年（1595）。这个结果，不仅与王

崇简《都门三子传》记载一致，而且与台北"中央"研究院历史语言研究所根据明清内阁大库档案、故宫档案等编撰的《人名权威资料——人物传记资料库》记载的崔子忠的年龄一致。综上，崔子忠《品画图》记载的年龄应该是周岁，王崇简《都门三子传》记载的年龄是虚岁，崔子忠应当出生于明万历二十三年（1595）初冬后。

二、崔子忠的卒年

（一）崔子忠卒年的几种说法

1. "遭寇乱""甲申之变"说

"遭寇乱""甲申之变"的说法来源于两方面记载，一是崔子忠亲朋好友的著作，二是官方编撰的文献，他们均将崔子忠的死亡与李自成进京联系起来，表面上看比较一致，实际上并不一样。

（1）崔子忠好友的记载

王崇简《都门三子传》记载："年五十病，几废，亡何遭寇乱，潜避穷巷，无以给朝夕，有怜之而不以礼者，去而不就，遂夫妇先后死。"称李自成进京后，崔子忠并没有立即死去，而是颠沛流离地生活了一段时间。由于王崇简与崔子忠的特殊关系，他的观点同时被刊载于《（康熙）宛平县志》《（康熙）大兴县志》，周亮工《因树屋书影》崔子忠传部分也照抄其原文，称"王敬哉曰"。事实上，王崇简在李自成进京之前已经避兵江南，至顺治二年（1645）十一月才返回北京，并不了解崔子忠的情况。他得到崔子忠死亡信息有两条渠道：一是他的弟弟、崔子忠的弟子王崇节，其在甲申之变后奔走于京师街头巷陌，以绘画养家糊口；二是他的降清好友，如曹溶（时任顺天府学政）、宋璜（时任顺天府推官）、孙承泽等。孙承泽是他的亲家，其《崔文学子忠》记载："亡何遭冠（寇）乱，潜避委巷，无以给朝夕，有怜之而不以礼者，去而不就，竟以饥死。"[13]

钱谦益在崇祯年间与崔子忠相识于北京南城，居所相邻，晨夕过从数月，建立了很深的友谊。清顺治三年（1646）元月，他以清礼部侍郎的身份回京，重返南城故地，探询崔子忠下落，有人言"道

母尚在"，有人言"亡矣"，"已而知道母乱后依友人以居，家人尚数口，友人力不能供而未忍言也。道母微知之，固辞而去，竟穷饿以死"[14]。其《崔秀才子忠》记载表明，崔子忠在甲申之乱后生存了较长时间，但死于何时、何地未做详细交代。

朱彝尊是记录崔子忠事迹最多的作家，他本人没有见过崔子忠，但他的好友孙如铨是崔子忠的弟子，宋琬是崔子忠的世交好友，他降清后参与编撰《明史》，与前朝遗老遗少和崔子忠的故交好友交往颇多，也因此得到了不少有关崔子忠的信息。他在《静志居诗话》中记载："甲申寇变，走近郊，匿陶穴中不出，遂饿而死。"[15] 其又在《曝书亭集》中记载："李自成陷京师，子忠出奔，郁郁不自得，会人有触其意者，走入土室中匿不出，遂饿而死。"[16] 称崔子忠在李自成进京后出奔，郁郁不自得地生活了一段时间，因有人触及他的底线，走入土室而死。

明末清初诗文家梁清标曾经拜访过晚年的崔子忠，是少数与崔子忠同时、同地经历过大明、大顺、大清政权更迭的人。他在《息影轩残稿序》中记载："甲申之变，走入土室而死。"其记载虽然有点崔子忠死于甲申之乱的意思，但"甲申之变"显然不能等同崔子忠死于李自成进京。

（2）清代、民国时期的官方文献记载

在官方的史料中，清人万斯同《明史》记载，"国变后避居委巷，有周之而不以礼者，却不受，竟以贫饿死"[17]；民国赵尔巽《清史稿》记载，"遭乱走居土室中，遂穷饿以死"[18]；地方志中，清人李卫《（雍正）畿辅通志》记载："甲申乱作，潜避委巷，竟以饥死"[19]。其他如《（康熙）宛平县志》《（康熙）大兴县志》《（道光）重修平度州志》《（民国）莱阳县志》等，大体与上述记载相同，均将崔子忠死亡的原因归罪于李自成进京。

2. "乙酉年冻死""南都覆后以饿死"说

清代的官方文献和官方作家将崔子忠死亡的原因归罪于李自成进京，一些士人作家和民间传说却指向清王朝，将其死亡的时间定格在南明弘光政权覆灭之后。持这种观点的作家有曹溶、温睿临、李瑶、徐鼒、高承埏等。

（1）曹溶"乙酉年冻死"说

曹溶是唯一记载崔子忠死亡时间、地点和原因的人，他在诗歌《客贻崔道母画有感》（道母京师人，以乙酉年冻死）中记载：

含毫飞动玉绡圆，
花鸟怜香小阁前。
犹记沧波清浅日，
凤城风雪困黄筌。[20]

这是一首纪实诗，前两句描写李自成进京前，崔子忠与妻女以书画自娱的安逸生活。第三句"沧波清浅日"，暗喻清廷荡平南明弘光政权、政局趋于稳固之时。第四句中"凤城"代指北京，"黄筌"代指崔子忠，"风雪"指严冬，与"困"字相连，暗指崔子忠因清兵追捕困死土穴，与标题呼应，明确指出：顺治二年（1645）冬天，当清廷荡平南明弘光政权之后，崔子忠却困死在京师冰天雪地之中。

曹溶是明末清初著名诗人和书画家，与崔子忠的好友宋玫、赵士骥、王崇简、孙如铨、宋琬、梁清标以及周亮工等人友善。他重视科举人才选拔，清顺治元年（1644）担任顺天学政期间，曾就科举、荐举隐逸、访旌殉节者及救济故明贫生等上疏清廷，所献计策皆被采纳，曾举荐过崔子忠的好友王崇简。通过该诗可以看出，他不仅熟悉明亡前崔子忠的生活，也了解崔子忠在明亡后的遭遇，甚至亲历过崔子忠死亡的过程。

（2）"南都覆后以饿死"说

曹溶的记载并非孤说。清人温睿临、李瑶《南疆绎史》记载："已闯陷京师，子忠出奔。郁郁不自得，适有世俗子拂其意，遂遁入土室中匿不出。南都覆后，以饿死。"[21] 徐鼒《小腆纪传》记载与此类似："乱后南奔，郁郁不自得。有世俗子拂其意，遁入土室中匿不出，南都覆后以饿死。"[22] 两人均称崔子忠死于南明弘光政权灭亡之后，与清政府有关。《南疆绎史》为纪传体南明史，专记南明弘光、隆武、永历三朝遗事，作者温睿临是已故崇祯朝辅臣温体仁的族孙；《小腆纪传》参考前人著述，兼及诸地方志和同代人诗文集，以编年体的形式记录崇祯十七年（1644）至康熙二十一年（1682）发生的重要事件和人物活动。两书历来为史家所引重。

（二）"南都覆后以饿死"的其他旁证

1. 崔子忠《左忠贞公肖像》

左懋第（1601—1645），字仲及，号萝石，莱阳人。明崇祯四年（1631）进士。南明弘光政权建立后，以兵部右侍郎兼右佥都御史的身份出使北京，与清廷谈判，不屈而死。崔子忠曾为他创作《左忠贞公肖像》，题识：

> 九皋鸣鹤，冬岭孤松。
> 材堪梁栋，声振苍穹。
> 松高鹤洁，矫矫左公。
> 为仲及世兄写照并题，子忠崔丹。[23]

在古典诗歌语义中，"松"比喻坚贞不移的品格，与丧葬有关。"鹤"是神话中长生不死的仙人坐骑。"九皋鸣鹤"语出《诗经》，喻贤士身隐而名著。"冬岭孤松"喻高节独存。"岁寒，然后知松柏之后凋也"，《左忠贞公肖像》的人物配置及像赞所表达的寓意，与左懋第在举国言降、明朝官民纷纷降清的背景下，拒绝高官厚禄诱惑、慷慨就义的行为以及其《绝命词》契合。从绘画风格看，该图笔法与崔子忠晚年绘画吻合，急就章式的笔法，显示出创作环境的恶劣与窘迫，与崔子忠晚年躲避清兵追捕、流落街头田陌的境遇应和。综上，该图为悼念左懋第而作。左懋第就义于清顺治二年（1645）闰六月十八日，由此推知，崔子忠死于此后，其死亡的时间与曹溶、温睿临等人记载相同。

2.《莱阳宋员外璜帖一》

《莱阳宋员外璜帖一》是崔子忠的知己好友、清顺天府推官宋璜的一封释疑信。研究表明，信中所说的那位自甘冻死的逃人是崔子忠（见本书《〈桑梓之遗录文〉之姜埰、宋应亨、宋璜、崔灿帖及无名氏帖考》宋璜书信部分、《崔子忠之死》第三部分）。宋璜在信中记载："事之无瑕之罪也，为知己者死，亦复何憾。……论匿，则三九见在彼家；论取赎，则满有明例。……自有此事以来，不并力图谋，全家死于月内。"[24] 清朝入关后未及制定新的逃人法律，延用前明法律至顺治三年（1646）五月，宋璜在信中称"论取赎，则满有明例"，说明此时尚在沿用明律，此事发生于顺治二年（1645）的腊月，崔子忠死于顺治二年（1645）腊月，其死亡的时间，与曹溶、徐𪻐等人记载相同。

3. 袁翼诗歌《题崔青蚓杜鹃花鸟手卷》

崔子忠死于南明弘光政权灭亡后的说法，不仅见诸文献记载，而且还有其同代人诗文佐证。袁翼《邃怀堂全集》诗集前编卷三《题崔青蚓杜鹃花鸟手卷》记载：

> 太学生员鲁男子，国亡走入破窑死。
> 千年望帝魂不归，谢豹花开血痕紫。
> 呜呼！青蚓作画如青藤，墨骨饮绢绢有棱。
> 意匠经营腕屈铁，薛荔山鬼来窥灯。
> 卷中活色双翎小，帝女前身精卫鸟。
> 掷笔时闻歌哭声，故乡烽火东牟岛。
> 君不见，石城重建小南朝，燕子呢喃幕上巢。
> 一时粉本轻鸿毛，龙友梅花蝶叟桃。[25]

"石城"，南京城古称，代指南明弘光政权；"东牟岛"，古代东牟郡，辖域相当于明朝的登州府，代指崔子忠的故乡；精卫鸟，语出《山海经·北山经》，代指崔子忠。由该诗歌得知，明思宗自缢后，崔子忠痛心疾首，满腔孤愤发于笔端，试图借助绘画的力量挽救明王朝败亡的命运。他关注故乡反清斗争，期盼起义军光复大明江山，但苟且偷安的南明政权最终垮台，他万念俱灰，毅然走入破窑而死。崔子忠关注故乡反清复明斗争的事实无从考证，但民国文人王崧翰《胶东赋》称他"痛心国祚……移孝作忠"，清初反清复明组织"理教"的教徒奉他为香主，清朝垮台后，人们称他为"民族英雄""仁义爱国多福之神"，却揭示出这种可能性，说明他在南明弘光政权灭亡之后生存了更长时间。

4. 河北省保定地区民间传说

易县学者公李数十年收集、研究保定地区民间传说，成果颇丰。他在《易县洪涯山大庙及庙俗初探》一文中记载："明末清初，……崔子忠为躲避李自成和清世祖爱新觉罗·福临之灾，携眷离开京师，暂时移居洪涯山。……回到北京不久，为躲避清兵，他钻进自家土窖全节饿死。"[26] 详细记载了崔子忠的死亡经历，也将其死亡时间指向清朝。

（三）小结

综上，诸家记载崔子忠死于南明弘光政权覆灭之后，不仅时间、地点、原因交代得清楚明确，而且还有崔子忠作品及其同代人的书信、诗文和民间传说佐证。而清代官方文献和某些主流作家虽然记载崔子忠"遭寇乱"而死，却更多地是指他死亡的原因而非具体时间，与曹溶等人记载并不矛盾，崔子忠死于清顺治二年（1645）冬季的说法可以成立。

三、结论

崔子忠出生于明万历二十三年（1595），死于清顺治二年（1645）。

四、有关崔子忠生卒年观点的商榷

（一）"约1574年生"

有学者认为崔子忠"约1574年生"[27] 相同观点还见于国内外一些学术网站，具体依据不明。按照这种观点，李自成进京时崔子忠已经70多岁，王崇简《都门三子传》和崔子忠《品画图》的记载就显得颇为荒诞了。此说与崔子忠父亲的辈分也无法对应，按照《礼记》规定的婚娶年龄和生育间隔二年计算，崔子忠的父亲约出生于1575年，如果崔子忠出生于1574年，两人根本无法形成真正的父子关系。另外，此说与许多历史记载颇多违和，如崇祯六年（1633）上元节，崔子忠受邀与王崇简、宋琬等人一起到东华门观灯。当时，宋琬十九岁，王崇简三十一岁，而依据这种说法，崔子忠年近六十。王崇简在诗歌《雪游灯市（米吉士约同崔开予、宋玉伯、玉仲、玉叔）》中记载："挥杯跃马天地足，左拍君肩君右顾。"[28] 宋琬则在为《青箱堂诗集》所作序言中记载："天大雪，夜少人，因下马狂呼，蹈藉雪中，明旦视之，衣履尽污。"[29] 花甲之年的老人与十八九的小青年在冰天雪地中跃马嬉戏，在寿命普遍偏低的古代，于情于理显然不通。

（二）"生于1601年后"

有学者因崔子忠在《左忠贞公肖像》中题识"仲及世兄"，认为"题款中写仲及（左的字）世兄（旧时有世交之家，平辈相称为世兄，也用作对世交晚辈的称呼，见《辞海》38页），可以看出左比崔年龄要大，左生于1601年，这样崔生于1601年后较准确。"[30] 此说之误在于对"世兄"一词的理解。盖明清时称科考座师、房师的儿子为世兄，两家有世交、年龄比自己小的人也可以称世兄，兄是尊称，无关年龄大小，不能以此判断推算年龄。如果崔子忠生于1601年（后），至李自成进京才四十三岁，王崇简"年五十病，几废，亡何遭寇乱"的说法就显得十分荒唐了。

（三）生于"1594年前后"

有学者将崔子忠生年定位在"1594年前后"[31] 可能依据梁清标、王崇简所作崔子忠传记，以实岁推导而出。古代实岁、虚岁的转换有其约定俗成的方法，简单地在1644年的基础上减去50年，得出的结果必然是差之毫厘，失之千里。称崔子忠生于1594年后尚可，生于此前则不能成立。

（四）死于1644年

该说可能来源于梁清标、王崇简、周亮工所作传记，其失误处在于将"甲申之变"等同"死于崇祯十七年（1644）"。正如上述，"甲申之变""遭寇乱"是指崔子忠死亡的原因，不是指死亡时间。崔子忠死于南明弘光政权灭亡之后，有历史文献记载及其个人作品、好友书信佐证，兹不再述。

注释

[1] [清] 王崇简：《青箱堂文集》卷八《都门三子传》，收入《四库全书存目丛书》集部第二〇三册，齐鲁书社，1997年，影印本，第497页下栏。

[2] [清] 钱谦益辑《列朝诗集》丁集卷十《崔秀才忠》，清顺治九年毛氏汲古阁刻本，第66页b。

[3] [清] 王崇简：《青箱堂文集》卷八《都门三子传》，收入《四库全书存目丛书》集部第二〇三册，齐鲁书社，1997年，影印本，第497页上栏。

[4] [清] 张廷玉等：《明史》卷六十九志第四十五《选举一》，中华书局，1974年，第1688页。

[5] 叶晔：《提学制度与明中叶复古文学的央地互动》，《文学遗产》2017年第5期，第108页。

[6] [清] 孙承泽：《畿辅人物志》卷十九《崔文学子忠》，清初刻本，第13页a。

[7] 同[1]。

[8] 同[2]。

[9] [清] 厉鹗：《樊榭山房集》卷八诗辛《题敬身所藏崔子忠伏生授经图》，四部丛刊景清振绮堂本，第11页。

[10] 杨德春：《孔子生年月日新考》，《荆楚学刊》第十五卷第六期，2014年12月，第50页。

[11] 同[10]。

[12] [清] 孙承泽：《畿辅人物志》卷十九《崔文学子忠》，清初刻本，第13页b。

[13] [清] 孙承泽：《畿辅人物志》卷十九《崔文学子忠》，清初刻本，第13页b—14页a。

[14] [清] 钱谦益辑《列朝诗集》丁集卷十《崔秀才忠》，清顺治九年毛氏汲古阁刻本，第67页a。

[15] [清] 朱彝尊：《静志居诗话》卷二十一《崔丹》，清嘉庆扶荔山房刻本，第30页a。

[16] [清] 朱彝尊：《曝书亭集》卷第六十四传三《崔子忠陈洪绶合传》，四部丛刊景清康熙本，第14页b—15页a。

[17] [清] 万斯同：《明史》卷三百九十六隐逸传《崔子忠》，清钞本。

[18] [民国] 赵尔巽：《清史稿》卷五百九列传二百九十艺术传三《崔子忠》，民国十七年清史馆铅印本，第2页b。

[19] [清] 李卫修《（雍正）畿辅通志》卷七十九文翰《崔子忠》，清文渊阁四库全书本，第6页b。

[20] [清] 曹溶：《静惕堂诗集》卷第四十二七言绝句二《客贻崔道母画有感（道母京师人，以乙酉年冻死）》，清雍正刻本，第12页b。

[21] [清] 温睿临、[清] 李瑶：《南疆绎史（下册）》，收入《台湾文献史料丛刊》（第五辑），台湾大通书局，第642页。

[22] [清] 徐鼒：《小腆纪传》卷第五十八列传第五十一逸民《崔子忠》，清光绪金陵刻本，第9页b。

[23] [清] 左中行编《左忠贞公外纪》之《左忠贞公肖像》，莱阳瑞记石印局民国五年石印本，扉页。

[24] [清] 陈介锡编《桑梓之遗录文》卷十第九十九册《莱阳宋员外璜帖一》，收入《山东文献集成》第一辑（4），山东大学出版社，2006年，第436页上栏。

[25] [清] 袁翼：《邃怀堂全集》诗集前编卷三《题崔青蚓杜鹃花鸟手卷》，清光绪十四年袁镇嵩刻本，第11页b—12页a。

[26] 耿保仓等编著《保定地区庙会文化与民俗辑录》，天津古籍出版社，2007年，第237—238页。

[27] 李维琨：《南陈北崔——故宫博物院、上海博物馆藏陈洪绶、崔子忠书画集》，上海书画出版社，2000年，第24页。

[28] [清] 王崇简：《青箱堂诗集》卷之二癸酉《雪游灯市（米吉士约同崔开予、宋玉伯、玉仲、玉叔）》，收入《四库全书存目丛书》集部第二〇三册，齐鲁书社，1997年，影印本，第47页上栏。

[29] [清] 王崇简：《青箱堂诗集》卷之二癸酉《雪游灯市（米吉士约同崔开予、宋玉伯、玉仲、玉叔）》，收入《四库全书存目丛书》集部第二〇三册，齐鲁书社，1997年，影印本，第47页上栏。

[30] 王树春：《胶东清代书画志遗》，文物出版社，2001年，第4页。

[31] 李福顺主编《北京美术史》，首都师范大学出版社，2008年，第450页。

[图6] 鲁文生主编《山东省博物馆珍藏·绘画卷》山东文化音像出版社，2004年，第99页。

崔子忠原籍及"家住三城二水滨"考

关于崔子忠侨居北京之前的原籍，目前主要有"莱阳人""其先山东平度州人"两种说法。持"莱阳人"说者，有《清史稿》《（民国）山东通志》《（光绪）增修登州府志》《（民国）莱阳县志》以及清代文人钱谦益、宋继澄、王士禛、徐沁、朱彝尊、张鉴、汪懋麟等。持"其先山东平度州人"说者，有《（康熙）宛平县志》《（康熙）大兴县志》以及清代文人王崇简、周亮工等。除此而外，又有"平度人，或曰莱阳人"[1]，"先世山东平度州（一作莱阳）人"[2]以及"顺天人""宛平人""潍坊人"之说，兹作一一辨正。

一、"莱阳人"说

清代、民国时期学界的主流观点，认为崔子忠在侨居北京之前是"莱阳人"，如《清史稿》记载"子忠，一名丹，字道母，别号青蚓，山东莱阳人，寄籍顺天为诸生"[3]；《（宣统）山东通志》记载"崔子忠，字开予，一名丹，字道冊，别字青蚓，莱阳人，补顺天府学生"[4]；《（民国）莱阳县志》记载"崔子忠，字开子，一名丹，字道母，别字青蚓。先世莱阳人。居京师，补顺天府学生员"[5]。除上述国、省、县志外，一些地方志和历史文献也间接记载崔子忠是"莱阳人"，如《（民国）福山县志稿》卷七之五文苑《明》记载，"姜隐字官周，一字周佐，古县村人。明万历朝供奉画苑。……弟子莱阳崔丹字子忠，尽得其传，举家师之，遂以名世。……隐常依居黄县，故或曰黄县人，又以弟子崔丹故，并讹曰莱阳人"[6]；清人陈介锡辑录山东前贤书帖，编辑《桑梓之遗录文》十卷，其中有关崔子忠的条目，皆曰"莱阳崔高士子忠"[7]，等等。

明清两代文人为崔子忠作传者颇多，其中，以崔子忠的师友所作传记最具说服力。如清初文坛领袖钱谦益在《崔秀才子忠》一文中记载："崔子忠，字道母，莱阳人，侨居都门。"崔子忠的同乡好友、复社"山左大社"盟主宋继澄（按：他的哥哥宋继登是崔子忠的老师，侄儿宋琮、宋玫与崔子忠同学）在《万柳老人诗集残稿》附录中，将崔子忠列在登州府莱阳县名下，同时又注明"姓氏北直顺天府籍"[8]，据实说明崔子忠原籍莱阳，后入籍顺天府。

朱彝尊是"莱阳人"说法的主要倡导者。他没有见过崔子忠，但由于他的好友孙如铨是崔子忠的入室弟子，他个人曾入崔子忠世交好友、莱阳人宋琬府上为幕僚。入清后，参与撰修《明史》，能够接触到第一手档案材料，对崔子忠了解甚多。他多次为崔子忠作传，如《崔茂才子忠传》《崔子忠陈洪绶合传》等，皆称崔子忠为"莱阳人"。复社创始人之一吴曾羽的五世孙吴山嘉，在《复社姓氏录》的基础上重加考证，辑成《复社姓氏传略》，在《北直顺天府》栏目中记载："崔丹，字道母，号青蚓，先世莱阳人，丹居京师，补顺天府学生。"[9]由于崔子忠移居北京后又加入了复社"北直顺天府"，先后用名不同，有些复社同道误把崔丹、崔子忠当成了两个人。对此，朱彝尊解释道："复社一、二集，道冊均与焉，先后名字不同。"[10]张鉴《冬青馆集》甲集卷五文二《答震泽吴愚甫书》则明白指出："崔青蚓原籍莱阳，既隶北直，只可一载，今贵池本一载，前录一载，续录承用，吴江本处已属可疑，今新刊本又汇在一处，此又仆前所疑，后人有出入者此也。"[11] 称崔子忠与崔丹为同一人，原籍莱阳，后移居北京。

清初山东诗人王士禛在《分甘余话》中记载："崔子忠，字青蚓，又字道母，登州莱阳人，居京师，工画山水人物。"[12] 其又在《池北偶谈》中记载："崔子忠，登州莱阳人，居京师。"戏曲家孔尚任曾助修《莱州府志》，他在《享金簿》中记载："莱阳崔子忠，号青蚓，画人物称绝技，人欲得其画者，强之不肯，山斋佛壁则往往有焉。"[13] 明代绘画史专家徐沁与崔子忠同时，他在《明画录》中记载："崔子忠，字清引，一字道冊，莱阳人。少为诸生，以诗名，后侨燕。"[14] 史学家汪懋麟曾入史馆充纂修官，与修《明史》，他在《王筠侣传》中记载："子忠，又字道母。莱阳人，流寓京师。宗伯公暨莱阳诸宋皆与厚善。"[15]

综上，官方编撰的志书及崔子忠的同乡好友、同代人均称崔子忠为"莱阳人"，史书互证，可称信史。值得一提的是，台北"中央"研究院历史语言研究所根据明清内阁大库档案、宫中档等编撰的《人名权威资料——人物传记资料库》，将崔子忠的籍贯核定为"山东承宣布政司—登州府—莱阳县"，对崔子忠原籍的认定，无疑具有一言九鼎的作用。

二、"其先山东平度州人"说及"京师人""顺天人""宛平秀才"说

（一）"其先山东平度州人"说

王崇简是"其先山东平度州人"之说的提出者，他在《都门三子传》一文中记载："崔子忠，字青蚓，一名丹，字道毋。其先山东平度州人。嘉、隆时有仕至显官者，子补荫留京师，遂家焉，即其祖也。"由于他与崔子忠的特殊关系和在清初政坛的特殊地位，他的观点影响了不少为崔子忠作传的人，如周亮工著《因树屋书影》，便照抄其原文，称"王敬哉曰"；《（康熙）宛平县志》等也将这篇传记收入志中。清人高承埏与崔子忠有过间接交往，他在《崇祯忠节录》中记载："先世山东平度州（一作莱阳）人，其祖来京师，后人因家焉。"[16] 态度模棱两可，疑其观点仍然与王崇简有关。《（道光）重修平度州志》则沿袭他的说法。

其实，王崇简、高承埏在传记中并没有说崔子忠是平度州人，而是说他的先辈是平度州人，与崔子忠"莱阳人"不是一回事。关于祖籍与户籍的区别，学者吴建华研究认为：

> 乡贯指个人出生地、原籍、世代居住的祖籍，相当于原户口所在地。户籍指"现"籍，"现"户口所在地。明代大多数人乡贯和户籍合一，少数因从军、仕宦、经商等缘故，政府允许他们在外省府县应考，从而出现乡贯和户籍的双重记录。[17]

从登科录等资料看，明代官府确定某人籍贯的标准，是以占籍地（户籍登记地）而非原籍（祖先著籍地）为定。崔子忠祖籍平度，他当时的户籍却未必在平度，他和他的家族完全有可能因各种原因加入莱阳县籍，正像他的始祖崔世荣原籍青州府寿光，因在胶东任职、居住，最终成为平度人一样。众多历史文献记载崔子忠"原籍莱阳"，却未见记载其"原籍平度"者。即使在崔子忠的祖居地平度，清道光年间重修平度州志，也含混不清地记载"平度人，或曰莱阳人"，这种态度，反而增加了崔子忠原籍莱阳的可信性。有学者认为："关于崔子忠的原籍，有'莱阳人'和'平度人'两种说法。'莱阳说'所依据的主要是'崔为诸生，师事莱人宋继登，与其诸子及群从皆同学'这类资料和清康熙年间朱彝尊写的一篇短文（收入民国《莱阳县志》）。"[18] 一开始便同化了"祖籍"与"户籍"的概念，把"其先山东平度州人"等同于"平度人"，由此展开对该问题的讨论，得出崔子忠是平度人的结论，并认为，"其实，崔氏占籍顺天，崔子忠与莱阳宋氏的'师事'和'同学'关系，是发生在北京的事。所以，虽然莱阳宋氏在崇祯年间声名显赫，但这却不能证明崔子忠原籍也是莱阳。而朱彝尊是浙江人，

晚于崔子忠，他的短文显系据传闻所写"（引文同上）。最后，甚至引崔子忠号北海证明其观点，均有待商榷。

众所周知，古今官方编纂志书审核极严，国史、省志、县志无一例外地称崔子忠是"莱阳人"，又有清宫遗留档案、崔子忠同乡好友的记载与之呼应，其真实性毋庸置疑。且钱谦益曾与崔子忠朝夕相处，朱彝尊的朋友圈不少人与崔子忠非常熟悉，其个人曾参与撰修《明史》，对崔子忠知之甚详，他们的记载岂能作儿戏谈？至于引崔子忠号"北海"证明其为平度人，实际并不妥当：东汉时期莱阳部分地区也曾属于北海国，崔子忠号"北海"，乃是追述其始祖崔世荣的祖籍地青州府寿光。

有学者认为崔子忠原来是平度人，侨居北京，甲申之乱后以假死之计逃到莱阳隐姓埋名地生活，因此变成莱阳人。此说逻辑颇为不通，试想，既然崔子忠已经隐姓埋名，又怎能以真名列入莱阳正史，为人们所熟知？情节诡异，反而使人们对崔子忠的籍贯产生了更大的疑惑。

（二）"京师人""顺天人""宛平秀才"说

崔子忠"京师人""顺天人""北平人""顺天府学生""宛平秀才""大兴人"的说法见于明清各种文献，兹不一一叙述。这些记载主要有三个源头。其一，志书。如清人万斯同《明史》记载"崔子忠字□母，京师人"[19]，张庚《国朝画征录》记载"时顺天崔子忠亦善人物，与洪绶齐名，号南陈北崔"[20]等。其二，崔子忠题识，如《白描佛像图》题识"长安门下士崔子忠"，《天中货郎图》题识"北平崔子忠"等。其三，传记，如徐鼒《小腆纪传》卷五十八列传第五十一《逸民》记载"崔子忠，一名丹，字道册，又字青蚓，莱阳人。寄籍为宛平诸生"等。从崔子忠最后落户北京的事实看，这些说法无疑十分正确。但因崔子忠的"祖父"补荫留京而称其为北京人，观点却有待商榷。有关这个问题，笔者在《"南陈北崔"之崔子忠家族文化背景研究》一文中已经说明：崔子忠的祖父没有补荫，留京的是他的弟弟崔佽，且到崔佽儿子那一辈又举家迁回

山东，崔子忠在流寓北京之前仍然是莱阳人。

需要指出的是，有些志书、文献、画册称崔子忠是"北海人"，颇有些牵强附会。在明代行政建制中，山东并无北海地名。崔子忠在题识中自称"北海崔子忠"，乃是追念其始祖的祖籍地，而非指他当时的户籍所在地。

综上，参考《清史稿》《（道光）重修平度州志》《（康熙）宛平县志》《（民国）莱阳县志》《胶东崔氏族谱》等史料，可得出如下观点：崔子忠的始祖崔世荣祖籍青州府寿光（今山东省寿光市），金元年间卜居胶水县，明初改胶水县为平度州，遂为平度州（今山东省平度市）人。崔子忠属于平度崔氏家族，为莱阳县（今山东省莱阳市）人。明天启年间流寓北京，寄籍为顺天府学生，由此成为顺天（今北京市）人。

三、崔子忠的祖居地与印文"家住三城二水滨"

崔子忠有一方朱文印，印文曰"家住三城二水滨"，常用在为宗亲、同乡好友创作的作品中，如为同宗崔玄胤创作的《藏云图》，为同乡好友姜埰创作的《扫象图》等，都曾用到此印。崔子忠具有浓重的宗亲观念和故乡情结，据此推测该印文是指他的祖居地，借此寄托思乡之情。笔者多次考察与崔子忠故乡有关的地区，发现今山东省平度市古岘镇即墨故城一带，地理位置、文化内涵与印文"家住三城二水滨"契合。

（一）即墨故城的地理位置及其文化内涵

即墨故城位于今山东省平度市古岘镇朱毛村一带，前临"胶东母亲河"姑尤河，背依道教名山大泽山，虎踞龙盘，是古代齐国东部政治、经济、文化的中心。即墨故城具有悠久的文化历史，一城三名，《（道光）重修平度州志》卷一《古迹沿革图》记载："即墨故城一名朱毛城，一名康王城。齐下都，楚汉胶东王都，王莽扶崇公国，东汉即墨侯国，魏晋即墨县，北魏长广县，北齐省魏即墨入之，隋改胶水县，移胶东城南移即墨于汉不其，此城始废。"[21]为便于后期研究，今详述三城历史如下。

1. 朱毛城

朱毛城最早起源于春秋时期。鲁襄公六年（前567），齐侯灭莱，为加强对胶东地区的统治，齐国一方面将莱共公迁移到今山东省龙口市一带居住，保留其"莱"名；另一方面在原莱国中心、今即墨故城朱毛村一带建立军事重镇，派将领朱毛驻守，此城因而得名"朱毛城"。关于齐侯灭莱的历史，《春秋左传正义》卷三十《襄公》记载："及杞桓公卒之月，乙未，王湫帅师及正舆子、棠人军齐师，齐师大败之。丁未，入莱。莱共公浮柔奔棠。正舆子、王湫奔莒，莒人杀之。四月，陈无宇献莱宗器于襄宫。晏弱围棠，十一月丙辰而灭之。迁莱于郳。高厚、崔杼定其田。"[22]《（道光）重修平度州志》则记载："故即墨城。齐初并莱，以莱古都辽远，建此城于莱国之中。北依群山，南控芥莒，名朱毛城，后为即墨。"[23]

春秋时期礼崩乐坏，弑君三十六，亡国五十二，诸侯不得保其社稷者不可胜数。朱毛是弑君者之一，关于他的为人，《春秋左传正义》如此记载："……使毛迁孺子于骀，不至，杀诸野幕之下，葬诸及冒淳。"[24]这是一段惊心动魄的故事。齐景公晚年宠爱妾芮姬的儿子荼，不顾大夫们反对立其为太子，其余诸公子则迁居莱地。荼即位后，诸公子纷纷逃亡，田乞乘机拉拢鲍牧等人驱逐辅国大臣国夏、高张，齐君荼孤掌难鸣，只能任由田氏摆布。田乞准备立公子阳生为国君，因担心背上废君的恶名，便栽赃是鲍牧的主意，让阳生出面要挟，鲍牧只得同意他的意见，立阳生为君，是为齐悼公。紧接着，田乞又驱逐荼于莱，派朱毛在半路帐篷中杀害了他，齐国由此进入了田氏专权的时代。作为弑君者，朱毛原本不值一提，但他却因最早驻守即墨而名垂千古。

需要提及的是，崔子忠的远祖、齐国重臣崔杼也是一位弑君者，他最初深得齐灵公信任，齐灵公死后，因拥立齐庄公成为重臣，后因为庄公与其妻私通而弑之。再立齐景公，主持国政，一时权倾朝野。

2. 即墨故城

即墨故城东据小沽河，西据墨水河，以地临墨水河而得名。"即墨"之名最早见于《史记》等典籍记载的"即墨大夫"。关于"即墨大夫"，历史共记载有三位，第一位是战国时期齐威王封"即墨大夫万家"者，第二位是齐襄王时战死者，第三位是劝谏齐王建不要降秦者。三位大夫皆刚直不阿，而以齐威王时期的"即墨大夫"最为有名。《资治通鉴》记载：

齐威王召即墨大夫，语之曰："自子之居即墨也，毁言日至。然吾使人视即墨，田野辟，人民给，官无事，东方以宁，是子不事吾左右以求助也！"封之万家。召阿大夫，语之曰："自子守阿，誉言日至。吾使人视阿，田野不辟，人民贫馁。昔日赵攻鄄，子不救；卫取薛陵，子不知。是子厚币事吾左右以求誉也！"是日，烹阿大夫及左右尝誉者。于是群臣耸惧，莫敢饰诈，务尽其情，齐国大治，强于天下。[25]

即墨因"即墨大夫"名闻天下，但它最值得大书特书的却是战国时期的"火牛阵"。公元前284年，燕将乐毅伐齐，连克七十余城，兵临即墨，齐国危在旦夕。即墨城军民共推田单为将。田单首先用反间计使燕王撤换了乐毅，继而又诱使燕军割齐人鼻，掘坟，坚定城中军民的抗燕决心，尔后诈降，以"火牛阵"夜袭燕军营垒，杀燕帅骑劫，乘胜收复被燕国夺取的齐国土地。（图1）

历代文人雅士吟诵"火牛阵"和即墨古城的诗歌不胜枚举，如宋代名臣王安石、明代嘉靖朝首辅毛纪等，都撰写过脍炙人口的诗歌。崔子忠的从高祖崔廷槐也写过一首《金台曲》，文笔酣畅淋漓，对这场决定燕齐命运的战争作了入木三分的描写：

燕王昔筑黄金台，黄金台成宾客来。
玉冠珠履纷如堵，赠客黄金如赠土。
左乐毅，右剧辛，东无赵，西无秦。
莒城即墨虽未下，齐君出亡燕已霸。
柙中猛虎釜中鱼，禽狝草薙功乃殊。

图1　山东省平度市汉代即墨故城遗址（东侧城墙）　宋少伯 / 摄影

薤上露晞白日暮，骑劫何来毅何去？
苍蝇浼白玉，谗口铄黄金。
当局不能识，笑杀旁观人。
君不见即墨门开飞紫烟，
降城七十皆叛燕，齐人裂地封田单。
单成孤，劫成虏。黄金台，罢歌舞。[26]

3. 康王城

汉初，刘肥之子刘雄渠受封胶东王，都即墨，辖即墨、昌武、下密、壮武、郁秩、挺、观阳、卢乡八县。公元前153年，汉景帝封其爱子刘彻为胶东王，因年少未就国；公元前148年，又封刘寄为胶东王，共传六代。胶东王中最有名的是康王刘寄。刘寄为汉景帝庶子，其母为王夫人，是皇太后的妹妹，与汉武帝刘彻最亲。班固《汉书》记载，元狩三年（前120），淮南王刘安密谋叛乱，刘寄微闻其事，暗中备战。刘安事败之后，刘寄且忧且惧，郁郁而死，死后谥康，葬即墨故城北六曲山。刘寄一生无所作为，但因为是汉武帝刘彻异母弟的缘故，史家对其格外重视，胶东民间也流传有很多他的故事。《（道光）重修平度州志》记载："即墨故城为汉代王城，因汉武帝之弟康王刘寄分封于此，又称康王城。"

4. 小结

在即墨故城的发展历史中，"即墨"是见诸正史记载的"官名"，"朱毛城""康王城"是流传于民间的"俗名"，但经过长期演化，这些名字都逐渐官方化了，开始走入正史。从春秋设置"朱毛城"，到隋代移即墨于汉代不其地（今山东省即墨市），即墨故城经历了无数风云变幻，众多历史事件在此发生，许多历史名人在此诞生，积累了丰厚的文化底蕴。尤其是崔氏先祖在此活动的历史，将家国（城）概念合二为一，成为崔氏子孙最可宝贵的记忆。

（二）"二水"

即墨故城东临小沽河，西临墨水河，地理位置与"家住三城二水滨"契合，但是，在胶东历史上，"二水"却是特指即墨故城东部的大沽河、小沽河及其汇流而成的姑尤河。关于大沽河、小沽河与姑尤河的关系，《齐乘》记载：

齐东界姑水、尤水皆在城阳郡东南入海。今按沽水有二：曰大沽河，出黄县南蹲狗山；曰小沽河，出莱州南马鞍山。二水俱南流，径胶水县东南朱毛城东（朱毛即古即墨城）乃相合，通名为沽河，至胶州东南入海。沽水起北海至南海，行三百余里，绝齐东界，故曰姑尤以西，尤即小沽河耳。[27]

《（康熙）平度州志》卷一《山川》记载与此相同："沽尤以西，沽即大沽，尤即小沽也。"[28]《（道光）重修平度州志》卷一《古迹沿革图》则记载："大姑昔姑水，小姑昔尤水。"[29]明确指出，"二水"为"姑""尤"的组合。事实上，在莱阳古代疆域图中，从西汉到东汉数百年间，大沽河、小沽河一直被称为"姑水""尤水"，只是到了晋宋以后，才开始称"大沽""小沽"，并一直延续至今。总之，在胶东民间，"二水"是大沽河、小沽河约定俗成的说法，两者密不可分。

"二水"流传着很多美丽的传说，在这些传说中，以《洗心河》故事流传最广、影响最大。《（道光）重修平度州志》卷二十列传六《列女传（节烈）》记载："汉王氏，秦友妻。氏夫友应役，筑胶东王城，年久不返，氏与小姑万里来寻，夫疑道途或不贞洁，氏忿激不胜，即向河下河水剖腹洗心，其小姑亦死。至今河中沙土犹存赤痕，人以为异。"[30]秦友妻与小姑忠贞刚烈的品格千古流芳，当地民间诗歌《小沽河》赞曰：

凛然节烈千古稀，迄今沽水犹流涕。
王嫂秦姑清贞女，芳名播扬自汉始。[31]

旧时即墨故城附近曾筑"二贞庙"祭祀，庙门对联曰："没王事，寻夫难，死随兄嫂，继殷而有三仁，千古此台存汉土；瞰姑尤，面康城，右依岱宗，去国虽有万里，至今遗庙属秦家。"《洗心河》的故事类似孟姜女千里寻夫，虽然老套，但其中所包含的封建道德伦理，却对当地民风民俗影响甚大。明崇祯五年（1632），叛将孔有德破平度州城，烧杀淫掠，无恶不作，州中妇女全节而死者数百人，而历代平度州志及相关文献记载的节烈妇女，总数竟达3200多人。

小结

"二水"流经平度、莱阳等地，养育两岸数十万民众，是胶东地区真正的母亲河，其名气和文化内涵远远高于以地理因素命名的墨水河。崔子忠的诗文崇尚古奥蕴藉，无论从哪方面看，"二水"都应当是指大小沽河，因为只有这样，才能尽情表达他对故乡山川的自豪和眷恋。

（三）"家住三城二水滨"的具体地点

即墨故城一城三名，但它并不据"二水"之滨。若要符合"家住三城二水滨"的要求，必得在居住即墨故城的同时，又在大小沽河之间的莱阳县拥有居所和土地。调研表明，明清时期，崔氏家族的情况恰好如此。

1. 即墨故城及大小沽河一带的崔氏家族居住地

2008年至2020年间，笔者三次到平度市、莱西市调研，走访即墨故城附近与崔氏家族有关的村庄，发现早在明代万历年间，崔子忠的族曾祖父崔校（官直隶河间府通判）及其后裔已经开始在即墨故城内南城子村生活，现今村中90%以上的居民仍然是他的后裔。万历朝首辅于慎行在《崔公梅庄先生暨配曹孺人合墓表》一文中记载：

其时六室同爨，食指且千，子侄彬彬辈起，公独持家政，抚摩教训无异己出，一家之内，雍雍如也。昭武故墓在城北四十里，至是即其遗址，创奉祭祀且置别业其旁，贮谷数百斗，婚丧有助，凶饥有给，宗人赖之。[32]

"六室"，指崔廷桂兄弟六支；"同爨"，同灶炊食。由此可知，约在嘉靖、万历年间，崔廷桂兄弟六支尚生活在一起，南城子村是他们的共有田产。崔子忠曾画过一幅《洗象图》，题识"海上崔子忠图"，同时钤印"南城子忠"，与崔氏家族居住南城子村的事实应合，说明当初他们这一支也居住于此。

据南城子村长老讲，明末，随着崔氏家族产业的日益增长，崔氏各支陆续外迁。当时，南城子崔氏不仅在即墨故城内拥有大片田地，在大、小沽河之间的莱阳县（今山东省莱西市）也拥有自己的飞地（指深入对方境内的"插花地"），他们白天前去耕种，晚上回村歇息，后来为图方便，一些人径直移家莱阳。现今南城子村的居民基本为崔校后裔，据此推测，当初移居莱阳县地的那拨人，应该包括崔子忠一支。

2. 即墨故城南部姑尤河边的莱阳飞地

明清时期，在即墨故城南部大小沽河交汇的姑尤河边，有莱阳县越河而治的十四个村子，它们地处姑尤河北岸，也在"二水"之滨（图2）。南城子村崔氏固定门联（横批）曰"南亩春深"，或指在这一带拥有田产。实际上，自西汉至清十余代，小沽河、姑尤河西岸沿线的不少土地一直属于莱阳县管辖，一些地方甚至深入平度境内数公里。值得注意的是，在《（康熙）平度州志》《（道光）重修平度州志》中，即墨故城、姑尤河均被列入平度州境，但小沽河却含混不清，这种情况表明，莱阳或是小沽河的"河长"，负责管理小沽河及其两岸的土地。清代平度诗人李本樟曾作诗《小姑河》，诗曰"一线河流鉴白沙，莱夷壤错润桑麻。晴光暖入姑尤水，麦垄青黄间菜花"[33]，形象地描绘出莱阳、平度疆域交错的地理景观，崔子忠一族生活于此，或因河水泛滥改变地貌，因此变为莱阳人。

总之，"家住三城二水滨"离不开即墨故城这个

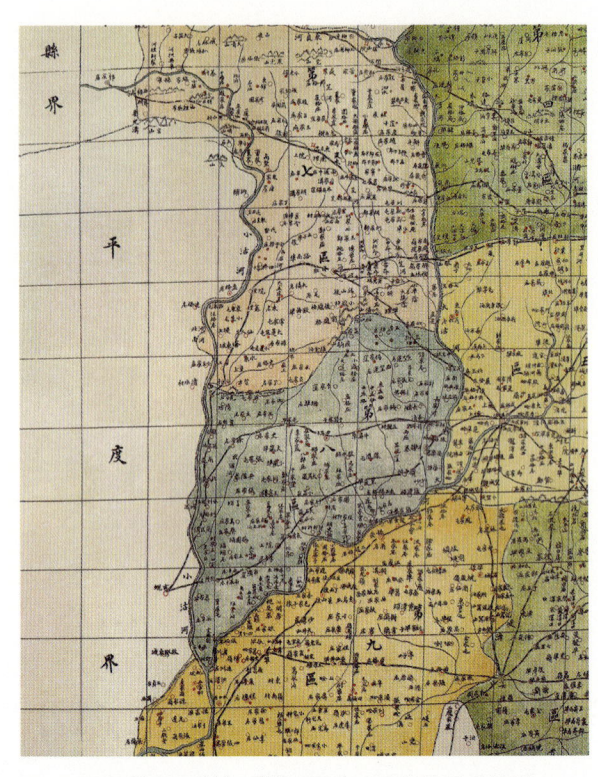

图2 民国时期即墨故城一带地理图（1929年莱阳县地图）

核心，也离不开"二水"这一限定条件。崔氏家族田产横跨莱阳、平度两地，当是历史记载崔子忠"平度州人，或曰莱阳人"的主要原因。

四、崔子忠在北京的居所

（一）"方阁老园池"

关于崔子忠在京的居所，目前仅见钱谦益两则记载。其一，《列朝诗集》丁集卷十《崔秀才子忠》记载："崇祯戊寅，余匏系都城，道母因漳浦刘履丁见余。履丁寓方阁老园池，去余寓一牛鸣地，有疏桐古木，前临雉堞，道母喜其萧闲，履丁去，遂徙居焉。"[34] 称崇祯十一年（1638），因刘履丁馈赠，崔子忠移家"方阁老园池"。其二，《牧斋初学集》卷第十四《中秋夜饯冯尔赓使君于城西方阁老园池，感怀叙别，赋诗八章，时德州卢德水、东莱崔道母及冯五十跻仲俱集》（其一）记载："置酒坐广除，白月挂我前。纤云解翳骏，万象吐澄鲜。月驾何方来？先照双阙巅。稍破阁道暗，复向天街圆。飞光城南隅，亦

是尺五天。可怜大圆镜，移置小林泉。"[35] 称"方阁老园池"在北京"城西""城南隅"。

北京城自元代建都以来，一直以中轴线划分东西两城。明时中轴线南起永定门，北至钟鼓楼，东为大兴县，西为宛平县。由此推知，"方阁老园池"在今北京西城区右安门内白纸坊、陶然亭（明时称"野凫潭"）一带。吴省钦《崔子忠钟馗》记载："濠梁阿崔留后人，莱阳山水长安尘。有园旁向方阁老，有马赠自史道邻。"[36] "濠"通"壕"，意谓城下池等，据此推测"方阁老园池"地临湖水，在陶然亭湖附近。钱谦益称其"前临雉堞"，则又可知其在陶然亭湖南部靠近城墙的位置，大约在慈悲庵一带。

需要提及的是，明代有两位"方阁老"：一位是万历朝内阁首辅方从哲，另一位是崇祯朝内阁次辅方逢年。方从哲的别墅"方园"在西城西北积水潭小铜井胡同附近，地理位置与钱谦益记载不符。方逢年的别墅未见记载，根据他在崇祯十一年（1638）官升次辅，不到一年即去职归乡，以及他与刘履丁同属江南人的情况看，"方阁老园池"或就是他的别墅，刘履丁在南下时送给了崔子忠。

（二）崔子忠移家"方阁老园池"之前的住所

关于崔子忠早年的居所，王崇简《同宋上木访崔青蚓，钱孚千、蔡迪之适至》记载："动即君家去，城阴覆短墙。友能不约至，户启自生凉。"[37] 称其居所在城墙根，在夏日，城墙的阴影都能将其覆盖。吴伟业《题崔青蚓洗象图》则记载："十丈黄尘向天阙，霜天夜踏宫墙月。刍豆支来三品料，鞭梢趋就千官谒。"[38] 称其在宫墙附近。

崔子忠居住南城，在南城能称为宫墙的建筑，只有天坛、先农坛的围墙。明清时期，天坛外坛墙内住满了大量在此谋生的平民百姓和道士。《（康熙）大兴县志》《北游录》记载崔子忠是大兴县人，天坛恰好在大兴县境内；《畿辅人物志》《列朝诗集》记载崔子忠以莳花养鱼为生，明时最热闹的节会也在天坛外坛墙内，花艺、药店、茶馆、酒肆、烧香、占卜算卦等无所不有，且天坛西右安门内至宣武门外一带及天坛北金鱼池，是京城最大的花卉、金鱼贸易市场。崔子忠生活于此，非常方便谋生和习礼。

王崇简的诗歌作于天启六年（1626）至崇祯四年（1631）间，吴伟业的诗歌描写的是崇祯九年（1636）之前的情景，据此推测崇祯十一年（1638）之前，崔子忠居住在天坛一带，为大兴县人。与刘履丁、钱谦益相识之后，才移居天坛西"方阁老园池"，成为宛平县人。

（三）崔子忠与神乐观

人的居所环境总是与生活和事业追求相关，崔子忠自然不能例外，从他毕生研习先秦礼仪和莳花养鱼看，他居住在天坛一带可能与供事神乐观有关。

明代天坛设置神乐观（清代改名神乐署），属太常寺，专司祭祀音乐、乐舞，观内乐舞生最多时达数千人。关于这些乐舞生的生活，学者刘仲孝在《天桥》一书中记载：

天坛内有神乐观，明代人称道院。明人田艺蘅所著《留青日札》中载道："国朝郊祀，奏乐者为神乐观道士。"祭祀前，召集道士在观内演习乐舞，故合称其为乐舞生。明制初皆选道童充任，嗣后舞生改用军民俊秀子弟，乐生仍由道童充任。……这些乐舞生终年住在观中，清闲自在，平日便以栽花种草为消遣，还在坛内采集益母草，制成妇科良药益母膏出售。[39]

崔氏家族是著名的道教、礼学世家，崔子忠的高祖、从曾祖父、曾祖父、从祖父、父亲大多信奉道教，或为朝廷礼官，或从事与朝廷祭祀大典有关的工作，家族充满浓郁的道教、礼学氛围。崔子忠始名丹，字道母，又字道冊、道母。"冊"古同"贯"，道贯，道籍也。从这个极具道教色彩的名字看，他可能是道童出身，具备成为乐舞生的基本条件。从目前已经掌握的材料看，他与天坛乐舞生主要有以下几方面的相似点。

其一，钱谦益《中秋夜饯冯尔赓使君于城西方阁老园池，感怀叙别，赋诗八章，时德州卢德水、东莱崔道母及冯五十跻仲俱集》（其一）记载："飞光城南隅，亦是尺五天。可怜大圆镜，移置小林泉。明童泛玉卮，素魄流朱颜。叹息月中桂，芬芳弥岁年。"

"明童"之"明"，《说文》曰"照也"。《礼记》卷三《檀弓》曰："其曰明器，神明之也。"郑注："神明死者，异于生人。"西汉马王堆三号汉墓有"明童"记载，学者郑曙斌研究认为，"明童"具有人俑性质，与祭祀活动有关：

可能是模拟"葬俑"而出现在葬仪中的"人俑"，因并不随葬、有别于葬俑而名之曰"明童"；作为遣送死者之"人俑"，在葬日在大遣奠时参加葬仪，葬仪结束之后随柩车一同送葬，表达送死之意；因是主持葬礼之史在大遣奠时所宣读的"遣者"，不同于"入圹之物"。[40]

又：道教有五方灵童，职专接引亡灵往生神仙世界。《法海遗珠》卷二十第三《诵捻符纸咒》曰："正一阳光，焰上朱烟。开明童子，一十二人。洞照一室，及臣等身。百邪摧伏，煞鬼万千。光明朗彻，通真达灵。升入无形，与道合真。急急如律令。"[41]形象见于宋代武宗元《朝元仙仗图》。

又：佛教五明。工巧明、声明、医方明、因明、内明。

"泛玉卮"之"泛"，《说文》曰："浮也。"《汉书》曰："泛泛滇滇从高斿。"比喻洋溢盛大的样子。又《集韵》曰："反覆也。"《汉书·武帝纪》曰："泛驾之马。"

"玉卮"，古代名贵的盛酒礼器。如《汉书·高帝纪》曰："上奉玉卮为太上皇寿。"应劭注："饮酒礼器也。"又比喻为神仙般的生活，如宋人朱敦儒《鹧鸪天》曰"有个仙人捧玉卮，满斟坚劝不须辞"，汪应辰《太上皇帝合端午帖子词》曰"君王自进长生缕，细剪菖蒲泛玉卮"等等。

综上，"明童"的概念与祭祀人俑、道童、同盟者等有关，"泛玉卮"与帝王礼仪和仙人生活有关，能够前后关联的意为"祭祀者""礼器"。"明童"又与历史上的神童徐孺子有关（《世说新语》），但联系到崔子忠正一道士和习礼者的身份，"明童"却应该是指他是一名与朝廷祭祀活动有关的道教人物，"泛玉卮"是指他刚刚放弃祭礼工作。

其二，崔子忠毕生研究《礼记》《大戴礼记》，这是两部论述先秦礼仪（含祭礼、士礼）的经典著作，与天坛祭祀大典相关，崔子忠深入研究这两部书，可见其人生志向在此。他品格高洁，行为刻意模仿古代先贤，习礼、守礼、弘礼，望之不似今人，由于"太节"[42]，晚年甚至为礼而死。他不仅深通礼学，而且精于琴艺，吴省钦《崔子忠钟馗》记载，"冯衍孺人惯对琴，左思娇女频裁赋"[43]，"惯对琴"，言其善操琴也。其高洁的精神品格、深厚的礼乐素养和超俗的生活状态，与乐舞生的职业要求和行为特点相同。

其三，崔子忠"居京师阛阓中，蓬蒿翳然，凝尘满席，莳花养鱼，杳然遗世"，兴至则解衣盘礴，与妻女作画为乐。又善制药。他的生活状态，与天坛乐舞生清闲自在，平日以栽花种草、采制妇科良药为事相同。

其四，天坛神乐观乐舞生以正一道为宗，其中优秀者可以被朝廷赐以"真人""高士"等头衔。崔子忠为正一道士，人称"崔高士"，其宗教信仰及相应"头衔"与乐舞生相似。

其五，崔子忠经常描绘祭典场景，如其早期作品《授道行装图》描写的祭天场景，便与意大利传教士利玛窦在京品评中国祭祀音乐史实相同，说明他熟悉这种生活。

除上述几方面外，崔子忠晚年隐居道教名山洪崖山（按：传说洪崖山是黄帝及上古历代帝王祭天的圣地，也是黄帝乐官伶伦调制音乐的场所），抑或与天坛乐舞生的经历有关。明时，神乐观经常面向全国选拔德行高洁的道士担任乐舞生，崔子忠为诸生时甚贫，必定愿意成为一名乐舞生，借此养家糊口、研习礼仪。总之，崔子忠的思想信仰、人生志向、生活状态、研究领域等，皆与神乐观乐舞生相似。

值得一提的是，天坛地处京师外城，其西为野凫潭（今陶然亭湖一带），北为鱼藻池（今金鱼池一

图3 北京市西城区陶然亭湖慈悲庵 宋少伯/摄影

带），地理位置也与"家住三城二水滨"契合。而坐落于先农坛西陶然亭湖心岛之上的古刹慈悲庵，地处南城一隅，前临雉堞，环境特别清幽，与历史记载的"方阁老园池"的环境印合，据此推测，崔子忠居住的"方阁老园池"或就在慈悲庵附近（图3），崇祯十一年（1638）后，他在这里习礼、调琴、莳花养鱼，晚年则流落于此地的废窑中冻饿而死（见本书《崔子忠之死》）。为了解明时慈悲庵的人文环境，今录清工部侍郎江藻《陶然吟引》如下：

> 京城南隅有慈悲庵，居南厂之中。康熙乙亥岁，余以工部郎官监督厂事，公余清暇，登临览观，得至其地，庵不数楹，中供大士像，面西有坡池，多水草，极望清幽，无一点尘埃气，恍置身于山溪沼沚间，坐而乐之，时时往游焉，因构小轩于庵之西偏。偶忆白乐天有"一醉一陶然"之句。余虽不饮酒，然

从九衢尘土中来此，亦复有心醉者，遂颜曰陶然，系之以诗。[44]

五、结语

诸多文献史料和实地调研表明，崔子忠进京前是莱阳人，祖居今山东省平度市南城子村一带。然而，自崔子忠的曾祖父崔津在京做官以来，崔氏家族已经四代居住北京，北京已经成为他们的第二故乡。崔子忠的诗文具有古奥蕴藉的艺术特点，"家住三城二水滨"一语双关，兼指山东、北京两地居所，似乎也在情理之中。今时过境迁，人们完全可以称他是北京人、莱阳人、平度人，如果愿意，也可以称他是寿光人。从他对中国美术史的贡献看，其人非一乡、一县所能私，即或山东也不能私。如西方博物馆、美术馆竞相收藏其作品，得片纸以为贵，学者聒噪不已，则中国也不能私也。

注释

[1] [清] 李图总纂《(道光) 重修平度州志》卷二十二 (上) 列传八《侨寓外徙》, 第 4 页 a。

[2] [清] 高承埏编辑《崇祯忠节录》卷一, 收入周骏富辑《明代传记丛刊·名人类 (45)》, 明文书局印行, 影印本, 第 209 页。

[3] [民国] 赵尔巽《清史稿》列传卷五百十一艺术传三《崔子忠》, 民国十七年清史馆铅印本, 第 2 页。

[4] [民国] 杨士骧、孙葆田纂《(宣统) 山东通志》卷一百六十三人物志第十一《历代文苑·明》, 第 35 页 b。

[5] [民国] 王丕煦纂《(民国) 莱阳县志》卷三之三 (上) 人事志艺文传志《崔茂才忠传》, 第 18 页 b。

[6] [民国] 王陵基、于宗潼纂《(民国) 福山县志稿》卷七之五文苑《明》, 第 1 页。

[7] [清] 陈介锡编《桑梓之遗录文》卷八第七十八册《莱阳崔高士子忠行书一》, 收入《山东文献集成》第一辑 (4), 山东大学出版社, 2006 年, 第 319 页下栏。

[8] [清] 宋继澄《万柳老人诗集残稿》附录《吾乡复社姓氏并载于后》, 卢乡丛书本, 第 7 页 b–8 页 a。

[9] [清] 吴山嘉:《复社姓氏传略》卷一《北直顺天府》, 中国书店, 1996 年, 影印本, 第 1 页 b。

[10] [清] 朱彝尊:《静志居诗话》卷二十一《崔丹》, 清嘉庆扶荔山房刻本, 第 30 页 a。

[11] [清] 张鉴:《冬青馆集》甲集卷五文二《答震泽吴愚甫书》, 民国四年刘氏嘉业堂刻吴兴丛书本, 第 11 页 a。

[12] [清] 王士禛:《分甘余话》卷一, 清康熙新安程氏七略书堂校刻本, 第 12 页 a。

[13] 黄宾虹、邓实编《美术丛书》初集第七辑《享金簿》, 浙江人民美术出版社, 2013 年, 第 222 页。

[14] [明] 徐沁:《明画录》卷一《人物》, 清嘉庆读画斋丛书本, 第 14 页 a。

[15] [清] 李祖陶辑《国朝文录续编》之《百尺梧桐阁文录·王筠侣传》, 清同治刻本, 第 12 页 b—13 页 a。

[16] 同 [2]。

[17] 吴建华:《明清苏州、徽州进士数量和分布的比较》,《江海学刊》2004 年第 3 期, 第 156 页。

[18] 李树:《平度史话》, 青岛出版社, 1999 年, 第 154—155 页。

[19] [清] 万斯同:《明史》卷三百九十六隐逸传《崔子忠》, 清钞本。

[20] [清] 张庚:《国朝画征录》卷上《陈洪绶 (陈字附)》, 收入徐蜀编《国家图书馆藏古籍艺术类编 (19)》, 北京图书馆出版社, 2004 年, 影印本, 第 421 页。

[21] [清] 李图总纂《(道光) 重修平度州志》卷一《古迹沿革图》, 第 31 页 a。

[22] [春秋] 左丘明撰、[晋] 杜预注、[唐] 孔颖达疏《春秋左传正义》卷三十, 清嘉庆二十年南昌府学重刊宋本十三经注疏本, 第 7 页。

[23] 青岛市史志办公室编《平度简志》, 五洲传播出版社, 2002 年, 第 374 页。

[24] [春秋] 左丘明撰、[晋] 杜预注、[唐] 孔颖达疏《春秋左传正义》卷五十八, 清嘉庆二十年南昌府学重刊宋本十三经注疏本, 第 6 页 a。

[25] [宋] 司马光:《资治通鉴》卷第一《烈王》, 四部丛刊景宋刻本。

[26] 平度市政协文史资料研究委员会编《平度古诗选注》, 中国文史出版社, 2019 年, 第 85 页。

[27] [元] 于钦:《(至元) 齐乘》卷二《姑尤水》, 清乾隆四十六年刻本, 第 10 页 a。

[28] [清] 李世昌纂修《(康熙) 平度州志》卷一《山川》, 第 8 页 a。

[29] 同 [21]。

[30] [清] 李图总纂《(道光) 重修平度州志》卷二十列传六烈女 (上)《列女传·节烈》, 第 3 页 a。

[31] 平度市政协文史资料研究委员会编《平度古诗选注》, 中国文史出版社, 2019 年, 第 339—340 页。

[32] [清] 李图总纂《(道光) 重修平度州志》卷十四志七艺文 (上)《崔公梅庄先生暨配曹孺人合墓表》, 第 51 页 a。

[33] 平度市政协文史资料研究委员会编《平度古诗选注》, 中国文史出版社, 2019 年, 第 230 页。

[34] [清] 钱谦益辑《列朝诗集》丁集卷十《崔秀才子忠》, 清顺治九年毛氏汲古阁刻本, 第 67 页 a。

[35] [清] 钱谦益:《牧斋初学集》卷十四《中秋夜饯冯尔赓使君于城西方阁老园池, 感怀叙别, 赋诗八章, 时德州卢德水、东莱崔道母及冯五十跻仲俱集》, 四部丛刊景明崇祯本, 第 1 页 a。

[36] [清] 吴省钦:《白华前稿》卷二十八《崔子忠钟馗》, 清乾隆刻本, 第 8 页 b。

[37] [清] 王崇简:《青箱堂诗集》卷之一丙寅至辛未《同宋上木访崔青蚓, 钱孚千、蔡迪之适至》, 收入《四库全书存目丛书》。集部第二〇三册, 齐鲁书社, 1997 年, 影印本, 第 42 页下栏。

[38] [清] 靳荣藩辑《吴诗集览》卷六《题崔青蚓洗象图》, 清乾隆四十年凌云亭刻本, 第 13 页 a。

[39] 刘仲孝:《天桥》, 北京出版社, 2018 年, 第 14—15 页。

[40] 郑曙斌:《马王堆三号汉墓遣策之"明童"问题研究》,《考古与文物》2005 年第 1 期, 第 42 页。

[41] [元] 佚名:《法海遗珠》卷二十第三《诵捻符纸咒》, 明正统刻道藏本。

[42] [清] 陈介锡编《桑梓之遗录文》卷八《莱阳宋节愍公应亨帖一》, 收入《山东文献集成》第一辑 (4), 山东大学出版社, 2006 年, 第 318 页下栏。

[43] 同 [36]。

[44] 北京市西城区人民政府陶然亭街道办事处等编《印象陶然——陶然亭地区历史文化图说》之《陶然吟并引及跋拓片》, 学苑出版社, 2019 年, 第 94 页。

崔子忠家族背景研究

一、平度崔氏家族研究

（一）平度崔氏历史渊源

崔姓是中国古代最显赫的姓氏之一，关于该姓的起源，郑樵《通志》记载，"崔氏，姜姓，出齐丁公嫡子，季子让国于叔乙，食采于崔，遂为崔氏。杜预云：济南东朝阳县西北有崔氏城是也"[1]；陈彭年《广韵》记载，"齐丁公之子食采于崔，因以为氏，出清河、博陵二望"[2]；崔子忠的从高祖崔廷槐《世系考》记载，"崔之先出齐太公望，望孙季子食采于崔，因氏焉，今东昌府朝城县崔城，其故地也"[3]。根据这些记载，可知崔姓出自姜姓，其元祖为姜尚（姜太公）嫡孙、齐丁公嫡子崔季子。

崔季子之后代有传人，郑樵《通志》记载：

> 季子生穆伯，穆伯生沃，沃生野，八世孙夭。僖二十八年，晋侯、宋公、齐国归父、崔夭次于城濮。夭生杼。宣十九年，齐惠公卒，崔杼有宠于惠公，高国畏其逼也，公卒而逐之，《书》曰："崔氏出奔卫，非其罪也。"成十七年，齐侯使崔杼为大夫。襄二十三年，崔杼弑庄公。崔杼生成及强，后妻生明，嫡庶争立。二十七年，庆封使卢蒲嫳杀成及强，杼及其妻缢。崔明奔鲁，生良。十五世孙意如为秦大夫，封东莱侯。二子：伯基、仲牟。伯基居清河东武城，仲牟居博陵安平，并为著姓。[4]

清河崔氏在崔伯基之后衍生出六大支：清河崔氏南祖房、清河崔氏许州鄢陵房、清河崔氏郑州房、清河大房、清河小房、清河崔氏青州房。其中，清河崔氏青州房、清河崔氏南祖房居住在古代青齐地区。根据《（道光）重修平度州志》卷十七列传三历代人物传《崔世荣》记载："世荣，青州人，《唐书》宰相系表所谓乌河房也。"[5]可知平度崔氏出自清河崔氏南祖乌水房（居山东临淄）。又据《新唐书》卷七十二（下）表第十二（下）《宰相世系表·崔氏》记载，可知南祖崔氏乌水房世系源流如下：崔伯基生崔昱，崔昱生崔绍，崔绍生崔雅，崔雅生崔忠，崔忠生崔泰，崔泰生崔恪、崔景，崔景（字子成）生崔挺，崔挺生崔权，崔权生崔济（字元先，亦称南祖），崔济生崔湫，崔湫生崔融，崔融生崔温，崔温生崔就，崔就生崔公安，崔公安生崔岳，崔岳生崔牧，崔牧生崔荫，崔荫生崔怡，崔怡生崔旷，崔旷（随慕容德渡河居齐郡乌水，号乌水房）生崔灵延、崔灵茂，崔灵茂生崔稚宝，崔稚宝生崔逵，崔逵生崔德仁，崔德仁生崔君实（按：崔君实后裔尚有崔融等，今列此为止），其后与《胶东崔氏族谱》连接，可得出如下世系。

崔子忠直世系略表

姜尚
↓
姜伋（齐丁公伋）
↓
崔季子（崔氏元祖）
↓
崔穆伯

↓	崔融
崔沃	↓
↓	崔温
崔野	↓
↓	崔就
崔夭（八世孙）	↓
↓	崔公安
崔杼	↓
↓	崔岳
崔成　崔强　崔明	↓
↓	崔牧
崔良	↓
↓	崔荫
崔意如（十五世孙）	↓
↓	崔怡
崔伯基　崔仲牟	↓
↓	崔旷（随慕容德渡河居齐郡乌水，号乌水房）
崔昱	↓
↓	崔灵延　崔灵茂
崔绍	↓
↓	崔稚宝
崔雅	↓
↓	崔逴
崔忠	↓
↓	崔德仁
崔泰	↓
↓	崔君实
崔恪、崔景	↓
↓	崔世荣（平度崔氏始祖，未知为崔君实何世之孙）
崔挺	↓
↓	崔润　崔澍　崔勋　崔聚　崔兴
崔权	↓
↓	崔良卿　崔良辅（二人皆崔世荣之孙，未知为何公之子）
崔济（字元先，亦称南祖）	↓
↓	崔得福（平度崔氏一世祖，未知为何公何世之孙）
崔湫	↓
↓	崔文进

↓
崔秉
↓
崔璘
↓
崔鉴　崔钊　崔锦　崔镐
↓
崔廷槐　崔廷柏　崔廷桂　崔廷梧　崔廷枫　崔廷柛
↓
崔澄　崔淳　崔津
↓
崔俠　崔佶　崔保　崔倧
↓
崔胤德　崔胤行
↓
崔福昌　崔子忠

清河崔氏与博陵崔氏曾同为北方望族，山东士族之首，但仕宦之盛较博陵崔氏有过之而无不及，极其显贵，如属于清河崔氏的唐代重臣崔义玄，其长子崔神基为武后时宰相，次子崔神庆为太子少傅，三子崔神福为荆州长史。三子当中，又以崔神庆一支最为鼎盛：长子崔琳为中书令，次子崔珪为太子詹事，三子崔球为郓州刺史，四子崔瑶为光禄卿，五子崔琨为石州刺史。《新唐书》记载："每岁时宴于家，以一榻置笏，犹重积其上。琳与弟太子詹事珪、光禄卿瑶俱列棨戟，世号三戟崔家。"[6]便是崔氏家族仕宦文化的杰出代表。

（二）平度崔氏始祖崔世荣

平度崔氏始祖崔世荣，青州府寿光县（今山东省寿光市）人，以军功授定海军节度判官，掌节镇众务，金判兵事。入元后官至莱登二州汉军都元帅左都监军，授昭武大将军。宋宁宗嘉定末（金宣哀之间），因在胶东地区任职，卜居胶水县昌李（今山东省平度市店子镇昌里村）。享年七十岁，配于吾真氏。

崔世荣生五子：长子崔润，元世祖中统三年（1262）南征，以功授管军千户。至元十三年（1276）重授宣命，升武略将军，佩金牌管军千户；次子崔澍，官明威将军，佩金牌，领侍卫亲军总管（下详述）；三子崔勋，隐居不仕；四子崔聚，敕授忠翊校尉管军千户；五子崔兴，授福建行省闽海县巡检。崔氏父子为元世祖忽必烈平定天下南征北战，立下赫赫战功，是胶东地区著名的将军之家。其中，以崔澍最为知名。

崔澍（1232—1282）幼年从军，世祖至元十三年（1276）以材武选隶军籍，从元帅綦公北征和林，大战有功，赐金牌，升武略将军管军镇抚。十五年（1278）从都元帅刘国杰征红山口，以功加授宣命管军千户。十七年（1280）升授明威将军侍卫亲军总管，成为负责警卫太子府的禁军总指挥。时权相阿合马私窃朝政，蕴蓄祸机，蔽塞中外。十九年（1282），崔澍与侍卫亲军管军千户王著合谋举义，诈太子归，率百骑击杀阿合马于柳林之下。阿合马之子驰奏崔澍等为乱，忽必烈大怒，数日之后，崔澍即惨遭杀害，年仅五十一岁。《（嘉靖）山东通志》赞曰："屡立战功，为明威将军，兄弟五人，俱以武功显，而澍不惜杀身以除国难，其功尤著。"[7]《胶东崔氏族谱》赞曰："杀身成仁，真古今之义士也。"[8]

崔世荣墓在今平度市店子镇昌里村南，墓前立《元昭武大将军汉军都元帅左都监军崔公神道碑》，系其孙崔良卿、崔良辅于皇庆元年（1312）立（图1）。由于崔良卿、崔良辅不知出自崔澍五兄弟中哪一支，崔氏一世祖崔得福也不知出自崔良卿兄弟哪一支，因此，崔世荣、崔润、崔澍、崔勋、崔聚、崔兴、崔良卿、崔良辅同被奉为平度崔氏的先祖。

平度崔氏至其一世祖崔得福时已经显现出某些峥嵘气象，后分为五大支，崔廷槐在《世系考》中详细记载了这一时期家族发展变化的情况。

崔之先出齐太公望，望孙季子食采于崔，因氏焉，今东昌府朝城县崔城，其故地也。秦汉以后，代有闻人，但考证无凭，遥遥华胄，不敢妄自援引。吾祖昭武公自齐青州徙居胶水县，县今平度州也。五子暨诸孙皆显，详见公神道碑及碑阴题名。碑在皇庆元年，敦武校尉管军千户良辅暨兄良卿立。二公者皆昭武公之孙也。国朝洪武间，讳得福者□□□□也。得福生文进，文进生秉，秉生璘，璘生先大夫（按：崔镐）。其时，后昭武公者分为五宗：一居昌李村，曰大崔，去昭武公墓仅里许；一居州城，吾宗也；一居斜沟，皆葬昭武茔。弘治间，城中崔始别立茔，徙吾高祖妣王氏暨曾祖秉而下葬之，以道远不便葬祭故也。一居天津卫，隶尺籍；一徙阜城县，皆出大崔，然此五宗者，皆昭武公裔也。[9]

（三）平度崔氏一世祖崔得福

崔世荣定居胶水县昌李后，儿孙继承先人衣钵，数传之后，将军校尉犹数十辈，以尚武闻名于胶东。但随着时间的推移，他们开始变得不知礼仪，同时，由于军籍子弟社会地位不高，身为将军世家的崔氏家族并没有获得乡人应有的尊重。

崔氏一世祖崔得福（活动于元末明初）性格磊落不群，凡事皆有卓见，他认为崔氏子弟之所以出现这种状态，主要是由于身处乡野、没有受到儒家文化教育的缘故，因此举家迁居平度州城文庙旁，聘请乡中通晓礼仪者教之（图2）。数代而过，崔氏子弟虽然在博取功名方面没有什么进展，但忠孝传家，尚德好义，积累了丰厚家产，"赀雄乡里"，[10]

图1　山东省平度市店子镇昌里村南崔世荣神道碑　宋少伯/摄影

图2　山东省平度市老城东门里千佛阁（明天启二年重修）　宋少伯/摄影

为实现从军伍之家向官宦诗书之家的转换，打下了坚实基础。崔得福迁家意义重大，《胶东崔氏族谱》赞曰："后世衣冠绵绵，公基之也。"[11]

崔得福生崔文进，"言动不苟，乡人咸推让之"[12]。崔文进生崔秉，"资性慷慨，居家孝友"[13]。崔秉生崔璘，"严毅之资，谨恪之度，居家有法，处乡有义，乡人咸以义士称"[14]。崔璘生崔鉴、崔钊、崔锦、崔镐，是为平度崔氏五世祖。

（四）崔子忠的五世祖崔镐

崔镐（1468—1513），字克和。"素娴德义，雅重乡曲，虽常服必洁，片言必义，士人爱而敬之，……以子廷槐诰赠奉政大夫户部员外。"[15] 他独持兄弟四人家业数十年，囊无私积。为振兴家族，他延请名师设馆教子，亲自督学，诸子皆有长进，不久即有中举者。与此同时，崔氏家族的田产也开始迅速增长，崔廷槐《先考处士府君暨先妣孺人行状》称："闻诸长老，自吾高、曾而下，世以赀雄乡里，迨吾先府君，益大干□以恢洪先业。"[16] 但寿年不永，四十一岁便离开了人世。

崔镐去世时原配李氏（李达之女）年仅三十八岁，其时，她的三个叔伯开始寻求独立发展，李氏慨然曰："岂以我老寡不能抚诸孤也？"听之。从此不事华裳，杜门抚育幼子。在她的辛勤培育下，儿孙或考中进士、举人、监生为官，或援官为地方乡绅，出现了名进士崔廷槐、名解元崔桓、名知州崔淳、名知县崔廷枫等杰出人物，家族由此获得极高社会声誉，一跃成为胶东地区著名的官宦诗书之家。

崔镐生六子——崔廷槐、崔廷柏、崔廷桂（崔子忠的高祖）、崔廷梧、崔廷枫、崔廷枏，是为平度州城崔氏六支的开创者。

（五）崔子忠的高祖崔廷桂

崔廷桂（1503—1547），字公芳，号梅庄，行三。初官医学典科，后奉例为衡王府良医正，以子崔淳贵赠文林郎、顺天府顺义知县。传载《（道光）重修平度州志》。

1. 崔廷桂其人

崔廷桂以德义、忠孝、医术闻名于乡，善于经济。嘉靖年间，平度城崔氏四世同堂，六室同爨，食指且千，子侄彬彬辈起。崔廷桂独持家政，抚摩教训无异己出，一家之内雍雍如也。为把族人团结起来，他在始祖崔世荣墓旁设立义仓，囤粮数百斗，使婚丧、凶饥有助，宗人颇为赖之。乡里少年群斗，殴其夫而妻死，争讼不已，他自出调解，称："此误伤也，召亡妇之夫，譬以情法，出数千缗钱佐之，使更娶，事遂得解。"[17] 其所行德义之事多如此类，在乡间建立起很高的威望。在他的悉心经营下，崔氏家族成为居乡有望、富甲一方的世家大族。

崔廷桂少年时已通经旨，但因羸弱多病，很早就放弃了举子业。他是著名的孝子，于慎行《崔公梅庄先生暨配曹孺人合墓表》记载："公负奇资，嗜学，既通经旨而以羸弱成病。太孺人惜之，命视家人家产以宽兄弟于学，乃遂辍经生业。久之，太孺人即世，为孺子慕不忘，作亭望墓，题曰永感，长吏嘉其意，为记褒焉。"[18]

崔廷桂是半岛地区著名的医生。初官医学典科，后升为衡王府良医正（按：明制，王府下设良医所，置良医正1人。府置医学正科1人，州置典科1人，县置训科1人，分别负责王府、府、州、县的医疗事务。王府良医正皆选用名医，如同时期的医药家李时珍，便曾在楚王府任职）。衡王是明廷在山东设置的重要藩王，王府地处山东半岛中心，富甲天下，崔廷桂能在这座著名的王府任职，可知其医术非同一般。于慎行《崔公梅庄先生暨配曹孺人合墓表》赞曰："好览群书，尤精方论，尝奉例为衡府良医正，虽借其衣冠，亦以德业应也。"[19]

2. 崔廷桂的思想信仰

（1）嘉靖朝的崇道背景

明太祖朱元璋统一天下得道士助力颇多，建立明朝后开始崇信道教。由于道教正一道有助于封建统治和教化，因此，明代的历朝皇帝对其垂青有加，发展至嘉靖朝，"正一道"一门独大，达到了登峰造极的地步。明世宗朱厚熜毕生崇信道教，在位四十五年，任由权臣胡作非为，自己则深居宫中专心修道。他宠信道士，大兴斋醮之风，自封"灵霄

图3、图4　山东省青州市原衡王府石坊　宋少伯/摄影（左、中）
图5　青州博物馆藏衡王府铁雕塑仙鹤　宋少伯/摄影（右）

"上清统雷元阳妙一飞玄真君""九天弘教普济生灵掌阴阳功过大道思仁紫极仙翁一阳真人元虚玄应开化伏魔忠孝帝君""太上大罗天仙紫极长生圣智昭灵统元证应玉虚总掌五雷大真人玄都境万寿帝君"。他不仅自己崇道，还要臣僚一同尊道，赐给入直大臣道教冠服，百官斋醮时，派御史纠仪。一些道人因此一步登天，如江西龙虎山上清宫正一道士邵元节祈雨祈子有功，官拜礼部尚书，赐一品服；陶仲文献房中秘方，官至礼部尚书，授恭诚伯；严嵩因善写青词，成为嘉靖朝首辅。一些人则因不能从命丢官殒命，如太仆寺卿杨最谏言求仙荒谬，重杖死，等等。他到处搜罗秘方，为求长生不老，竟然命令方士取处女月信炼制丹药。在他的倡导下，朝野上下以修道求仙为尚，笼罩在浓浓的道教氛围中。

明宪宗朱见深第七子朱佑楎于成化二十三年（1487）封衡王，弘治十二年（1499）就藩青州，嘉靖十七年（1538）薨。他在任期间同样崇信道教。古代青州地区是中国道教两大门派天师道、全真教的发源地，著名的神仙之乡，朱佑楎来此后"入乡随俗"，先后修建了驼山昊天宫、云门山天仙圣女祠（碧霞元君行宫）等道教建筑。平日无他事，唯以修道养生为要务：

>　暇居斋宫，手不释卷，他无玩好。尤精书法，四体皆工，而楷书、行草为最，大书结构有体，诗章足垂世教者，书数千纸，一睹笔法，具见王心。旁及丹青，各臻妙品，积古今书籍千卷，一柜者，凡百有奇。著诗文若干卷，题曰《岁寒斋稿》。[20]

朱佑楎的儿子、第二代衡王朱厚燆于嘉靖十九年（1540）袭封王位，隆庆六年（1572）薨。他继承乃父遗风，对道教教义深信不疑。他期望长生不老，曾在青州云门山阴作摩崖石刻"寿"字，字高数丈，号称天下之最。又与著名道士、书画家雪蓑交往甚密，种种行为，显示出积极响应朝廷崇道的政治态度（图3、图4、图5）。

朱厚燆庶四子朱载坱于嘉靖二十四年（1545）册封平度王，可能在平度州建有府邸。民间传说他雄霸一方，无恶不作，但《明史》却记载："王府奄人纵庄奴夺民产，监司杖奴毙，奄迫王奏闻，巡抚彭黯令思兼谳之。王置酒欲有所嘱，竟席不敢言。思兼阅狱词曰：'此决杖不如法。罪当杖，以王故，加一等。奄诬告，罪当成，以王故，末减。'监司竟得复故秩。"[21] 堂堂郡王竟然被一个小小的七品知州所慑服，可见朱载埨是一位尚知廉耻和循礼守法的王爷，而这一时期平度州道观寺庙、碑刻遍及大泽山等地，也应该与他的信仰和为人有关。

崔廷桂生于弘治十六年（1503），卒于嘉靖二十六年（1547），有可能侍奉上述三位衡王中的任何一位。从年龄方面判断，他可能侍奉的是朱厚燆和朱载埨。

（2）崔廷桂的思想信仰

明世宗、衡王好长生不老之术，痴迷神丹妙药、斋醮，在这种特殊政治背景下，崔廷桂要想在王府立足，必得紧跟主旋律，具备与之相适应的医学、道学知识，对与经方有关的"方术"有所了解和实践。

"方术"是"方技"与"术数"的统称。"方技"泛指有关医药的技术和知识，包括四类——医经、经方、房中、神仙，可通过丹药、养生、修炼求仙等知识使人祛病延年，达到健康长寿（长生不死）的目的，并可"论病以及国，原诊以知政"，皆生生之具。"术数"有六类——天文、历谱、五行、蓍龟、杂占、形法，指以阴阳五行相生相克之理等观察人事祸福和国家气数，制定相应方略。"方技"与"数术"不同却相互关联，如《周易·系辞》所言"生生之谓易"，即包含此意。从嘉靖朝野崇道、衡王期望长生不老、崔廷桂晚年修仙以及他的儿子崔淳善于炼丹等情况分析，崔廷桂所精方论，当是指与祛病延年、修仙长生有关的"方技"，即医经、经方、房中术、神仙等知识。而从于慎行称赞他"识度宏阔"分析，他必定又是一位由医入道、深谙自然阴阳规律的智者，对"术数"有着深入的了解。

实际上，古代医学、道学相通，医生在调理病人阴阳平衡的同时，必然会涉及数、理（道）的问题。而对于修道者来说，医学是悟道的最佳途径，有"援医入道""援仙入医""借医弘道"之说，如东晋道教理论家、医药学家葛洪便认为："古之初为道者，莫不兼修医术。"在古代医学经方中，丹方是极其重要的内容，与道教"外丹"关系密切（按：

道教"丹方"的观念，不仅指方士采矿炼制而成的药物，也包括所有与长生有关的自然界药草，以点化自身阴质，使之化为阳气），崔廷桂在调配药方的过程中，自然会涉及阴阳相生相克的道理。崔廷桂少年羸弱成病，后来成为王府名医，识度宏阔，精方论，其间必然经历了论病以及国、原诊以知政、医道融会贯通的过程。《庄子》曰："天下之治方术者多矣。"成玄英疏："方，道也。"从修仙的角度看，"治方"就是治道，"精方论"就是深悟自然之理。于慎行称崔廷桂晚年"隐桂树丛"[22]，桂树在道教神话中与月宫、嫦娥、玉兔同论，由此可见，晚年的他已完全沉浸于修仙生活（图6）。没有资料证明他是一位道士，但从他所处的时代、医官身份以及他的子孙多道士、炼丹家、礼官的情况看，他却应该是一位医道同体的道教信仰者。

崔廷桂年四十五而卒，没有留下任何文字，但是他的医学遗产和思想，却被后代发扬光大，使这个家族成为远近闻名的医学、道教世家。配曹氏，生三子：崔澄、崔淳、崔津（崔子忠的曾祖）。

3. 崔廷桂原配曹氏

崔廷桂原配曹氏为郡二尹曹时中之女，善于治家。于慎行《崔公梅庄先生暨配曹孺人合墓表》记载："生而敏慧，少闻讲说《女训》，辄能通晓，父母奇之。相攸得公，既笄而归，事太孺人孝谨。太孺人曰：'新妇贤，可任也。'令佐公治家，事无巨细，井井有条。越二十余年，情礼周洽，大小无间言。"[23] 崔廷桂早亡，曹氏"键关设帷，自课诸子及孙，使成先业"[24]，次子崔淳以贡生谒选得威县知县，她喜极而泣，"勖以利物守己，无玷官常"[25]，在署中时时提点之，终于使其成为一名朝野闻名的清官良吏。她聪明贤惠且深明大义，对崔氏家族的实际贡献，甚至超过了丈夫崔廷桂。

（六）崔子忠的曾祖父崔津及其兄弟

1. 崔子忠的曾祖父崔津

崔津（活动于嘉靖、隆庆年间），字叔渡，号兰亭，行三。由庠生入国子监，援官鸿胪寺序班。明

图6 崔廷桂晚年修仙处——平度市北紫荆山　宋少伯/摄影

代鸿胪寺掌朝会、宾客、吉凶仪礼之事，凡国家大典礼、郊庙、祭祀、朝会、宴飨、经筵、册封、进历、进春、传制、奏捷，各供其事。鸿胪寺序班负责侍班、齐班、纠仪及传赞等事宜，从九品，是古代官僚体系中最基层的官员，其官秩虽然很低，但掌朝廷百官班次及纠仪，却对维护封建礼法、朝廷权威十分重要，因而广为人知。崔津的婚姻背景非常显赫，他原配妻子的祖父是嘉靖朝首辅毛纪，居官廉静简重，因大礼议之争辞职归乡；父亲毛渠是太仆寺卿，为天子近臣。他能够得到毛氏父子的青睐，可知是一位在司礼方面颇有造诣的官员。而从他的四个儿子忠孝传家、事业有成的情况看，他显然是一位善于以礼治家的人物。

崔津继配灵山卫指挥王锦女，生三子：长子崔侠、次子崔佶（崔子忠的祖父）、三子崔保。继配辛氏生一子：崔倧。

2. 崔子忠的从曾祖父崔淳

崔淳（约1525—约1603），字仲素，号兰谿。隆庆四年（1570）选贡。历官北直隶威县知县、顺义知县、昌平知州，升永平府同知。传载《（道光）重修平度州志》等。

崔淳是隆庆、万历年间京畿、山东地区的知名官员，关于他的治行，于慎行在《崔公梅庄先生暨配曹孺人合墓表》中记载："知昌平州，州在陵京大道，兼有寿宫之役，送迎供亿，劳勚为多。考满，奏最，升永平府同知。荐书屡上，归田后十年，奉诏进阶四品。……历仕赤畿，以才望著，乃至二千石。"[26] 根据《明神宗实录》等史料记载，可知他最擅长的工作是治水和漕运，对开凿胶莱运河了如指掌。明万历二十九年（1601），朝中大臣曾上疏举荐他主持开凿胶莱运河。他自己也宣称胶莱运河的框架已经基本形成，只需借班军之力，花费数万两银子，两年内即可完成。他可能熟谙祭祀之学，因经常参加明廷祭陵活动，被人们称为"引礼之子"。于慎行称他是"北州良牧国股肱"，可知他在治水、祭祀方面具有他人不可替代的作用。

崔淳不仅是有口皆碑的官员，而且还是名闻京省的诗人和书法家。他经常与文学家、首辅于慎行诗文酬唱，与诗人、礼部尚书冯琦唱和成集。万历二十二年（1594）居家期间，与沈九畴（沈一贯族弟，官至江西布政使）游平度州大泽山，裁定二十八景，各得诗三十首，勒石山中。《山左明诗钞》《（康熙）平度州志》各收录其诗歌一首，《（道光）重修平度州志》收入二十八首，从中可以略窥其艺术风格和成就。他又工书法，"笔法遒劲，大类黄山谷"[27]。所书《明万历甲午腊日四，明沈九畴同胶东崔淳游此山，再宿而去，各得诗三十首》，邑人摹刻于大泽山智藏寺巨石上，字大近尺，敦厚遒劲，遗迹至今尚存。《桑梓之遗书画册》收录其书帖《平度崔司马淳诗二首》。

崔淳是一位道教信仰者，精于医道之术，曾作《大泽山二十八景诗》，描写晚年隐居故乡大泽山修道的情景。其诗歌《著屐亭》曰："历历千山尽，迢迢万仞初。采真入中谷，佚足计何如？"[28]表达坚定的修道决心。《仙人桥》曰："虹飞千仞上，曾此度神仙。吾亦求元者，登临思杳然。"[29]表达寻求生命本真意义的道教思想。《（康熙）平度州志》称他"尤精黄伯之术"[30]，"黄伯之术"似为"岐黄之术"，然而古籍并无此提法，且以岐伯之名与黄帝之"姓"并列，不合古人并称之例。莱阳方言"伯"与"白"同音，佛道不胶着于文字，此语似可解释为"黄白之术"，（也称"神仙黄白术""外丹黄白术""金丹术"），由此推测他是一位造诣很高的炼丹家。

崔淳自称善于炼丹，其诗歌《米廪石》曰："我愿海山石，尽化为米廪。粒食分四方，频年成岁稔。"[31]由该诗得知，他炼丹的材料全部采自大泽山，成丹量极大，他不仅自己食用，而且还分发四方，借此传播道教思想，培养道教信徒，是一位"领袖级"的道教人物。崔淳在山中炼丹期间，正值明神宗痴迷丹药、寻求长生秘方之时，此时，皇帝身边的一些大臣纷纷到大泽山访问，与其唱和，显然能够将他炼制的丹药进献给皇帝。史载他归田十年后，上游再以卓异荐，蒙诏晋阶四品，其卓异的表现，或与进献丹药有关。

崔淳的宗教信仰与"正一道"有关。正如前述，明代的道教分为正一、全真两大门派，由于明太祖朱元璋扬正一而抑全真，"正一道"一家独大，至嘉靖、隆庆、万历年间达到了它的全盛期。明神宗崇道亘古未见。他青睐"正一道"，痴迷于斋醮符箓，"正一道"上清派的道士因此青云直上，势压满朝文武，一时天下趋之若鹜，视为功名进取捷径。崔淳和他的父亲生活于崇道风气最盛的嘉靖、万历朝，一个负责呵护衡王家族的身体健康，一个负责朝廷祭陵的供应工作，作为天子近臣和忠孝传家之士，在这种政治背景下，必然会迎合"主旋律"，崇信"正一道"。从崔淳擅长炼丹术、崔廷桂精方论以及崔子忠经常创作与符箓有关的绘画作品看，他的信仰应该与金丹派和符箓派有关。

"正一道"亦称正一教、正一派，是以龙虎宗为主干、融会诸符箓派而形成的符箓大派。它以《正一经》为教典，以符箓斋醮（画符念咒、降神驱鬼等）为传播方式，正信正行，伐诛邪伪，佐国育民。其宗教思想与儒家道德伦理合二为一，对崔淳的人生产生了重要影响。他上穷天纪，下极地理，远取诸物，近取诸身，持正自立，以深厚的礼学素养和勤勉的工作态度，博得了朝廷赞赏、同事称誉，生活得游刃有余。其诗歌《钓台》曰："不钓江海鳞，乃钓空山水。经纶满天地，不出钓丝里。"[32]从容宏阔，从中可以感受到宇宙在乎手的气度和高深莫测的人生智慧。他对自然人生的感悟达到化境，寿年独永，活到了近八十岁，成为家族成员中享年最高的人。

崔淳原配官氏无子，继配王氏生崔儒，缺嗣，以崔津长子崔俣为继嗣，两支由此合二为一。

（七）崔子忠的祖父崔佶及其兄弟

1. 崔佶

崔佶（生卒年不详），号五笥，行二，廪生。有"孝行"，[33]是崔氏家族著名孝子。王崇简《都门三子传》、高承埏《崇祯忠节录》称他补荫留京，但查《胶东崔氏族谱》，补荫留京却是他的哥哥崔俣，可能他事父母极孝，曾经跟随父母在京生活过。崔佶未仕，配平度州城西关庠生何允正女，生二子：

长子崔胤德（崔子忠的父亲）、次子崔胤行。

2. 崔子忠的从祖父崔俣、崔保、崔倧

（1）崔俣

崔俣（活动于万历年间），号九野。庠生，以先人恩泽荫官镇抚，占籍顺天。《胶东崔氏族谱》人物事迹记载甚详，独崔俣的官职简注"由庠生授镇抚"，没有具体供职单位，可知其为寄禄性质，属锦衣卫籍。关于锦衣卫的职责，《明史》记载：

> 掌侍卫、缉捕、刑狱之事，恒以勋戚都督领之，恩荫寄禄无常员。凡朝会、巡幸，则具卤簿仪仗，率大汉将军（共一千五百七员）等侍从扈行。宿卫则分番入直。朝日、夕月、耕耤、视牲，则服飞鱼服，佩绣春刀，侍左右。盗贼奸宄，街涂沟洫，密缉而时省之。凡承制鞫狱录囚勘事，偕三法司。五军官舍比试并枪，同兵部莅视。统所凡十有七。中、左、右、前、后五所，领军士。五所分銮舆、擎盖、扇手、旌节、幡幢、班剑、斧钺、戈戟、弓矢、驯马十司，各领将军校尉，以备法驾。上中、上左、上右、上前、上后、中后六亲军所，分领将军、力士、军匠。驯象所，领象奴养象，以供朝会陈列、驾辇、驮宝之事。[34]

联系崔氏家族的礼学职业背景，推测崔俣是为皇帝摆驾扈行的侍从，兼作朝廷耳目；但联系明朝画院制度和崔氏家族特有的诗书画背景，他的身份却与宫廷画家更为相似。按：明代不设画院，宫廷画家往往被授予锦衣卫指挥、千户、镇抚、百户等，如宣宗朝授画家商喜指挥、谢环千户、周鼎镇抚；宪宗、孝宗朝授吕纪、林良指挥、王谔千户、吴伟百户，马时旸镇抚等。崔氏家族成员连续三代担任与宫廷画家有关的职务，崔俣的伯父崔淳工书法，从孙崔子忠为全国知名画家，家族充满浓郁的艺术氛围，从古代户籍划分和子承父业的角度看，他的家族应该是宫廷绘画世家，他是一名宫廷画家。明代镇抚授予进宫后不久或水平较为一般的画家，据此推测他又是一名非常普通的画家。

画史尚未见崔俣记载，崔俣补荫留京后的具体情况也不清楚。根据王崇简《都门三子传》记载，万历年间，他和他的侄儿崔胤德在京从事珠宝珍玩生意，因遭遇金商之祸而败家。崔俣属于食禄阶层，衣食无忧，奇怪的是，到他儿子崔胤宽（字思玉）那一辈，却又举家迁回山东胶州。崔胤宽娶知名诗人、进士赵任女儿为妻，子嗣繁盛。

（2）崔保

崔保（生卒年不详），号宛委，礼部儒士。明时礼部儒士非正式官职，一般先在礼部任书办，再等待机会授官，可用为府检校、典史等小官，也可以散官的身份设馆授学。崔保以礼部儒士终。

（3）崔倧

崔倧（生卒年不详），号天依。由庠生任登州府解院巡仆，升水右营千总，转水左营守备，升海外龙武右营都司加游击衔加三级。食俸近二品，是崔廷桂一支官职最高的人。从其为官履历看，步步为营，似乎靠实力获得升迁，但《（道光）重修平度州志》却记载其"不知所以仕"，未知何故。

崔倧娶五妻，生八子，后代散居今平度市崔家荆戈庄等地，是崔津后代最兴盛的一支。但他与三位兄长的关系好像并不亲密，也许是同父异母的缘故。

（八）崔子忠的父亲崔胤德

崔胤德（活动于万历年间），字函玉。初官工部文思院大使，后援官为陕西西安府同州吏目。

1. 崔胤德的职业身份

明代文思院职掌行舆辇、册宝、法物和各种器服所需金银犀玉、金彩绘素等装饰品之制造供应，专职造作采办之事，设大使、副使领其事，大使一般由技艺精湛的工匠担任，由此可知，崔胤德是一位服务内廷的工艺美术官员。崔胤德担任文思院大使在万历朝中期及以后，这一时期，宫中金银器、珠宝首饰的制作设计取得了空前成就，工匠们将掐丝、锤揲、錾刻、镶嵌等多种工艺相互结合，把金银、和田玉、宝石的材料属性发挥得淋漓尽致，作品美轮美奂，据此推测，他又是一位颇具艺术鉴赏力和创造力的工艺美术设计家。

另外，文思院大使也是宫廷画家食禄的职衔。学者赵晶研究认为：

> 明代在工部下设文思院、营缮所等衙门，"专掌造作诸事"。文思院设大使一名，正九品，副使二人，从九品。洪熙元年（1425）添设大使、副使共六员，不管院事。洪熙元年所添设的不管院事的六名大使、副使当为此后众多宫廷画家寄禄其中的开端。正统以后，宫廷画家授文思院大使、副使之职非常普遍，成为较低级别的宫廷画家常见的寄禄官职。[35]

王崇简《温仲青以崔青蚓画见贻答之以歌》记载："吾友崔子质性奇，前生几度为画师。"[36]似乎暗示了崔氏绘画世家的背景，崔胤德是画家。但画史并未见记载崔胤德，从他率金京师富民办纳珠玉的情况看，他应该是掌管文思院院事的大使，是一名专家型的官员。

崔胤德没有任何科举背景，他能够获得文思院大使一职，可能通过以下途径。其一，传奉。明代文思院的正副使多为"传奉官"。所谓"传奉官"，是指那些不由吏部选任举荐，通过传奉圣旨直接任命的官员。他们的任命有时仅仅是为了满足皇帝和宫中某个妃子的个人喜好和意愿。成化年以后，传奉官既多且滥，一般工人都可能被传升，有时甚至同时传升数十位大使。崔胤德的祖父崔津是嘉靖朝首辅毛纪的孙女婿、太仆寺卿毛渠的女婿；崔胤德的从祖父崔淳经常参与祭陵，与皇帝、王公贵族、宦官接触频繁，均有能力和机会帮助他获得该职。其二，世袭。崔胤德的伯父崔侯寄禄锦衣卫，担任镇抚。在明代早期，军籍不能转为文职，但到明代后期，这种制度已不甚严格，一些锦衣籍官员通过运作，仍可以转到像文思院这样的文职机构。如果祖孙、父子、兄弟均能书善画，也可世袭其职，崔胤德可以通过"接班"崔侯的形式获得该官职。其三，因进献秘方或倡议开矿而升官。明神宗好丹药秘方、金银珍玩，当时借此进官者不少。崔胤德的曾祖父"精方论"，从祖父精于炼丹术，有条件通过向明神宗进献秘方、丹药而授官。另外，万历二十四年（1596），宦官陈增奉旨到平度州开采金矿，崔胤德与其伯父崔侯也可能像陈增党羽程守训那样，因提供矿源、捐银助大工获得该官职。从崔氏家族的文化职业背景看，以传奉、接班的形式入官，可能性最大。

2. 崔胤德的命运变迁

崔胤德获得文思院大使职务后并不顺利。明万历二十六年（1598），明神宗诏选皇长子婚，其他四位皇子也一并加冠，宫中所需珠玉急剧增加。二十七年（1599）五月，明神宗限期办理，户部急于上供，商人乘机哄抬价格，京城珠宝比旧价骤涨五六倍甚至二十倍。当时，由于宦官在金商买办过程中强行索赂，名铺垫钱，商家纷纷逃避，官府不得已，只好金商京师富户，崔胤德身不由己地成为金商头领，率领京师富民办纳。有明一代，文思院是宦官祸害最为严重的机构，至此更是达到了令人发指的程度，"京民一遇金商，取之不遗毫发，赀本悉罄"。崔胤德自然难以独善其身，采办过程中，中官勒抑，费不赀，却不按时值给偿，因此资本悉空，家道由此中落。与此同时，由于他在皇子册立、册封典礼中制作器物不精，工期延误，又被免去文思院大使之职。他不甘心，复又捐官陕西西安府同州吏目，却未能再起。

崔胤德配平度州城东关赵希召女，生二子：崔福昌、崔子忠。

（九）崔子忠及其兄弟

崔子忠在《胶东崔氏族谱》中位列十世，失名。他的哥哥名字叫崔福昌，两个堂兄弟一个叫崔福升，一个叫崔祺升，根据古代起名规则，推测他原来的名字可能叫崔祺昌。

崔子忠祖籍平度州，入籍莱阳县，或因为父亲遭遇金商之祸的缘故。笔者调研发现，明末清初，平度崔氏家族确实有一位与崔子忠身份、学术研究方向、人生志趣相同的人，名字叫"崔科"，移居莱阳县东诸麓村（今莱阳市万第镇东诸麓村），附在崔勋名下。同时，东诸麓崔氏家族也有一位与崔子忠交谊深厚的古玩商人崔煦（崔勋弟），好书画收藏，能够接受其入族。东诸麓《博陵郡崔氏合族全谱》记载："崔科，附生。此至诸麓，入泮之始，公以讲学自任，诸弟子侄皆所成立，儒风自此盛焉。"根据这些记载，可知崔科很小的时候已经加入东诸麓崔氏家族，考中生员之后，他以教师自任，教授诸弟子侄读书，由此带动该家族科举业发展。2013年，笔者走访东诸麓村老教师崔辉年，老人称崔科是被崔煦的哥哥崔勋带至村中，原在村中教书，后离去。这使人联想到天启六年（1626）崔子忠创作的《藏云图》，题识"予为玄胤同宗大书李青莲藏云一图。""玄胤"速读音"勋"，与崔勋名字相同；"玄胤"在题识中出头，与崔勋的长辈身份吻合；"同宗"，不同族之谓也，与平度崔氏、莱阳崔氏分属清河郡、博陵郡相同，皆相契合。

东诸麓崔氏家族是莱阳崔姓中仅见的与平度崔氏有关联的族群，崔科的许多遗迹与崔子忠关联，崔科的后代称崔子忠是他们的祖先，民间流传许多崔子忠与东诸麓村的故事，据此猜测这位平度人崔科，或就是历史记载的"莱阳人"崔丹，早年在莱阳求学。如果事实的确如此，那么，崔子忠早年入籍莱阳，考中生员后流寓北京的人生路线已经清晰可见。

从崔胤德败家的时间看，崔子忠的幼年生活尚较为优裕，但到考取生员时已经非常贫穷。约天启二年（1622），他移居北京，因诗文得到畿辅督学御史左光斗赏识，获得乡试资格，但由于文章不合八股文要求，加之不愿意刺谒势人，数试不第，便放弃了举子业，从此居京莳花养鱼、教授生徒为生。他是三教合一思想的信仰者，亦僧亦道亦儒。一妻三女，无子，入赘婿无赖，尽破其产，甲申乱后竟然冻饿而死（传略）。

崔子忠的哥哥崔福昌，字锡之。原配戴氏。继配孙氏，生崔鹏程。崔鹏程配曹氏，生崔魁鳌。崔魁鳌配孙氏，子嗣不明，今已经无法查其世系。

（十）小结

崔子忠支系是一个不擅科举的族群，其为官者虽然众多，却无一人考取进士或举人，且大多属于捐官、补荫性质。然而，他们却在医学、道学和艺术方面取得了非凡的成就，出现了像崔廷桂、崔淳和崔子忠这样杰出的医学家、炼丹家和书画家。在这个家族的文化体系中，崔廷桂、崔淳是医学、道教文化的缔造者，奠定了家族道教思想的基础；崔津兄弟则在道学、礼学方面为崔氏子弟指明了前进方向，对崔氏家族职业选择产生了重要影响。崔子忠是家族文化的集大成者，抛开他在诗歌、绘画方面的成就不谈，仅从他深研礼学、死后享祀洪崖山、被"理教"教徒奉为精神领袖等现象分析，他在礼学、修仙方面取得的成就，也足以彪炳史册。总之，这是一个以道为"籍"，以医学、礼学、艺术为"业"，与主流文化紧密关联的非同寻常的家族。

（十一）崔子忠高祖崔廷桂的兄弟

1. 崔廷槐支系

崔廷槐支系是平度崔氏家族的杰出代表，以科甲、诗文闻名。其代表人物崔廷槐（1500—1560），字公桃，号楼溪。明嘉靖五年（1526）进士，初授太原府阳曲县知县，官至四川按察司佥事，奉敕提督水利、驿传、茶法，兼理学校。传载《（康熙）平度州志》《（道光）重修平度州志》。

崔廷槐居官清廉刚直，初任阳曲知县，即因亢直被贬至偏远的神木县做典史，数年之后，才又调任保定府束鹿知县。他关注民生，善于治水，在河北、山东具有很高的声望。某年滹沱河决口，护城堤坝面临被冲决的危险，他亲率县民加固堤坝，奋战数昼夜，终于战胜洪水并保住了县城。洪水退去后，他又亲自勘察地理并规划设计，开挖沟渠，终使河水通畅，解除了河水对束鹿城的威胁。他具有敏锐的政治嗅觉和远见，某年奉命解领八万两军饷送往辽东，归后即根据见闻撰写了《辽东事宜移文》，尖锐地指出：对明朝表面恭顺实则包藏祸心的海西、建州正"窥伺其北"，呼吁"明者常烛理于未形"，[37]重视"东顾之忧"，在举国崇道的氛围中，可谓振聋发聩，掷地有声。

崔廷槐是明代中期具有全国性影响的诗文家和

平度崔氏诗歌文化的缔造者。其诗歌古体师乐府，近体师陈子昂，兼有李太白之风，胸襟开阔，语言晓畅，富于浪漫主义气质和现实寓意，"清脆可诵"，在明代诗坛独树一帜。其《楼溪集》被收入《四库全书》《明史·艺文志》，作品散见于《明诗纪事》《山左明诗钞》《（康熙）平度州志》《（道光）重修平度州志》等。

崔廷槐奠定了崔氏家族科举、仕宦、商贸、诗文事业的基础，在他的影响下，他的子孙皆有所成：其长子崔旦，字伯东，号溪东，国子监生，精通水利海运，著《海运编》，收入《四库全书总目丛书》；次子崔宣，字伯仲，号水西，礼部儒士，官至四川成都府崇宁县主簿；三子崔桓，字叔武，号柱山，明嘉靖四十年（1561）解元，博学能文，官至武邑县知县，传载《（康熙）平度州志》。孙崔燽（桓子），字微子，号龙盘，明万历二十九年（1601）进士，学博才高，长于书法，尤精于诗，官至湖广蕲水县知县，传载《（道光）重修平度州志》。

2. 崔廷柏支系

崔廷柏，字公藻，号石潭，授七品散官。其支系以德义节孝闻名，多武官。次子崔准，国子监生。孙崔有哲，官至鳌山卫指挥。曾孙崔启秀、崔启元，庠生；崔启泰，廪生；崔启胤，岁贡；崔启第，官至莱州卫指挥。玄孙崔上辅、崔尔埭、崔濐、崔溥、崔昕、崔昉皆为庠生；崔汧，廪生。

3. 崔廷梧支系

崔廷梧，字公文，号沙洲，行四，礼部儒士。其支系多国子监生、庠生。崔廷梧子崔罗、崔蜀，孙崔修、崔俛，曾孙崔绚、崔细、崔弦，皆为国子监生。曾孙崔永昌、崔子峋、崔鸣谦、崔鸣玉、崔子屼、崔鸣琴、崔鸣凤，皆为庠生。崔鸣雷为廪生等。

4. 崔廷枫支系

崔廷枫，字公宸，号沙村，明嘉靖三十四年（1555）贡士，官汉中府平利县知县，以廉吏名于西秦，崇祀名宦祠，传载《（道光）重修平度州志》。其支系以名宦廉吏闻名。子崔敢，贡士，官至定兴县丞；崔悟（活动于万历中年），国子监生，官北城兵马司指挥，升巩昌府通判。孙崔份、崔偕，皆为岁贡；崔倜、崔佑，皆为国子监生；崔倬、增生；崔伸，礼部儒士。曾孙崔元琚、崔谏之、崔元瑭、崔元琯、崔元瑚、崔元琦，皆为庠生。玄孙崔谊之，清顺治九年（1652）进士，官至山东按察司佥事；崔让之，举人；崔谦之，岁贡；崔谅之、崔瓒之，皆为廪生；崔训之，庠生；崔诏之，拔贡。昆孙崔岷，官至仙游知县，功加十八级，食禄正一品。

5. 崔廷柟支系

崔廷柟，字公□，号荆坡，由廪生入国学，赠文林郎直隶河间府肃宁县知县。其支系以忠节、循吏闻名。子崔衮、崔蛟，国子监生；崔兖，庠生；崔校，岁贡，官至直隶河间府通判，授文林郎。孙崔维封，岁贡，官至直隶真定府平山县知县，工书法；崔维崋，拔贡，官至直隶保定府安州知州，抗清不屈死，赠山西按察司佥事，祀乡贤、名宦祠。重孙崔中行，庠生；崔敏行，廪生。

二、平度崔氏家族的姻亲关系

平度崔氏成功转型为官宦诗书之家后，朝中显贵、地方豪绅纷纷与其联姻，结成了庞大的婚姻政治关系网，崔氏家族的社会地位由此得到进一步提升，牢固占据着胶东甲族的位置。平度崔氏联姻的情况大致如下。

崔廷桂（崔子忠）支系：崔廷桂，配县丞曹时中女。其长子崔澄，配灵台知县陈世卓姐；次子崔淳，配楚雄知县官希伯女；三子崔津，原配嘉靖朝内阁首辅毛纪孙女（太仆寺卿毛渠女），继配灵山卫指挥王锦女。孙崔佶，配西关庠生何允正女；崔俟，配东平州学正傅应诏女；崔保，配州门首张邦豪女；崔倧，配昌邑庠生谢嘉命女；崔儒，配胶州河南布政司参政姜继曾女。曾孙崔胤德，配平度州城东关赵希召女；崔胤行，配平度州曲戈庄庠生何琪女；崔胤宽，配胶州进士、大理司右评事赵任女。

崔廷槐支系：崔廷槐，配平度州南门里兵马司指挥宋裕女。长子崔旦，配掖县毛知府女；次子崔宣，配莱州卫指挥张鹄姑女；三子崔桓，配掖县解元王肇才女。孙崔灿，配湖广巡抚翟瓒孙女。曾孙崔玧，配即墨举人杨监女。

崔廷柏支系：崔廷柏曾孙崔启胤，配掖县太仆寺卿宿度孙女；崔启第，配黄州府通判尚觐光女。

崔廷枫支系：崔廷枫，配驿宰刘氏女。长子崔敫，配高密李知府女；次子崔悟，配常德知府张钺女。孙崔偕，配鸡泽县知县傅寄奕女；崔份，配胶州河南布政司参政姜继曾女。

崔廷枘支系：崔廷枘，配东关贡生官贞女。长子崔衮，配平度御史傅汉臣侄女；三子崔校，配掖县吏部尚书赵焕之妹。

崔氏家族联姻具有如下特点。其一，联姻对象位高权重且多诗书之家。崔氏家族联姻对象涵盖嘉隆万年间半岛地区最重要的世家大族。如被称为"东海世家"和"崇儒毛氏"的掖县毛氏，自明朝中叶起便科甲蝉联，出现过父子解元、父子进士、兄弟进士的科举盛况，有毛纪、毛檠、毛渠等多位进士和毛茶、毛槃等多位举人。其中，毛氏文化的代表人物毛纪，字维之，号鳌峰逸叟，明成化年间进士，官至嘉靖朝首辅、武英殿大学士。居官简重，有学识，"与廷和、冕正色立朝，并为缙绅所倚赖"[38]，是明代历史上十分重要的政治人物和诗人。又如明清两代科甲相继，被人们称为诗文衣冠之家的莱州赵氏，人才济济，有"赵氏三凤五龙"之誉。其"三凤"为赵焕（刑部尚书兼兵部尚书，改兼吏部尚书）、赵耀（辽东巡抚左佥都御史）、赵灿（国子监司业），"五龙"为赵士宽（凤阳府通判）、赵士完（流县知县）、赵士冕（镇江知府）、赵士亮（顺天府丞）、赵士元（泉州府同知）。其中，赵氏文化的代表人物赵焕，字文光，为万历朝重臣。神宗时曹署多空，"六卿止一焕在"[39]。其他如倡言"一条鞭法"的平度御史傅汉臣、衣冠盛族的胶州赵氏等，皆为名宦之家。他们分布在今山东省莱州市、平度市、胶州市、昌邑市等地（个别在山东西部地区），与崔氏声气相通，相互支撑，成为该地区政治、经济、文化的一支重要力量。

其二，认同原有的军旅文化传统。在崔氏家族联姻对象中，行伍之家占有较高比例，如灵山卫指挥王锦、莱州卫指挥张鹄姑、兵马司指挥宋裕等人都是平度崔氏家族的女婿。古代官宦诗书之家与武官联姻的情况并不少见，但像崔氏家族如此之多，却十分罕见。这种现象表明，虽然崔氏家族经过近百年努力，改变了军旅的身份，但对军伍之家并无偏见，与军旅之家具有天然的亲和力。同时，由于这类联姻对象的融入，原本就具有尚武精神的崔氏家族涌现出更多以武授官、名扬天下的人物，如一品带刀侍卫、总兵崔锡麒等。

其三，联姻对象门第的高低与崔氏家族兴衰紧密相连。古代联姻讲究门当户对，联姻对象政治、经济地位的高低，会折射出联姻者自身的社会地位和经济实力。崔氏家族在这方面表现得尤为突出，如嘉靖之前，崔氏家族虽然富甲胶东，以德义闻名乡里，但少文，联姻对象并无世家大族。嘉靖、隆庆年间实现文武转型之后，联姻对象开始出现官宦诗书之家，至万历年间崔氏以忠孝诗礼闻名天下，则名门巨室联姻者如过江之鲫。万历中年以后因金商之祸家道中落，开始与普通官员、文人及平民联姻。至启祯年间家道式微，联姻对象基本趋于平民化，政治背景消失。

三、家族文化对崔子忠的影响

平度崔氏家族是半岛地区著名的将军世家、官宦诗书世家，在这个多元文化交融的家族，儒家的忠孝节义与道教的辅国济民合二为一，尘世功名与遁世无为交集共存，经过数百年融合变化，孕育出独有的文化传统。现代遗传学表明，基因可以世代相传而不损失，它能使生命的某些原始形态、精神、行为方式等延续下来，具有一定的恒定性。在这方面，崔子忠可谓是典型的代表。他几乎完整地继承了先辈的品格、爱好，如孤高、尚义、崇礼、好读书、工诗善画等，相对于其他画家，先辈的精神品格、价值取向、职业爱好更加重要，不仅影响了他的世界观、价值观和审美观，甚至预先设计了他的命运轨迹和艺术发展方向。通过观察崔氏家族的文化传统，人们可以明白如下问题：为什么崔子忠毕生标榜"节义文章事功人品"，以风节自励；为什么他始终避世远俗，言谈举止"不似今人"；为什么他在明亡后能够"移孝作忠"、不食清粟而死；为什么他是三教合一思想的信仰者，热衷于仙道绘画创作。崔氏家族文化对崔子忠的影响主要体现在以下几方面：

（一）品性

崔氏家族的群体性格具有侠义、睿智、明决的特点。如三国魏司徒崔浩修史秉笔直书，遭灭门之灾；元侍卫亲军总管崔澍义杀奸相阿合马，惨遭忽必烈杀害；明安州知州崔维翰抗清触阶而死，壮烈殉国。种种惊天地泣鬼神的举动，无不展现出杀伐果断的血性。崔氏家族早先一直扮演着将军世家的角色，入明以后，由于世袭军籍的政策，其家族的一部分仍然保持着军伍身份，尚武精神一直存在。这种精神在家族文化的演变过程中虽然发生了不小变化，但已然成为崔氏子弟性格的主要特征。崔子忠虽然是一名儒生，骨子里却充盈着祖先的血液，具有侠义的情怀。他赞美侠客聂政、烈女谢小娥舍生取义，讴歌张巡、周遇吉死节国难，他在明亡后移孝作忠，不食清粟而死，种种率性决绝的行为，无不显现出其先人的品性。

（二）忠孝思想

崔氏家族是著名的忠孝节义之家，在这个儒道文化一体的家族，儒家的忠孝节义与正一道倡导的忠孝大道相融合，衍化出极具正能量的道德伦理观，激励崔氏子孙舍生取义，涌现出一大批坚定维护封建礼法的忠臣孝子。崔子忠虽然遁入空门，但儒家的忠君爱国、道教的护国佑民思想却深植于他的灵魂中，他标榜"节义文章事功人品"，大书"木石存天地，衣冠志古今"，不但为抗击清军、农民军的明军将帅画像题赞，甚至借画"作法"，为明军与农民军的决战摇旗呐喊，当无力回天时，甚至走入土穴自甘饿死，表现出坚贞的士人品格和爱国主义精神。

（三）崇道

崔氏家族数代服务皇宫、王府，从事医学、礼学、艺术等方面的工作，这种职业背景，影响并规定了他们的价值取向，表现在思想行为上，就是紧跟当政者步伐，崇信"正一道"，热衷于修道养生、炼丹、斋醮。崔子忠始名丹，字道毋（母），从这个极具道教色彩的名字，可以看出他很早就已经被打上了道教文化烙印，成为道教的一分子。他的艺术得于这种信仰良多，对他而言，崇道修仙不仅是精神上的超越，更是艺术境界的升华。他孤高自赏，绝不与流俗为伍，沉迷于仙道绘画而不拔，种种非同流俗的行为、艺术上的创新，概来源于这种特定文化的影响。

（四）职业取向

崔廷槐等人在嘉靖、隆庆年间取得的成功，为崔氏家族成员从事医学、礼学、水利、商贸、文学艺术等奠定了坚实基础。崔子忠克承祖业，深研诸《戴礼》，精通礼学；工诗善画，以诗画闻名于世；又兼擅医学、园艺等，几乎在每个领域都取得了非凡的成就。他的职业取向和人生道路，与家族职业文化传统有着千丝万缕的关系，不可分割。

注释

[1] [宋] 郑樵：《通志》卷二十七氏族略第三《齐邑》，清乾隆十二年武英殿刻本，第 8 页 a。

[2] [宋] 陈彭年：《广韵》卷一上平声，清光绪八至十年遵义黎氏日本东京使署刻古逸丛书覆宋刻本，第 45 页 a。

[3] 《胶东崔氏族谱》之《世系考》，清康熙刻本。

[4] [宋] 郑樵：《通志》卷二十七氏族略第三《齐邑》，清乾隆十二年武英殿刻本，第 8 页。

[5] [清] 李图总纂《(道光) 重修平度州志》卷十七列传三历代人物《崔世荣》，第 16 页 b。

[6] [宋] 欧阳修：《新唐书》卷一百九列传第三十四《崔杨窦宗纪祝郭王》，清乾隆四年武英殿校刻本，第 3 页 b。

[7] [明] 陆钶：《(嘉靖) 山东通志》卷三十三人物六《莱州府（元）崔澍》，明嘉靖刻本，第 9 页 b。

[8] 《胶东崔氏族谱》之《元昭武大将军汉军都元帅左都监军崔公神道碑考》，清康熙刻本，第 4 页。

[9] 同 [3]。

[10] 《胶东崔氏族谱》之《先考处士府君暨先妣孺人行状》，清康熙刻本，第 54 页 a。

[11] 《胶东崔氏族谱》，清康熙刻本，第 13 页 a。

[12] 同 [11]《文进》。

[13] 同 [11]《秉》。

[14] 同 [11]《璘》。

[15] 《胶东崔氏族谱》，清康熙刻本，第 15 页 a。

[16] 《胶东崔氏族谱》之《先考处士府君暨先妣孺人行状》，清康熙刻本，第 54 页。

[17] [清] 李图总纂《(道光) 重修平度州志》卷十四志七艺文（上）《崔公梅庄先生暨配曹孺人合墓表》，第 51 页。

[18] [清] 李图总纂《(道光) 重修平度州志》卷十四志七艺文（上）《崔公梅庄先生暨配曹孺人合墓表》，第 51 页 a。

[19] [清] 李图总纂《(道光) 重修平度州志》卷十四志七艺文（上）《崔公梅庄先生暨配曹孺人合墓表》，第 51 页 b。

[20] [明] 冯惟讷：《(嘉靖) 青州府志》卷十二封建《藩贤·衡恭王传》，第 46 页 a。

[21] [清] 张廷玉等：《明史》卷二百八列传第九十六《周思兼》，中华书局，1974 年，第 5510 页。

[22] [清] 李图总纂《(道光) 重修平度州志》卷十四志七艺文（上）《崔公梅庄先生暨配曹孺人合墓表》，第 52 页 b。

[23] 同 [19]。

[24] 同 [19]。

[25] [清] 李图总纂《(道光) 重修平度州志》卷十四志七艺文（上）《崔公梅庄先生暨配曹孺人合墓表》，第 52 页 a。

[26] [清] 李图总纂《(道光) 重修平度州志》卷十四志七艺文（上）《崔公梅庄先生暨配曹孺人合墓表》，第 52 页。

[27] [清] 李世昌纂修《(康熙) 平度州志》卷之四人物《崔淳》，第 8 页 b。

[28] [清] 李图总纂《(道光) 重修平度州志》卷十四志七艺文（中）《大泽山二十八景诗》，第 27 页 a。

[29] [清] 李图总纂《(道光) 重修平度州志》卷十四志七艺文（中）《大泽山二十八景诗》，第 28 页 b。

[30] [清] 李世昌纂修《(康熙) 平度州志》卷之四人物《崔淳》，第 9 页 a。

[31] [清] 李图总纂《(道光) 重修平度州志》卷十四志七艺文（中）《大泽山二十八景诗》，第 27 页 b。

[32] 同 [29]。

[33] 《胶东崔氏族谱》九世《佶》，清康熙刻本，第 19 页 a。

[34] [清] 张廷玉等：《明史》卷七十六志第五十二《职官五》，中华书局，1974 年，第 1862 页。

[35] 赵晶：《明代宫廷画家官职考辨》，《故宫博物院院刊》2015 年第 3 期总 179 期，第 66 页。

[36] [清] 王崇简：《青箱堂诗集》卷十二丁酉《温仲青以崔青蚓画见贻答之以歌》，收入《四库全书存目丛书》集部第二〇三册，齐鲁书社，1997 年，影印本，第 159 页下栏。

[37] 李树：《平度史话》，青岛出版社，1999 年，第 128 页。

[38] [清] 张廷玉等：《明史》卷一百九十列传第七十八《毛纪》，中华书局，1974 年，第 5047 页。

[39] [清] 张廷玉等：《明史》卷二百二十五列传第一百一十三《赵焕》，中华书局，1974 年，第 5921 页。

崔氏家族诗书画世家及礼学背景研究

在当代美术史研究中，鉴于崔子忠孤介的性格和避世远俗的生活态度，人们往往把他当成是自学成才的画家，如美国学者高居翰认为："崔子忠系一位独立自主的画家，他的学习多来自专研及临摹高古人物画家之作，而非受教于任何业师。"[1]《胶东崔氏族谱》的发现，改变了这种固有的看法，人们开始明白，深厚的家学背景、专业的师承关系、良好的成才环境，才是他成为一代绘画巨匠的关键。

一、崔氏家族的诗文传统和艺术成就

平度崔氏原是金元时期胶东地区著名的将军世家，长期行伍生活的陶冶，铸就了崔氏子弟钢铁般的意志和决绝的品格，但也使他们变得有些粗鲁。崔氏一世祖崔得福凡事皆有真知灼见，他认为家族之所以出现这种状况，主要是由于儿孙长期居乡务农、不娴礼义的缘故，因此举家迁往平度州城学宫旁，选择当地最优秀的教师教之。数代而过，至嘉靖、隆庆、万历年间，崔氏家族科举业开始发达，产生了崔廷槐、崔桓、崔淳、崔燧等杰出人物，由此完成军伍之家向诗礼之家的转换。自此以后，崔氏家族人才越来越多，文化积累愈来愈厚，成为胶东地区著名的官宦诗书之家。据明清《平度州志》《胶东崔氏族谱》等材料统计，仅明嘉靖至清康熙年间，该家族就产生了进士四名，举人四名，贡生、监生、庠生等七十一名，其中不乏对明清诗文、绘画产生重要影响的人物。

（一）崔廷槐

崔廷槐是明嘉靖年间成就卓著的诗文大家，古代胶东地区诗歌成就最高的作家之一。其文章（序、传、碑、状、志、铭）师法柳宗元，瞻而伟，入柳州之室。散文师法司马子长。尤善属文、政论文。政论文观点鲜明，见解犀利，语言晓畅，自然平淡中见峥嵘气象，韬略尽在其中，如《辽东事宜移文》《与任参戎论兵变书》等，都是这种文体的代表作，其艺术风格由《栾城集后序》可见一斑。

《栾城集》暨《栾城后集》《三集》，凡八十四卷，宋苏文定公颖滨先生所著，我皇明蜀藩王殿下所刻也。巡抚台东阜刘公、监察侍御合川王公胥有论撰，弁之首简，金辉玉润，光映缥缃。廷槐睹而叹曰："嗟乎！可以传矣。"夫文章与世运相为流通者也。六籍以还，作者相继，春秋、战国、先秦、两汉、魏、晋、齐、梁之间，屈、宋、马、班、荀、杨、董、贾、曹、刘、沈、谢、嵇、阮之徒，下逮盛唐李、杜、韩、柳诸公，郁郁彬彬，号称极盛，虽其体裁风格、律调音响，抑扬变化，言人人殊，要之，发舒道德之光，阐明鬼神之秘，穷探天地之变，左右《典》《坟》，羽翼《风》《雅》，则异世而同符焉。呜呼！至矣。宋兴，文教炳蔚，词人辈出。嘉祐以后，眉山三苏名擅天下，而一代文宗欧阳文忠公辈极力为之延誉，一时学士大夫闻谈三苏氏，罔弗敛衽敬服，盖当世之绝唱也。乃文定公以沈静简洁之资，席家庭师友之训，平生著作与东坡相上下，而气充才赡，自成一格。议者谓为汪洋淡泊，有秀杰之气。究其所至，盖已闯李、杜、韩、柳之门，窥古人堂室之奥矣。乃其时有称述之曰苏黄，曰欧苏，曰欧、曾、苏，云云者，类指东坡。而东坡自谓，则云子实胜我。岂其兄弟自相标榜耶？抑当时之人，以其父兄之故而轧之使后耶？今天下之士，崇治理者嘉唐虞，敦行谊者师周孔，鸿名伟绩，后先相望。至其发轫之始，文艺之场无弗蹑李、杜、韩、柳、欧、苏而进焉。则斯集之刻也，固天下之士所愿见者。乃历宋至今，几数百载而全编始出。又得博雅诸公崇尚而表章之，谓非斯集斯文之大幸与？廷槐不敏，不足与论古今作者之意，乃幸游公之乡，与闻刻集事，而又猥以不腆之辞，附诸群玉之后，故不靳撫拾如右，因长史高君鹏为王诵焉。若王乐善好礼，崇古右文，贤明之懿，太宰玉溪公校录之劳，通政石川公翊赞之力暨我东阜、合川二公属王刻集之故，则前序见之，兹弗敢赘也。[2]

崔廷槐的诗文成就主要体现在诗歌方面。其诗歌诸体兼备，古体师乐府，近体师陈子昂，兼有李太白之风，胸襟开阔，气势豪迈，"清脆可诵"（《明诗纪事》），通俗易懂的诗歌语言与深厚的历史、博古、军事知识相结合，显示出平易近人而内涵丰富的艺术风格，在古代诗歌中独树一帜。他留下大量诗文遗产，其中，诗文集《楼溪集》三十六卷被编入四库全书，收入《明史·艺文志》。《山左明诗钞》收录其诗歌二十首，《明诗纪事》收录七首，《（康熙）平度州志》收录十二首，《（道光）重修平度州志》收录十一首，《（光绪）平度州乡土志》《（民国）续平度县志》收录十五首，是古代平度州唯一入选《明史·艺文志》和诗文收入州志最多的作家。其艺术风格通过《陌上吟》《赤壁》《金台曲》等可见一斑。

陌上吟

出门持筐，入陇采桑。桑间叶密桑条长，良人在远姑在堂，蚕成织作姑衣裳。陌上郎，尔无悔，黄金贱，贱如土。十年行役荡不归，深衷耿耿当告谁？东海可干石可裂，桑间之妇不可悦，羞君与君生诀绝。请君留黄金，赠与二心人。[3]

赤壁

嘉鱼县南石头驿，石上大书赤壁字。龙涎蛟沫苔藓封，点波犹带风云气。攀萝直上青林颠，千古封疆落眼前。英雄战垒不可辨，但见萋萋江草凝寒烟。解衣沽酒杨花村，老翁擎出双瓦盆。挥杯且弄山间月，吊古还招江上魂。黄州逐客玉堂仙，水落山高载酒船。片帆未挂临皋岸，两赋空令百代传。[4]

崔廷槐治学严谨，学问渊博，具有丰富的史学知识，曾任《（嘉靖）四川总志》编纂，重编了其中《经略志》《郡县志》部分，并进行了统一体例改编。明代文人陈继儒认为：读天下志，嘉靖《四川总志》为第一，其金石鼎彝、秦汉以下之文，网罗几尽，而立例亦古。其又编修《神木县志》，考胶东史事、崔氏始末，作《胶东》《世系考》等，皆立论有据，言之成理。又工书法，所书《四川总志后序》，结体开张，用笔精利遒劲，直窥钟太傅、王右军堂奥（图1）。

崔廷槐不仅是一位杰出的诗文家、史学家，也

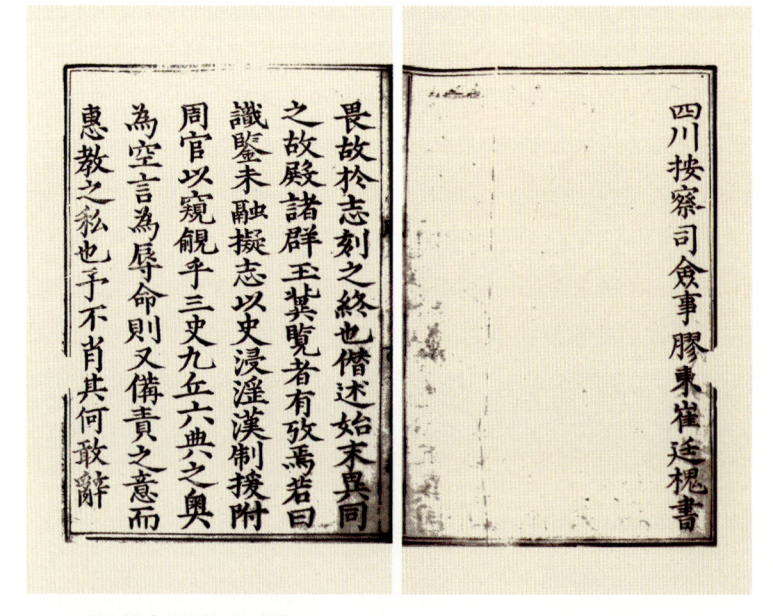

图1　崔廷槐《四川总志后序》

是一位具有真知灼见的文学理论家、教育家。其论作文之根本，曰："夫文，道之华也，道有文有情，情郁于中，而辞以发之，载道以行，合而成文。"[5] 论作文之法，曰："闻之，夫文犹兵也。善兵者，先之以谋，谋定而后战，是以能克，易此必败。是以文贵务思，思而得之，莫可御也。然后文随之，文如其所思焉，是文成而人传之，后世以为楷。"[6] 高屋建瓴而能击中作文要害。江南名士周思兼对崔廷槐深表敬佩，认为崔廷槐博通文理，识度宏阔，对于学文、作文方法了如指掌，求教者踵足，为"胶东之良"。在他的教导下，儿孙们潜心诗书，先后考中进士、举人、国子监生，与他一起构筑起崔氏诗文的第一个高峰。

（二）崔旦、崔桓、崔燫

1. 崔旦

崔旦（活动于嘉靖年间）是崔廷槐的长子、崔子忠的族曾祖父，早年入国子监读书，随父宦游秦蜀，后归乡，贸易海上。受崔廷槐影响，潜心研究海运水利，著《海运编》。该书是一部有关胶莱海运的水利专著，理论与实践并重，很受后世重视，清修《四库全书》收录明人论述海运著作四部，只有崔旦《海运编》出自平民之手。《四库全书总目》认为，明漕运总督王宗沐、山东巡抚梁梦龙等主海运，乃"书生纸上之经济"，唯"旦居海滨，习知利害。……所条上工役之法，堤闸之制甚具"[7]，实际可行，给予很高评价。这部书虽然不是专门的文学著作，但思路开阔，立论周详，语言晓畅，显示出很高的文学素养。

崔旦擅长书法，所作《官希龙墓志铭》（今山东省平度市博物馆藏），通篇以正楷书成，平整稳健，兼有王右军、颜鲁公遗风，显示出扎实的基本功，从中可以窥见其为人和艺术风格（图2）。

2. 崔桓

崔桓是崔廷槐的第三子、崔子忠的族曾祖父，明嘉靖四十年（1561）乡试解元，古代平度州唯一在乡试中获得第一名的士子。他博学能文，工书法，以文学知名于时，与著名文学家于慎行为"石交"，[8]

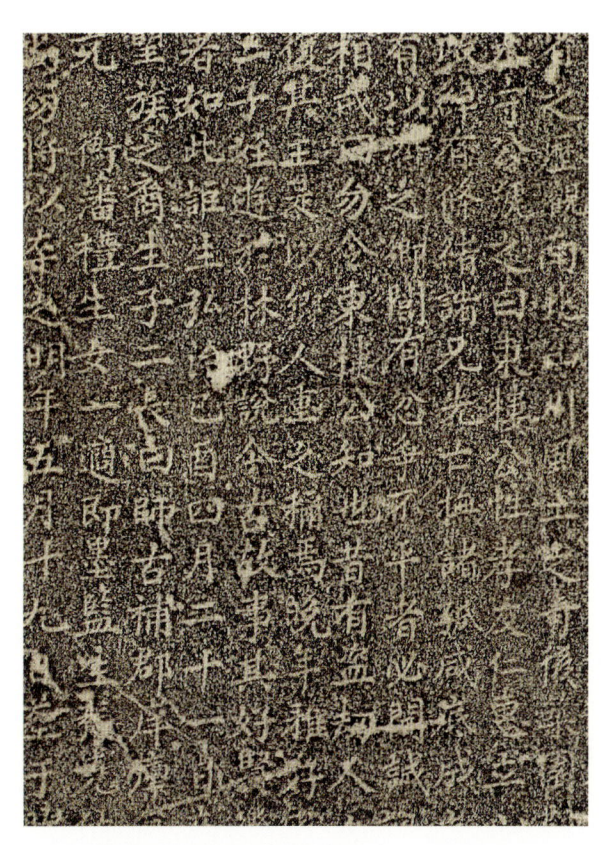

图2　崔旦《官希龙墓志铭》拓片（局部）　平度市博物馆藏

《（康熙）平度州志》记载："才名籍甚，亦能诗，真所谓父作子述，光前裕后者也。"[9] 但留下的诗文少之又少。《桑梓之遗录文》收录其书帖两件，帖文态度谦恭、诚恳，述事条理分明，语言平实柔和，有谦谦君子风，从中可想见其为人和艺术风采。

平度崔解元桓书帖二

桓顿首启呈：炼庵世兄、文左弟，以儿女姻事日夕区处，心力俱竭，难以纸笔尽也，缘此久失候问，有罪有罪！姜生来，承手教，知令孙凤疾未瘳，尚婴尊抱，天命有在，宜自宽解可也。左泉公违世，甚可痛悼。弟值多事之时，不获躬往吊哭，恨当何似。盖因儿灿娶亲于十一月初十日，翟亲家初七日即至州中，赐礼寒舍，百凡未备，自为经理，将谁可托耶？兹遣小儿代申赙仪，更望吾兄转致蓝大哥处，庶使亮其靡他，恕其悖慢不胜远道惓惓之祝。外恳茶饼，吾兄所制，甚嘉，祈赐数枚，为奉昌邑诸客之需，呵呵。弟桓再顿首具左冲。[10]

3. 崔燫

崔燫是崔桓第四子、崔子忠的族祖父，明万历二十九年（1601）进士，官河南开封府封丘县知县，转湖广黄州府蕲水县知县。工诗书，《（康熙）平度州志》记载："学博才高，文雄一世，书擅临池，尤精于诗，惜天夺其寿，未竟其才也。"[11]《（道光）重修平度州志》《胶东崔氏族谱》记载与此大同小异，然而，传世作品稀如星凤。《（康熙）平度州志》收录其五言诗《雨霁》一首，情景交融，颇具唐人王维之意：

> 雨霁
> 潇沉空山雨，凉销（消）六月天。
> 深杯衔暝色，绝壁挂长川。
> 坐失千林曙，全迷万壑烟。
> 微茫松际晓，净月已娟娟。[12]

崔燫的书法作品目前仅见《雨霁》一件，勒石大泽山中（图3），其结体开张，骨格独立，有黄山谷之风、天柱山刻石遗韵。另外，文献还著录其两件作品，其一行书，《桑梓之遗书画册目录》三卷附文钞一卷记载："平度大泽山人崔燫大行书，计十四页，改装，庆远堂屏背，大书长幅为一册。"其二为草书，《桑梓之遗书画册》第十二册记载："平度崔盘龙燫草书诗二。"可惜原作皆不见。根据《雨霁》石刻揣测，其草书风格属于豪放奇崛一路。

（三）崔淳

崔淳是明嘉隆万年间名闻京省的诗人和书法家，才名籍籍。他与当时诗文界大佬多有交往，如标举"齐风"，与公鼐、冯琦并称"山左三大家"的著名诗文家于慎行，便是他的"石交"好友，冯琦则与他唱和成集。又与著名诗人沈九畴友善，明万历二十二年（1594），两人同游大泽山，各得诗三十首，勒石山中，至今遗迹犹存。崔淳留下的诗歌不多，从残存的几首诗看，内容多与修仙求道有关，体裁以五言诗为主，诗风散淡超逸，寄意深远，富于哲理玄思。《山左明诗钞》《（康熙）平度州志》各收录其诗歌一首，《（道光）重修平度州志》收录其《大泽山二十八景诗》二十八首。

> 日照庵
> 兰若开幽谷，台殿倚高岑。
> 晴光动朝旭，先此照东林。

> 瑞云峰
> 三峰出云表，上与日月邻。
> 振衣看海岱，眼界总超尘。[13]

> 聚景台
> 片石烟霞古，天晴四望开。
> 云光联树色，万壑总归来。

> 甘露泉
> 琼液美如饴，泠然留余馠。
> 沉疴解文园，不必金茎露。[14]

崔淳擅长书法，《桑梓之遗书画册》第十一册收

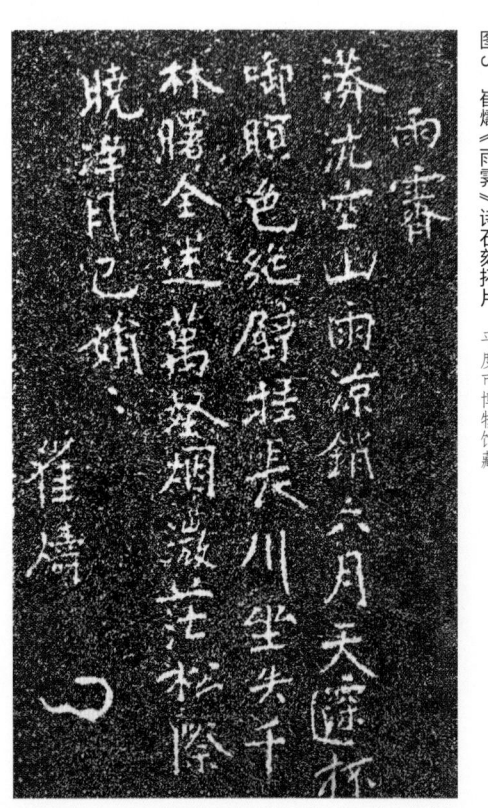

图3 崔燫《雨霁》诗石刻拓片 平度市博物馆藏

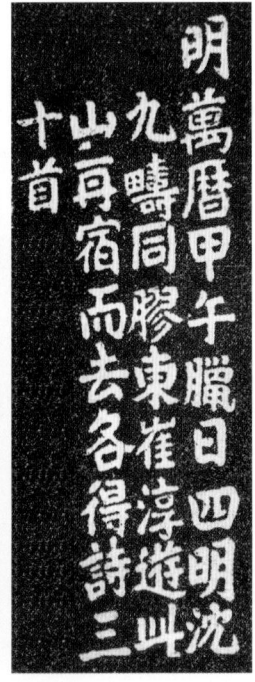

图4 崔淳《游大泽山题记》石刻及拓片　平度市博物馆藏

录《平度崔司马淳诗二》，但他的作品今天已经很难见到。根据《（康熙）平度州志》记载："工诗善书，笔法遒劲，大类黄山谷。"[15]可知他的书风与黄庭坚接近，与族侄崔燫师出同源。有学者认为，山东省平度市大泽山智藏寺摩崖石刻《明万历甲午腊日四明沈九畴同胶东崔淳游此山，再宿而去，各得诗三十首》，乃是他与沈九畴游山时所书（图4）。

（四）崔维翰

崔维翰，字丹水，号苍濂，崔子忠的族祖父。明天启五年（1625）岁贡。官至真定府平山县知县。工书法。万历四十三年（1615）书写崔淳《大泽山二十八景诗》及《登飞来峰》等三首，勒石于大泽山智藏寺。

（五）崔谊之

崔谊之，字子明，号老山，崔子忠的族兄弟。清顺治九年（1652）进士。初授河南南阳府新野县知县，敕授文林郎，钦授户部主事，转户部员外郎，授中宪大夫，转户部郎中，升直隶通蓟永平道山东按察使金事。传载《（宣统）山东通志》《（光绪）畿辅通志》等。"赋性宽和，御下仁恕，治政明决，体恤属僚，惠爱百姓，凡鞫理民词，虚公执法不阿，不徇念各属冲繁，不轻差役，以滋烦扰，馈送悉屏绝之。时以廉静闻。"[16]工书法，能诗。诗歌多描写故乡风光，风流儒雅，意境清新，著作甚富，有《龙蛇草》等传世。《（道光）重修平度州志》收录其诗歌《墨水河》《大泽晴云》《荆坡雪梅》等多首。

墨水河

洗砚谁人学右军？河流处处发烟云。
明星皓月沈无影，白石晴沙暗不分。
张旭曾闻挥墨沈，羊欣何事浣罗裙？
余波应沐南来雁，蘸向遥天写篆文。[17]

（六）崔子忠

平度崔氏历经嘉靖、隆庆、万历三朝，积累了丰厚的诗书画遗产，家族弥漫着浓厚的艺术氛围。良好的育才环境，滋养了崔子忠的艺术天赋，他很小的时候便以诗书画名闻乡里，万历中年以后，当崔氏家族的几位文学核心人物先后去世、莱阳宋氏成为山左诗文的代表之后，他便拜著名诗文家宋继登为师，与其弟宋继澄、子宋玫、宋琮及群从宋应亨、赵士骥等同学，成为宋氏文化圈的重要成员。由于文社的兴起，他的诗歌开始为世人所知。天启年间流寓北京后，他的诗文得到畿辅督学御史左光斗赏识，开始名扬京华。崇祯初年，当他同时加入复社"山左大社""北直顺天府"时，已经成为闻名全国的诗文家。崇祯九年（1636），江南文人陈子龙编辑《皇明经世文编》，把他与当时最知名的文学家并列为参阅人，其时，他已经被视为复社、诗文界的"元老"之一。

崔子忠的诗歌以唐人为宗，师法杜甫、李贺、王维等人，诗风崛奥、高迈，庄重典雅中透出某些"诡异"色彩，达到了"诗中有画、画中有诗"的艺术境界。他的同代人对他评价很高，著名学者孙承泽认为，"六经无所不窥，尤深于戴礼，发为古文诗歌，博奥不逊李长吉"[18]；著名书画家董其昌认为，"其人、文、画皆非近世所常见"[19]；诗文家王崇简认为，"于六经无不读，得诸戴礼者尤深。为文崛奥，动辄千言，不加绳削而自合，……所作诗歌、古文词，人鲜知者，徒知其画耳"，称他的诗文成就不亚于绘画；清代文人吴省钦则把他与东汉、西晋时期的文学家冯衍、左思相比。冯衍、左思是文学史上屈指可数的辞赋大家，由此可见，他在辞赋方面也取得了很高成就。

崔子忠的诗文传世不多，从残存的三首诗歌和一些题画诗、题跋、像赞看，他既能作阳春白雪，也能作下里巴人，甚至能够撰写青词（按：斋醮科仪中的祝词），均能将不同文体的特点发挥到极致，令人耳目一新。《石渠宝笈三编》收录其《陆治岁朝如意图轴跋》，与他诗风格不同，今选编在此以供鉴赏。

> 东风渐绿瀛洲草，
> 彩胜都裁五色丝。
> 今日喜将乐事并，
> 浣花溪上一题诗。[20]

（七）小结

崔氏诗文具有思想境界开阔、语言通俗易懂、文思藉蕴内涵、格调高迈超逸的特点，其中，著名诗文家崔廷槐的作品最具阳刚之气和浪漫主义气质，代表了崔氏诗文的最高水平。其他作家如崔淳、崔谊之、崔子忠等人，或借景抒情，澹远幽思；或自然洒脱，清雅俊秀；或章法森然，寓理于自然物象；均能直抒胸臆，自成一格。作为半岛地区重要的诗文家群体之一，崔氏家族连接当地最具影响力的文化家族，相互酬唱，共同构筑起东海诗文艺术的高台。

二、与崔氏家族联姻的诗书画世家

崔氏家族的联姻对象多官宦诗书之家，如前述掖县毛氏家族、赵氏家族、胶州赵氏家族等，都是在诗歌文学创作方面颇有建树、对文坛具有一定贡献的文化世家，今略述之。

（一）掖县毛氏家族

掖县毛氏是半岛地区著名的官宦诗书之家，人称"崇儒毛氏"。毛氏家族崇文之风盛行，工诗善书者不计其数。代表人物毛纪（崔子忠曾祖母的祖父）是嘉靖年间政坛、文坛举足轻重的人物，明代中期山左具有代表性的诗人之一。他一生笔耕不辍，著作等身，计著《鳌峰类稿》二十六卷，《海庙集》四卷，《密勿稿》一卷，《辞荣录》一卷，《归田杂识》一卷，《联句私钞》四卷，《四朝恩遇图》一卷等，其中，《鳌峰类稿》被收入《明史·艺文志》。

毛纪的诗文创作观念源于以宋代二程、朱熹为代表的理学诗派，追求风雅正统的诗风，同时，又与茶陵诗派成员交流颇多。其诗文引经据典，寓情于理，风格典雅古朴，富于真情实感，明嘉靖朝首辅严嵩在其神道碑评曰："平居手不释卷，老而弥笃，作文厚重典实，一根于理。"可看作是对他作文之法的总结。他的门生遍布朝廷且多高官（如明代思想家王守仁，便与他有师友之谊），因此，他的崇古复古、抒发真性情的艺术主张对当时文坛影响很大。归田之后，寄情山水林泉，与地方名士诗酒往来，对山东半岛诗文发展起到了积极推动作用。他擅长描写山水田园风光，代表作有《谒庸生庙》等。

> 谒庸生庙
> 败屋颓垣带薜萝，断碑岁月记宣和。
> 而今祭祀乡人少，伊昔谈经弟子多。
> 雨砌行蜗留篆字，风林啼鸟想弦歌。
> 我来仰止仪刑在，敬采苹花酌涧波。[21]

毛纪的族孙毛似徐（字伯台，万历年间岁贡）工诗善书，"笔墨精妙，一时梁所诗，十指沸腾，奔泻尽意，而构炼之功少"[22]。诗作选入《涛音集》《勺亭识小录》等，是当时山左诗坛颇有名气的诗人，其后毛畹，工五言诗，著《河东集》《饮马池集》，诗歌收入《国朝山左诗钞》；毛霦肆力坟籍，学识贯综，著《传桂堂集》；毛霦的儿子毛贡、毛赟、毛赓，亦皆善诗文，等等。

（二）掖县赵焕家族

赵焕家族是半岛地区著名的官宦诗书之家，有明一代科甲相继，多诗文家，其中，被称为"东莱三凤"的赵焕兄弟，道德文章彪炳一时，在当时影响较大。

赵焕，字文光，崔子忠族祖父崔校的妹夫。明嘉靖八年（1529）进士。清操亮节，士论重之，著《怡真亭诗存》；赵耀，字文明，官至辽东巡抚，赠兵部尚书、太子太保，著《乐山亭诗稿》；赵灿，字文倬，举人，曾官国子监司业，著《式古亭诗草》。

赵焕兄弟的后裔克承祖业，均在文学方面有所造诣，其中，赵耀的儿子赵胤昌官至兵部左侍郎，著《嘉树园集》。其五子皆有文名：长子赵士元著《竹石居诗稿》，次子赵士亮著《龙溪诗集》（按：亮长子赵玉藻著《柏园诗集》，次子赵玉瓒著《怡园集》），三子赵士宽著《芸窗诗存》，四子赵士完著《璞庵诗集》，五子赵士冕著《稼庵近草》《吴越吟》等。除此而外，尚有明末清初颇负盛名的诗文家赵士哲，早年主盟"山左大社"，明亡后隐居海滨，著《建文年谱》《石室谈诗》《辽宫词》等，可谓盛极一时。

（三）胶州赵氏

胶州赵氏家族是明清时期半岛地区著名的官宦诗书之家，诗书画家辈出，代表人物有：赵完璧、赵白璧、赵慎修、赵怀礼、赵儓、赵泰甡、赵泰临、赵文㷆等。其中，崔子忠堂伯崔胤宽的岳父、大理寺右评事赵任（明万历十一年进士，曾官中书舍人），少有才名，与李廷机、汤显祖为文友，工诗善书，极一时之盛。明神宗御试群臣甲科出身者，其名列第三。著《秋水斋诗文集》。[23]

除上述三大家族外，还有平度官氏家族，曾创建太泉书院，有官廉、官贤、官一夔等诗文家；平度傅氏家族，有名御史傅汉臣等，均在胶东地区具有较大影响。

三、崔子忠家族的职业文化传统

明嘉隆年间以来，崔氏家族的精英通过科举考试纷纷踏入仕途，另一部分人则依靠家族雄厚的财力，捐援进入各种官方机构。他们的职位虽然高低不同，但供职机构却相对集中在工部和礼部，从事水利、司礼、书画设计等方面的工作，这种情况与崔氏家族第一位高官崔廷槐有关，如崔廷槐主管科举教育，他的子孙便纷纷考中进士、举人、监生，甚至发生道士当街唱歌，预言他的儿子崔桓未到、考场"大火烧"的事情；主管水利、茶马、驿传，子孙则多在与工部有关的机构任职，擅长水利海运，"僮仆贸易海上"[24]等。

（一）水利、园林之家

崔廷槐以治水起家。他担任束鹿知县时，即对水利民生事业格外关注，为解除洪水对所在城市的威胁，他亲勘地形并对河堤进行治理，终使水害变为水利，形成了一套独特的治水方法，名闻畿辅（见《（光绪）畿辅通志》卷一百八十七《宦绩录五》），后被朝廷任命为主管四川水利、驿传的官员。他痴迷水利之事，甚至给四个儿子起名号，都将其与水利园林联系起来，分别称"溪东""水西""柱山""沸池"，"溪""水""山""池"相连，勾画出宏阔的园林景观。受他影响，崔氏子弟以治水为乐，其长子崔旦潜心研究水运，竟成为当时知名的水利海运专家，为后世所仰重。他的侄儿崔淳早年参与过胶莱运河开凿，备受朝野关注。万历二十九年（1601），一些大臣在给朝廷的奏折中，再次举荐他主持开凿胶莱运河，称赞他"董治其事"，能够圆满完成任务。胶莱运河自元代开凿以来数兴数废，事关国计民生，朝臣推重如此，可见他在海运水利方面的确是一个不可多得的人才，如于慎行所言："北州良牧国股肱。"

崔廷槐的三弟、崔子忠的高祖崔廷桂虽然是一名医生，但却对山水园林情有独钟，晚年优游于紫荆山山水别墅中，明月清风，专心修仙。他为儿子们起的名号也与山水园林有关：长子号"兰谷"，次子号"兰溪"，三子号"兰亭"，以"兰"为首，串联起"谷""溪""亭"，勾画出空间深远、溪水潺潺的园林景观，抒发出空谷幽兰的文人情怀，与崔廷

图5 北京市新开路胡同明代文思院旧址　宋少伯／摄影

槐四个儿子的名号遥相呼应。崔子忠的父亲崔胤德官工部文思院大使，明时，文思院属都水司（按：都水司负责川泽、陂池、舟车、桥梁、园林等方面的规划设计），可知他也是一位与水利园林颇有关联的画家或设计家（图5）。

崔子忠对山水园林情有独钟，他早年即经常游览园林古刹并居住其中，放弃科举后，优游林下，莳花养鱼，与园林园艺保持着更为密切的联系。他莳花规模很大，管理很专业，"盆鱼盎卉春如雾"[25]，"每灌花饲鱼有一定晷刻"[26]，如此规模和专业化管理，绝非出自闲情逸致。根据孙承泽《崔文学子忠》记载，"莳花养鱼，翛然遗世。兴至则解衣盘礴"，可知他以莳花养鱼为生，业余时间吟诗作画。美国纽约大都会艺术博物馆藏有一幅明代佚名作品《卖花图》册页，图式、笔法皆与崔子忠相同，虽无名款，钤印模糊，却可以肯定是崔子忠的作品。在该图中，卖花人身背花架，头戴鲜花，喜气洋洋地与同行交谈着。架上摆满荷花、牡丹、枇杷、水仙、兰草等插花作品，琳琅满目。人物形象与崔子忠自传体绘画印合，为其自画像无疑。由该图得知，崔子忠是当时的"花儿匠"，靠莳花为生

（按：明清时期，京师有莳花习俗，能获厚利，都人借此养家者颇多，人称"花儿匠"。梁清标为崔子忠刊刻遗著《息影轩画谱》，有意选择在花神生日出版，亦可为此说注脚）。

崔子忠不仅钟情于园林园艺，而且还喜欢结交这方面的朋友，如著名造园家米万钟和运用阴阳对立统一规律观察兰花生长、总结出兰花十二大生态习性、对古代园艺学影响巨大的冯京第等，都是他的良师益友。他嗜好园林之乐，崇祯十一年（1638），因为喜欢"方阁老园池"的萧闲环境，日夜为刘履丁作画，不食不寐，即使有客来访也不停手，最终迁家其中。他的绘画经常出现修林、瀑布、湖石、博古鼎彝、玉石珍玩等园林形象，章法布局如舞台布景，极富戏剧性，反映出强烈的山水园林意识。

总之，崔氏家族是一个与山水园林有关的善于理水的家族，具有悠久的治水传统，按照当代的说法，可称水利园林之家。而崔子忠毕生钟情园林园艺，将园林的审美意识融入绘画，创造出独有的山水人物画，无疑与这种特定的家族文化背景有关。

（二）书画世家

1. 崔氏家族绘画世家的分析

正如前述，明代不设画院，书画家多寄禄于文华殿、武英殿、文思院、鸿胪寺等机构，授以中书舍人、鸿胪寺序班、锦衣卫镇抚、文思院大使等职，如宣宗朝授画家商喜锦衣指挥，谢环锦衣千户，周鼎锦衣镇抚。宪宗、孝宗朝授吕纪、林良锦衣指挥，王谔千户，吴伟百户，马时旸镇抚。崔子忠的曾祖父崔津官鸿胪寺序班，从祖父崔侁官锦衣镇抚，父亲崔胤德官工部文思院大使。在明代，这些职务都是画家寄禄的官衔，尤其是文思院大使，几乎就是画家身份的代名词，一般授予刚进宫、水平较为一般的画家，如花鸟画家边景昭最初入宫时，就是被任命为文思院大使。崔子忠的先辈连续三代担任与宫廷画家有关的职衔，他们的字号温文尔雅，充满浓郁的书卷气（"兰亭""九野""函玉"）；崔子忠的从曾祖父崔淳、族祖父崔燨等人以书法闻名于世；崔子忠从小研习宫廷绘画，拜宫廷画家姜隐为师。这些与宫廷画家相关的信息，使人不得不把这个家族与"宫廷绘画世家"联系起来。

在此特别需要提及的是崔子忠的父亲崔胤德。明代文思院大使、副使一般由能工巧匠（画家）担任，崔胤德没有科举履历，可知他是以技艺授官，是一位画家或能工巧匠。众所周知，古代画家与设计家的界限并不像现在这样泾渭分明，两者往往是二位一体，如与崔子忠同时期的画家计成转行从事造园，撰写名著《园冶》；书画家米万钟设计勺园，人称"风烟里"等，都是典型的例子。宫廷画家的身份类似"匠"，一切听命于皇帝，有义务按照皇帝的旨意作画和参与朝廷组织的装饰设计工作。其实，不管是设计家还是画家，要想创造出好的作品，都必须具备良好的美术基础，从这个角度看，崔胤德即使不是专业画家，也应该是具备相当审美水平的工艺美术设计师。崔胤德的身份有迹可循，如前述王崇简诗歌《温仲青以崔青蚓画见贻答之以歌》记载："吾友崔子质性奇，前生几度为画师。"[27]虽然赞颂的是崔子忠的艺术才华，却使人产生他出生于绘画世家的联想。崔胤德没有留下任何作品，但

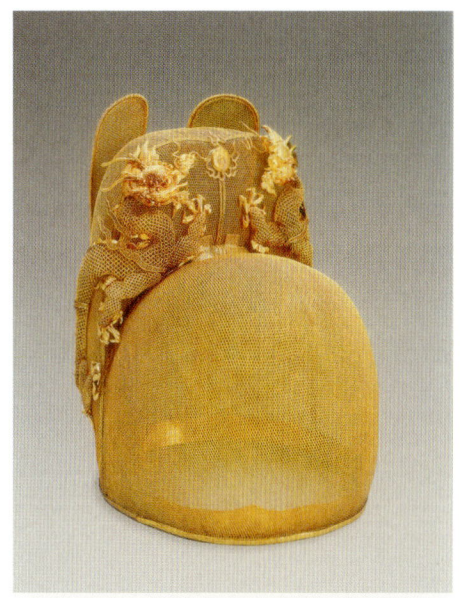

图6　金翼善冠　定陵博物馆藏（上）
图7　镶珠宝白玉团龙云头形金饰带　定陵博物馆藏（中）
图8　金环镶宝玉兔耳坠　定陵博物馆藏（下）

图9　崔子忠《伏生授经图》（局部）　上海博物馆藏（左）
图10　崔子忠《杏园送客图》（局部）　美国查森美术馆藏（中）
图11　定陵出土镶宝花丝金簪　定陵博物馆藏（右）

通过万历年间朝廷制作的金银器、玉器、服饰等（图6、图7、图8），却依然可以窥见他的审美趣味和设计水平（按：万历朝金银珠玉器皿的制作主要由银作局、内官监、御用监等负责，文思院是制作机构之一）。

2. 崔子忠画风折射出的宫廷艺术趣味

崔子忠早年拜宫廷画家姜隐为师，"尽得其传"[28]，后又受宫廷画家吴彬等影响，临摹过大量宋代院体画作品。他的人物画，无论是章法布局、人物造型还是绘画技法，都带有典型的宫廷绘画色彩。他曾在《品画图》题识："师人不如师造化，疑写真而不写伪也。颊上三毛，可与论画。"由"师人不如师造化""写真""颊上三毛"等可以看出，他继承的是以顾恺之、张僧繇、吴道子为代表的职业画家传统，显示出与祖辈供职内廷的关系。

崔子忠的作品处处显示出宫廷绘画的影响，即使一些不起眼的小细节，也透露出某些宫廷趣味和信息，如《伏生授经图》《杏园送客图》中树身密密麻麻的疤结（按：这是被人们视为崔子忠特有的怪诞图式符号），便与万历时期金镶玉工艺异曲同工（图9、图10、图11）。需要提及的是，崔子忠九岁时创作《普贤菩萨洗象图》（图12），章法布局、用笔用墨已经显示出专业画家做派，包括他的作品《授道行装图》，图中宝象、衣饰、珊瑚、祭祀道具等形象，都与文思院的工作内容有关。这些作品表明，崔子忠非常熟悉内廷生活，早年受到的绘画教育与父亲崔胤德及其同时代的宫廷画家有关。

崔子忠的学画背景曾令许多学者感到迷茫，其实，吴伟业在《题刘伴阮凌烟阁图并序》中，早已经将他的宫廷画风与陈洪绶的民间画风进行了比较："四十年来谁不朽？北有崔青蚓，南有陈章侯。崔也饿死值丧乱，维摩一卷兵间留。含牙白象贝多树，图成还记通都求。陈生落魄走酒肆，好摹伧父屠沽流。笑偿王媪钱十万，稗官戏墨行觥筹。"[29] 包括

图12 崔子忠《普贤菩萨洗象图》(局部) 日本私人藏

其诗歌《题崔青蚓洗象图》:"赤屩如披洱海装,白牙似立含元仗。"[30]都将崔子忠的绘画趣味与宫廷联系起来。

四、崔氏家族礼学文化对崔子忠绘画的影响

崔子忠的绘画得益于家族诗书画传统和宫廷绘画的滋养,不仅如此,他还从家族礼学文化中汲取了不少营养。

(一)崔氏家族的礼学背景

崔氏家族崇礼始于崔氏一世祖崔得福移家州城文庙旁,"择乡人之善者训其子孙"[31];盛于嘉靖、隆庆年间,由军伍世家转型为诗礼之家;至崔子忠成为著名礼学家,家族崇礼已经具有二百多年的历史。

崔子忠的曾祖父崔津是崔氏家族第一位正式担任朝廷礼官的人,官鸿胪寺序班。明朝鸿胪寺是一个专司礼仪的机构,原属礼部,关于它的职责,《明史·职官三》记载:"鸿胪掌朝会、宾客、吉凶仪礼之事。凡国家大典礼、郊庙、祭祀、朝会、宴飨、经筵、册封、进历、进春、传制、奏捷,各供其事。外吏朝觐,诸蕃入贡,……并鸿胪引奏。……皆赞百官行礼。"[32]鸿胪寺序班从九品,负责朝会侍班、齐班、纠班及传赞等,官秩虽低,但职专朝仪,对维护封建权威却十分重要,任职者必须具备专业的礼学知识,熟悉相关典故,才能达到任职要求。崔津生平不详,从他的原配是嘉靖朝首辅毛纪的孙女、太仆寺卿毛渠的女儿(按:毛纪是一位在礼学方面颇有建树的人物,因"大礼议"之争去职),儿孙忠孝传家且大多从事与礼学有关的工作看,他应当是一位对朝廷礼制、士人仪礼非常熟悉的人。崔子忠的从曾祖父崔淳曾官昌平州知州,因祭陵有功升任永平府同知,也是一位熟谙古代祭祀礼仪的官员,被朝臣称为"引礼之子"。崔子忠的父亲崔胤德官文思院大使,负责舆辇、册宝、法物等器物的制造供应,由于这些器物的制作摆放关乎古代礼制,制作

者必须对器物的尺寸、材料等了然于胸，事实上也算是个礼官。崔氏家族数百年的儒学传统及崔子忠祖父辈的任职经历，即崔子忠从事礼学研究的基础。

（二）崔子忠的礼学思想及追求

1.《礼记》《大戴礼记》

《礼记》《大戴礼记》是两部有关先秦礼制、礼仪等方面的书。《礼记》主要论述先秦儒家哲学思想、礼制、礼仪等，大率为孔子的弟子等所记。《大戴礼记》主要反映先秦儒家思想观点、政治制度、道德修养等，"探索阴阳，穷析物理，推本性命，杂言礼乐"，是研究先秦社会和孔子思想的重要典籍。

2. 崔子忠的礼学追求

崔子忠的祖辈在礼学方面取得的成就，对崔子忠的世界观、价值观和审美观产生了直接影响。他深研诸戴礼，尤深于《大戴礼记》，行为刻意模仿古代先贤，学礼、习礼、行礼，"轨守寂"[33]，像古人那样生活着。他在崇祯年间已经颇有名声，四方慕名求见者络绎不绝。晚年隐居道教名山后，愈发苦其心志，借创作历代圣贤肖像，颂扬那些为维护封建道德伦理而献身的仁人志士，试图借此立德、立功、立言，有益于当代和后世，如《杞梁妻》，通过讲述杞梁妻迫使齐庄公按照正常礼仪祭奠为国而死的丈夫，宣扬无礼则人事不行的道理，显示出"克己复礼"的思想要义。他始终以古"礼"要求自己，绝不苟且。他的好友、著名诗人姜埰赞曰（见本书《〈桑梓之遗录文〉之姜埰、宋应亨、宋璜、崔灿帖及无名氏帖考》姜埰书信部分）：

> 足下乐道尚恬，处千仞之巅，近聆铃铎，益占正性之学，古人步担求师结屋，投足徐仿其所造，……赵元叔疾世之篇云："乘理虽死而弗亡，违义虽生而□。"足下徘徊古哲良有故，举动不作第一着不休。今之辟世者多矣，盖未有如足下之明决者也。[34]

他的养生思想也来源于礼学，曾画过一幅《彭祖观井图》（见盖松亭等编《莱阳古今书画艺术家宝典》），描绘年已八百岁的彭祖把自己吊在树上，俯视深井，认真探究其中奥秘，借此告诉世人"在理"方能长生不老的道理。他的好友、理学家宋继澄为该图题跋，将其养生思想深刻地揭示出来：

> 井深人所汲，坠陷亦或偶。
> 盖之以车轮，俯视其何有。
> 系身于大树，得非迂愚叟。
> 彭祖八百人，于世恒不苟。
> 示以常爱生，欲人知所守。
> 呜呼适所适，得无屡娶否。

一般来说，研习《礼记》的人分三种：一种是以治礼为目的，二是以治学儒家学术思想史为目的，三是以常识及修养应用为目的。但不管学礼的目的如何，都是为了知"礼"、行"礼"、成"礼"。从崔子忠的人生轨迹看，他早年致力于科举，试图见用于朝廷，学礼兼有治学与实用双重目的，放弃科举以后，则以修养道德为中心，希求成圣成贤，抱有更高的人生目标。他最初可能希望像曾祖父崔津那样由诸生入国学，再入朝供职（按：陈洪绶走的正是这种路径）；或者像万历年间某些道士那样位极人臣，实现自己的人生理想。但是随着明王朝内忧外患，明思宗对道教的冷淡和崔家家境衰败，这些希望均付诸东流。然而，经常不断地温习研究古代礼仪，模仿古代圣贤嘉言懿行，却使他不自觉地移情其中，成为封建礼法的坚定维护者。甲申之乱后，他依友人而居，友人怜而无礼，强迫他做清朝的御用画家，他拂袖而去，走入土穴自甘饿死。他是为明王朝而死，更是为封建伦理纲常殉道。

需要提及的是，"理教"教主是羊宰，教徒们却纷纷跑到崔子忠的祀殿"崔爷殿"上香。"理教"又称"在理教""理门"，是清初民间反清复明组织。该教奉佛教之法、修道教之行、习儒教之礼，以佛教观音菩萨为最高神灵，以道教内丹为修持功夫，以儒家五伦八德为教义核心，试图通过正心修身的内圣之道，达到克己复礼、天下归仁的目的，实际上属于孔门别教。"理"，"礼"之代也，联系到"理教"教旨、戒律与崔子忠的礼学思想和生活习性高度一致，羊宰与崔子忠同乡等种种因素，笔者认为"理教"汲取了崔子忠的礼学思想，崔子忠才是该教的精神领袖，他在晚年已经背负起"克己复礼"的崇高使命，为延长明王朝国祚而奋斗。

3. 礼学与崔子忠的绘画

作为一名礼学家，崔子忠不仅在思想行为方面践行儒家道德伦理要求，其绘画也将这种道德精神引入其中，他几乎最早创造了"符箓体"绘画，如为明军与李自成农民军决战而创作的《云中玉女图》，图中王母形象及题画诗，便表现出斋醮科仪的特点。将斋醮科仪与仕女画结合起来，调动鬼神为明王朝祈福，使这件作品超越造型、材料之美，上升到家国情怀的高度，具有动人心魄的艺术感染力。又如《许旌阳移居图》，通过描绘许旌阳驱鬼移家，为明王朝统治者献计献策，告以礼治（收拾人心）之术，艺术手法十分高明。

礼学提升了崔子忠的精神境界和品格，强其骨，使他的作品呈现出不可近玩的庙堂气象；诗学则调和阴阳，使其作品充满诗情画意和儒者气息，给人以美的享受。其作品章法布局犹如朝会，笔法铺陈如同布阵，一根于理，作品庄重高洁，正气凛然，不可近玩，绽放出灿烂的理性光芒。一些清代文人早就意识到礼学、诗学之于崔子忠绘画的重要性，如翁方纲诗歌《崔青蚓洛神图》评曰："要之习礼兼明诗，恐是川上精骸移。"[35] 当然，也应该看到，正是由于这层礼学背景，才使他的作品不能尽笔墨之趣，显得略微有些刻板。

五、结语

自崔子忠的从高祖崔廷槐肇开崔氏诗文风气以降，经过五代诗书画家努力，崔氏家族积累了丰厚的文化遗产，形成了独有的诗书画传统。作为崔氏家族的重要一员，崔子忠将这种传统发扬光大。在诗文创作方面，他承袭汉唐之风，锐意创新，使崔氏诗文由甜脆可诵、儒雅俊秀，逐步转向雄浑典重、寄意深远。在绘画创作方面，他充分利用先辈供职内廷的条件，拜一流宫廷画家为师，研习晋唐北宋时期的经典名作，吸收西方绘画技法，凭借深厚的礼学、诗学修养，创造出以礼为骨、以诗为魂的绘画风格，独树一帜，把明代人物画创作提升到全新的艺术高度。总之，崔氏家族的诗礼文化、诗书画传统是崔子忠艺术创作的根，其他外来艺术的影响，不过是在此基础之上的补充而已。

注释

[1]〔美〕高居翰:《山外山:晚明绘画(1570—1644)》,王嘉骥译,生活·读书·新知三联书店,2009年,第296页。

[2][民国]尚庆翰总纂《(民国)续平度县志》卷十一艺文志《栾城集后序》,第4—5页a。

[3][民国]尚庆翰总纂《(民国)续平度县志》卷十一艺文志《陌上吟》,第19页b—20页a。

[4][清]陈田辑《明诗纪事》戊籤卷十六《赤壁》,清陈氏听诗斋刻本,第3页b。

[5][清]李世昌纂修《(康熙)平度州志》卷之十二艺文《楼溪集序》,第18页b。

[6][清]李世昌纂修《(康熙)平度州志》卷之十二艺文《楼溪集序》,第19页a。

[7][清]纪昀纂《四库全书总目》卷八十四《海运编二卷》,清乾隆五十四年刻本,第11页b。

[8][清]李图总纂《(道光)重修平度州志》卷十四志七艺文(上)《崔公梅庄先生暨配曹孺人合墓表》,第52页b。

[9][清]李世昌纂修《(康熙)平度州志》卷之四人物《崔桓》,第8页b。

[10][清]陈介锡编《桑梓之遗录文》卷一第三册《平度崔解元桓书帖二》,收入《山东文献集成》第一辑(4),山东大学出版社,2006年,第11页。

[11][清]李世昌纂修《(康熙)平度州志》卷之四人物《崔燽》,第9页b。

[12][清]李世昌纂修《(康熙)平度州志》卷之七艺文《同前崔燽》,第7页a。

[13][清]李图总纂《(道光)重修平度州志》卷十四志七艺文(中)《大泽山二十八景诗》,第27页b。

[14][清]李图总纂《(道光)重修平度州志》卷十四志七艺文(中)《大泽山二十八景诗》,第28页a。

[15][清]李世昌纂修《(康熙)平度州志》卷之四人物《崔淳》,第8页b。

[16][清]李世昌纂修《(康熙)续补永平志》卷十五《宦迹志·崔谊之》,收入《秦皇岛历代志书校注(永平府志下、续补永平志)》,中国审计出版社,2001年,第15页。

[17][清]李图总纂《(道光)重修平度州志》卷十四志七艺文(中)《墨水河》,第15页a。

[18][清]孙承泽:《畿辅人物志》卷十九《崔文学子忠》,清初刻本,第13页b。

[19][清]王崇简:《青箱堂文集》卷八《都门三子传》,收入《四库全书存目丛书》集部第二〇三册,齐鲁书社,1997年,影印本,第497页下栏。

[20][清]英和纂《石渠宝笈三编》(延春阁)藏二十四《明陆治岁朝如意图》,清嘉庆内府朱格钞本。

[21][清]李世昌纂修《(康熙)平度州志》卷之七艺文《谒庸生庙》,第4页b。

[22][清]王士禄、[清]王士禛辑《涛音集》卷一,山东文献集成编纂委员会《山东文献集成》第二辑38册,山东大学出版社,2006年,第431页。引自:崔文琪《明清时期毛纪及其家族文学研究》,山东大学硕士学位论文,2018年,第53页。

[23] 参见何成《新城王氏:对明清时期山东科举望族的个案研究》附录二《明清时期山东地区六十三个重要的科举世家》,山东大学博士学位论文,2002年,第218—219页。

[24][明]崔旦:《海运编》卷上《船舶考》,收入王云五主编《丛书集成初编》,商务印书馆,民国二十五年,第11页b。

[25][清]吴省钦:《白华前稿》卷二十八《崔子忠钟馗》,清乾隆刻本,第8页b。

[26][清]宋荦:《筠廊偶笔二笔》之《筠廊二笔》卷下,清康熙刻本,第9页b。

[27][清]王崇简:《青箱堂诗集》卷十二丁酉《温仲青以崔青蚓画见贻答之以歌》,收入《四库全书存目丛书》集部第二〇三册,齐鲁书社,1997年,影印本,第159页下栏。

[28][民国]王陵基修、于宗潼纂《(民国)福山县志稿》卷七之五文苑《明》,第1页a。

[29][清]靳荣藩辑《吴诗集览》卷七下《题刘伴阮凌烟阁图并序》,清乾隆四十年凌云亭刻本,第10页a。

[30][清]靳荣藩辑《吴诗集览》卷六下《题崔青蚓洗象图》,清乾隆四十年凌云亭刻本,第11页a。

[31]《胶东崔氏族谱》,清康熙刻本,第13页a。

[32][清]张廷玉等:《明史》卷七十四志第五十《职官三》,中华书局,1974年,第1802页。

[33][清]谈迁:《北游录》纪闻上《崔青蚓》,中华书局,1960年,第329页。

[34][清]陈介锡编《桑梓之遗录文》卷八第七十八册《莱阳姜贞文垓先生帖三》,收入《山东文献集成》第一辑(4),山东大学出版社,2006年,第321页下栏。

[35][清]翁方纲:《复初斋诗集》卷第四十七苏斋小草三《崔青蚓洛神图》,清刻本,第1页。

[图1][明]崔廷槐:《四川总志后序》,收入周复俊辑《全蜀艺文志》序,明嘉靖刻本。

[图4]吴绍田等:《源远流长的东莱文明·平度历代碑刻研究》,山东人民出版社,2004年,第132—133页。

[图6]北京市昌平区十三陵特区编《明十三陵·定陵出土文物精粹》,北京出版社,第2页。

[图7]同[图6],第54页。

[图8]同[图6],第39页。

[图9]中国古代书画鉴定组编《中国绘画全集18:明9》,浙江人民美术出版社、文物出版社,2000年,第40页。

[图11]同[图6],第35页。

崔子忠与莱阳宋氏及其群从关系的研究

崔子忠与莱阳宋氏有着难以分割的关系，无论是他早年跟随诗文家宋继登习举子业，与其兄弟、子侄及群从同学，以诗闻名于世，还是中年与宋氏诗酒往来、晚年拒绝宋氏帮助冻饿而死，他的生活和艺术始终未曾离开过这个家族，耳濡目染，他的品格和艺术自然地呈现出宋氏文化的某些特征。子曰："不知其子视其父，不知其人视其友，不知其君视其所使，不知其地视其草木。"[1] 物以类聚，人以群分，一个人所拜之师、所交之友，会折射出他的道德品性、价值追求和人生成就。由于崔子忠留下的资料和历史记载实在太少，借助他的老师、同学、好友了解他的生活和艺术，就成为不得已的选择，而莱阳宋氏及其群从辉煌的人生经历，也为观察其生活和艺术提供了最好参照。

一、莱阳宋氏概述

莱阳宋氏家族是明清时期半岛地区著名的官宦诗书之家，粗略统计，这一时期该家族共考中进士九人，举人十一人，贡生二十三人，庠生等多人。宋氏家族的科举高峰期在明天启、崇祯年间。天启五年（1625）乙丑科，该家族一次考中三名进士，宋玫、宋应亨、宋果分别被授予虞城、清丰、富平知县。时隔三年，崇祯元年（1628），宋氏家族再传捷报，宋继发、宋琮叔侄二人又同时考中进士，分别被授予长洲、祥符知县。其时，宋应亨、宋琮、宋玫叔侄三人治地相连，并有政声，一时传为天下美谈。自此以后，宋氏家族习儒成风，宋氏子弟（包括其门生）纷纷考中进士、举人，或进入权力中枢，或秉政地方，或主盟文学社团，成为明末政坛、文坛的一股重要力量。

莱阳宋氏的成就主要体现在文学和诗歌方面。明末清初，这个家族涌现出多位引领风气的诗文大家，如著名诗文家宋琮、宋玫，"理学儒宗"宋继澄，"一代诗宗"宋琬等。除上述几位开宗立派的人物外，该家族还产生了宋继登、宋应亨、宋璜、宋琏、宋瑚等知名诗文家，加上他们的门生赵士骥、崔子忠、姜埰、姜垓、左懋第等数十人，宋氏诗文一时无二，雄居江北文坛长达半个世纪之久，海内羡称"莱阳宋氏"。然而，尽管莱阳宋氏声名显赫，被称为"东海世家""邑中右族"[2]，但却不是真正的莱阳土著，族人也并非来自同一族系。

（一）宋继登家族

宋继登一族原籍山东济南府长清县，明初迁入莱阳，以儒为业，后来逐渐发展成为半岛地区著名的官宦诗书之家。宋继登家族科举的奠基者是其六世祖宋兆祥（1552—1629），举人，官至两淮盐运使司副使。宋兆祥生三子，长子宋继登（崔子忠的老师）、次子宋继发皆为进士，三子宋继澄为举人。宋继登亦生三子，长子宋琮、三子宋玫皆为进士，次子宋理为贡生。宋继澄生二子——宋琏、宋瑚，皆为举人。除上述知名者外，尚有贡生、廪生等多人。宋继登家族的科举盛况为当时江北所仅见，人称"东海世家"，江南诗人吴伟业在《宋玉叔诗文集序》中羡慕地记载："三齐科第，大都一姓为多，因而陟巍资跻贵仕者，珪重组袭，何其盛哉！"

宋继登家族不仅科甲兴盛，而且以文学诗歌知名于世。宋继登博学宏文，甚负时誉，文名震海内。其长子宋琮"振披靡而建旌旗，四海人士向风"[3]，三子宋玫"文名岳岳"[4]，为复社中坚，二人与江南诗人翁鸿业齐名，人称"翁宋"。宋继登的三弟宋继澄主盟复社"山左大社"，"文名满海内"[5]，侄儿宋琏、宋瑚等皆以诗文名世，时人比之"三苏""二陆"。儒风流传，著作汗牛充栋，著《松荫堂诗集》《四书正义》《诗经正义》《万柳文集》《丙戌集》《五河残稿》《憎草拾遗》《柏园艺葡子草》《宋氏一家言》等数十部著作传世。宋继登家族对改变明万历朝的诗文风气做出了重要贡献，清兵部尚书、武英殿大学士王熙在《宋廉访琬墓志铭》中记载："明万历之季，士子皆习为软靡庸腐之文以取科第，独公族兄五河公琮（按：宋琮）、九青公玫（按：宋玫）能为文，幽峭奇险，拔地特起，与浙人翁鸿业齐名，相继取甲科，天下谓之翁宋，莱阳文字遂以山东之冠。"[6] 晚明文人、吏部尚书倪元璐在《诰封恭人宋母左氏墓志铭》中赞曰："莱阳之有宋氏，犹安平之崔汝南之应也，……以一莱阳拨策天下，天下皆学之，然皆不能也。"[7] "江左三大家"之一的吴伟业则在《梅村诗话》中赞曰："楚嘉鱼熊鱼山、竟陵郑澹石俱九青同年，到武昌相访。郑诗亦清逸，其赠什（诗）曰'剖斗折衡为文章，天下娄东与莱阳'，谓吾两人也。"[8] 并感叹："三齐科第，大都一姓为多。"[9] 从这些第一流名家的评论中，可以看出宋继登家族诗文在晚明诗文界的地位和影响。

宋继登家族还是著名的教育世家。宋继登的父亲宋兆祥以高才积学举于乡，清操自持，黄道周赞其为人诚笃，君子亲而慕之，小人畏而爱之，终其身为人伦师表，从学者半邑中，金称其善诲。宋继登早登皇榜，但由于不谙官场规则，半生赋闲在家，以教授子弟读书为乐。他指导弟弟和儿子创立了莱阳当地第一个文社"柏园社"，遍招邑中俊秀。半岛学子闻名纷纷投其门下，至崇祯二年（1629），从学者已达五十多人。这些人大多是复社"山左大社"的骨干成员，不少人后来成为政坛、文坛的重要人物。《桑梓之遗录文》载《莱阳宋鸿胪继登帖二》赞曰："公名继登，字先之，号柏园。万历甲戌进士，官至鸿胪寺卿，文名振海内，言制艺者推宋氏，一时名士尽出其门，曰柏园社。"[10] 宋继登的弟弟宋继澄少时协助父亲、哥哥教授生徒，主持"柏园社"，继而讲经于复社，明亡后隐居不仕，授徒终老，东国通达者多出其门下，人称"澄岚先生"。宋继登的两个儿子也热衷于授徒。其长子宋琮教授子弟读书，高屋建瓴，"一代诗宗"宋琬即出自他的门下。三子宋玫奖拔后学，江南诗人吴伟业游其门，后来成为领时代潮流的诗人；同乡晚辈姜垓得其提携，分清初江南诗坛一席。两人的教学成果，对明末清初诗文发展产生了重要影响。

（二）宋应亨家族

宋应亨家族的一世祖宋兴原居宁海州，为元代万户，后卜居莱阳城东溪聚村，子孙繁衍，渐成大族。明初莱阳无举进士者，宋氏六世祖宋黻是最早考中进士者之一，官至浙江按察司副使。其子宋孟清，贡士，持节自守，有清名。宋应亨为宋兴十一世孙，明天启五年（1625）进士，官至吏部稽勋司郎中，有政声。生四子：长子宋璠，官至光禄寺署丞加行太仆寺少卿；次子宋璜，明崇祯十三年（1640）进士，官至兵部职方司主事；三子宋琬，清顺治四年（1647）进士，官至四川按察使；四子宋珣，廪生。俱有文名。

宋应亨家族诗文肇始于明弘治年间宋孟清编著《诗学体要类编》，收入《明史·艺文志》。兴盛于崇祯年间，宋应亨及其子宋璠、宋璜、宋琬以诗文名噪京华。筑峰于清康熙年间，宋琬与施闰章并称"南施北宋"，成为清初北方诗歌的代表。总体而言，宋应亨一族仕宦、诗文不如宋继登一族发达，但由于宋琬的缘故，该家族较宋继登一族更加知名。事实上，自两支联宗以后，世人已经把他们当作一家，视为山左诗文的文化符号。

（三）莱阳宋氏的联宗

关于莱阳宋氏联宗的时间，《（民国）莱阳县志》卷三之三（上）艺文志《宋礼部果传（续志）》记载："天启乙丑登第。性朴素，……时尚声气、连宗谱，公岸然不屑，守其孤介。"据此推测，两支联宗的时间在天启五年（1625）。民间传说，天启五年（1625）殿试，宋应亨在前，宋玫居中，宋琬随后。明熹宗问宋玫："前两位莱阳宋氏是叔侄关系，你跟他们是什么关系？"宋玫答："也是！"明熹宗赞许道："好，一门三进士！"归乡，两族即开始联宗。此说显然有些演义的成分，但《（民国）宋氏族谱》卷一宋式堃《序》记载："但即大宋小宋，朝廷为之联宗。"却坐实了联宗的传说。不管如何，两支联宗后社会影响大增是不争的事实，如崇祯六年（1633），宋玫便曾对顺天诗人王崇简夸耀："吾家玉叔（按：宋琬）年未弱冠，诗才俊逸，皆有为而作。"[11] 王崇简则在《都门三子传》中，错把宋应亨当成了宋继登的儿子。

二、崔子忠与宋氏家族成员的关系

崔子忠与莱阳宋氏厚善，相对而言，宋继登家族对他的精神品格、思想观念影响较大，宋应亨家族则对其生活和艺术创作产生了直接影响。

（一）崔子忠与宋继登家族的关系

1. 崔子忠的老师宋继登

（1）宋继登其人

宋继登（1579—1642），字先之，号道岸。明万历三十二年（1604）进士，官至南京鸿胪寺卿，例赠资政大夫，祀乡贤祠、嘉兴名宦祠。传载《浙江通志》《（民国）莱阳县志》。

明代晚期是中国历史上最为特殊的时期之一，一方面，北方女真族窥视中原沃土，时常出兵劫掠以耗竭明朝血气；另一方面，明神宗、明熹宗沉湎于斋醮科仪和个人嗜好，不理朝政，宦官当道，清流人士备受荼毒，国民精神萎靡不振。明思宗执政后虽有中兴之心，但覆水难收，朝野人人自危，谋身胜于谋国，大明王朝濒临崩溃的边沿。尽管时局如此不堪，宋继登却并没有随波逐流。他情操自守，初任定兴县令，即以抗直得罪地方巨室，被贬为国子博士。担任学官期间，竟然拿不出访客的车马费，关于这段艰辛的生活，明诗文家、户部尚书倪元璐在《诰封恭人宋母左氏墓志铭》中记载：

自公为令，清无一文，逼岁除，旁顾仆婢缕裂，悴然自语："即安得百十余无名钱，使人怀十轮翔舞入新年耶？"盖色颇愧。恭人从旁笑曰："而家领州邑三世矣，自吾眼中，不惯见何物是无名钱，若第作书报舅氏云，儿不如阮孚，亦何如大人刺宁州时？当不嗔也。"盖公父某公先守宁州，人比其清胡质，故恭人云然。于是，公乃大欢呼，饮而罢。公既以强直不善宦，弃县令为学官，稍迁国子博士，博士官八品，俸入益俭。一日，呼马谒客，马圉请值，无以应徒，倚久之，恭人为出发中金数镠授公，公即得廓然一月骑马，恭人因顾谓宗玉兄弟曰："昔汝父读，吾月字三十鸡，岁畜豕四五头，出市卖之，即得金橘束筐底，既若而年，不意遂是博士马值也。"……京师豕肉贵，恭人即不食豕……乃别市羊肉为脯，具率羊食，五日当一日豕，夜则取饭，沈杂大菜和油煮之，饮御诸子，以为常。[12]

宋继登后来官升户部主事，课税崇文门。崇文门是京师的总税关，各地商人携带商品进京均需在此登关报税，管关胥吏借此敛财已成风气，但宋继登正课之外一无所染。督饷永平府，岁节余银三万多两，全部上缴朝廷。他的这种做法使同事感到非常难堪，劝道："您这样做不显得前任不廉洁而后来的人也不好干了吗？"他正色回答："米价随市场行情升降，难道我也要像米价一样时贵时贱吗？"后备兵宁绍，有六万两饷银而无一兵縻，按例归备兵使，宋继登却说："银子是国家用来备兵的，我若私自留下，与盗贼何异？"如数招募补全所缺兵员，其生平清慎绝俗类此。[13] 明廷在《户部四川清吏司主事宋继登并妻敕命一道》中，对其人品和工作给予了高度肯定：

器识沉凝，封标峻洁，循良民牧，文武师资，惟邦教之，克胜宜国，赋之攸寄，而尔风猷济美，清白承传，推利弊之源，洞如烛照，酌盈缩之数，较若持平权利，则渔蠹尽消，鳌奸而雀鼠无耗，三载上绩，朕用汝嘉，特授尔阶承德郎锡之敕命。[14]

宋继登的妻子左氏出生于当地著名官宦世家，是进士左之有的女儿、南明弘光朝使者左懋第的堂姊，品格高尚，倪元璐在《诰封恭人宋母左氏墓志铭》中赞曰：

莱阳之有宋氏，犹安平之崔汝南之应也，参议公（按：宋继登）之峻整，宗玉兄弟之名，通盛矣，抑犹有女德，所谓左恭人者，可风也。……恭人性宁重，年十九归参议公。宋氏世以儒术显，至公而大当。公为诸生，甚贫，而专读不知米盐何等，生儿乳绌，恭人手经指挂间为小儿头上巾，鬻得钱募乳乳儿。公举于乡，三年成进士，授定兴令，恭人从之官。……当是时，公受命司饷北平，大司农予金钱二十八万，购豆刍四十万，事竣，赢金四万，吏密请为公寿，曰："此例也。"语未卒，公频发赤，脑脉坟然如壮绠，厉呵曰："与跖同攫，何例耶！"卒弃不取。归语恭人，恭人曰："甚善，虽然即置之，吾犹惧为跖守也，今若以畀堂司，抵年例，则有归矣，夫为国节浮，又兼举一事，不尤善乎？"公喜从之。此两人者，其清则天合也，而恭人尤善虑如此。且夫饕取者，庸人之所恶也，而学士大夫或为之者，其亦有道焉。曰人规我随，一道也；曰矫亦可讥，一道也；曰不汲竭而损余且物自来，一道也；曰事其事矣，亦若忾然一道也。握此四道者，而四万金兔兴马逝，滴然至其囊中，弗怪矣。夫愚攫者，不见人见金；智攫者，不见金见道；不攫者，不见道见跖。然人犹以公为易，曰：须眉耳，恭人妇人，不闻北门诗人之言乎？且公即忘定兴彷徨岁钱、国子先生呼马不得时，恭人亦不恨。褙绔小儿巾，挈鸡牧豕时，鹿门蒙山，何德之齐也。[15]

倪元璐认为，宋琮、宋玫兄弟的诗文成就基于左氏坚贞的精神品格：

文玉既以治行第一征吏科给事中，而宗玉悦安察朗以治祥符，皆恭人之教也。……倪子曰：吾读宗玉兄弟文章，奥微精典，以一莱阳拨策天下，天下皆学之，然皆不能也。其所以不能，天下亦皆不之知，夫宋氏之文，湛于经之至精，而取其坚理，而天下以其貌近子，乃掠子而蒙其荣华，荣华之言有芽，是故可破也；若宋氏之所捶结绳辖，未有可破者，其奇尔力，其坚非尔力也，抑有胎禀焉。观于恭人之动，必礼守，必啬抱其性，义若鞭然，岂不可悟文章之道哉。[16]

宋继登的精神品格深深影响了他的门生。明亡清兴之际，他的嫡系门生或抗清不屈被杀，或心寄故国以遗民终老，无一降清者，名闻海内。对此，清人陈文述《颐道堂集》文钞卷二《书赵北岚大令莱阳人帖后》赞曰：

赵君北岚既卒，余乃乞君手辑莱阳人帖双钩本于君，侄敬宗及君嗣骏孙与朱君树基、王君荣光、余族兄鸿寿剧资属刘君恒卿摹勒上石，并属元和尹山左李君景峰，置诸虎邱二姜先生壁，以成君志。君之未卒也，常盛夏邀王君触热至二姜祠，指示曰："此吾他日置人帖处，君其识之。"未病前二日，邀曼生及余集画鹤斋，以所辑莱阳前辈墨迹数十种见示，共一簏，皆明中叶诸公，曰此可缓刻者也；其另一簏，则宋鸿胪以下十二人，曰："此皆明末忠义诸公手迹，已有双钩本，吾将刻石置诸二姜先生祠。"属为详审，意极恳恳。余受而读之，曰左忠贞公懋第，弘光时奉使本朝不屈殉节者也；曰赵节愍公士骥君六世祖，殉邑难者也；曰节愍公应亨、忠节公玫，殉难者也；曰万柳先生继澄，国变后隐居以终者也，皆宋氏也。曰沈黄门迅，城破举家自焚者也；曰张饶州允抡，国变后隐居者也；曰崔高士丹，世称崔青蚓，画与陈洪绶齐名，甲申都城破，走入破窑不食以死者也；曰董高士樵，国变后隐于成山者也；曰姜贞毅先生垛，曰贞文先生垓，则今虎邱所祠祀者也。嗟乎！莱阳山左一小邑耳，而桑海之际，孤忠劲节后先相望，他邑所数百年不一见者，举而萃之里闬之内，虽或死或隐不必一致，而君父之谊有历百世而不可磨灭者，岂非山海英灵所钟毓，独盛于兹邑欤？[17]

（2）崔子忠拜师宋继登的时间

崔子忠是宋继登的嫡传弟子。王崇简《都门三子传》记载："先是子忠偕蒋生渔郎受业于宋公继登之门，同学宋氏兄弟。"钱谦益《崔秀才子忠》记载："少为书生，师事莱人宋继登，宋诸子及群从皆与同学，而玫（按：宋玫）及应亨（按：宋应亨）尤厚善。"[18] 王崇简与崔子忠相交数十年，与宋继登及其儿子宋琮、宋玫等往来密切。钱谦益是崔子忠的诗文老师，与宋玫、宋应亨熟悉。他们两人同称宋继登是崔子忠的科举业师，无疑具有很高的可信性。需要提及的是，台北"中央研究院"历史语言研究所根据内阁大库档案、故宫档案、清史馆传包传稿等编撰的《人名权威资料——人物传记资料库》，其中有关崔子忠的部分，也记载崔子忠是宋继登的学生。有学者称："史料中写：'崔为诸生，师事莱人宋继登（现改"登"为"澄"），与其诸子及群从皆同学'。山左大社的成员都是宋继澄的学生，也是崔子忠的同学。"[19] 将宋继登改为他的弟弟宋继澄，不知何据，或因宋继澄是"山左大社"盟主、崔子忠是社员的缘故。其实，"山左大社"成员以宋继登的门生为主，其最初社名"柏园社"，也取自宋继登的名号，宋继澄与崔子忠是同学关系。

崔子忠拜师宋继登大约在宋氏居家教授生徒期间。万历三十八年（1610），宋继登弃官归乡，他的父亲宋兆祥由汝南归官，二弟宋继发下第在家，均在莱阳。宋继登早登科第，深谙文运之道，为儿孙科举计，他指导三弟宋继澄、儿子宋琮组织了莱阳最早的文社"柏园社"，借此揣摩风气，砥砺文章，备考科举。文社最初只有十几人，成员以本家子弟为主，兼收邑中俊秀，后来发展到五十多人，成为当地最大的文社（按：该社后来发展壮大为"山左大社"）。宋继澄在《文起楼文序》中，详细记载了"柏园社"成立时的情景：

万历庚戌（1610），先大夫自汝南归，长兄以范阳令被人言之诬，未补官，仲兄下春官第，皆在里。乃择及门士十余人，命余暨侄琮与为文社。余年十七，琮十四，以文字与人论交，盖自此始。此十余人者，壮稚不等，各任坦夷，皆极相欢，今时追忆，已超然若隆古也。赵子黄泽时年十九，文已就轨，其为人资性绝美不雕饰，居然笃雅。长兄命琮特相亲，投分尤深。嗣后，长兄任户部郎，督北平储粮，迁臬职，司运淮津，黄泽与琮俱从任，数年来朝夕无不与共，侄珵及玫执经为弟子，分黄泽之绪余，遂有声称。[20]

崔子忠是否在这十几个人当中？无从得知，但是宋继登的门生、"山左大社"社员姜埰称他为"盟翁""盟世翁"[21]（参见本书《〈桑梓之遗录文〉之姜埰、宋应亨、宋璸、崔灿帖及无名氏帖考》姜埰书信部分），陈子龙《皇明经世文编》把他与复社诸元老（包括宋继澄）相提并论，却显示出他是"山左大社"元老的痕迹，有可能在这段时间加入"柏园社"，成为宋继登的门生。下面从宋继登的为官履历和崔子忠与宋玫同学的时间，来分析这种可能性。

宋继登早年为官履历如下：万历二十八年（1600）初官定兴知县；三十五年（1607）调昌平，改国子博士；三十八年（1610）弃官归乡，居家教授子弟读书；四十年（1612）补顺天府武学教授，四十一年（1613）升助教；四十二年（1614）升户部主事，为官三年，再升户部员外郎、郎中、督永平储粮道；四十八年（1620）迁官苏松道，升山西参议；天启四年（1624），改陕西参议兼榆林道兵备；天启五年（1625），大计去官。概而言之，他任职的时间和地点分为两大段：第一段，万历二十八年（1600）至万历四十八年（1620）在北直隶地区任职，其中万历三十八年（1610）至万历四十年（1612）在莱阳居家教授生徒；第二段，万历四十八年（1620）至天启五年（1625）在山西、陕西和江南诸省任职，直至去官。

已知万历四十八年（1620）宋玫跟随宋继登

南下宦游，天启五年（1625）考中进士；天启二年（1622）至天启七年（1627），崔子忠流寓北京并从此定居北京。两相对照，崔子忠拜师宋继登并与宋玫同学的时间，只能在宋继登在北直隶任职的第一段时间［万历二十八年（1600）至万历四十八年（1620）间］，而根据钱谦益《崔秀才子忠》记载"少为书生，师事莱人宋继登，宋诸子及群从皆与同学"，以及徐沁《明画录》记载"少为诸生，以诗名，后侨燕"[22]，可知崔子忠拜师宋继登时年龄尚少，他是在故乡考中生员、诗文为世人所知之后，才离开莱阳侨居北京，其拜师宋继登的时间，应该在宋氏居乡办班期间。这个时间，与王崇简记载崔子忠先拜宋继登为师、后得到畿辅督学御史左光斗提携留京契合。

（3）宋继登对崔子忠的影响

其一，精神品格。宋氏家族文化的特点是义理在前，文艺其后，重节操品行，特别重视对学生精神品格的塑造。宋继登的教学方法有点像孔子，他在家中、官署办学，让学生随其宦游各地，这种特殊的教学方式，使学生得以直观地领悟他的道德要求和治学思想，耳濡目染，他的价值观和行为方式逐步移植到这些年轻后生身上。如上述崇文门课税、永平督饷的故事，其中所包含的"富贵不能淫，贱不能移，威武不能屈"的士人品格，便贯穿在学生的思想行为中。崔子忠是受宋继登影响比较大的学生，他奉行"节义文章事功人品"的人生路线，在他看来，作家必先道德而后才有艺术，他把节操看得比生命还重要，不允许任何人玷污它，当理想与现实发生矛盾时，宁可走入土穴饿死。他以"天下士"的胸怀和使命感从事绘画，力求有益于世道人心。明末心学、禅宗思想大行其道，在这种思潮影响下，画家大多沉迷于笔墨游戏，无视艺术家的社会责任。他却不为所动，始终坚持现实主义的主题性绘画创作，试图通过绘画教化民众，维护明王朝统治，达到立德、立功、立言的目的。在这种信念支持下，他创出一大批寄意深远、笔墨精妙的优秀作品，把明代人物画推向新的高峰。董其昌称赞"其人、文、画皆非近代所有"[23]，孔尚任称赞其"字与画皆儒者笔墨"[24]，入木三分地指出了他成功的关键：他首先是一位"士"，然后才是一位技巧卓越的画家，是清高绝俗的精神品格，铸就了他超尘脱俗的艺术。

其二，审美观念。莱阳宋氏以经学诗文起家，特别重视经学义理的传授，推崇盛唐诗歌艺术。宋继登作为宋氏家族诗文的领路人，以深厚的儒学修养和敏锐的洞察力，力倡为文应时务实、雄浑鸿肆，力克轻巧、虚浮文风。在他的影响下，宋氏门生大多从盛唐诗文入手，借古开今，作品呈现出较为一致的雄浑、博奥的艺术风格，对改变万历以来文坛萎靡不振的风气，起到了积极的推动作用，确立起在北方文坛的领军地位。崔子忠是宋氏审美理想的继承者之一，在这个近似古人的文人圈中，他的浪漫主义气质得到全面开发，"为文崛奥，动辄千言，不加绳削而自合"，"生平好读书，尤深戴礼，发为古文诗歌，博奥奇崛，非近世所有"[25]。很快便以汪洋恣肆、古奥的诗文风格闻名于世，确立起诗歌在其艺术创作中的主导地位。诗性观念的建立对于书画家来说极其重要，当这种观念建立之后，无论运用哪种艺术表现形式，都会展现出诗的审美情境，剔尽工匠藩篱。纵观崔子忠的绘画创作，天启二年（1622）创作《品画图》时，已经具有较浓的人文气息，至天启六年（1626）创作《藏云图》，已经达到诗中有画、画中有诗的艺术境界，毫无疑问，这种境界得益于诗歌艺术的滋养。

宋氏家族具有研习书法的传统。宋继登的父亲宋兆祥善写榜书，《（民国）莱阳县志》记载："嗜古文词，兼工书法，所写孙元君庵匾，笔意奔放，兀傲不群，大手笔也，评者推为县内书家第一。"[26] 宋继登及其三弟宋继澄、儿子宋琮、宋玫，侄儿宋琏等皆工书法，作品收入高凤翰、郭廷翕辑《桑梓之遗书画册》。宋氏墨迹今已稀若星凤，从相关记载看，这个群体的书法风格倾向于奔放、兀傲、雄浑，与崔子忠的书法风格不谋而合，可视为影响崔子忠的因素之一。

2. 宋琮

（1）宋琮其人

宋琮（1597—1637），字宗玉，号五河，宋继登长子。明崇祯元年（1628）进士，官至金坛知县。

宋琮为官爱民如子，任事英毅，有治声。初次担任祥符知县，正值明末战乱，百姓不堪养马之役，乃上书为民陈情得免。崇祯八年(1635)补官金坛知县，时值凶岁，境内粮食歉收，百姓拖欠赋税严重，他卖掉部分家产，以三千金垫补赋税。《金坛县志》称其"能断疑狱，判语对囚立办"。崇祯十年(1637)，因政绩卓著行取至都，拟进翰林院编修，未及就而卒，士林惜之。

（2）宋琮的诗文成就

宋琮是明万启祯年间著名的诗文家。他少年习举子业，稍长随父宦游各地，遍历名山大川，广收博取，厚积薄发，尚未登第，已名闻士林。考中进士后，声名愈彰，《（民国）莱阳县志》称其："博学宏文，名动一时，振披靡而建旌旗，四海人士向风焉。"与江南诗文家翁鸿业齐名，号"翁宋"。明清士人对宋琮的诗文评价很高，除上述倪元璐、王熙的评论外，吴伟业、张溥等人也对宋琮推崇备至。如吴伟业《复社纪事》记载："自制举艺之法行，其撰著之富，单行可传，无如临川陈大士际泰，大士与其友罗文止万藻、章大力世纯、艾千子南英实共为此学。三子者仅举于乡，大士久次诸生，未遇也。金沙周介生钟始以制艺甲乙天下，其推重者曰临川，曰莱阳。"[27]吴伟业的老师张溥《宋宗玉稿序》记载：

> 君子务其强者以正身，而率物又安可避天下之难自坠厥声乎？此莱阳诸宋所以突然决起，为能立于海岱之间比高洁深也。……而要之功名亦不可忽也。士之上焉者，不以此为诸宋之轻重，而熟讲乎其文以仪刑乎其人，温恭是亲，基隅不远。而下焉者，不明乎人与文，功名犹有动焉，则圣人之教，益以章矣。予凤耽宗玉之文，曰美曰善，不复赘辞，而特钦其门庭之学，后先帅循，泽究天下，忾口为序其大端焉。

嗟乎！若宗玉者，诚哉，其夫子之徒也，夫子之里之人也。[28]

宋琮擅长五言诗，风格冲和古淡，意境古奥，类似唐代韦应物。《山左明诗钞》收录其诗歌六首。今选二首以供鉴赏。

清明

登高知物候，野草及时生。
风雨成佳节，歌啼出禁城。
昔人无憾事，飞鸟有遗声。
安得春原上，长年问耦耕。[29]

北庄

出户寻青坂，西原幽事闻。
樵来元世灶，耕出汉人坟。
桃李荣樗干，牛羊冷雀群。
结庐林里石，花落日纷纷。[30]

宋琮对诗文创作具有独到的见解，强调厚积薄发和专一的重要性，认为："取材务博，养气欲厚，一艺之成，必鑱（别）目鈋心，究极于精微然后已。"[31]可以看出，他是一位深谙艺术创作规律且崇尚实干的作家。著《五河残稿》《葡子草拾遗》《柏园社宦稿校订续古编》等。他的子孙克承先业，皆有所成。长子宋俶，清顺治十二年(1655)岁贡生，擅诗文，工书法，作品载《桑梓之遗书画册》，传载《登州府志》；三子宋俊，清康熙三十年（1691）岁贡生，工书法，作品载《桑梓之遗书画册》。孙辈中，又有贡生宋然、宋惟梁等多人，文脉不绝如缕。

（3）宋琮与崔子忠

宋琮是宋继登最心爱的儿子，为达到培养他成才的目的，宋继登特别邀请已经在文学上颇有成就的赵士骥与其共笔砚，同时，又吸收当地俊才组成"柏园社"，与其同窗共学，正是在这段时间，崔子忠加入"柏园社"，成为他的同学。

宋琮与崔子忠交往的事迹，目前仅见王崇简诗歌

《送宋宗玉并怀呈玉、文玉》，诗曰："……言别未为难，相视眼光射。拜手难一词，怀思黯然积。低眉向崔子，读书是相益。车马顷刻间，远看天色碧。"[32]时在崇祯元年（1628）秋天，已经考中进士的宋琮即将离开京城，崔子忠与王崇简前去送行，送别的话语并不多，望着宋琮车马远逝的身影，身材短小的崔子忠有些消沉。截至该年，少年时期的同学几乎全部考中进士或举人，崔子忠开始意识到自己并不适合科举，慨然弃去不复应试，莳花养鱼，以书画自娱。

崔子忠与考中进士后的宋氏子弟的关系并不亲密，根据王崇简和钱谦益记载，崇祯年间，宋琮兄弟贵为大官之后，崔子忠并不至其门，求画也不给，有意回避见面。此时，两人皆功成名就，一个是领时代潮流的诗文家，一个是闻名全国、执北方画坛牛耳的大画家，少年同学，却老大不相往来，十分令人费解。崇祯十年（1637），宋琮因政绩突出和在诗文方面的成就，行取入都，拟进翰林院编修。到京后，他居住在太仆寺街（今北京市西单商场一带）某宅第，相传这是一处"凶宅"，许多人在此离奇死亡，宋琮入住后不久而逝，一代文宗生命戛然而止，士人无不为之惋惜。

宋琮与崔子忠均擅长五言诗，分别具有"博奥""古奥"的特点，审美取向非常相近，但两人的艺术观点、语言风格并不完全相同。如宋琮认为："文以气为主。……予欲振学究之积习，芟新声之盘曲深，不棘古，不赘奇，不妖平，不靡合，秦汉唐宋而进，其长于三代，世代不能蚀而隐隐隆隆、升降相际者，古也，吾续之也。"[33]强调文章"以气为主""古雅""不棘古""不赘奇"。他的诗文寄意深远，语言风格却"冲和古淡""语言平晓"，[34]读来令人神清气爽。崔子忠的诗歌目前仅见五言诗三首，题画七言诗四首。孙承泽《崔文学子忠》评曰："尤深于戴礼，发为古文诗歌，博奥不逊李长吉。"[35]王崇简《都门三子传》称其"为文崛奥"。观其诗作，排比锦绣，深邃诡异，确实有点李贺诗歌的味道。但语言倨绕，读之令人不爽，却与宋琮崇尚平淡自然、擅长文学性描写相去甚远。

两人的文章也具有这种既统一又矛盾的特点。在通篇格局和气势方面，两人都动辄千言，一言既出，万马相随，浩浩荡荡，必意尽而后已，不加绳削而自合。但在叙事、语言技巧方面，崔子忠跳跃且艰涩费解的语言风格，却与宋琮环环相扣、表意准确的通俗文风相悖。试将宋琮《明文续古序》与崔子忠《品画图》题识进行比较，即可以看出两者的差别。

明文续古序

□子曰："文以气为主。"水土金□，□槛禽兽，阳明阴忧，彩画之气缊蒸于中，而人之气流通之。虚而为橐，扇鼓诸气，或出以富贵，出以贫贱，或夭寿病康戚豫。又甚者，聚在衣裳饮食间，气吹物，物成象，象因滋，滋成形，形生情，情生数，数故百千万亿。自羲农至于不可知之世，文一而时相驳踪，其同也，有大不同者矣。虽然，一代之精神各足究风气之厚薄，而世运升降因焉。夫卧之詀詀，起之吁吁。其时文不在目而在腹。童子舞于而语，字字典觉，遂为风谣之始，后乃掌以太史焉。尧舜时，水骄土稚，水内明，为文心；土厚重，任物有力；文之肤受之人，无机解敦固昌博，忧先赏迎天下之喜气，其诏世之言欢以立。会殷鬼俗，惝恍于祭祀之事，先鬼而后人。天地既通，史诬之说纷以长义。水德尚白，为兵象，有火燹之，而誓会娓娓，不得不革。《周礼》之书，自《天官·冢宰》及米盐酱薤，取大体，历纤理，文工而气益繁。自是，《左》夸以艳，《老》拿以短，《庄》呋以长。百家飞抢，侧取而单持。降至六国，心气凌杂，长于反复钳制，今口涂东阳口抹西。迨至蚕兼末流，凶饥数动，阴气周作，谷气不实，文炎诡张，圣贤之旨楔然，如大瓠浮江湖，出没不可得籍。李斯读书而焚之，变为农圃卜筮之天下，挟律而语，论利害，不论是非，其言不可久也。汉以布衣得国，文景用黄老治世，祸新民恐，则明法之言多。君柔而严，臣直而惧，则蠲租劝农之诏上，灾封事之疏多。武帝穷大，故封禅文偶傥瑰壮恢愕。而桓隐之语少沉思，哀平之世多危辞，文章之运流离抑挫而中气未溯，不得不酿为新莽，然汉卒不可易。世祖治贵严峻，故其时人多好名洁，所持以赴上流。至末季，草野挟名字之书，士夫尚节义之口，外严中馁，众志如流，节义化为机术，而三国之诽言谇语，笔有锋，舌有刃，互相非驳矣。三氏国重言轻，其执俱不可长。晋之尘，尾桴召鼓也……[36]

宋琮、崔子忠的艺术追求、语言风格如此矛盾，治学方法却非常一致。如宋琮受王阳明心学思想影响，认为要成就一番事业，第一要博览群书，广收并取，"取材务博"；第二要"养气欲厚"，有后发基础；同时，还必须洞悉自己的先天禀赋，全力发展之，"究极于精微然后已"。崔子忠早就明白向心而求的道理，他有一方印"画心"，常用在得意的作品中，显示出向心而求的艺术追求。他秉持抱一统万的修行、治学方法，认为"治其身，洁其浣濯以精一介，何忧圣贤？圣贤宜一，无两道也"。他数十年如一日地坚持主题性人物画创作，探索颤笔线描表现方法，最终成就独特的"青蚓体"风格，其治学路线和方法，与宋琮殊途同归。

作为晚明具有代表性的诗人和画家，宋琮与崔子忠尽管交流不多，但两人必定会相互关注，不仅因为他们是同乡、同社、同学，也因为他们分别代表了那个时代诗文、绘画的前沿水平，同怀千秋梦想，这种特殊关系，无疑会提高他们的心气，让他们自觉站在时代的高度要求自己。

宋琮有子宋俶，字大涂，号夔庵。清顺治十二年（1655）岁贡生。精于经学义理，工诗文，著《藏山集》《漆湄集》《独石居集》。《（光绪）增修登州府志》评曰："文有逸气，诗爽拔不浮，词亦细熨而（不）乏逸韵。"明崇祯十年（1637），他随父在京读书，与宋琬共笔砚，或与崔子忠有所接触。

3. 宋珵

宋珵（1604—1640），字呈玉。宋继登次子，复社"山左大社"成员。明崇祯元年（1628）恩贡生，候选知县，生平不详。

4. 宋玫

宋玫（1605—1643），字文玉，号九青。宋继登三子。明天启五年（1625）进士，历官虞城县知县、杞县知县、吏科给事中、刑科都给事中、太常少卿、大理寺正卿、工部右侍郎。赠兵部尚书，祀乡贤祠。传载《明史》。

（1）宋玫其人

宋玫天资卓异，二十岁便考中进士（按：吴伟业称十九岁，莱阳《东海世家宋氏族谱》称十八岁）并踏入明末政坛，成为海内瞩目的科举明星和当时最年轻的官员之一。关于他的升迁过程和官声，《明史》记载：

> 崇祯元年，玫兄琮亦举进士，知祥符，而玫以才调繁杞县，三人壤地相接，并有治声。应亨迁礼部主事，玫亦擢吏科给事中。尝疏论用人，谓："陛下求治之心愈急，则浮薄喜事之人皆饰诡而钓奇；陛下破格之意愈殷，则巧言孔壬之徒皆乘机而斗捷。"众韪其言。时应亨已改吏部，累迁稽勋郎中，落职归。玫方除母丧，起故官，历刑科都给事中。请热审概行于天下。又言狱囚稽滞瘐死，与刑死几相半，宜有矜释。帝采纳之。迁太常少卿，历大理卿、工部右侍郎。[37]

由于政绩突出，宋玫迅速成为朝廷重臣，递近权力顶峰，但如日中天的他却因流言和明思宗猜疑，提前结束了自己的政治生命。《明史》记载："（崇祯）十五年夏，廷推阁臣，……玫与焉。帝已中流言，疑诸臣有私。比入对，玫冀得帝意，侃侃敷奏。帝发怒，叱退之，与吏部尚书李日宣等并下狱。日宣等遣戍，玫除名。"[38]

宋玫具有崇高的民族气节。崇祯十五年（1642）十一月，清兵围攻莱阳城，宋玫与宋应亨、赵士骥、陈显际等人共谋守城，出资治守具。"大清兵薄城，城上火炮矢石并发，围乃解。明年二月复至，城遂破，玫、应亨、显际、士骥并死之。"[39] 死时年仅三十九岁。对于宋玫的死，清廷主导编写的《明史》有意模糊其坚贞的民族气节，一些文人作家则秉笔直书，多有褒扬之词。如清人计六奇《明季北略》记载："亡何北兵入东省云扰，玫与同宗吏部应亨辈经画守御，不遗余力。及城陷，缚玫与应亨相对拷榜，体无完肤，玫始终不屈，遂见杀。"[40] 姜埰作诗《吴门遇宋幼文因忆尊公故司空九青先生》赞曰："烽火关山二百州，重围三月阵云愁。见危敢委孤城去，誓死原为此膝留。（公临命曰：'我大臣也，义不屈膝。'）铁马气骄东郡日，杜鹃声断北邙秋。九京应见先皇帝，万里苍梧血泪流。"[41]

宋玫是复社宗主级人物，人品才华为海内士子所倚重，当时，复社士子多有以身家安危相寄者，吴伟业在《书宋九青逸事》一文中记载：

> 九青姿望吐纳，天下无二，通经术，能文章，其五言最工，章奏亦详雅，自云金宪公梦李北地生其家而得九青，余笑谓才地去卿差近，名位殆复过之也。性强敏，有大度，其令杞县也，定两大乱，折数十疑狱。在垣中，朝廷大事辄片言裁之，闻者咸服。顾不悻悻贾直为名高，以此不受当世骑乾，而海内言事失职之徒好引九青以为重，九青亦汲汲勿倦也。与人交，能急患难，有终始，……未一岁，京师失守。武昌前此已大乱，鱼山（按：熊开元）、澹石（按：郑友元）避贼东下，与余遇于南中，谈九青则相顾流涕。有人从北来者，辄询宋氏存亡，道路隔绝，流涕接踵，盖亦不可知已。[42]

其为人轻重若此。计六奇评曰："宋公早贵，任清要列卿秩，名位显赫，然竟用蒙难死。予角去齿，造物者固多缺陷乎，然而捐生殉节，垂芳千古，则天之厚公又独至矣。"[43] 清乾隆四十一年（1776）钦定胜朝殉节诸臣，赐谥忠节。

（2）宋玫的艺术成就

宋玫兄弟对晚明诗文的发展具有重要作用，他们一扫万历朝轻靡庸腐的诗文风气，拔地特起，与浙人翁鸿业并称"翁宋"，把莱阳文字提升至"山东之冠"的地位。启祯年间，莱阳文字与娄东并称天下，但娄东学人却对以宋玫为首的莱阳诗文赞赏有加，如复社首领张溥盛赞宋玫诗歌超迈，"以少陵目之"[44]，吴伟业在《宋玉叔诗文集序》中称赞："余幼执经张西铭（按：张溥）先生门，即知莱阳之文，与东吴、豫章埙篪应和。"[45] 感叹："三齐科第，大都一姓为多，因而陟巍资跻贵仕者，珪重组袭，何其盛哉！而吾友故司空九青在其间，尤称绝出，诗文踔厉廉悍，雄视汉唐以来诸家。"[46] 其又在《梅村诗话》中回忆道："尝与余同使楚，楚嘉鱼熊鱼山、竟陵郑澹石俱九青同年，到武昌相访。郑诗亦清逸，其赠什（诗）曰'剖斗折衡为文章，天下娄东与莱阳'，谓吾两人也。"备极赞扬之词。宋玫对吴伟业踏入诗坛起到了关键性作用，《宋玉叔诗文集序》记载："守官京师，从九青游，奉使同视楚闱，登黄鹤楼，俯眺荆江、鄂渚间，拊槛慷慨，九青题咏甚多。余愧未能成章，亦勉赓以纪名胜。九青不鄙而进余，谓可深造于斯事。尝示余掩中数诗。"[47] 称宋玫是自己的诗歌导师，由于他的鼓励，才大胆步入诗坛。吴伟业开娄东诗派，创"梅村体"，与钱谦益、龚鼎孳并称"江左三大家"。由此可见，宋玫不仅对于明万历以来的诗风具有提振作用，对清初诗文发展也产生了积极影响。

宋玫天资卓越，落笔惊人，曾作诗千余首，著《憎草拾遗》（殉难后悉付煨烬）。吴伟业称其"为诗学少陵，爱苍浑而斥婉丽，……当其合处，不减古人"[48]。今选录其诗歌二首，以了解其艺术追求和风格。

悼旧

画阁红楼第一家，曾将玉佩向人夸。
只今风雨清明后，燕啄香泥葬落花。[49]

亭山步韵

物秋偏胜地，霜渍密丛鲜。
树顶明口月，泉心自在天。
山交一日气，谷发四方烟。
流响开能曲，微阳照不圆。
野人视听浅，小妓性情全。
拽马嘶昏去，涓涓夜自怜。[50]

宋玫的文章传世甚少，《（康熙）平度州志》《青箱堂文集》各收录其一篇，格调高古，颇具汉唐气息。

（3）宋玫与崔子忠的交往

崔子忠与宋玫开始相交大约在万历三十八年（1610）至万历四十七年（1619）间，当时，崔子忠年龄在十六岁至二十五岁之间，宋玫年龄在六岁至十五岁之间。尽管两人相差十岁，他们却十分投缘，感情至深。但自从宋玫考中进士授官以后，崔子忠却不再登其家门，求画也不应，而与他一起拜师宋继登的同学蒋渔郎死后，却收辑其遗文，到处为人称说。崇祯七年（1634），已经担任吏科给事中的宋玫在多次求画不得之后，将他引诱至家，闭门求画，引起强烈反应。关于这段故事，清人钱谦益《崔秀才子忠》记载：

少为书生，师事莱人宋继登，宋诸子及群从皆与同学，而玫及应亨尤厚善。……玫居谏垣，数求其画不予，诱而致之邸舍，曰："更浃日不听出，则子之盎鱼盆树且立稿矣，子将若何？"道母不得已，乃与画。画成别去，坐邻舍，使僮往取其画，曰："有树石简略处，须增润数笔。"玫欣然与之，立碎之而去。其孤峭绝俗皆此类也。[51]

这件事被一些好事文人和美术史家演绎为宋玫恃强凌弱，但观察此前两人关系，却可知宋玫有点"耍赖皮"的意思，他依恃的是少年同学时的感情，却忽略了崔子忠科举失败后专心习礼的背景以及得到董其昌肯定之后"顾自矜贵"的心理变化（《小腆纪传》），正如清人宋荦所言："余闻明季都门高士崔青蚓画人物奇古，人求之不可得。性好盆景、朱鱼，每灌花饲鱼，有一定晷刻。一日为执友邀至家，闭门不令归，出绢素求画，云：'子不画，我将留子三日，子之树菱鱼且死。'青蚓不得已作画而别。较玉水所好不啻什百过之。"[52]宋玫"与人交，能急患难，有终始"（吴伟业语），尽管与崔子忠发生了不愉快的事情，却仍然保持着良好的私人关系，他在为王崇简《青箱堂诗集》所作序言中，以洒脱的笔调，表明了两人友谊的牢固性：

胜引者，敬哉（按：王崇简）之楼居著号也。筑胜引而古今在其中，矣意之必取乎胜引，何也？敬哉方毕役，二三人落焉，饮酒乐，崔开予（按：崔子忠）曰："子将以户庭之内形骸之外而肇锡以嘉名也。"敬哉曰："此贤达之务也，如名吾楼而不荷吾名，诬土木矣。"余曰："名居与名人异甚，苟不先有大吾名之意，则不必筑吾楼；如大吾名而筑吾楼，则莫如读其书而书在楼、友其友而友在楼也。"敬哉曰："信夫！今日之有二三人，即非我独居之也。"开予与余间曰："敬哉之人中慧而勤，又多交四方，中慧，故其心达；勤，故术业兼攻；交多四方，故耳目资之。夫图史在我生之上，而朋友在我生之傍，此大哲之才乃能取之，我知敬哉善取友者也。盍据是义而名楼？"余曰："取架上书策而祝之。"摘纸遇辞曰："逸爵纡胜引训曰友。"遂命之。余又曰："古在斯，今在斯，其以为铭乎？"是会也，卜夜不去。敬哉居楼二年而刻胜引，草成，余与开予适登其楼，左右顾而言曰："友则犹是也，而书加多矣。"[53]

这个故事发生在崇祯五年（1632）至崇祯七年（1634）之间，宋玫和崔子忠先后两次到王崇简家串门，三人围绕读书、成名等议题展开热烈讨论，谈竟日不能去，丝毫未见彼此心存芥蒂的痕迹。需要提及的是，王崇简的住所在阜成门内朝天宫一带。而朝天宫原是北京最大的道教宫观，宫内有三清殿等九殿，东西建具服殿以备皇帝临幸，凡遇朝廷三大节令，百官预习礼仪于此。又有道录司、斋堂、方丈、诸羽流栖息等。天启六年（1626），一场大火将朝天宫全部焚毁，从此成为普通百姓的杂居之地。崔子忠是正一道士，天启年间定居北京，王崇简称两家距离很近，他早先是否曾居住于此不得而知，总之，这一带是他与宋玫、王崇简经常相会的地方（图1）。

宋玫慕贤爱才，喜为朋友张目，作为朝野注目的官员和复社宗主级人物，他与朝中显贵和复社核

图1 北京西城区阜成门内大街（东向）老照片

心人物都有往来，他的叔父宋继澄主持复社"山左大社"，则集聚了山东最优秀的科举人才，崔子忠与之交，声名或赖以传播。事实上，经过求画一事，两人的故事已经广为人知，当然这并非他们的初衷。

宋玫与崔子忠的友谊主要源于艺术交流。自嘉靖朝以来，平度崔氏一直以诗文闻名于世，但在崔廷槐等领军人物谢世以后，影响力日渐衰弱，在这种背景下，已经考中生员的崔子忠拜宋继登为师，加入了他组织的文社。明末士子以文字论交，受这种观念影响，崔子忠与宋玫建立起深厚的友谊。他们都爱好诗歌文学，崇尚汉唐名家作品，以杜甫为宗，喜欢写五言诗。在具体创作方法上，则一致地重视生活感受和感情寄托，追求思想性与艺术性的统一，作品兼具北方文化雄浑典重和海滨文化明润清朗的风格。相对于宋琬，宋玫的诗歌直觉性更强，与崔子忠的诗文风格更为接近。

除诗歌之外，书法也是连接宋玫与崔子忠的重要桥梁。正如前述，宋氏家族世代业儒，在他们的治学体系中，书法是儒生必备的基本功，因此，宋继登的学生都留心翰墨，不少人达到了非常专业的水平。宋玫酷爱书法，与当时许多名书画家都有交往，如宋琬的老师、著名书法家王铎，便曾赠送他巨幅中堂。他自己则为蔡迪之收藏的崔子忠作品题跋，等等。

5. 宋继发

宋继发（1584—1637），字华之，宋兆祥次子。明崇祯元年（1628）进士。官至长洲知县。宅心仁厚，常于众人中注目为人所忽略者。晚年自建地藏庵于县署南以终，里谥惠介，祀乡贤祠。生二子：长子宋瑀（1608—1669），字禹玉，复社"山左大社"社员，清顺治二年（1645）岁贡，官至山西泽州知州；次子宋瑾，字佳玉，邑廪生。

目前尚未见崔子忠与宋继发交往的记载。王崇简《青箱堂文集》卷二《答宋澄岚》记载，崇祯元年（1628）春，宋继澄兄弟叔侄赴京赶考，众人集聚于北京泡子河边旅舍，把酒论文，气压一世；其又在《青箱堂诗集》中记载，该年秋天，他与崔子忠一起送宋琮出京。宋琮与宋继发为同榜进士，据此推测，两人当在这些活动中见过面。

6. 宋继澄

宋继澄（1594—1676），字澄岚，号万柳居士，学者称澄岚先生。明天启七年（1627）举人。主盟"山左大社"。学宗程朱，时称"理学儒宗"。善古文词，工书法。私谥文贞。传载《皇明遗民传》等。

(1) 宋继澄其人

宋继澄少年聪慧，淡于荣利。万历三十一年（1603），他的父亲担任汝宁府同知，因课税不力积忧成疾，当时他年仅十岁，见状曰："官如是苦，居官何为？胡不归乎？"其父深器异之，遂加意培养。然而他的仕途很不顺利，自考中举人后，多次赴京考试均铩羽而归。他毕生致力于学术研究，不问俗事，"尝曰：'天地间何者可恃？为吾有独学问耳。'当天启辛酉、甲子，侄玫、琮亦皆捷于乡，每同出游，两兄在前，两侄居后，盛驺从，继澄独策蹇于中，村童或笑揶之，坦如也"[54]。与儿子宋琏同在复社，文名满海内（图2）。

宋继澄为人仗义执言，能急人之厄。《（民国）莱阳县志》记载一则故事，颇能展示其精神品格和行事风格：

> 廪生陆大行躬行君子，与同所人王承勋有隙，承勋诬以人命事，讼之官，官严刑不承，邑人冤之，继澄叹曰："乡有显达而不持清议，邦之纪安何在耶？"于是入白长吏曰："澄儒生也，知自守，不敢罔道干天子命吏。陆生之事，人莫不冤之，澄闻君子喜闻过，故为公白之。"弗从。明日复入曰："公以澄为陆生来耶？陆与澄面貌不相识，家赤贫，澄何所利，所以来者，为公惜耳。假公执前见而断然行之，异日者悉其冤而悔之，不亦晚乎？"力请释之。其生平所为皆此类也，而非义弗屑。[55]

他洁身自好，非礼不与：

> 崇祯辛未，孔有德叛，攻陷登州，继澄挈家避淮扬，窘甚。时扬属有身系于官数年不解，其家丐继澄为解于司李，酬以万金，且曰："是司李之命也。"继澄曰："事可释斯释之矣，久系何为？万金重资，甘心输焉，此必法所不贷，而欲吾以私乱公乎？"卒谢却之。[56]

宋继澄具有坚贞的民族气节。明亡，作诗《望帝》缅怀故主；清廷诏令前朝士人及隐居山林者出仕，府县数次征召，皆不为所动，也不再参加清政府组织的科举考试，与儿子宋琏隐居漳水河畔，平时只与几位前朝遗民张允抡、董樵、王岜等人往来，史称"漳水八隐"。他毕生课徒为生，虽老于书斋，却以节义文章名闻天下，清莱阳知县邹知新在为其撰写的碑文中赞曰："耄期好学，淡泊明志，风起百代，天下善士。"

（2）宋继澄的文学成就及影响

宋继澄诗文皆佳，长于经学，曾受复社首领张溥邀请为应社讲经，所著《四书正义》《诗经正义》等，经典入微，被奉为儒学圭臬。其《万柳文集》集时艺五十余篇，阐述精切深宏，堪称典范，"于时言文章者，咸宗旨焉"[57]。宋继澄不仅文章名满天下，诗歌也成就不凡，直欲比肩陆放翁。学者王小舒认为："孙文起在《残稿》的《题词》中认为：'小雅性情正，中唐气格苍。'句中'小雅'当指其讽喻时事，至于'中唐'，应该是指宋诗中苍浑、悲怆的风调。总的来说，评论还是比较准确的。"[58] 可惜作品散佚严重，目前仅见《甲辰集》《乙酉集》《丙戌集》《丁亥集》《己丑集》《万柳诗集》等，不足其全部作品的四分之一。《山左明诗钞》卷第三十五收录其诗歌十二首，民国《卢乡丛书》收入其著作，从中可以窥见其学问才情。

（3）宋继澄与崔子忠的交往

在"山左大社"成员中，宋继澄是与崔子忠思想观念、生活态度较为接近的一位。他们都高标风节，崇尚学问，深研经学、理学，抱有出世思想倾向。明亡后，一个持节自励，隐居山林授徒终老；一个"移孝作忠"，走入土穴自甘饿死，表现出坚贞的士人品格。稍有不同的是，宋继澄早年一直热衷于科举、社事，直到明亡以后才退隐山林。崔子忠则在青年时期已经放弃科举，认为"交游盛而朋党立，东汉之季可鉴也"，回避参加各种政治活动。至其晚年，甚至举家移居深山，杜门不出。宋继澄与崔子忠的交往，目前仅见他为崔子忠《彭祖观井图》所作题诗，诗曰：

> 井深人所汲，坠陷亦或偶。
> 盖之以车轮，俯视其何有。
> 系身于大树，得非迂愚叟。
> 彭祖八百人，于世恒不苟。
> 示以常爱生，欲人知所守。
> 呜呼适所适，得无屡娶否？[59]

从对彭祖形象的描写看，宋继澄对崔子忠以礼养心的思想非常了解，崔子忠也是一位行为卓绝的理学家。宋继澄晚年隐居莱阳城东万柳村，自号"万柳居士"，活到了八十三岁，成为"山左大社"社员

图2 戴苍《宋继澄、宋琏父子像》（局部）
宋氏后人藏

中得其善终的人。而崔子忠晚年虽然提前遁入深山古寺，却没有逃脱清廷魔掌，早早结束了自己的生命，《彭祖观井图》及其题诗，成为后世见证他们人生理想的信物。

7. 宋瑚

宋瑚（1613—1639），字夏玉，宋继澄长子。明崇祯十二年（1639）举人。有文名，著《圭璧堂集》。

8. 宋琏

宋琏（1615—1694），字殷玉，号晓园，一号林寺，宋继澄次子。明崇祯十二年（1639）举人。工诗文，擅书法，著《晓园文集》等。传载《（民国）莱阳县志》。

宋琏幼而颖敏，与诗人宋琬共笔砚。成年后协助父亲宋继澄主持"山左大社"，为复社中坚。明亡后隐居不仕，与明遗民董樵、赵士喆等诗文酬唱。在宋氏诗文家中，他的名声远不及宋继澄、宋琮、宋玫、宋琬响亮，但其艺术水平却并不逊色。他的诗歌追慕唐人风雅，语言清新自然，意境优美，有王维、孟浩然、韦应物之风韵，读来令人心旷神怡。他的文章也颇具自己的特点，其《张陈留君重润传》，以浓墨重彩刻画了一位怀才不遇、不为世俗社会理解、潦倒终生的才子形象；《薛明经埦传》记述凡夫俗子的感人事迹，文笔饱含深情，读来令人怦然心动，显示出深厚的文字功力。有学者认为："相对于诗，宋琏之文似乎亦相当突出。人物传记叙事详赡而又明了，以人之特点定行文之法，有《史记》人物传记的影子。……几堪与司马氏之文媲美。"[60]虽属溢美之词，却也道出了宋琏的文学造诣很高。

宋琏比崔子忠小二十岁，尽管他协助父亲处理"山左大社"的日常事务，与复社士子多有交往，但由于崔子忠对复社活动持敬而远之的态度，他们之间有没有实际接触，恐怕还得打个问号。

（二）崔子忠与宋应亨谱系成员的关系

宋应亨家族是莱阳著名的官宦诗书之家。自明天顺年间其六世祖宋黻考中进士以来，该家族科举人才不绝如缕，至明末清初，出现了一门三进士的盛景。整体看，该家族在科举仕官方面不如宋继登家族发达，诗文家也不多，但由于宋琬的出现，其文学声誉有过之而无不及。该家族深深地介入了崔子忠的生活和艺术，是研究崔子忠绕不过的门槛。

1. 宋应亨

（1）宋应亨其人

宋应亨（1580—1643），字嘉甫，号长元。莱阳人。明天启五年（1625）进士，授清丰知县，历官吏部稽勋司郎中。祀乡贤祠、名宦祠。

宋应亨为官才识明锐，案牍无滞留。初授清丰知县，即锄豪强、擒巨盗，百废修举，教化大行；又好贤喜士，政务之余，论文课士，亲自评定其甲乙。举循吏第一，崇祯四年（1631）行取入都，授礼部主客司主事，"旋调吏部文选副郎，署选事。内外铨除，一秉至公，而情法曲当。癸酉典试中州，得名士最多。晋稽勋司郎中。以母年逾九旬，陈情乞终养"[61]。

宋应亨爱民如子，宽厚孝友。在清丰县为官时，即在县署西北隅建额养孤贫，离任后，"百姓歌思不忘，去之后，建祠郭外，日益咏堂。二月晦，为公生日，士女岁岁酿金为社，陈百货于祠前，三日乃罢。甲申盗蜂起，焚烧官府，至公祠则下拜，且相戒曰：宋公有德于民，祠不可毁"[62]。去官归乡，食客满座，有孔北海之风，亲戚、朋友赖其生活者颇多。崇祯十三、十四年，莱阳境内大饥，自出粟米赈之，数千灾民赖以活命。又关心地方公益事业，捐银修缮当地文庙，整修后戟门高广倍前，轮焕一新。其所行之事皆如此类，在当地享有很高的声望。

宋应亨具有坚贞的民族气节。崇祯十五年（1642），清兵围攻莱阳，宋应亨倾其家产，率士民守城，"北隅单弱，捐千金建瓮城，浃旬而毕。大兵至，应亨独当一面，悬赏募死士，夜劫营，大兵拔围去。十六年二月初五，大兵掩至，避北城不攻，次日辰时，由城东北缘云梯上，应亨平巾箭衣，驱家僮巷战，家人令易帽，不可。战良久，家僮死者三十余人，应亨项中一刀，被执不屈以死"[63]。事闻，赠太仆寺少卿，赐祭葬。清乾隆赐谥节愍，名列《钦定胜朝殉节诸臣录》（图3）。

图3 宋应亨肖像（局部） 宋氏后人宋培润、宋培平藏

（2）宋应亨的诗文

宋应亨工诗文。崇祯六年（1633）在京为官期间，引诸子吟诵不辍，蜚声震藻，每出一诗，京都士人争相传阅。《明史》称他与宋玫"并有文名"，清人金之俊在为宋琬《安雅堂文集》所作序言中，称他"文章吏治炳炳烺烺光前烁后者"[64]。但由于遭遇明末战火及家祸，他的诗文已经不存。《桑梓之遗录文》收录其书帖两件，其中《莱阳宋节愍公应亨帖一》语言平实率直，感情真挚，可窥其文风：

> 故人聚首时欢若生平，去后之思，翻忆从前之不获朝夕也。离况日深一日，所谓一日三秋者，良不诬也。捧翰教恍如面谈，知福履安吉，稍慰阔怀，日晤北海年兄，极道高谊，亦云不可得之今人，信秉彝有同然耳。虚扬两月，不足供束装之资，台下之品自高，然亦太节也。虽归心甚迫，此别未卜何期，倘不鄙弃，再辱临，为十日饮，同作散场，亦快事也，台下许我否？[65]

（3）宋应亨与崔子忠

宋应亨是崔子忠少年同学中最要好的朋友之一。孙奇逢《崔文学子忠》记载："少时师事莱人宋继登，因与其诸子同学，而玫及应亨尤契合。"[66] 钱谦益《崔秀才子忠》记载："少为书生，师事莱人宋继登，宋诸子及群从皆与同学，而玫及应亨尤厚善。"从这些记载及宋应亨所作书信可以看出，两人不仅志趣相投，感情也非一般同学可比。宋应亨与崔子忠交好的原因，可能与他们的家族背景相同有关。宋应亨的一世祖宋兴为元代万户，世为军籍；宋氏六世祖宋佑为阴阳官，世居莱阳道山一带；与崔子忠始祖为将军、家族为军籍、先祖为道籍的文化背景相同。另外，宋氏家族为当地巨富，热衷于书画收藏，抑或是两人"尤厚善"的原因。

宋应亨十九岁开始研习诗文，万历四十三年（1615）考中举人，天启五年（1625）成进士，他比崔子忠大十五岁，无论年龄、资历还是学业进展，都是崔子忠的老大哥，实际上，在两人交往的过程中，他也一直扮演着兄长的角色，对崔子忠关爱有加。如天启七年（1627），当他得知崔子忠准备放弃科举时，非常着急，专门去信进行劝说，甚至借他事疏通崔子忠与地方官的关系，感情颇为真挚（参见本书《〈桑梓之遗录文〉之姜垓、宋应亨、宋璜、崔灿帖及无名氏帖考》宋应亨书信部分）：

> 闻年兄山居。下帷攻苦修大业，以时考之则可矣，两次不第，便觉此物无味，且将有穷途之悲也。年兄高才邃抱，自当云霄而上，如弟驽骀之质，老征种至，穷魔却之不去，日以冗杂应付作苦，但得无事，山居兀坐片时，亦是清福，况读书乎？年兄何以命教之？……临池南向神驰，弟亨又顿。冲。[67]

崔子忠放弃科举后万念俱灰，行为也变得异常敏感孤峭。他不卖画，且极力抵之，名气越来越大，生活却越来越穷困，经常陷入无终日之计的窘境，那些试图在经济上帮助他的同学好友，几乎无一例外地都遭到拒绝。崇祯六年（1633），宋应亨担任吏部文选司副郎，署选事，念及崔子忠，结集同事以千金为其祝寿，意在帮助他渡过生活难关，但却遭到严厉拒绝："如果你可怜我穷，可以廪粟资助我，少年同学，你难道还不知道我是什么样的人吗？"[68] 学者安家正在《胶东通史演义》中称，此事乃是宋应亨与其上司商议的结果，意在资助"国士"，未知所引何出。总之，此事令宋应亨十分尴尬。次年，在权臣温体仁与周延儒的政治斗争中，吏部官员大多被贬，宋应亨也在升任吏部稽勋司郎中之后去官归乡，直至崇祯十六年（1643）抗清被杀，两人再未谋面。值得一提的是，崇祯六年（1633），时任詹事府詹事的董其昌开始与宋应亨交往，经常到他家挥毫泼墨，而在该年，崔子忠也开始与宋家子弟频繁往来，且拜董其昌为师，这种巧合，颇使人产生宋应亨促成其师生因缘的联想。

宋应亨是最早发现崔子忠艺术才华并试图资助他的人，他家中收藏有大量崔子忠作品，已知有：《辋川图》屏风二十幅；《许旌阳移居图》手卷一，丈余（宋琬藏）；《唐人仕女图》立轴一（宋璜藏）；《洗象图》立轴一（宋璜藏）。尺幅巨大，皆当年经意之作。崔子忠的作品不轻易赠人，所赠必宗亲、知己好友和德高望重之人，两人感情由此可见一斑。

宋应亨的四个儿子皆工诗文，其中以三子宋琬最为杰出。

2. 宋琬

（1）宋琬其人

宋琬（1614—1673），字玉叔，号荔裳。清顺治四年（1647）进士。官至四川按察使。

宋琬出身官宦诗书之家，自幼聪敏好学，应试县、府、道皆名列榜首，人皆意其腾达必早，然性傲不羁，终明一代未能考中举人，至清顺治四年（1647）方成进士，授户部河南司主事。他是清初著名的清风良吏，"出为陇西道，过清丰，民遮至应亨祠，款留竟日，述往事至泣下。琬益自刻厉，期不坠先绪。调永平道，又调宁绍台道，皆有绩"[69]。甘肃省天水市至今尚存其任官时修筑的堤坝"宋公堤"。顺治十八年（1661），宋琬升任浙江按察使，次年春，因被诬与胶东于七谋反，被逮入狱。后以"证虚不当坐"释放，流落江南，其间与江南文人雅士诗酒往来，诗名大著。康熙十一年（1672）复官四川按察使，任内兴利除弊，改革当地陈规陋习，深受百姓爱戴。翌年进京述职，拟重用，适逢吴三桂兵变，家属滞留四川，忧愤成疾，病死于京都客栈。

（2）宋琬的艺术成就

宋琬是清初具有代表性的诗人。他在明崇祯年间已经颇有名声，考中进士后，与严沆、施闰章、丁澎等人酬唱，有"燕台七子"之目。其诗格声谐，明靓温润，以雄健磊落见长，被钱谦益誉为"诗人之雄"。清人金之俊赞其诗曰："其思深，其识宏，其虑远，其情长；其气清以厚，其调隽以永，其格严以老，其言确以质。殆有如《怀沙》《远游》，屈子悲愤之所感乎？"[70] 清初诗坛盟主王士祯以为："康熙已来诗人无出南施北宋之右，宣城施闰章愚山，莱阳宋琬荔裳也。"[71] 目为"南施北宋"。沈德潜则认为其"天上俊才跨越众人"[72]。他的作品很多，现今能够见到诗1333首、词165首、文223篇。此外，尚有赋两篇、杂剧一本。诗歌代表作有《悲落叶》《同欧阳令饮凤凰山下》等。

同欧阳令饮凤凰山下
茅茨深处隔烟霞，鸡犬寥寥有数家。
寄语武陵仙吏道，莫将征税及桃花。[73]

宋琬还是一位颇有造诣的书法家，其书得钟王之法，自成一格。他最早的启蒙教育来自董其昌，其《祁止祥书帖后》曰：

昔予弱冠，从先大夫宦游京邸，董文敏公为大宗伯，年八十矣，丰神散朗，矍铄如壮盛时。间一过从，谈笑终日始去。雅喜为先人作书，余尝储吴绫宣德纸，伺先生至，辄怂恿先大夫求之。挥毫泼墨，甚乐也。惜乎童稚之年，勿知贵爱，中更丧乱，遂无什一存者。[74]

他对董其昌的书法认识相当深刻，其《题张幼量所收董宗伯卷》曰：

文敏书法，人多喜其姿态飘逸，如簪花倩女，有回风舞雪之致耳。至其用羊毛笔作擘窠书，则别为一格，真有绛云在天、卷舒自如之妙。无论世俗纷纷罔知爱重，即文敏，生平亦不数数涉笔。譬如右军父子篇翰最多，而得意者，惟在《官奴》《鹅群》诸帖，兴会所臻，在当日亦有不知其所以然者。幼量得此，允为鸿宝，而患难以来，留之于图书放失之余，尤可宝也。[75]

他成年后拜王铎为师，王铎推崇董其昌书法，由此可见，他的书法属于董其昌一派。他对书法教育有着独到的见解，其《王季友诗序》曰：

譬之于书，邯郸淳之于古文，史籀、程邈之于大小篆，蔡邕、毛弘之于八分，张伯英之于草书，羲、献父子之于行楷，莫不自成一家，深造于能事之精微。后之人或欲易其波磔点画，则人将从而笑之。然此数君子者，其气魄已销亡矣。其法虽存，其巧不可得而传也。故昔之善学书者，至于发冢呕血，废眠食，濡毛发以求之。猝然有得，变化乃生，阳开阴阖，雷兴电逝。山岳之崩颓，日月之薄蚀，举不足入其胸中，而后蛟龙神怪出没于吾之指端，而作者不自知也。夫一艺之成，非专精且不能至，而况于诗乎。[76]

他强调通过发奋临池，自证书法之道，同时，又强调感悟和修养的重要性，其《沈伊在诗序》曰："嗟乎！书画虽小技乎，古人往往触类而益进。张旭之于蛇斗，右军之于鹅群是已。"[77] 其诗崇杜甫，书宗二王、钟繇，备兵陇南时，集"书圣"王羲之字，摹刻"诗圣"杜甫流寓秦州时所作诗歌六十首，刻石数十通，立于甘肃天水玉泉观，诗妙字妙，人称"二妙轩碑"。

宋琬小楷类钟、王，行草兼王、米、董之美（图4），流光溢彩，片言只语，人争宝之，可惜作品流传不多。今见知者，故宫博物院藏立轴一、手札四、扇面二；烟台市博物馆藏手札一（按：该手札书体多横向取势，与崔子忠书法颇多相合之处），青岛博物馆藏横披一，何创时基金会藏手札一，宋琬后人藏画轴题跋一。吾家祠堂原藏宋琬书法横披一件，横约四尺，高约二尺，字大如拳。其又能绘画，清康熙年间，为感谢浙江巡抚蒋国柱多次相救之恩，亲自绘图以祝。此画像虽然没有流传下来，但亦可知其艺术修养之全面，绝非仅一词客而已。

（3）宋琬与崔子忠

崇祯四年（1631），宋琬的父亲宋应亨官升礼部主客司主事，宋琬因父进京省亲，开始与崔子忠交流。学者汪宏超《宋琬年谱》记载，崇祯五年（1632），宋琬与赵进美（山东青州人）"初遇于天坛道士舍中"。宋赵二人皆是崔子忠的故乡人，崔子忠早年居住在天坛附近，据此推测这次会面或在崔子忠家。

史料明确记载宋琬与崔子忠交往的时间在崇祯六年（1633）。该年上元节，应米万钟之子米寿都邀请，宋琬三兄弟与崔子忠、王崇简到东华门外灯市观灯。当时，灯市人流熙熙攘攘，省直之商旅、夷蛮闽貊之珍异、三代八朝之古董、五等四民之服用物等皆集，珠光宝气，令人目不暇接。但他们不屑于这些世俗之乐，而是追慕古人风雅，对酒高歌。夜深醉归，至大明门，众人下马踏雪，再诵诗于冰天雪地之中，衣衫尽污而不知。王崇简诗歌《雪游灯市》生动地描写了这次活动的情景：

灯光市气春峥嵘，敕役冻花早春生。纤娟四街妇子态，尔我独见冰雪情。怀抱明明忽若月，子饮我歌气卓越。下士叹息雪妒灯，我喜雪以补灯阙。挥杯跃马天地足，左拍君肩君右顾。遥光泛泛静人声，相戒蹈破未行路。豁然远近素辉起，身之前后如一纸。天空绎络纬冰绡，人面相逢寒影里。丈夫寸心血有余，涤荡情志鄙薄除。长笑醉窥烈士性，下马立谈古人书。夜深雪大情正多，子归我别意如何？[78]

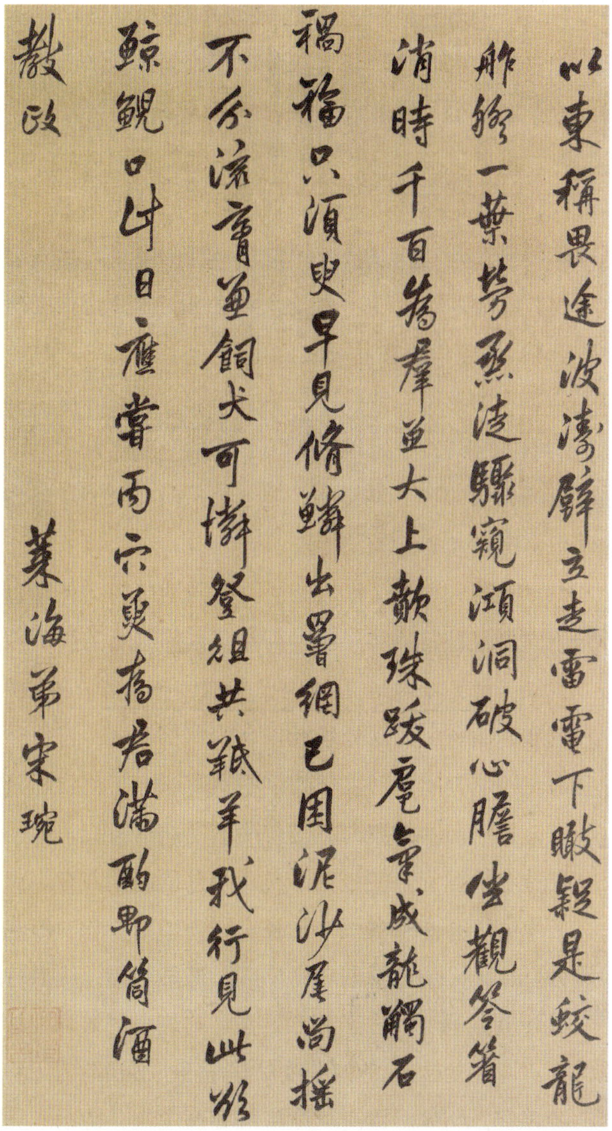

图4 宋琬《行书捕鱼行》（局部）
故宫博物院藏

宋琬则在《青箱堂诗集序》中记载："犹忆上元之夕，余与米子吉士、崔子青蚓从灯市醉归，道经大明门，天大雪，夜少人，因下马狂呼，蹈藉雪中，明旦视之，衣履尽污。"[79] 这是一次极其狂热的聚会。崔子忠性格孤僻，语言简质，不喜与人交往，不喜饮酒，但在这次聚会中却嬉笑怒骂，完全放飞自我，可见与宋琬已经非常熟悉。自此以后，两人或流连燕市，或鉴赏残霜秋菊，成为真正的忘年之交，如宋琬《扬商贤病起话旧赋此志感》记载："忆当年、偕游诸子，天街跃马。跅弢飞扬惊四座，况有祢衡善骂（谓青蚓也）。同酹酒、昭王台下。袒裼高楼呼五白，和悲歌、旁若无人者。怀古昔，追风雅。"[80]

宋琬与崔子忠惺惺相惜。宋琬把崔子忠与东晋大画家顾恺之相提并论，称其为"顾虎头"；崔子忠则为宋琬创作《辋川图》，以唐代大诗人王维相期。崇祯十六年（1643）夏，宋琬在明亡前最后一次赴京，与宋璜一起为抗清而死的父亲请谥。此时，各地农民军风起云涌，京师瘟疫流行，死者日以万计，明思宗无兵可调、无将可用，明王朝摇摇欲坠。崔子忠避乱走入西山，但宋琬仍设法收藏了他晚年最经典的作品《许旌阳移居图》，根据朱彝尊等人题跋可知，该图为手卷，长丈余，人物总数达五十人，鬼物青红，备极诡异之状，几与宋末元初画家龚开争能，乃是崔子忠感慨时事的作品。笔者推测：宋琬这次进京，兼有给父亲生前亲朋好友报丧的任务，崔子忠与宋应亨关系至善，当在报信之列，其或在拜见崔子忠时得到了这件作品。此事过后不久，明王朝灭亡，崔子忠也在不久后走入土室而死。

宋琬虽然与崔子忠年龄相差二十岁，是崔子忠的晚辈，但却与崔子忠的艺术创作观念较为一致，其相同点主要体现在以下几个方面。

其一，现实主义的创作态度。宋琬、崔子忠的诗歌绘画均具有现实主义的品质，他们的作品无论是哪种体裁形式，都以生活感受为基础，有感而发，如宋琬的诗歌《悲落叶》《送春》《榆荚钱》等，借自然实景抒发内心感情，一吟一诵，皆关乎风人之旨，令人耳目一新。宋玫赞曰："吾家玉叔年未弱冠，诗才俊逸，皆有为而作，非若词客之漫然，嘲谑风月，藻缋物态以资玩好而已者。"[81] 王士禛称其诗歌得力于杜甫、韩愈、陆游颇多，他本人则表示崇拜杜甫。

崔子忠虽然是一位画家，但同样遵循现实主义的创作原则，作画必有感而发，"非意所许终不为"[82]，无论是仙道高士，还是林下仕女，皆以写实手法完成，同时，又能迁想妙得，使画面上升到"嵩华谬真形"[83] 的艺术高度。如他最负盛名的《洗象图》，即源于对朝廷祭祀大典和京师洗象场景的实地观察写生。他曾为杜甫画像题赞，盛赞其作品为"诗史"，表现出对杜甫现实主义创作原则的认同。

其二，诗画一体的创作观念。宋琬和崔子忠毕生追求"诗中有画、画中有诗"的艺术境界。与宋琮、宋玫的诗歌不同，宋琬的诗歌画面感很强且富于浪漫想象，他总是凭借高超的语言技巧，比兴交替，通过具体形象寄托自己的情思。即使偶作小词，也直击"痛点"，使人得到某种启迪，如《卜算子·榆荚钱》（其一），便是这种艺术表现手法的典型："良冶让天工，不怕铜山匮。铸就青蚨亿万缗，乱向枝头寄。鹅眼易飘零，贯朽还垂地。欲付新丰旧酒楼，少个开元字。"[84] 他曾数次请求崔子忠和他的弟子王崇节为其作《辋川图》，表现出执着的"王维情结"。

崔子忠是位专业画家，但却始终强调诗情画意的表达，书卷气十足。他每当开始创作，于山水人物道具布置，必斟酌再三，力求"画得其情"。同时，借助笔墨技巧，渲染出与主题思想相适应的诗的世界。他的诗歌作品，则通过不断变换场景、空间组合，营造出类似李贺诗歌一样的意象。翁方纲题其《洛神图》曰："要之习礼兼明诗，恐是川上精骇移。"王崇简在其画上钤印"诗境"，指出了其绘画感人的秘密：诗性的表达。总之，相同的审美价值取向，铸就了宋琬、崔子忠声情并茂的艺术；诗书画相互参证，又使他们超越艺术门类限制，自然地呈现出诗画一体的面貌。

其三，海滨文化的特质。不同地域的文化具有不同的精神特质和风貌，相对于江南绘画的儒雅和灵动，北方绘画总是呈现出豪放、典重的"雄性"气质。山东半岛地处长江以北的东部地区，三面环海，四季分明，其人文精神既具有北方文化雄浑典重的特质，又具有海滨文化明靓温润的特点，体现在诗歌绘画上，便是雄浑典重与明靓温润并存。崔子忠的绘画非常霸气，他经常以立轴和长卷的形式进行创作，加之章法布局宏阔，造型奇伟，线描特以骨胜，更加强化了其"雄性"的气质。宋琬被称为"诗人之雄"，他的诗歌雄健磊落、凄清激宕，格合声谐，明靓温润，一扫诗坛萎靡之气。诗画本一律，从宏观的角度看，他们的艺术作品共同反映了北方艺术雄迈、苍浑、明润的特点。

明末清初，人们习惯于南北相对，评价那些鼎足而立的南北方文学艺术大家。宋琬与施闰章并称"南施北宋"，崔子忠与陈洪绶并称"南陈北崔"，一代诗宗、画宗同时产生于同乡、同社和世交之家，造化损不足以补有余，于此竟然有验！

3. 宋璜

宋璜（1602—1657），字玉仲，号笞昊，宋应亨次子。复社"山左大社"成员。明崇祯十三年（1640）进士，授杭州府推官。入清，官至兵部职方司主事。祀乡贤祠。传载《（宣统）山东通志存》《（光绪）登州府志》。

宋璜少负奇气，磊落不羁，"伉直刚毅，不肯少挫。与人交，片言相许，不惜倾身以之，少有不合，虽贵势必谢绝之"[85]。为官"威望岳岳，人不敢犯"，邑有公益之事，皆竭力为之筹划，亲朋好友赖其庇护者颇多。其性格侠义、决绝，因此与世寡谐，最后竟因他人诬陷郁郁而终。工诗，崇祯年间在京省亲期间，与其弟宋琬"二难比美"，名噪京华。著《洮湖盟鸥馆诗钞》（佚失）。《桑梓之遗录文》收录其帖文数则，态度正气凛然，语言率直简洁，与其为人一脉相承。

宋璜与崔子忠交往约始于崇祯六年（1633），由于两家世交，加之两人性格相合，他们迅速成为知己好友。崇祯十三年（1640）春，宋璜考中进士，大约在该年，崔子忠为他创作了《唐代宫女图》，完成后静观良久，郑重地对他说：美人幽贞，她已经向您走来，可与净言，可与心灵沟通，请给她穿最美丽的衣裳，使用可以驱邪的犀烛，好好关爱她吧！同时邀请王崇简题诗，情节庄重而又浪漫，颇有寄托身家之意。该年秋天，在宋璜南下担任杭州府推官之前，又仿元人钱选笔意，再次为他创作《洗象图》，题识："从晋册五十三相中悟得此相，为玉仲窗兄画。"章法布局宏阔，人物造型奇伟，清人方浚颐评曰："笔迹劲细，用色精密，亦当日作者经意之笔。"[86]崔子忠成名后千金难求一画，复社同道求画多不能得，宋璜一人独得两巨幅，可见他与崔子忠交情之深。

宋璜南下杭州后，因耽于政事一直未曾回京。崇祯十六年（1643），他和弟弟宋琬赴京为父请谥，拜谒京中诸亲友，可能与崔子忠见过面。明亡，携家流落江南。清顺治二年（1645）冬，清廷调他担任顺天府推官。上任之初，恰逢崔子忠逃人案发，他竭尽全力营救。按照清廷沿袭的《大明律》，崔子忠可以通过"出金赎人"的方式解除奴隶身份，他则可以证明崔子忠无"逃匿"之罪。但崔子忠既不出首，也不配合他营救，听之任之，以至于全家冻死于腊月中，令其痛心不已（见本书《〈桑梓之遗录文〉之姜垓、宋应亨、宋璜、崔灿帖及无名氏帖考》《崔子忠之死》）。

4. 宋璠

宋璠（1598—1659），字玉伯，宋应亨长子。明天启例贡，官光禄寺署丞加行太仆寺少卿。

宋璠的情况文献记载很少，宋琬在为他六十二岁寿诞所作诗歌中记载：

> 吾父东曹曾典选，兄也出入蓬莱殿。
> 大官珍膳视膻芗，上林芻藁输圻甸。
> 问卿拜命佩银黄，满朝动色公卿羡。
> 座上常盈珠履客，五侯倾倒通宵宴。[87]

明代光禄寺设大官、珍羞、良酝、掌醢四署，各署正一人，署丞四人（从七品），掌祭享、宴劳、酒醴、膳馐之事。大官负责供祭品、宫膳、节令筵席、蕃使宴犒之事，珍羞负责供宫膳肴核之事。宋璠兼任大官、珍羞署丞，可知他是一位专事朝廷祭祀、宴饮的官员，《（民国）莱阳县志》称他任侠好客，雅歌投壶，有翩翩佳公子风，正是他的工作性质所决定。然而，宋璠并非任酒使气之徒，宋琬《九哀歌》记载："有兄有兄伯与仲，时人谬比颍川凤。"[88]"颍川"是古代经济文化最发达的城市，多饱学智谋之士，由此推测他与宋璜均为博学之士，人品学问为京师士子所瞩目。

有关宋璠与崔子忠的交往，目前仅见清代诗人姜垓诗歌《宋光禄宅晤崔青蚓》记载，诗曰：

> 兹夕晚风寒，寻交客外看。
> 忽逢崔伯子，质朴在衣冠。
> 独我知名久，斯人处世难。
> 同来非有意，深夜坐盘餐。

从诗句"独我知名久"和宋璠已经担任光禄寺署丞的情况看，这次会面应该在姜垓考中进士（崇祯十三年）之后。时在寒冬季节，姜垓与崔子忠不约而同地来到宋璠家，三人宴饮至深夜才离开。崔子忠早已成名，却仍然穿着简朴的衣裳，生活异常艰难，令姜垓感叹不已。宋璠负责朝廷日常饮食、宴饮及祭祀食物制作等，是皇帝最信任与与京城达官贵人接触最多的人，从功利的角度看，他有能力把崔子忠推向市场。而崔子忠深研《大戴礼记》《礼记》，熟悉先秦礼仪，在祭祀食物的制作、摆放等方面，无疑也会提供许多指导性意见，两人合作的机会必定很多。

5. 宋珣

宋珣（约1614—约1650），字玉季，宋应亨四子，诗人左懋泰婿。幼年聪慧，十四成为生员，十六岁食饩，被视为刘宴式的人物。博学宏才，有文名。清人张重启在为宋琬《重刻安雅堂文集》所作序言中记载："当胜国未造，邑城失守，先君子结缨殉难，……维时先生（按：宋琬）亦遭尊甫选部公之变，不脱衰麻，偕其兄太仆公（按：宋璠）、节推公（按：宋璜）、弟文学公（按：宋珣）哭先君子于殡所。"由此得知，截至崇祯十六年（1643），他已经在诗文方面颇有名声。《桑梓之遗录文》收录其诗歌一首。

三、宋氏门生与崔子忠

宋氏门生是一个庞大的文人群体，今仅选取与崔子忠相关者予以论述。

（一）赵士骥

赵士骥（1589—1643），字卓午，号黄泽。莱阳（今山东省莱阳市）人。明崇祯十年（1637）进士，官至中书舍人。

赵士骥出生于诗书世家，幼承庭训，以读书科举为进身正途。他秉性端凝，言勿轻发，行勿苟且，读书务实学，日用必朴素，成童即有大人之态。他对儒家经典有着深刻的理解和远大抱负，考中进士后授官内阁中书舍人，原本缮写诰轴引领台谏即可，可逍遥处之，但他政事之暇，依然手不释卷，于租住的低矮客舍中，继续研读《文献通考》《大学衍义》等典籍，每日必二十页，读完之后，才冠带出门会客。其志在深析治乱之源，博稽前代制度，为天子兴治平，不使人讥诮儒者为无用之学。曾担任过崇祯十二年（1639）顺天乡试的同考官和云中造葬官。

崇祯十六年（1643）居乡丁忧，清兵围攻莱阳，破城，慨然曰："我与此城共存亡，义不独生。"奋然跳下城头。事闻，赠光禄寺少卿，祀乡贤祠。清乾隆年钦定明朝殉难诸臣，赐谥节愍。

赵士骥是著名的诗文家和教育家。长博通经，所作八股文"有非秋坠露之妙"[89]。宋继登一见奇之，认为他不仅能学，体貌也迥异于他人，他日必出尘表，主动收其为门生。关于这段故事，赵隆撰《赠中宪大夫府君历履行实》记载：

一日，大鸿胪宋公讳继登号先之老尊亲访蓬玄祖至书馆，见吾父（按：赵士骥）整襟危坐，阅案头文字，心惊异焉，乃与隆大父言曰："亲家公郎，科第之才，吾欲教诲，与大儿琮作伴读。"大父拜谢。吾父遂与五河表舅居同塾，昼同食，夜同寝，彼此呼名不称号，无异胞兄弟也。宋公次男讳理号七卓表舅年十四，三男讳玫号九青表舅年十二，俱拜隆父（赵士骥）函丈下，提诲者数年。[90]

自此以后，赵士骥跟随宋继登宦游大江南北，署中开讲堂，舌耕不暇，尚未考中天启辛酉科举人，文章"传诵已遍海内矣"[91]。宋继登以善教闻名天下，但他的许多学生实际是由赵士骥教授而成，如后来成为著名诗文家的宋玫、宋瑚、宋璜等，曹溶《赠光禄卿卓午赵公传》赞曰："时宋氏以制艺名一家，公虽鼓箧从游，而文章典硕宏雅出其上。"[92]万启祯年间，莱阳宋氏诗文闻名海内，"以一莱阳拨策天下"，赵士骥起到了极其重要的作用。

赵士骥治家严谨，他以经史为宝田，日教儿辈抄诵《通鉴》，在他的指教下，五个儿子皆有所成：长子赵崶，清顺治九年（1652）进士，官至江西万年县知县；次子赵隆，清顺治九年（1652）拔贡，官至浙江武义县知县；三子赵崙，清顺治十五年（1658）进士，曾官江南学政，与石涛善；四子赵崇，清康熙十一年（1672）拔贡，官至山东乐安县教谕；五子赵封，清康熙二十三年（1684）岁贡，官至山东朝城县训导。儒风流传，其后代又出现了赵未彤、赵钧彤等多名进士及百余名举人、贡生和秀才。

赵士骥的成就主要集中在文学方面,"声名藉甚"[93]。他在考中进士之前已有《春秋四传合解》刊印行世,文有《文起楼文稿》,诗有《感喁集》。遗憾的是,经过种种变故,这些著作已不复再见,仅遗留数封书信,被收入《桑梓之遗录文》中。

关于赵士骥与崔子忠的交往,目前仅见王崇简诗歌《同赵黄泽夜坐崔青蚓斋中听琴》记载,诗曰:

春壁夜影虚,相对关神志。
有客弹素琴,穆如存古质。
一声如一友,静襟见情意。
浅深杂悲欢,人奔余乡思。
惊心入窈杳,萧萧引之出。
曲折不可穷,恭敬而笃质。[94]

在《青箱堂诗集》中,该诗列"丙寅至辛未年",可知此事发生在天启六年(1626)至崇祯四年(1631)间。天启六年(1626)、七年(1627)非会试之年,崇祯元年(1628)赵士骥居家守孝。《光禄寺卿赠奉直大夫赵公府君行实》记载:"戊辰大父亡,父(按:赵士骥)未偕公车,辛未甲戌屡困不第。"[95]据此推测,这次会面在崇祯四年(1631)春,赵士骥借进京赶考之机拜访崔子忠。他乡遇故知,崔子忠弹琴相迎,他把在京生活的酸甜苦辣和对故乡、好友的思念之情一并融入琴中,音调时缓时急,昂扬顿挫,尽情宣泄自己的情绪。

赵士骥考中进士后一直在京城做官,与老师、同学好友保持着密切联系,时常相互切磋。他了解古代礼制,曾经云中造葬,由此观之,他与崔子忠具有更多的共同语言,见面机会更多。

（二）左懋第

左懋第(1601—1645),字仲及,号萝石,左之龙子,复社"山左大社"成员,莱阳人。明崇祯四年(1631)进士。历官陕西韩城知县、户科给事中、刑科左给事中等。清兵入关以后,以兵部右侍郎、右佥都御史的身份出使北京,不屈而死。清乾隆赐谥忠贞。祀乡贤祠、韩城名宦祠,传载《明史》。

1. 左懋第其人

左懋第是古代忠臣孝子的典型。少年遭父丧,庐墓三年,羸瘠骨立,其著作《萝石山房文钞》的名字,即取自父亲的埋葬地萝石山,人称东海左孝子。其身长不满五尺,面赤,读书谈天下事,目瞠瞠颊辅欲动。与姜埰同学时,论及国事,"平居相对,动辄流涕"[96]。天启六年(1626),魏忠贤授意其党羽编撰《三朝会典》,左懋第见阉党肆意变乱是非,不胜愤恨,手击诸纂修人名,纸几碎,曰:"此皆邪佞之人,阿附魏崔以固禄位,遂敢倒置国是,至于如此!"[97]崇祯二年(1629),白莲教徒董大成聚众围攻莱阳,左懋第举炮击中敌首领,敌遁去,一时名声大噪。崇祯四年(1631),左懋第授韩城知县,初到韩城,未及与原任知县交接,即率士民与匪寇决战,身当锋,辄大破之,关中保障,推为第一。左懋第治理韩城六年,政通人和,获得当地民众衷心爱戴。

左懋第性格正直刚烈,具有崇高的民族气节和士人品格。南明弘光政权建立后,满朝文武无人敢出使北京,他主动请缨。到达北京后,以大无畏的英雄气概,争国礼,祭太牢,杖杀剃发随从艾大选,怒斥降清汉将洪承畴、李建泰,诘责清摄政王多尔衮,有理有节,为偏居一隅的南明政权挽回了最后一点尊严。关于他出使北京的故事,《续明纪事本末》卷十六《东南殉节》记载:

佥都御史左懋第闻将遣使臣,自以母丧在北,请行。陈洪范、马绍瑜副之。行次北京,以衰绖入,或讶之,曰:"国丧也,且有母丧。"又争待使臣礼,乃馆之鸿胪寺。刚林责朝见,曰:"未谒梓宫,不敢见。"时刚林犹未悉中朝事,洪承畴教之。懋第与之反复辨论,声色俱厉,刚林亦心折。索国书,不予;以金币及谒陵物见之,使参谋陈用极请期,不许,乃帅将士哭临三日。多尔衮重其节,使还。以陈洪范谋,复自沧州执懋第还,拘诸太医院。承畴、李建泰等往责之,不屈。明年,从将刘英、曹逊、金镶逾垣入，懋第为遗疏使□还奏，则金陵没矣，逊曰："如何？"懋第曰："天命若此，复何言！"绝粒七日，痛哭誓死。……

值使懋等皆去发，懋第与陈用极、游击王斌、王廷翰、张良佐及守备刘统皆不可，副将艾大选、傅潘首从令，懋第执大选杖杀之。潘惧，为蜚语，遂下懋第狱。再令去发，大呼不可。多尔衮责其立君、用兵、抗礼、匿国书、杀总兵罪，懋第辩侃侃，多尔衮以询诸降臣，陈名夏请杀之，懋第曰："若先朝会元，何面目在此！"又责金之俊曰："女乃无耻！"遂杀之。神气自若，南向四拜，曰："臣事大明之心尽矣！"……端坐受戮，刑者泣下。死时大风昼晦，卷市棚入云际。赵开心启救，懋第已死。用极、一斌、廷翰、良佐、统皆抗节死。[98]

实际上，左懋第的殉国情节比《续明纪事本末》记载的更加壮烈。由《左忠贞公文集》《萝石先生年谱》《左侍郎出使本末略》等史料可知，当左懋第被追回北京禁锢太医院时，已经意识到生死未卜，为表明心志，他手书一联："生为明臣，死为忠鬼。"并画《苏武牧羊图》自励。多尔衮遣洪承畴前来说降，对曰："此鬼也。洪督师在松山死节，先帝赐祭九坛，今日安得更生？"大呼取桃鞭笞之，洪承畴汗流湿衣而退。李建泰前来劝降，怒斥曰："老奴尚在？先帝宠饫，勒兵剿贼，既不殉国，又失身焉，何面目见我？"又对前来劝降的堂兄弟左懋泰道："非吾弟也。"下狱，链三匝，置恶水毒虫中，七日不食，吟诵不辍。南都覆亡，清廷设太平宴，置金银、玉帛、印绶等于侧，以好语诱降，左懋第哭至筵前，手挥足踏，辞色益厉。多尔衮亲自提审，曰："尔今降，富贵矣。"终不为所动，端坐受刑而死。

左懋第在北使过程中所表现出的英雄主义气概和爱国主义精神，将儒家的忠孝节义演绎得淋漓尽致，光照千古，史家把他与苏武、颜真卿、文天祥并列为不辱使命的四大使臣，又将其诗文与左光斗合为一集，名之曰《左氏双忠集》，给予崇高评价。

2. 左懋第的诗文

左氏家族是莱阳当地著名的官宦诗书之家，发迹于隆庆、万历年间，兴盛于天启、崇祯两朝。粗略统计，仅明清两代，该家族便有进士五人、举人十二人、贡生五十一人、监生八十六人、庠生二百余人，工诗文者数十人。其中，左懋第及其堂兄弟左懋泰是最具代表性的人物。

左懋第幼年从父学习《大戴礼记》《诗经》，少年早成。《同州府志》卷二十七《良吏传》记载："为诸生即负海内盛名，学本六经，为文高古雄奥，不可一世。"[99] 天启三年（1623），莱阳县教谕朱瀜园组织九龙社，左懋第为佼佼者。著名文人张允抡在《萝石山房集序》中记载：

君诸生时与余为文学之知。是时，广文朱瀜园先生拔莱庠生八人。余附君后，而余兄仲白亦与其中。先生帅之，月课会明伦堂上，命其社曰九龙云。余稔知君孝友，有至性人也。为文甚慎，成之不易，而出语辄警，以骨胜。读书不事记闻，往往有特识，能探其闻奥。方其为制义，时意量固已远矣。[100]

由上述记载可知，左懋第的学业以六经为本，重点研习礼学、《诗经》，诗风"高古雄奥，不可一世"，"以骨胜"，其学问出处和诗文风格与崔子忠相似。左懋第著有《梅花屋诗钞》《萝石山房文钞》，今选取其诗、词各一首如下。

绝命诗
峡坼巢封归路迥，
片云南下意如何？
寸丹冷魄销难尽，
荡作寒烟总不磨。[101]

绝命词
忠臣孝子，两全甚难，其实非难。从夷齐死后，君臣义薄，纲常扫地，生也徒然。宋有文山，又有叠山，青史于今万古传。他两人父兮与母兮，亦称大贤。嗟哉！人生易尽百年。姓与名，不予人轻贱！想多少蚩愚稽首，游魂首邱。胡服也掩黄泉。丹心照简，千秋庙食，松柏耸天风不断。堪叹他时穷节，乃见流水高山！[102]

3. 左懋第与崔子忠的关系

崔子忠在《左忠贞公肖像》中题识："为仲及世兄写照。""世兄"，明清时期科举士子对座师、房师儿子的称呼，有时对父亲的门生和老师的儿子也如此称呼，由此推测，左懋第的父亲左之龙或是崔子忠的科举老师，崔左两家或是世交之家。

（1）左之龙可能是崔子忠的老师

左之龙毕生热衷于接引后学，无论在朝为官还是赋闲在家，均乐此不疲。他一生多次乡居，时间近十年，每一次都召集四方乡宦、孝廉、诸生结社讲学。他教儿子左懋第读书，以《诗经》《左氏春秋》《大戴礼记》为主，闲暇则研习黄老、导引之术，其教学内容和业余爱好与崔子忠学术研究方向一致，显示出教授崔子忠的可能性。

左之龙与崔子忠产生联系的时间，有可能在万历四十年（1612）至四十八年（1620）间。万历四十年（1612），宋继登在居乡授徒三年之后，被重新起用为顺天府武学教授，万历四十五年（1617）后，先后升任户部员外郎、郎中，督永平储粮道，在京任职至万历四十八年（1620）。而在万历四十四年（1616）至天启二年（1622）间，左之龙也开始担任永平府同知、"署北平太守事""署滦州太守事"，宋左两人为姻亲关系（按：宋娶左的侄女为妻），任职时间、地点交叉重叠，必然会有所来往。正如前述，宋继登有带领学生宦游的习惯，崔子忠或追随他到达北京，因此得到左之龙的指导。另外，左之龙担任"署北平太守事"等，有责任参与科考组织、初荐，也可能因此成为崔子忠名义上的老师。

（2）崔左两家世交关系的推测

平度崔氏、莱阳左氏同为胶东地区著名的官宦世家，明万启祯年间，两家都有人在京畿地区做官。崔氏家族原是金元时期著名的将军世家，明初，该家族的一支继承军籍身份，移居天津卫，世代为天津卫军户。左氏家族也有人在天津卫做官。左懋第的伯父左之武，明万历二十五年（1597）武举，初授永平府守备，后担任天津卫都司，崇祯十七年（1644）抗清被杀。都司掌一方之军政，统辖卫所，由此推测崔氏为左氏的下属，两家或因此相识并形成世交关系。需要提及的是，左光斗天启年间推行"屯学"新政，施政的地点也在天津卫。屯学给生员武生装，试骑射，需要大批军人协助，崔子忠北上屯学，借住亲戚家，也可能因此与左氏发生联系。

除上述几种可能性之外，左之龙与崔子忠的父亲崔胤德多次供职于同一地区，也可能因此形成世交关系。如万历二十六年（1598），左之龙初官房山知县，任职后不久，即以矿事得罪中官，槛车临门，命且不保，左之龙却处之泰然，仅贬为良乡驿传，时人皆以为异数。其实，在当时政治背景下，出现这种情况只能是有人暗中保驾，而这段时间，崔子忠的父亲崔胤德恰好担任文思院大使，与宫中大珰熟悉，其族曾祖父崔悟则担任北城兵马司指挥，负责京师北城缉捕等事务，有能力帮助左之龙躲过此劫。另外，万历三十四年（1606），左之龙担任延安郡丞，倡人文于大漠，影响遍及陕西大地。崔胤德则在这段时间担任陕西西安府同州吏目。崔胤德了解古代礼制、礼乐，左之龙延师讲艺，两人或因此相识。

（3）左懋第、崔子忠的宗教信仰

左懋第不仅治学方向、审美趣味与崔子忠相近，宗教信仰、业余爱好也与之类似。他少年随父研习《黄帝素问》及性命导引之学，遍游半岛道教名山名迹，采黄精于崂山，曾邀请崔子忠为其绘制《马丹阳像》。《黄帝素问》是中国古代最早的医学养生著作，性命导引之学为道家内丹学精髓之一，马丹阳是全真教第二代掌教和"遇仙派"的创立者，左懋第如此关注道教和医学养生，说明他是一位道教思想信仰者和医学爱好者，与崔子忠有着相同的宗教信仰和爱好。左懋第也能画，曾绘苏武像张贴于太医院大门，以表达对明王朝的忠心。他的绘画水平未必很高，却显示出与崔子忠相同的雅好。

图5 崔子忠《左忠贞公肖像》石版画

（4）《左忠贞公肖像》

左懋第之死在当时引起巨大震动，海内士子纷纷作诗作文悼念，如即墨蓝漪诗歌《悼左萝石》曰："社稷倾危见一人，中原天子已辞尘。金陵就道三千里，燕市停辇两度春。形体虽销新岁月，衣冠不改旧朝绅。临刑屈膝犹南向，千古忠良吊汉臣。"[103] 便反映出当时民众的心声。崔子忠《左忠贞公肖像》与蓝漪诗歌异曲同工，但要言不烦，具有更强烈的冲击力："九皋鸣鹤，冬岭孤松。材堪梁栋，声振苍穹。松高鹤洁，矫矫左公。"（图5）

"九皋鸣鹤"，语出《诗经·鹤鸣》"鹤鸣于九皋，声闻于野"。《毛诗注疏》卷十一之一："皋，泽也，言身隐而名著也。"郑玄注："皋，泽中水溢出所为坎，自外数至九，喻深远也。鹤在中鸣焉，而野闻其鸣声兴者，喻贤者虽隐居，人咸知之。""松"寓意凌寒、长青；"鹤"是道教神仙坐骑。松鹤并置，寓意长寿、永生。在左懋第的诗歌中，经常可以看到"松""鹤""云"之类文字，借以寄托高尚的节操和人生境界。崔子忠非常了解左懋第的终极追求，在该画像中，他将象征高洁、长生的松树、仙鹤与左懋第并列，赞之以诗，其中哀思和对清廷的蔑视不言自明，其行为与宋代遗民画家龚开为民族英雄陆秀夫、文天祥作传完全相同。

需要提及的是，左懋第虽然是南明弘光朝正使，却身兼经理河北、联络关东军务的责任，而他在出使北京期间，也的确做了很多这方面的工作，如暗中打探崇祯太子下落、会见河北忠义之士并勉以大义、上疏称山东形势尚可收拾等，山东反清复明斗争的形势也显得格外高涨，如他的堂兄左懋泰归乡藏兵、打造兵器，准备在莱州练兵；原明副总兵杨威据莱州起兵，聚众万人，姜楷响应，几经鏖战，率义军攻克莱阳等。史载明亡后，崔子忠"痛心国祚"，关注半岛反清形势，"掷笔时闻歌哭声，故乡烽火东牟岛"[104]，意欲"精卫填海"，他的这些表现是否与左懋第及上述事件有关？无从得知，可知的是左懋第被杀后不久，他也在清兵的追捕下走入土窑不食而死。

4. 左懋第的堂兄左懋泰

左懋泰（1597—1656），字韦诸，号大莱，学者称北里先生，复社"山左大社"社员。明崇祯七年（1634）进士，官至吏部郎中。李自成陷北京，授兵部左侍郎，镇守山海关。入清流放尚阳堡。工诗文，流放期间，与当地流人文士陈掖臣、魏缯、函可、丁澎等共创"冰天诗社"，诗文酬唱，被誉为辽北文坛领袖、文章之大家。著《徂东集》。

（三）姜埰、姜垓兄弟

1. 姜埰

姜埰（1607—1673），字如农，又字卿墅，晚号敬亭山人、宣州老兵。莱阳人，原籍宁海州。明崇祯四年（1631）进士。初官仪真，十年无所取于民。擢礼科给事中，半年内连上三十道奏折。崇祯十五年（1642），因弹劾权贵触帝怒，下锦衣卫治罪。十七年（1644）二月，因李建泰之情，戍宣州卫。尽管明思宗几次欲置姜埰于死地，但他却忠心不改,遣戍宣州途中,闻听明思宗死讯,向北大哭,回乡简略处理完父丧之后,仍尊原命南下,死前曰:"吾病既不能往,死必埋我敬亭之麓。"[105]遗命二子不得仕清。清人黄周星赞曰:"如农先生以名进士,为廉循吏,又为真谏官,后以抨击柄臣忤旨廷杖,系诏狱,备受楚毒,九死弗移,谪戍宣州,洵铮铮烈丈夫哉!"[106]苏州士民感其忠义,私谥贞毅,立祠于虎丘。

姜垓诗宗杜甫,著《敬亭集》《馎饦集》。《明诗综》评曰:"公晚岁始自为诗,风格一本杜陵。"[107]《四库全书总目》评曰:"才本清刚,气尤激壮,故诗文皆直抒胸臆,自能落落不凡。然纵笔所如,不暇锻炼,故粗犷之语亦时时错杂其间,盖性情用事者居多也。"[108]卓尔堪编辑《明遗民诗》,以姜垓之作冠首。《山左明诗钞》收录其诗歌四十一首,是该书收录作品最多的诗人(图6)。

崔子忠闻知姜垓之名应不晚于崇祯元年(1628)。该年,姜垓拜宋继登为师,"每会课,首叨叹赏"。宋继登经常说:"会见姜生为青云客矣。"[109]此时,跟随宋继登学习的士子已经达到五十二人,崔姜师出同门,对姜垓必然会有所耳闻或接触。

崔子忠曾为姜垓作《扫象图》,用笔典重老辣,设色古雅瑰丽,从笔墨气息看,当属其晚期作品。其题识曰:"予从晋册五十三像中悟得此像,自信不可一世也,吾卿墅宗兄色未具遂命题姓字于上,可谓知爱之深耳,是以极力图之,海上崔子忠。"由题识可知,姜垓在这幅作品还没有完成时,便急匆匆地要求崔子忠写上自己的名字,大概是担心别人抢走或急于成行,抑或是与他在崇祯末年的遭遇有关。从语句"吾卿墅宗兄"看,崔子忠追溯崔姜两姓同宗同源的历史,已经把姜垓视为自己的骨肉兄弟。

历史文献没有记载崔子忠与姜垓的交游,但通过姜垓三弟姜垓的书信《莱阳姜贞文先生垓帖三》,却可以了解他们的某些行迹。如崇祯十五年(1642)冬月,明思宗诏杖姜垓,过长安街,数万人观看,崔子忠冒着生命危险赠送姜垓救命之药,且泣且赞其为"真忠臣",姜垓因预先服药得以不死。也许与

图6 姜垓像 《苏州沧浪亭五百名贤像》石刻

此事有关,时隔不久,崔子忠即狼狈不堪地流落北京西郊,居无定所。然而,崔子忠仍然不断地通过姜垓向姜垓赠药,询问姜垓案情发展,指点去留,显示出非同一般的关系(见本书《〈桑梓之遗录文〉之姜垓、宋应亨、宋璜、崔灿帖及无名氏帖考》姜垓书信部分)。

姜垓生二子。长子姜安节,人称兹山先生,有孝行,工诗,著《永思堂诗钞》,传载《明遗民录》;次子姜实节,字学在,与石涛善,工诗善画,山水备极清旷之致,著《焚余草》,传载《苏州府志》《国朝画征续录》。

2. 姜垓

姜垓(1614—1653),字如须,号仡石山人、明室潜夫。复社"山左大社"社员。明崇祯十三年

(1640)进士。初官行人司行人，见署中题名碑有崔阮姓名，上疏请去之。南明弘光时充经筵讲官，南都亡，隐居苏州终老。与兄姜埰并以忠义著称，人称"二姜先生"。

（1）诗文成就

姜垓少年与姜埰共笔砚，崇祯九年（1636）考中举人后，偕兄入京，开始广泛游历交友。他与诗文家方以智为同榜进士，对方以智的诗歌创作产生了重要影响。方以智《祭姜如须文》记载："忆如须丁丑游江左而得余也，犹余壬申西湖之得卧子，皆以叶用大雅之声，合奏抚掌而起。"[110] 其《诗堂》曰："愚少取何李，遇陈卧子而声合，触事感激；遇姜如须而尽变，后此厄寓比干。"[111]《诗说》曰："读书深，识力厚，才大笔老，乃能驱使古今，吞吐始妙。如或未然，又增喔点。且从王、孟、钱、刘入，而深造及此可耳。才各有限，学必深造，然后自用所长，岂必执一以相訾耶？崇祯壬午夏与姜如须论此而笔之。"[112] 其又与明遗民画家徐枋友善。徐枋为复社元老徐汧子，入清不仕，卖画自给。王士禛《池北偶谈》曾记载两人一段趣事。一日同行阊门市，姜顾徐曰："桓温一世之雄，尚有枋头之败。"徐应声曰："项羽万人之敌，难逃垓下之诛。"相与抵掌大噱，市人皆惊。该联对仗工整，至今已经成为古典对联名句。他的诗歌自成一体，清人王夫之《夕堂永日绪论外编》评曰：

陈大士史而横，金正希禅而曲。若其离此二者，别寻理际，独至处自成一家，固贤于归熙甫之徒斲规格也。若经义正宗，在先辈则嵇川南，在后代则黄石斋、凌茗柯、罗文止，剔发精微，为经传神，抑恶用鹿门、震川铺排局阵为也？先辈中若诸理斋、孙月峰、汤若士、赵侪鹤，后起如沈去疑、倪伯屏、金道隐、杜南谷、章大力、韦孝忍、姜如须，亦各亭亭独立，分作者一席。[113]

清人余怀《板桥杂记》评曰："如须高才旷代，偶效樊川，略同谢傅，秋风团扇，寄兴扫眉，非沉溺烟花之比。"[114] 朱彝尊《明诗综》评曰："诗篇温润而恂栗。"[115] 魏禧《魏叔子文集》评曰："公诗沉郁离忧，无愧三百篇之旨。"从这些简短的评论中，可略知其师承关系和在诗坛的地位。著《筼筜集》等，今有《流览堂诗稿残编》六卷传世。

姜垓晚年留意书法，行草儒雅俊秀，颇具文人意趣（图7）。

（2）姜垓与崔子忠的交往

姜垓与崔子忠的交往主要集中在崇祯末年，如前述诗歌《宋光禄宅晤崔青蚓》，记载他考中进士后与崔子忠的交流等。根据笔者考证，《桑梓之遗录文》收录的《莱阳姜贞文先生垓帖三》，是他写给崔子忠的三封信，作于崇祯十六年（1643）春秋之间。由这三封信得知，自崔子忠在长安街赠药姜埰开始，两人便开始了极其密切的接触。如崇祯十六年（1643）春，当崔子忠狼狈不堪地流落北京西郊时，姜垓带着四色礼前去慰问，同时带去有关姜埰的官方邸报，除求医问药之外，还寻求指点迷津。见崔子忠住处狭窄逼仄，提出以途中所见土楼相赠，崔子忠没有答应。约四五月间，当姜垓再次写信给崔子忠时，天下已经大乱，崔子忠携妻走入更荒僻的深山古寺。崔子忠隐居深山后，杜门却扫，专心创作历代圣贤肖像，决心通过绘画创作，达到立德、立功、立言的目的。姜垓夸奖他睿智明决，是当代少见的大隐士，并借东汉辞赋家赵壹《刺世疾邪赋》，盛赞其乘"理"而行，必将名垂千古。同时告诉他：待秋冬为父亲办完丧事之后，即奉母南迁，不再过问世俗之事。崇祯十六年（1643）秋初，在姜垓南下之前，崔子忠赠其《云中鸡犬图》，正式宣布隐居山林。姜垓则匆匆复信，对崔子忠数年来的帮助表示感谢，同时盛赞作品雄浑典重，在北方画家中很少见。这次分别给姜垓留下深刻印象，以至于他在南迁途中，仍然念念不忘，作诗《录别》记之（参见本书《〈桑梓之遗录文〉之姜垓、宋应亨、宋璜、崔灿帖及无名氏帖考》姜垓书信部分及《明清遗书五种·流览堂诗稿残编》）。

图7 姜垓《行书诗扇面》
故宫博物院藏

（四）张允抡

张允抡（1610—1682），字并叔，号季栎，别号栎里子。复社"山左大社"成员。莱阳人。明崇祯七年（1634）进士，历官户部主事、江西饶州知府。明亡后隐居崂山，授徒自给。工诗文，著《希范堂集》《高士廉吏传》。工书，类馆阁体，作品收入《桑梓之遗书画册》。传载《（民国）莱阳县志》等。

四、结语

明万历至崇祯年间，莱阳宋氏家族以其独有的文化魅力，将山左优秀士子吸引到自己的身边，形成了江北最具影响力的文化圈，产生了民族英雄左懋第、宋应亨、赵士骥，名谏官姜埰，著名诗文家宋继登、宋继澄、宋琮、宋玫、左懋泰、宋琬、宋琏、姜垓，名画家崔子忠等彪炳史册的人物。这些人物把古代士人立德、立功、立言的人生追求诠释得尽善尽美，将山左文化提升到前所未有的高度。杰出人才的产生离不开良好的成才环境和师承，崔子忠能够成为那个时代画家的典型，宋氏家族文化的熏陶、老师精神品格的影响、同学之间的相互切磋功不可没，他们潜移默化地影响（滋养）了崔子忠的人格和艺术，使他的诗文、绘画孕育出非凡的品质。而崔子忠的人生经历和艺术成就，也丰富了宋氏文化的内涵，使其显得更加丰富多彩和生机勃勃。[116]

注释

[1] [三国·魏] 王肃注《孔子家语》卷第四，清光绪二十四年贵池刘氏玉海堂景宋蜀刻朱印本，第 8 页 a。

[2] 宋磊、范韶华等：《宋琬墓志考》，《莱阳农学院学报》（社会科学版）2004 年第 3 期，第 50 页。

[3] [民国] 王丕煦纂《(民国) 莱阳县志》卷三之三（上）人事志艺文（上）《宋明府琮传（续志）》，第 15 页 a。

[4] [民国] 王丕煦纂《(民国) 莱阳县志》卷三之三（上）人事志艺文（上）《宋鸿胪继登传（续志）》，第 14 页 b。

[5] [民国] 王丕煦纂《(民国) 莱阳县志》卷三之三（上）人事志艺文（上）《宋孝廉继澄传》，第 28 页 a。

[6] [民国] 王丕煦纂《(民国) 莱阳县志》卷三之三（中）人事志艺文（上中）《宋廉访琬墓志铭》，第 26 页。

[7] [明] 倪元璐：《倪文贞集》卷十二志状《诰封恭人宋母左氏墓志铭》，清文渊阁四库全书本，第 4 页 a—7 页 a。

[8] [清] 吴伟业：《梅村家藏稿》卷第五十八诗话《梅村诗话》，清光绪三十四年至民国十四年武进董氏刻诵芬室丛刊本，第 1 页 a。

[9] [清] 吴伟业：《梅村家藏稿》文补遗序《宋玉叔诗文集序》，清光绪三十四年至民国十四年武进董氏刻诵芬室丛刊本，第 1 页 a。

[10] [清] 陈介锡编《桑梓之遗录文》卷八第七十八册《莱阳宋鸿胪继登帖二》，收入《山东文献集成》第一辑（4），山东大学出版社，2006 年，第 317 页下栏。

[11] [清] 王崇简：《青箱堂文集》卷四《宋玉叔诗叙》，收入《四库全书存目丛书》集部第二〇三册，齐鲁书社，1997 年，影印本，第 377 页下栏。

[12] [明] 倪元璐：《倪文贞集》卷十二志状《诰封恭人宋母左氏墓志铭》，清文渊阁四库全书本，第 4 页 b—5 页。

[13] 参见[民国] 王丕煦纂《(民国)《莱阳县志》卷之三（上）人事志艺文上《宋鸿胪继登传〈续志〉》》。

[14] [明] 杨守勤：《宁澹斋全集》文集卷十制诰一《户部四川清吏司主事宋继登并妻敕命一道》，明末刻本。

[15] [明] 倪元璐：《倪文贞集》卷十二志状《诰封恭人宋母左氏墓志铭》，清文渊阁四库全书本，第 4—6 页。

[16] [明] 倪元璐：《倪文贞集》卷十二志状《诰封恭人宋母左氏墓志铭》，清文渊阁四库全书本，第 6 页 b—7 页。

[17] [清] 陈文述：《颐道堂集》文钞卷二《书赵北岚大令莱阳人帖后》，清嘉庆十二年刻道光增修本，第 10 页 b—11 页 a。

[18] [清] 钱谦益辑《列朝诗集》丁集卷十《崔秀才子忠》，清顺治九年毛氏汲古阁刻本，第 66 页 b。

[19] 王树春：《胶东清代书画志遗》，文物出版社，2001 年，第 6 页。

[20] 莱阳《东海世家宋氏族谱》之《文起楼文序（宋继澄）》。

[21] [清] 陈介锡编《桑梓之遗录文》卷八第七十八册《莱阳姜贞文垓先生帖三》，收入《山东文献集成》第一辑（4），山东大学出版社，2006 年，第 322 页上栏。

[22] [清] 徐沁：《明画录》卷一《人物》，清嘉庆读画斋丛书本，第 14 页 a。

[23] [清] 孙承泽：《畿辅人物志》卷十九《崔文学子忠》，清初刻本，第 13 页 b。

[24] 黄宾虹、邓实编《美术丛书》初集第七辑《享金簿》，浙江人民美术出版社，2013 年，第 222 页。

[25] [清] 李卫修《(雍正) 畿辅通志》卷七十九文翰《崔子忠》，清文渊阁四库全书本，第 6 页 b。

[26] [民国] 王丕煦纂《(民国)《莱阳县志》卷三之一（中）人事志人物（中）《艺术书画·明》，第 121 页。

[27] [清] 吴伟业：《梅村家藏稿》卷第二十四文集二《复社纪事》，清光绪三十四年至民国十四年武进董氏刻诵芬室丛刊本，第 2 页 a。

[28] [明] 张溥：《七录斋诗文合集》卷三古文存稿《宋宗玉稿序》，明崇祯九年刻本，第 18 页 a。

[29] [清] 宋弼编《山左明诗钞》卷三十一《宋琮（六首）》，收入《山东文献集成》第一辑（4），山东大学出版社，2006 年，第 755 页下栏。

[30] 李江峰、韩品玉：《"南翁北宋"及莱阳宋氏其他作家》，《齐鲁文化研究》2011 年 12 月，第 227 页。

[31] [清] 宋琬：《宋琬全集》，辛鸿义、赵家斌点校，齐鲁书社，2003 年，第 610 页。

[32] [清] 王崇简：《青箱堂诗集》卷一丙寅至辛未《送宋宗玉并怀呈玉、文玉》，收入《四库全书存目丛书》集部第二〇三册，齐鲁书社，1997 年，影印本，第 41 页下栏。

[33] [清] 万邦维修《(康熙) 莱阳县志》卷之十艺文《明文续古序（宋琮）》，第 8 页 a—9 页 b。

[34] 王小舒：《宋玫及莱阳宋氏作家佚诗考》，《文献》2004 年第 3 期，第 182—183 页。

[35] [清] 孙承泽：《畿辅人物志》卷十九《崔文学子忠》，清

[36] [清] 万邦维修《(康熙)莱阳县志》卷之十艺文《明文续古序（宋琮）》，第8页。

[37] [清] 张廷玉等：《明史》卷二百六十七列传第一百五十五《宋玫》，中华书局，1974年，第6879—6880页。

[38] [清] 张廷玉等：《明史》卷二百六十七列传第一百五十五《宋玫》，中华书局，1974年，第6880页。

[39] 同[38]。

[40] [清] 计六奇编《明季北略》卷十八《宋玫殉节》，清都城琉璃厂半松居士活字印本，第36页b—37a。

[41] [清] 姜垓：《敬亭集》卷四诗七言律《吴门遇宋幼文因忆尊公故司空九青先生》，清康熙刻本，第23页。

[42] [清] 吴伟业：《梅村家藏稿》卷第二十四文集卷二《书宋九青逸事》，清光绪三十四年至民国十四年武进董氏刻诵芬室丛刊本，第6页b—7页a。

[43] [清] 计六奇编《明季北略》卷十八《宋玫殉节》，清都城琉璃厂半松居士活字印本，第37页。

[44] [明] 张溥：《七录斋诗文合集》文集近稿卷之四《宋九青诗序》，明崇祯九年刻本，第1页a。

[45] [清] 吴伟业：《梅村家藏稿》文补遗序《宋玉叔诗文集序》，清光绪三十四年至民国十四年武进董氏刻诵芬室丛刊本，第1页b。

[46] [清] 吴伟业：《梅村家藏稿》文补遗序《宋玉叔诗文集序》，清光绪三十四年至民国十四年武进董氏刻诵芬室丛刊本，第1页a。

[47] [清] 吴伟业：《梅村家藏稿》文补遗序《宋玉叔诗文集序》，清光绪三十四年至民国十四年武进董氏刻诵芬室丛刊本，第1页b—2页a。

[48] [清] 吴伟业：《梅村家藏稿》卷第五十八诗话《梅村诗话》，清光绪三十四年至民国十四年武进董氏刻诵芬室丛刊本，第1页a。

[49] [清] 宋弼编《山左明诗钞》卷三十一《宋玫（五首）》，收入《山东文献集成》第一辑（4），山东大学出版社，2006年，第756页。

[50] 李江峰、韩品玉：《"南翁北宋"及莱阳宋氏其他作家》，《齐鲁文化研究》2011年12月，第231页。

[51] [清] 钱谦益辑《列朝诗集》丁集第十《崔秀才子忠》，清顺治九年毛氏汲古阁刻本，第66页b—67页a。

[52] [清] 宋荦：《筠廊偶笔二笔》之《筠廊二笔》卷下，清康熙刻本，第9页b。

[53] [清] 王崇简：《青箱堂诗集》之《序（宋玫）》，收入《四库全书存目丛书》集部第二〇三册，齐鲁书社，1997年，影印本，第1页下栏—2页上栏。

[54] [民国] 王丕煦纂《(民国)莱阳县志》卷三之三（上）人事志艺文（上）《宋孝廉继澄传》，第27页b—28页a。

[55] [民国] 王丕煦纂《(民国)莱阳县志》卷三之三（上）人事志艺文（上）《宋孝廉继澄传》，第28页b—29页a。

[56] [民国] 王丕煦纂《(民国)莱阳县志》卷三之三（上）人事志艺文（上）《宋孝廉继澄传》，第29页a。

[57] [民国] 王丕煦纂《(民国)莱阳县志》卷三之三（上）人事志艺文（上）《宋孝廉继澄传》，第29页b。

[58] 王小舒：《宋玫及莱阳宋氏作家佚诗考》，《文献》2004年第3期，第182页。

[59] 盖松亭、逄文华、宫树君编《莱阳市古今书画艺术家宝典》，山东省烟台市新闻出版局，2006年，第4页。

[60] 李江峰、韩品玉：《明清莱阳宋氏家族文化研究》，中华书局，2013年，第63页。

[61] [民国] 王丕煦纂《(民国)莱阳县志》卷三之三（上）人事志艺文（上）《宋太仆应亨传（续志）》，第17页。

[62] 同[61]。

[63] [清] 计六奇编《明季北略》卷十九《宋应亨不屈》，清都城琉璃厂半松居士活字印本，第13页a。

[64] [清] 宋琬：《宋琬全集》，辛鸿义、赵家斌点校，齐鲁书社，2003年，第3页。

[65] [清] 陈介锡编《桑梓之遗录文》卷八第七十八册《莱阳宋节愍公应亨帖一》，收入《山东文献集成》第一辑（4），山东大学出版社，2006年，第318页。

[66] [清] 孙奇逢：《畿辅人物考》卷八补遗《崔文学子忠》，兼山堂藏版，第38页a。

[67] [清] 陈介锡编《桑梓之遗录文》卷三第二十二册《莱阳宋郎中应亨帖一》，收入《山东文献集成》第一辑（4），山东大学出版社，2006年，第121页下栏—122页上栏。

[68] [清] 朱彝尊：《曝书亭集》卷第六十四传三《崔子忠陈洪绶合传》，四部丛刊景清康本，第14页b。

[69] [民国] 赵尔巽：《清史稿》卷四百九十一文苑一《宋琬》，民国十七年清史馆铅印本，第8页b。

[70] [清] 宋琬：《宋琬全集》，辛鸿义、赵家斌点校，齐鲁书社，2003年，第3页。

[71] [清] 王士祯：《池北偶谈》，中华书局，1982年，第242页。

[72] [清] 沈德潜辑评《清诗别裁集》卷二《宋琬》，清乾隆二十五年教忠堂刻本，第22页b。

[73] [清] 宋琬:《安雅堂诗集》七言绝《同欧阳令饮凤凰山下》,清顺治十七年刻本,第 2 页。

[74] [清] 宋琬:《宋琬全集》,辛鸿义、赵家斌点校,齐鲁书社,2003 年,第 165 页。

[75] [清] 宋琬:《宋琬全集》,辛鸿义、赵家斌点校,齐鲁书社,2003 年,第 631—632 页。

[76] [清] 宋琬:《宋琬全集》,辛鸿义、赵家斌点校,齐鲁书社,2003 年,第 36—37 页。

[77] [清] 宋琬:《宋琬全集》,辛鸿义、赵家斌点校,齐鲁书社,2003 年,第 40 页。

[78] [清] 王崇简:《青箱堂诗集》卷二癸酉《雪游灯市》,收入《四库全书存目丛书》集部第二〇三册,齐鲁书社,1997 年,影印本,第 47 页上栏。

[79] [清] 王崇简:《青箱堂诗集》之《序(宋琬)》,收入《四库全书存目丛书》集部第二〇三册,齐鲁书社,1997 年,影印本,第 3 页下栏。

[80] [清] 宋琬:《宋琬全集》,辛鸿义、赵家斌点校,齐鲁书社,2003 年,第 831 页。

[81] [清] 王崇简:《青箱堂文集》卷四《宋玉叔诗叙》,收入《四库全书存目丛书》集部第二〇三册,齐鲁书社,1997 年,影印本,第 377 页下栏。

[82] [清] 王崇简:《青箱堂诗集》卷十二丁酉《温仲青以崔青蚓画见贻答之之歌》,收入《四库全书存目丛书》集部第二〇三册,齐鲁书社,1997 年,影印本,第 159 页下栏—160 页上栏。

[83] [清] 曹溶:《静惕堂诗集》卷第十五五言律一《迪之出崔道母画扇索题仍用九青韵二首》,清雍正刻本,第 4 页 a。

[84] [清] 宋琬:《宋琬全集》,辛鸿义、赵家斌点校,齐鲁书社,2003 年,第 786 页。

[85] [民国] 王丕煦纂《(民国)莱阳县志》卷三之三(上)人事志艺文(上)《宋司理琬传(续志)》,第 44 页 a。

[86] [清] 方濬颐:《梦园书画录》卷十四《明崔子忠洗象图立幅》,清光绪刻本,第 37 页 b。

[87] [清] 宋琬:《宋琬全集》,辛鸿义、赵家斌点校,齐鲁书社,2003 年,第 236 页。

[88] [清] 宋琬:《宋琬全集》,辛鸿义、赵家斌点校,齐鲁书社,2003 年,第 391 页。

[89] 《莱阳赵氏族谱》艺文卷末《赠中宪大夫府君历履行实(赵隆等)》,民国本,第 18 页 a。

[90] 同 [89]。

[91] 《莱阳赵氏族谱》艺文卷末《赠光禄卿卓午赵公传(曹溶)》,民国本,第 21 页 b。

[92] 同 [91]。

[93] 《莱阳赵氏族谱》艺文卷末《光禄寺卿赠奉直大夫赵公府君行实(赵㻞)》,民国本,第 20 页。

[94] [清] 王崇简:《青箱堂诗集》卷之一丙寅至辛未《同赵黄泽夜坐崔青蚓斋中听琴》,收入《四库全书存目丛书》集部第二〇三册,齐鲁书社,1997 年,影印本,第 39 页下栏。

[95] 同《莱阳赵氏族谱》艺文卷末《光禄寺卿赠奉直大夫赵公府君行实(赵㻞)》,民国本,第 20 页 b。

[96] [清] 姜埰:《敬亭集》年谱《姜贞毅先生自著年谱》,清康熙刻本,第 4 页 a。

[97] [明] 左懋第:《萝石山房文钞》卷一《纠邪臣疏》,清乾隆四十六年左尧勋刻本,第 18 页 a。

[98] [清] 倪在田:《续明纪事本末》卷十六《东南殉节》,清光绪二十九年育英学社排印本,第 1 页。

[99] [清] 蒋湘南纂《咸丰同州府志》卷二十七良吏传上《明》,第 46 页 a。

[100] [清] 张允抡:《萝石山房集序》,收入《左忠贞公外纪·左忠贞公外纪补遗》,第 157 页。引自:吕春好《明清时期左氏家族研究》,青岛大学硕士学位论文,2016 年,第 26 页。

[101] [清] 邹漪辑《明季遗闻》卷三《南都》,清顺治刻本,第 42 页 b。

[102] [清] 黄宗羲:《弘光实录钞》卷四《使臣兵部侍郎左懋第被杀》,商务印书馆辛亥年十月初版,第 18 页 b。

[103] 青岛市崂山区史志办公室编《游览崂山闻人志》,方志出版社,2010 年,第 51 页。

[104] [清] 袁翼:《邃怀堂全集》诗集前编卷三《题崔青蚓杜鹃花鸟手卷》,清光绪十四年袁镇嵩刻本,第 12 页 a。

[105] [清] 姜埰:《敬亭集》年谱《府君贞毅先生年谱续编(姜安节、姜实节)》,清康熙刻本,第 4 页 b。

[106] [清] 姜埰:《敬亭集》《序(黄周星)》,清康熙刻本,第 1 页 a。

[107] [清] 朱彝尊编《明诗综》卷六十八《姜埰(八首)》,清康熙刻本,第 9 页 b。

[108] [清] 永瑢:《四库全书总目》卷一百八十《敬亭集十卷补遗一卷》,清乾隆武英殿刻本,第 30 页 b。

[109] [清] 姜埰:《敬亭集》年谱《姜贞毅先生自著年谱》,清康熙刻本,第 4 页 a。

[110] [清] 方以智:《浮山集》文集后编卷一《祭姜如须文》,清康熙此藏轩刻本,第 18 页 a。

[111] [清] 释笑峰等撰、[清] 施闰章补辑《青原志略》卷

十三《诗堂》，收入《四库全书存目丛书》史部第二四五册，齐鲁书社，1996年，影印本，第701页上栏。

[112]［明］方以智：《通雅》卷首之三《诗说（庚寅答客）》，中国书店，1990年，影印本，第49页上栏。

[113]［清］王夫之：《姜斋诗话》卷二《夕堂永日绪论外编》，四部丛刊景船山遗书本，第7页b。

[114]［清］余怀：《板桥杂记》，青岛出版社，2002年，第101页。

[115]［清］朱彝尊辑《明诗综》卷六十九《姜垓》，清康熙刻本。

[116] 本文部分信息参考莱阳学者宋竹行、赵松枝、李玉诚等提供的原始材料。

［图1］《北京日报》第16版《深度周刊·旧京图说》，2017年9月12日。

［图5］［清］左中行辑《左忠贞公外纪》，莱阳瑞记石印局石印本，1916年，扉页。

《桑梓之遗录文》之姜垓、宋应亨、宋璜、崔灿帖及无名氏帖考

清人陈介锡编辑《桑梓之遗录文》，收录明清时期山东乡贤书信墨迹近千件，所录皆抄自原件，考之史册、邑乘、家谱等，对了解研究明清时期山东历史文化具有重要价值。今选取其与崔子忠有关的书信六件，略作考证。

一、《莱阳姜贞文先生垓帖三》考

《莱阳姜贞文先生垓帖三》见于《桑梓之遗录文》卷八《莱阳人帖》卷上。《莱阳人帖》卷上是赵士骥裔孙赵曾（清嘉庆年间举人）搜集整理的以宋继登为首的十二忠义之士的书帖（含宋继登、宋应亨、赵士骥、宋继澄、宋玫、崔子忠、左懋第、姜埰、姜垓、沈迅、张允抡、董樵），原拟刻石立碑于苏州虎丘"二姜祠"旁，以彰英灵之气，后不知落入何人之手。

姜垓三帖同出莱阳人赵曾所辑《莱阳人帖》，书信内容前后相连，与崇祯十五年（1642）至十六年（1643）间姜垓家族的命运遭际印合，推测是姜垓写给同一位友人的三封书信。为便于通读和研究，现将三帖原文照录如下。

《莱阳姜贞文先生垓帖三》题首语："姜贞文先生。先生名垓，字如须。崇祯甲戌进士，官行人。疏请铲行人署题名碑中崔阮名，国变后，从兄流寓吴越，号仾石山人，门人私谥贞文。"

帖文：

间隔数时复尔聚首，且属握手药囊之下，情绪狼狈，同病相怜，怀抱梗抑，万不能宣，未识台驾何指去留？彼此种种胀断，既不能把酒话旧，聊具野味果饵四色为献。仆目下调理，只须补救元气。东归之心如火，料应不过一二月别耳。鹢尾出西郊，仍来一话，勿遽弃也。蚕晚梅鹤无恙，差慰鄙怀。弟旅次一土楼，上下六间，足比处过此，再有闻，当竟以小桨相就，荆钗布裙尚可操作供客，以我辈骨肉无异，同珍玉为属。阿弟报章一函附到，长长老甥道盟垓伏枕顿。冲。[1]

（帖一）

初旬拜手札，知水警渐平，气又何为怅然他适耶？足下乐道尚恬，处千仞之巅，近聆铃铎，益占正性之学，古人步担求师结屋，投足徐仿其所造，愧我尘容世网未脱，辄令只尺如云汉也。赵元叔疾世之篇云：乘理虽死而弗亡，违义虽生而口，足下徘徊古哲良有故，举动不作第一着不休。今之辟世者多矣，盖未有如足下之明决者也。别来育风怪雨，忽忽三旬，思高山仪型，恨不日亲左右处。弟之地，上下内外悉有纠缠，不如意事十常八九，今秋冬为先卿大襄，支吾拮据，手口交瘁，秋翼少凉，即当塞驴旋，兹大事告成，奉老母南旋，便当与徐伯子结庐万峰，著书终老，不能复居城市也，伯子其许之。斗酒素腿明月之夕，为梁孟举杯，聊当问讯。昭老老盟世翁兄千古，小弟垓顿首。冲。[2]

（帖二）

数年承教，受益良多，一但远别，何胜黯然。前药饵之锡，感不容言，复拜一大篇雄浑典重，北地不

足多也，但奖誉过分，殊不安耳。崔君饮德，谢谢，容图把晤不尽。盟翁世长足下。弟垓顿具。[3]

（帖三）

（一）姜垓三帖（以下简称"信"）的写作时间及时代背景

1. 三封信概述

第一封信写姜垓与收信人间隔很短时间，因求医问药再次会面于"西郊"。此时他们均遭不幸，同病相怜，却不敢将心中的委屈说出来。由于彼此不能饮酒，姜垓只好以"四色礼"相赠，同时捎去"阿弟"的报章，告诉收信人：（阿弟）目前已经度过危险期，只需调补元气，自己东归（故乡）之心如火，估计两月内即可成行。看到收信人居所狭隘局促，姜垓提出以旅途所见土楼六间相赠，称两家情同骨肉，希望彼此保护好自己的身体。

第二封信写收信人告知姜垓"水警"已经解除，而后，却又失望地与妻子再次走入千仞之巅的古寺中。其间沉迷于古代圣贤（著作）中，修养道德，立志作第一流人物。姜垓盛赞收信人睿智明决，是当时少见的大隐士，对他执着追求义理、希圣希贤的行为十分赞赏，对自己深陷世俗罗网深感惭愧，同时告诉他：由于近来为父亲准备丧事，资金捉襟见肘，身心交瘁，拟本年秋天回乡为父亲办完丧事之后，便侍奉母亲南下，从此隐居山林，不再过问世俗之事。最后遥祝收信人夫妇举案齐眉。

第三封信写在姜垓南下之前，收信人赠其大幅作品，姜垓感激之余复信，对收信人数年来赠医赠药、悉心指教表示感谢，同时称赞作品雄浑典重，在北方作家中非常少见。由该信得知，收信人姓崔，是北方顶尖的书画家。

2. 三封信与姜垓家族命运遭际的对应关系及写作时间

姜垓第一封信有句曰"鹢尾出西郊。""鹢"，《集韵》：仇历切，竝音逆，水鸟。《左传注疏》卷十四《僖公》："是月六，鹢退飞，过宋都。"延伸为"鹢路""鹢退"，比喻衰退的人生命运或事业。由该句及书信所流露出的压抑的情绪看，姜垓写这封信时，家族和个人正遭遇严重的危机。

姜氏家族是山东莱阳著名的科举世家，发迹于崇祯四年（1631）至崇祯十五年（1642）间。当时，姜埰、姜垓兄弟二人先后考中进士，均在朝中任职。姜垓的哥哥姜圻、弟弟姜坡也已经成为贡生、廪生，未来可期。尤其是姜埰，被明思宗点名提拔为礼科给事中，所上奏疏数十条皆被采纳，成为朝野瞩目的谏官，前途更加不可限量，姜氏家族由此迈入了事业高峰。然而，福兮祸所伏，姜氏家族的劫数也不期而至。崇祯十五年（1642）闰十一月二十三日，姜埰因弹劾权臣触帝怒，下诏狱拷治。姜埰在自撰年谱中记载："上谕以著实打问，清宏奉命考治，声色变动。"[4]当时，行人司副熊开元亦以建言下狱，明思宗对两人恨之入骨，密令镇抚司潜毙之狱，因事情败露和大臣营救未遂，心中愤恨难消，十二月二十一日，又"发埰及开元午门外，杖一百"[5]。杖毕，姜埰已昏死，姜垓口溺灌之复苏，竹篚舁之出，但仍系刑部狱。姜埰因得到名医治疗不死，此时，已经到了崇祯十六年（1643）正月。

姜埰下狱受刑期间，也是姜氏合族遭难之时。崇祯十六年（1643）二月初六日，清将阿巴泰率兵第二次攻打莱阳，城破，姜垓的父亲姜泻里不屈而死，其幼子及子媳等数十人同时遇难，煌煌姜氏一族，瞬间灰飞烟灭。事闻，姜垓请求以身代兄罪，释放姜埰回乡治丧，遭到明思宗斥责，只好独自返回故乡处理丧事。夏秋间，复又奉母返京探视姜埰。时京师流行瘟疫，刑部奉命清狱，姜埰被放出，然而仅过十天，又被明思宗点名关进监狱，必杀之而后快。至此，姜氏家族败亡的命运已经不可挽回。短短半年间，姜氏家族由人人羡慕的衣冠盛族，迅速败落为人人避之唯恐不及的罪臣之家，颓势不可遏止，且不敢有任何不满的表示，情形与书信语句"鹢尾出西郊""怀抱梗抑，万不能宣"印合。

"西郊"，城市西部郊区，联系到姜垓在第三封信中称收信人作品"北地不足多也"，可知这个"西郊"乃是指北京的西郊。"阿弟报章一函附到"，"报章"，报纸，指明清时期朝廷传知政事的文书和新闻文抄。在姜氏兄弟四人中，只有姜垓、姜垓有可能出现在官方邸报中。姜垓在殿试时即不为明思宗所喜，分拨行人司行人，无人关注，但姜垓却一直是朝野关注的对象，因此，"阿弟报章"只能是有关姜垓的报道，此时，姜氏兄弟尚在北京任职。

《莱阳姜贞文先生圹帖三》记载的故事，皆与崇祯十五年（1642）至崇祯十六年（1643）间姜氏家族的命运变迁吻合，如崇祯十五年（1642）十二月二十一日诏廷杖姜垓，姜垓出牢狱至长安街，途中有人赠药，一边称这种药喝了可以救命，一边声泪俱下地对他说"真忠臣"。姜垓则在此后不久所写的第一封信中记载："间隔数时复尔聚首，且属握手药囊之下。"姜垓遭廷杖半月后去腐肉斗余，至崇祯十六年（1643）正月上旬已经脱离危险期，前后不过二十多天，姜垓则在信中记载："间隔数时复尔聚首，……仆目下调理，只须补救元气。"并在第三封信中记载："前药饵之锡，感不容言，……崔君饮德，谢谢。"等等。

不仅如此，这三封信还与当时的政治背景吻合，如崇祯十六年（1643）春，开封城因去年官军、李自成决黄河水而塌圮，农民军离去，姜垓则在同期第二封信中称："初旬拜手札，知水警渐平。"崇祯十六年（1643）二月至九月京师大疫，死者日以万计，人鬼错杂，怪象丛生，姜垓则在这段时间记载："别来盲风怪雨，忽忽三旬。"该年夏秋间，朝廷因疫情清狱，姜垓得以出狱，有机会与母弟商议父亲的丧事和未来去向，书信则称"今秋冬为先卿大襄，……兹大事告成，奉老母南旋"等等，时间节点、故事情节皆相吻合。综上，这三封信与崇祯十六年（1643）姜氏家族的遭遇有关，其写作时间可能如下。

其一，鉴于崇祯十六年（1643）春初姜垓已经脱离生命危险，二月六日姜氏家族遭遇灭门之灾，而姜垓在第一封信中称："仆目下调理，只须补救元气。东归之心如火，料应不过一二月别耳。"推测第一封信书写于该年二月下旬或三月初。

其二，鉴于该年二月京城开始流行大瘟疫，夏秋间朝廷命令清狱，而姜垓在第二封信中称："别来盲风怪雨，忽忽三旬，……今秋冬为先卿大襄，支吾拮据，手口交瘁，秋冀少凉，即当塞驴旋，兹大事告成，奉老母南旋。"推测第二封信书写于该年夏秋间。

其三，鉴于该年夏秋间明思宗将姜垓再次关入大牢，秋初姜垓随即奉母南下，行前匆匆与收信人道别，推测第三封信书写于该年入秋后。

（二）姜垓书信的接受人

姜垓与收信人关系至亲，情同骨肉。考察姜垓的朋友圈，以崔子忠与其最为相似，其相似点主要有以下几处。

其一，收信人与崔子忠同姓。如姜垓在第三封信中称："前药饵之锡，……崔君饮德，谢谢。"

其二，收信人的医学背景与崔子忠相同。在三封信中，收信人与姜垓的交往始终与医药有关。他不仅赠医送药，而且还非常关注姜垓案情发展。而姜垓历经廷杖、牢狱之灾，却总有各种秘方起死回生，可见收信人通晓医学，家藏秘方，其医学背景与崔子忠相同。

按：崔子忠出生于医学世家，他的高祖是胶东名医，精方论；从曾祖是著名的炼丹家、养生家，"精黄伯之术"。受家族背景影响，崔子忠对医学抱有浓厚的兴趣，喜欢与医学人士交往，如擅长治疗内外科、妇儿科常见病或疑难病症的张延登，身怀养生秘术的弟子王崇节，力图通过三易五图构建人体藏象理论的黄道周等，都是他乐于交往的对象。他喜欢创作医学类题材作品，如《华佗》《陶弘景》《天中货郎图》《云中玉女图》，或表现身怀绝技的名医，或描绘摆地摊卖膏药的民间郎中，或颂扬驱瘟祛邪、救百姓于苦难的西王母，均刻画细致入微，具有鲜活的生活气息，显示出对医学知识和医家生活的深入了解。

其三，收信人在复社的身份、地位与崔子忠相同。在三封信中，姜垓分别称呼收信人为"盟翁世长足下""昭老老盟世翁兄"，自称"长长老甥道盟"。

"盟"，缔约、结盟；"道盟"，志同道合的盟友，明末复社成员之间如此称呼，如崔子忠在《洛神图》《唐代宫女图》题识中，称王崇简、宋琬为"盟兄"。姜垓为复社"山左大社"成员，由此推知，收信人是复社成员，其社团身份与崔子忠相同。

"盟翁"是"道盟"称呼的延伸，意谓收信人在复社中辈分高、年龄大，收信人的这种身份，与崔子忠为复社元老、年龄比姜垓大近二十岁契合。又"盟世翁兄"，"世翁"，古代世交之家晚辈对长辈男子的称呼；"兄"，同辈年长者，延伸至"年兄"，指科举同学。由此称呼可知，收信人不仅与姜垓同社，是姜垓的长辈，而且还是姜垓的科举同学，这种关系，与崔子忠辈分比姜垓高、年龄比姜垓大、两人都是宋继登的学生印合。值得注意的是，姜垓又自称"长长老甥道盟"，"以我辈骨肉无异"，显示出两家古老久远的血缘关系，这种关系，应和崔姓姜姓同宗的历史，与崔子忠在《扫象图》中称姜埰"卿墅宗兄"契合。与上述"盟世翁兄"相参，隐约透露出同乡结盟的关系。

其四，收信人的职业身份、作品风格与崔子忠相同。姜垓南下前，收信人赠送他"一大篇雄浑典重"作品，姜垓称赞"北地不足多也"，由该评语可知，收信人是一位造诣精深、能够代表北方书画艺术水平的人物，姜垓以"北地"评价收信人，与两人书信往来期间，崔子忠与陈洪绶齐名，京师号"南陈北崔"，以及此前董其昌称崔子忠"其人、文、画皆非近世所常见"印合，"雄浑典重"则与崔子忠晚年绘画风格相符。

其五，收信人的宗教身份、人生志向、行为方式与崔子忠相同。姜垓在第一封信中称："既不能把酒话旧，聊具野味果饵四色为献"，在第二封信中称收信人"乐道尚恬"，与妻子隐居于深山古寺。按："四色礼"，古代河北保定地区道教习俗，为欢送大地之神（后土）回山所献之礼，分别为：花生、大枣、胡桃百斤为一色，青盐五十斤为一色，茶叶十斤为一色，挂面百斤为一色。后土的主庙在易县洪崖山封黄顶，属道教正一道派系。将两封信联系起来，可知收信人是一位正一道士。

姜垓在第二封信中又称收信人秉性纯正、睿智明决、明辨义理，归隐深山后，徘徊于古代圣贤（著作）间，修养道德，立志成圣成贤，并借东汉辞赋家赵壹之言，称其"乘理虽死而弗亡，违义虽生而□"，必将因此名垂千古。可知收信人又是一位秉持儒家道德伦理、行为卓绝且与世寡谐的理学家。

综上，这位崔姓收信人是一位能够代表北方艺术水平的书画家、道士、理学家、隐士、复社社员，通晓医学，与姜垓同社（同乡）、同学，为世交之家。性格尚恬乐道，行为与世寡谐，晚年携妻隐居西山寺庙，其间，徘徊于古代圣贤（典籍）中，专注义理之学，发誓要做出第一流事业。其身份、性格、思想信仰、职业爱好、学术成就及晚年隐居西山的经历，与崔子忠出生医学世家，为复社"山左大社"社员、正一道士，毕生坚守儒家道德伦理规范，像古人那样生活着，被人们视为"不可得之今人"[6]，画与陈洪绶齐名，号"南陈北崔"，晚年携妻隐居西山，标榜"节义文章事功人品"，创作历代圣贤肖像，死后被理教徒奉为精神领袖等相符。

崇祯十六年（1643）春夏间，正当"南陈北崔"口号如火如荼在京城传播的时候，崔子忠却突然不见了。此时，恰好有一位各方面与他相同的人携妻隐居北京西山，这位收信人不是他能是谁呢？需要说明的是，在姜垓的同学好友（包括所有北方复社社员）中，崔子忠是唯一能够代表北方人物画水平的画家，可担当"北地不足多也"的美誉。有鉴于此，笔者认为收信人是崔子忠。

（三）崔子忠《云中鸡犬图》与姜垓的关系

收信人（崔子忠）赠送姜垓的作品，疑即今台北故宫博物院藏《云中鸡犬图》，下面试从创作背景、绘画风格等方面进行说明。

其一，艺术风格及创作背景。

崔子忠早年绘画细描设色，崇祯十三年（1640）完成《桐荫博古图》之后，风格开始转向古拙厚重，至其晚年创作《云中鸡犬图》，已经演变为雄浑典重、特以骨胜的艺术风格，他的这种风格，与姜垓评价收信人（崔子忠）作品"雄浑典重"契合。值得一提的是，该图山川景象酷似莱阳烽火山（今名凤凰山）。烽火山是崔子忠的老师宋继登早年读书授徒的地方，若收信人（崔子忠）以此景赠别姜埰，显然能更好地表达同乡、同学之谊。另外，图中钤印"节义文章事功人品"，其中所展现的千秋之志，与收信人（崔子忠）隐居西山，其间沉迷于古代圣贤典籍中，必欲做出一番超越常人的事业一致，显示出两者的联系。

其二，创作时间。

崔子忠的绘画具有现实主义的品质和纪实属性，他总是借助绘画描绘生活中已经发生或即将发生的某些事情，如天启二年（1622）作《品画图》，表达对世俗生活和科举考试的厌倦；崇祯十六年（1643）作《云中玉女图》，为行将灭亡的明王朝祈福等。《云中鸡犬图》也不例外，在该图中，崔子忠采用拟人化的表现手法，把自己描绘成道教宗师许旌阳的样子，骑牛走向深山，妻女、仆人或怀抱婴儿，或挑担尾随，鸡犬相从。题识："移家避俗学烧丹，挈子挈妻共入山。可知云内有鸡犬，挚生原不异人间。《许真人云中鸡犬图》，诸家俱有粉本，予复师古而不泥。为南浦先生图之，长安崔子忠识。"将晚年避乱提前隐居深山的情景描绘得栩栩如生。

清高宗曾叠崔子忠原韵题诗："慕道心修九转丹，全家避世入名山。何人跨鹤凌云去，犬吠鸡鸣想象间。"与崔诗前后呼应，揭示出崔子忠晚年隐居深山的事实。清高宗有携带崔子忠作品实地题诗的习惯，曾造访崔子忠晚年的隐居地洪崖山（西山），据此推测，他知道崔子忠隐居此山的秘密，题诗于此山，该图创作于此山。《保定地区庙会文化与民俗辑录》记载与此推测应和，称明末清初，紫荆关、居庸关相继失守，崔子忠为躲避李自成、清军之祸，携家眷隐居于易县洪崖山封黄顶，在山中创作了这幅作品。这些传说并不完全准确，但大的故事情节和时间节点，却与收信人（崔子忠）在崇祯十六年（1643）秋赠送姜埰作品吻合。

其三，"南浦先生"。

可能有人会问：既然《云中鸡犬图》是收信人（崔子忠）为姜埰创作的作品，为什么他在题识中不写其真名，而称其为"南浦先生"？笔者以为有如下几方面原因。第一，避祸。正如前述，姜埰案轰动朝野，明思宗对姜埰及其"同党"恨之入骨，必欲除之而后快，在当时，任何与姜氏有关的人都有可能遭遇不测之祸，在这种残酷的政治背景下，已经隐居西山且与姜埰案颇有关联的崔子忠，出于自我保护，只能隐晦地用"南浦先生"代替姜埰的名字。第二，诗歌对仗要求。"南浦"为诗歌固定用语，与"西山"相对，寓意送别，如宋琬《罗篁庵先生生日歌（有序）》曰："西山南浦，长吟帝子之高楼；白下长干，重启谢公之别墅。"姜埰即将离开北京南下，收信人（崔子忠）准备走入更深的西山，在这种背景下，收信人（崔子忠）称姜埰为"南浦先生"，对仗可谓工整巧妙。需要提及的是，姜埰称收信人（崔子忠）"奖誉过分，殊不安耳"，其不安的原因，恐怕只能是收信人（崔子忠）身为长辈，名闻天下，却称他为"先生"。事实上，姜埰对这个称呼很是受用，他在南下途中，还作诗《录别》自叹："自我别南浦，凄凄行路难。"（见《流览堂诗稿残编卷二》）

（四）结语

综上，《莱阳姜贞文先生埰帖三》是姜埰写给崔子忠的三封信，由这三封信可知，崇祯十五年（1642）十二月二十一日，明思宗下诏在午门廷杖姜埰，姜埰出牢狱过长安街，数万人围观，崔子忠于众目睽睽之下向其赠药，称性凉血，饮之可不死，且泣且赞："真忠臣。"时隔不久，约崇祯十六年（1643）春，崔子忠突遭不明之祸，与妻子狼狈不堪地流落北京西郊。姜埰带着"四色礼"前去探望，同时带去有关姜埰的官方邸报，寻求指点。崔子忠出药相赠，姜埰感激之余，提出以途中所见土楼六间相赠，崔子忠没有答应。入夏后，当姜埰再次写信给他时，开封城已经塌圮，中原砥柱不再。此时，李自成农民军在河南等处攻城略地，日益壮大；清兵在松山决战胜利后再度入关骚扰；京师瘟疫流行，人鬼莫辨；明王朝已经步于崩溃的边缘。而此时明思宗犹盛怒未消，必杀姜埰而后快。崔子忠意识到天下即将大乱，怅然若失，携妻再次走入更荒僻的深山。崔子忠隐居深山古寺后，标榜节义文章道德人品，浏览古籍，每遇有心仪的历史人物，即为其造像立传，决心创作出一套能够立德、立功、立言的画谱。姜垓认为他是北方少见的理学家和大隐士，行为卓绝，必将因此名垂千古。崇祯十六年（1643）秋，在姜垓奉母南下之前，崔子忠赠送其《云中鸡犬图》，正式宣布归隐山林。

二、《莱阳宋节愍公应亨帖一》《莱阳宋郎中应亨帖一》考

（一）《莱阳宋节愍公应亨帖一》考

该帖见于《桑梓之遗录文》卷八第七十八册，起首语曰："宋节愍公。公名应亨，字嘉甫，号长元。天启乙丑进士。知清丰县，擢至吏部郎中。癸未殉邑难，赠太仆寺卿。乾隆间谥节愍。"帖文如下：

故人聚首时欢若生平，去后之思，翻忆从前之不获朝夕也。离况日深一日，所谓一日三秋者，良不诬也。捧翰教恍如面谈，知福履安吉，稍慰阔怀。日晤北海年兄，极道高谊，亦云不可得之今人，信秉彝有同然耳。虚扬两月，不足供束装之资。台下之品自高，然亦太节也。虽归心甚迫，此别未卜何期，倘不鄙弃，再辱临，为十日饮，同作散场，亦快事也。台丈许我否？承谕李舍亲书，敬付盛使，第其人，不甚通，方恐肉眼未必能识此高人，反为台丈笑耳。审编方竣，草此上复。无限离思，难究颖楮，惟有神兴偕往而已。计明春长安可图一晤也，殊甚悬结。弟亨又顿。[7]

该帖是莱阳人宋应亨写给其少年好友"北海年兄"的一封信，从语句"故人聚首时欢若生平，去后之思，翻忆从前之不获朝夕也"以及"计明春长安可图一晤也"分析，收信人是宋应亨原来朝夕相处的同乡科举好友，后移居北京。根据宋应亨书信记载，可知他的这位好友品格高尚，具有崇高的道义感，持节自励，像古人一样生活着，在当时非

少见，其身份和行为特点，与历史记载崔子忠"莱阳人"，"侨居都门，形容清古，言辞简质，望之不似今人"[8]，"绝俗，……为人清古傲岸，不苟随人"[9]，"轨守寂"[10]，"不喜饮酒"[11]等相似。通过该书信还可以得知，宋应亨在京与友人见面后非常兴奋，宴请他并按他的要求书写了推荐信，但看到信使趾高气扬的样子，他对这次推荐并不抱信心。宋应亨在京活动两月，所带资金已经消耗殆尽，但仍请求与友人再聚会告别，同时告诉他，估计明年春天有可能在北京再次见面。随着离京日期临近，宋应亨竟然产生一日不见如隔三秋的情绪，他们的这种友谊，与历史记载宋应亨与崔子忠"厚善""尤契合"[12]相同。在宋应亨的少年同学（包括"山左大社"所有成员）中，崔子忠是唯一号"北海"且流寓北京的生员，综合上述各方面信息，笔者认为该帖是宋应亨写给崔子忠的一封信。

宋应亨携秉彝（按：原名宋奕炳，宋应亨从孙，清顺治年间，因首告宋应亨三子宋琬与栖霞于七谋反，立功入旗，文中变易其姓名，乃作者鄙视之意）进京活动，与崔子忠见面后畅谈昔日同学之情，自称"归心甚迫"，可知他此时尚未考中进士（或考中进士尚未授官），仍然家住莱阳。崔子忠天启二年（1622）流寓北京，宋应亨天启五年（1625）考中进士，因此这次会面当在天启二年（1622）至天启五年（1625）之间。假设宋应亨这次进京是为了崔子忠举人考试的事情，那么他在信中称"计明春长安可图一晤也"，便是指他参加天启五年（1625）春天的进士考试，这次会面在天启四年（1624）秋季。如果这次进京是参加天启五年（1625）的进士考试，这次会面则应该在该年春天，"计明春长安可图一晤也"，便是指天启六年（1626）进京谒选。

天启六年（1626），宋应亨进京谒选，吏部员外郎李其纪与他初次见面后，即请求上峰任命他担任故乡清丰县的知县，"既探竹，果得清丰"[13]，可知两人早已认识，以此推测，这次会面可能在天启五年（1625）宋应亨进京参加考试之后。但从宋应亨进京活动两月，囊空如洗（"不足供束装之资"），

却没有任何结果（"虚扬两月"），盛赞崔子忠"极道高谊，亦云不可得之今人"，却又埋怨他"太节也"，不肯配合，以及崔子忠要求宋应亨为他书写推荐信等情况看，这次会面更可能与天启四年（1624）崔子忠参加举人考试有关。今按原文演绎，暂定这次会面在天启四年（1624）秋月。

（二）《莱阳宋郎中应亨帖一》考

该帖见于《桑梓之遗录文》卷三第二十二册，帖文如下：

> 闻年兄山居。下帷攻苦修大业，以时考之则可矣，两次不第，便觉此物无味，且将有穷途之悲也。年兄高才邃抱，自当云霄而上，如弟驽骀之质，老征种至，穷魔却之不去，日以冗杂应付作苦，但得无事，山居兀坐片时，亦是清福，况读书乎？年兄何以命教之？兹黎园一班，久居敝邑，颇能事人，小旦二陈，青春稍逾，断袖仍堪，绕梁之音，足供清赏。今持敝邑李父母书，投贵邑令君并拜谒诸大君子。弟极知不敢烦年兄，但各索书叩谒，年兄处义不得辞，敬藉羽修候。倘下帷之余，一曲一觞，亦甚快事，万不敢损年兄惠，但祈于贵令君处，赐之齿颊，命从者稍吹嘘之，口角春风，即渥泽也。不得已之，请谅，年兄自能鉴原尔！临池南向神驰，弟亨又顿。冲。[14]

译文：听说年兄放弃科举到山中闲居，此事不妥。下第后继续努力，应时参加考试即可，怎么能两次失败便放弃科举，并认为自己已经穷途末路了呢？您天生高才邃抱，自当是青云以上人物，像我这等愚钝、衰老且又十分贫穷的人（尚能考上），整日忙于应付事务，一有空闲，还到山里坐一会儿，视为清福，何况您有专门的时间读书呢！您觉得我说得对吗？这个戏班长期在我县演出，很会处事，两位陈姓旦角虽然已过青春妙龄，却玉音绕梁，使人迷恋，足供清赏。这次他们持我县李大人父母的介绍信，投拜您所在县，拜谒知县和各主要官员，但他们一个个（借机）向我索要您的作品，我很知道不该麻烦您，但您是我的老同学，必须帮我这个忙，静候佳音。倘若攻读之余，一曲一觞，也是十分惬意的事情，万不敢有损年兄惠赐，只希望得到贵县知县支持，说几句捧场的话，让他的下属稍加吹嘘，说些好话，已经是很大的帮助了。这件事实在是不得已，年兄一定能明白其中的原因。临池北望，弟宋应亨拜。

1. 帖文考

这是宋应亨劝说他的同学好友切莫放弃科举考试的信，根据宋应亨描述，他的这位同学是一位颇有名气的书画家，"高才邃抱"，但两次考试落榜，便觉得这种考试枯燥无味，放弃科举，归隐山林，并对自己的前途产生了悲观情绪。从宋应亨关切的口吻和直言不讳的态度看，两人是非常知心的朋友。

这位收信人与崔子忠颇为类似，其相似点如下。

其一，宋应亨称收信人为"年兄"，可知收信人与宋应亨是同学关系，与崔子忠和宋应亨的关系相同。

其二，宋应亨在信中称："如弟驽骀之质，老征种至，穷魔却之不去，日以冗杂应付作苦。"可知收信人年龄比宋应亨小很多，与崔子忠和宋应亨的年龄情况类似。

其三，宋应亨关注收信人科举事业，劝谏时秉笔直书，索书时直言"年兄处义不得辞"，可知两人为知己关系。这种关系，与历史记载崔子忠与宋应亨"厚善""尤契合"相符。

其四，宋应亨介绍本县戏班到收信人所在县演出，知县及其下属借此向他索要收信人书画作品，可知收信人是一位已经成名、性格孤傲、不修刺谒的书画家，与历史记载崔子忠年少成名、"孤峭"[15]、不愿意刺谒势人的情形契合。

其五，收信人"高才邃抱"，才华横溢，与崔子忠早年以诗文闻名于世、诗歌意境博奥深邃、学者比之于李贺的情形相同。

其六，收信人两次不第便弃去科举，归隐山林，与崔子忠"及数试而困，慨然弃去不复应试。荜门土壁，洒扫洁清，……虽无终日之计，晏如也"[16]的情形相符。

其七，在书信中，宋应亨一边劝说收信人不能放弃科举；一边谦称自己"驽骀之质"尚能取得科举成功,"日以冗杂应付作苦";可知他已经考中进士,开始在清丰县做官,这封信写于天启六年(1626)之后,而此时,崔子忠已经移居北京。两人所在城市南北相对,与宋应亨信末语句"临池南向神驰"契合。

在宋应亨的同学好友中,崔子忠是唯一在天启年间参加顺天府乡试、数试不第即归隐山林的生员,也是唯一年少成名的书画家。需要提及的是,崔子忠早年可能是天坛神乐观的乐舞生,具有戏曲背景(见本书《崔子忠原籍及"家住三城二水滨"考》),这种背景与收信人爱好戏曲、宋应亨向其所在县推荐戏班吻合。综上,笔者认为收信人是崔子忠。

2. 帖文的写作时间及其他

崔子忠流寓北京后,因左光斗提携获得参加北直隶乡试的机会。天启四年(1624),他第一次参加北直隶乡试,落榜(见本书《崔子忠流寓北京及放弃科举时间考》)。宋应亨称他两次不第即弃举子业而去,王崇简称他数试不第,"慨然弃去不复应试",可知天启七年(1627)第二次考试失败之后,他便放弃了举子业,这封信作于天启七年(1627)秋后。

需要提及的是,宋应亨与吏部员外郎李其纪(清丰县人)关系颇佳,他能够担任清丰县知县,事实上是李其纪的功劳。他在信中称:"兹黎园一班人,久居敝邑,……今持敝邑李父母书,投贵邑令君并拜谒诸大君子",应该就是指受李其纪委托,介绍清丰县戏班到顺天府演出。令人不解的是,顺天府治下(大兴县或宛平县)一众官员明知这个戏班是李其纪的关系,却敢借机索要崔子忠作品,颇违旧时官场规则,联想到宋应亨与崔子忠的特殊关系,以及他写这封信的目的在于劝说崔子忠继续参加科举考试,推测宋应亨是在帮助崔子忠协调与大兴县(或宛平县)各主要官员的关系,以方便其顺利参加科举考试。

三、《无名氏帖一(未详书人姓氏)》《平度崔灿帖一》考

(一)《无名氏帖一(未详书人姓氏)》

该帖见于《桑梓之遗录文》卷五第四十一册,

帖文如下:

自甲子秋长安奉违年兄颜范,几易寒暑矣,怀暮之私,时切耿耿。后辱尊翰,正值弟捕事见累,几作破甑(句法),不堪道说(句法),弗能如谕,缘滞裁答,罪也深重(章法),非敢漫也,小价可质也。恭维年兄鸿才夙学,又加沉息三年,咫尺秋风,扳桂联琼(句法),为吾辈吐气。弟扑扑风尘,轻似灰烬,贱同牛马,知年兄必为悬念(绾琏章法)。上年九月,虽叨得一荐,而囊空阿堵,世路悠悠,谁为提引,必竟归之沦落也,可叹。年兄今大比之会(省字法),历山乎?燕山乎(字法)?北闱令人从容,较吾省不大苦,如开榜之前先从便铨考,为一通,万无如弟之株守无似也。郭兄近状弟亦未知,缺候考官否希一示之?长兄仙品玉姿,青云以上人,而谦婉和易,令人不忘。前督学使者可曾特鉴乎?不敢颟启(上方有下落),弟遥隔千里,敬将一芹介意,唯年兄勿鄙其簿,甚幸伏希照,另事再渎。弟名正具。[17]

帖文曰:"年兄今大比之会,历山乎?燕山乎?北闱令人从容,较吾省不大苦。""大比",明清两代乡试别称;"历山",代指山东乡试地济南;"燕山",代指北直隶乡试地顺天府;"北闱",明清两代北直隶乡试别称。综上词义,可知收信人是一名侨居北京的山东籍生员,他已经获得乡试考试资格,既可以参加山东乡试,也可以参加北直隶乡试,且北直隶的考试环境比山东更为宽松。

明代科举考试制度严格,禁止生员异地考试,不得冒籍,违者以重罪论处。但也有例外,如天启二年(1622)畿辅督学御史左光斗施行"屯学"新政,采取开放的科举政策,"南人导北,北复踵南"[18],"屯学诸生,每生员十名,准作科举一名,以励其进"[19],便是明代科举史上的特例。从该信描述的自由的考试状态和北直隶宽松的考试环境看,这封信作于明廷推行"屯学"新政期间,收信人是一位北上"屯学"的山东生员,其身份、求学经历,与天启年间崔子忠得到左光斗提携、参加北直隶乡

试的经历相同。

帖文曰:"自甲子秋长安奉违年兄颜范,几易寒暑矣,怀暮之私,时切耿耿,……恭维年兄鸿才凤学,又加沉息三年,咫尺秋风,扳桂联琼,为吾辈吐气。"

"甲子",天启四年(1624);"违",离别;"怀暮之私",本家长辈对后辈用语,意谓:生前最大的愿望;"扳桂联琼",考中举人,联捷成进士。结合文中故事情节,可知写信人是收信人的本家长辈。天启年间,收信人北上屯学,曾参加过天启四年(1624)的北直隶乡试,但没有考中。天启七年(1627),这位长辈再次写信给他,表面上看是在询问考试情况,实则告诉他必须事先让考官"从便铨考"一下,同时打听新任考官名字,意在帮助他顺利通过考试。

帖文曰:"前督学使者可曾特鉴乎?""前",原来的,之前;"督学使者",也称"督学""学使",明清两代派往各省主持教育及科考的专职官员,南北直隶专称"督学御史";"鉴",鉴定,品评。此句意谓:以前的督学御史可曾专门品鉴过?亦可解释为:考试之前督学御史可曾专门品鉴过吗?

帖文曰:"弟遥隔千里,敬将一芹介意,唯年兄勿鄙其簿,甚幸伏希照,另事再渎。弟名正具。""芹",菜名,衍义为"芹献""芹意",意谓微薄的礼物;"介",介入其中。此句意谓:我在千里之外敬赠微薄的礼物,以表达我对您(科举考试)的祝福,希望不要嫌弃礼物太轻。与"另事再渎"相连,可知赠送的礼品不在该信中,将另行寄送。

需要说明的是,在古代,"年兄"为同榜登科者或同学的互称,"长兄"是男子间相互尊称,均无关辈分年龄,与写信人以长辈自居,复又称收信人为"年兄""长兄"并不矛盾。

综上,该书信大意如下:自从天启四年(1624)秋天在北京与您分别之后,几个春秋又过去了。我年纪大了,唯一放心不下的就是您考举人的事情。其间接到过您的来信,正值我身陷捕事,几乎想破罐子破摔,这里就不多说了,因此没有及时回信,绝不敢有意延迟,您可质问我的仆人。您天生聪明好学,加之上次落榜后沉息苦攻三年,连中举人、进士是举手之劳的事情,定能为我辈扬眉吐气。我是风尘中人,轻似灰烬,贱同牛马,知道您必然挂念于我。去年九月,我虽然谋得一职,但囊空如洗,谁愿意帮助提携(没有钱的人)?人生之路漫漫,恐怕只能沦落风尘、销声匿迹了。今年是大比之年,您是参加山东乡试还是北直隶乡试?北直隶条件宽松,不像我们山东那样艰难。如果在开榜之前,先让考官私下评鉴一下,通融通融,万不可像我这样守株待兔。郭兄近来的情况也不清楚。缺后考官的名字能否告诉我?您仙品玉姿,原本就是仕途显达之人,却谦虚平和,令人过目不忘。以前的督学使者可曾品鉴过您(的文章)?不该愚蠢地提及这个问题。我在千里之外敬赠一点小礼品,借以表达祝您考试成功的心意,请不要嫌弃礼轻。另有他事再行叨扰。

(二)《平度崔灿帖一》

该帖见于《桑梓之遗录文》卷四第三十一册,帖文如下:

眷生崔灿顿首拜。久不闻起居状,时复悬悬。宅上有蟢头月继铁梗海棠,各分一枝,赠我胜丽矣,此恳。[20]

"眷生",原意为姻亲、亲眷,旧时两家通婚后尊长对姻亲晚辈的自称。明清两代,"眷生"已经滥用为一般称呼,如清人王应奎《柳南随笔》记载:"眷,亲属也,……今世不论亲谊有无,并不论相识与否,而书刺(刺)概称眷弟、眷晚生,此眷字殊无著落,最为可笑。"[21]又如《金瓶梅》第七十一回,翟谦给西门庆送礼,书写"眷生翟谦顿首拜"[22],自居尊位,其实与西门庆并没有什么亲戚关系等。崔灿(按:崔子忠的族祖父,湖广巡抚翟瓒的孙女婿,平度州人,官宣府镇抚)出身诗礼之家,他的祖父崔廷槐是明嘉靖年间著名诗人,官至四川按察司佥事兼理学校等;父亲崔桓是平度州历史上唯一的解元,知名诗文家,官至武邑知县;

叔伯、兄弟、子侄皆为官宦乡绅。观其书帖，态度谦逊，颇有儒者之风，可知其不至于随俗紊乱纲常，他自称"眷生"，收信人必定是其姻亲晚辈。

"宅上有蟾头月继铁梗海棠，各分一枝，赠我胜丽矣，此恳。"书信开头如此称呼，可知崔灿与收信人是本家关系。"蟾头月"，疑为仙人掌中的"满月"；"月"，"桂宫"的代名称；"铁梗海棠"，蔷薇科植物，枝密且长，形寓"枝"，"棠"音"堂"；"赠我胜丽"，"胜"，首饰，有金胜、玉胜、华胜等，崔子忠《陆治岁朝如意图轴跋》曰"东风渐绿瀛洲草，彩胜都裁五色丝"，又意胜利、赢；"丽"，偶也，成对，喻美好，与前述蟾头月、海棠相连，可知这是两件家传珠宝饰品，寓意折桂（考中举人）、富贵，预祝彼此成功。

综上，这是崔子忠的族祖父崔灿寄给本家姻亲晚辈的一封信，随信寄去首饰一件（作者自留一件），首饰造型寓意考中举人，同时预祝彼此成功。

（三）《平度崔灿帖一》与《无名氏帖一（未详书人姓氏）》的对应关系

《平度崔灿帖一》《无名氏帖一（未详书人姓氏）》是《桑梓之遗录文》中唯一相互关联的两封书信，两信所言之事皆相印合。首先，两封信的写信人和收信人都是山东人，属于本家长辈与晚辈的关系；其次，两封信所言之事都与收信人举人考试有关，属于写信人关心帮助收信人科举考试的内容，类似古代科场作弊。在《无名氏帖一（未详书人姓氏）》中，写信人为了使收信人考中举人，一方面要求收信人务必在考前"先从便铨考"，与考官私下沟通；一方面向收信人索要缺后考官的名字，赠送礼品（暗示礼品将另行寄送），试图帮助他通过乡试考试。其操作情节，与《平度崔灿帖一》作者崔灿启用家藏首饰，与收信人各分一份，预祝彼此（合作）成功完全契合。另外，在时间和写信人对待收信人的态度方面，两者也彼此呼应，如《无名氏帖一》称"自甲子秋长安奉违年兄颜范，几易寒暑矣，怀暮之私，时切耿耿"，《平度崔灿帖一》则称"久不闻起居状，时复悬悬"。在叙事技巧和语言风格方面，两封信文风谦逊，寄意深远，既能清晰地表达出帮助收信人通过科举考试的意图，又不伤其自尊心。总之，无论是故事情节还是语言风格，两封信都高度一致，为崔灿写给同一位晚辈的信无疑。

（四）《无名氏帖一（未详书人姓氏）》《平度崔灿帖一》收信人与崔子忠的关系

收信人的身份、家族背景和生活经历等与崔子忠高度相似，其相似点如下。

其一，根据《无名氏帖一（未详书人姓氏）》《平度崔灿帖一》记载，可知收信人是崔灿的本家晚辈、平度崔氏家族的一名生员，天启四年（1624）赴京"屯学"并参加北直隶乡试，其身份、祖籍、与崔灿的关系以及流寓北京的经历，与崔子忠完全相同。崔子忠是当时平度崔氏家族唯一"流寓北京"[23]的人，由此可见，收信人非崔子忠莫属。

其二，崔灿与收信人既是本家，又具有姻亲关系，这种亲上加亲的关系，与崔灿同崔子忠的关系相同。在《胶东崔氏族谱》中，崔灿与崔子忠的血缘关系在五服之内，不仅如此，两支还交叠多层姻亲关系，如崔子忠的曾祖父崔津与崔灿的伯父崔旦同娶掖县嘉靖朝首辅毛纪的孙女（太仆寺卿毛渠的女儿）为妻；崔子忠的祖父崔偕与崔灿的族弟崔燦同娶平度州西关何氏的女儿为妻；崔子忠的父亲崔胤德与崔灿的侄儿崔霂同娶平度州东关赵希召的女儿为妻等，这种关系，与崔灿在信中以长辈自居、自称"眷生"以及关心收信人的科举前途相符。

综上，笔者认为《无名氏帖一（未详书人姓氏）》《平度崔灿帖一》是崔灿写给崔子忠的两封信，信中所言之事，与天启年间崔子忠在京参加北直隶科举考试有关。

（五）两封书信揭示的崔子忠的科举历程

根据上述两封书信记载，参之以相关史料，可知崔子忠参加北直隶科举考试的历程如下。约天启二年（1622），崔子忠北上屯学，因得到畿辅督学御史左光斗赏识，获得参加北直隶乡试的资格。天启四年（1624）秋，他第一次参加考试，落榜。其间，他的族祖父崔灿前来晤面。天启七年（1627）秋，许久不见音信的崔灿再次出面，鼓励他继续参加该年的科举考试，提醒他在考试之前，一定要请考官先评鉴一下，并向他索要缺后考官的名字，寄送首饰。结果再次铩羽而归。这次考试失败之后，崔子忠对科举前途彻底绝望，不久即弃去举子业，居京莳花养鱼，以诗画自娱，他的科举生涯就此画上句号。

四、《莱阳宋员外璜帖一》考

（一）帖文概述

该帖见于《桑梓之遗录文》卷十第九十九册，起首语曰："宋字要紧，好收之。"帖文如下：

事之无璜之罪也。为知己者死，亦复何憾！朴直一念，天地鬼神鉴之。此时家已破矣，心尽而力竭矣。大丈夫做事死不肯悔，矧未至死乎！出金赎人，初非怪事。论匿，则三九见在彼家；论取赎，则满有明例。北平所可自信者，此情此理；所持以难先生者，惟在不来。来则何难主持乎？尊谕敢不识心？自有此事以来，不并力图谋，全家死于月内。诸所欲言，去人自能口悉之。晚璜顿首。冲。[24]

这是清初顺天府推官宋璜的一封释疑信，大意如下：此事不能怪我啊！为知己者死，我死去又有什么遗憾的？此心天地鬼神可鉴。现在家已经破了，我已经竭尽全力！大丈夫做事死不肯悔，何况还没有死呢！出钱赎人，并非没有先例。若论逃匿之罪，（他）三九时节还在主人家中。若想出金赎人，清朝延续的是前明法律，可以照章办事。此事于情于理都讲得通，我身为顺天府推官，自信能够办好此事，问题是他不肯前来（投诉），来后有什么难办的？说句话我能不记在心里吗？自从发生这件事以后，（他）并不与我合力图谋，以至于全家死于月内。许多不方便说的话，信使会详细告诉您。

根据帖文语句"论匿，则三九见在彼家"及"论取赎，则满有明例"可知，这是清初的一起逃人案，时间在清顺治二年（1645）三九时节（按：清人初进北京时，由于立国未稳，未及制定相应的逃人法律，一直沿用明律，直到顺治三年五月，才制定出新的《顺治律》，故知此案发生于顺治二年三九时节），逃人是宋璜的知己好友。这位友人在三九时节逃离主人家，一直藏匿不肯露面。当时，宋璜恰好担任顺天府推官，他从一开始就知道这回事，竭尽全力帮助这位友人。他提出过很多解决办法：若（原主）追究友人逃匿之罪，他可以证明三九时节还在主人家见过友人；若友人想解除与原主的主仆关系，则可以依照清廷延续的明代法律，出金赎人。但自从发生这件事以后，友人并不与宋璜通力合作，而是听之任之。根据帖文语句"自有此事以来，不并力图谋"及"论匿，则三九见在彼家"，推测原主举报了这位友人，清兵已经开始搜捕，但友人宁死不肯露面，以至于全家冻死于三九时节内。

（二）宋璜信中逃人与崔子忠的比对

宋璜信中逃人（以下称"帖中逃人"）的身份和死亡经历与崔子忠基本一致，其相同点主要体现在以下几个方面。

其一，"帖中逃人"的身份、死亡情节与崔子忠相同。

崔子忠晚年遭遇投充法、逃人法，冻死于北京。有关他死亡的原因和过程，笔者在本书《崔子忠之死》一文中进行过专门研究，今提前略述如下。

明崇祯十六年（1643），崔子忠为躲避李自成农民军、清人之乱，举家移居北京西山。李自成进京后，又南奔至易州洪崖山（西山），寄住封黄顶庙祝友人处。清顺治二年（1645）春，清廷施行投充法，强迫汉人投充为奴，"又距京三百里外耕种满洲田地之处庄头及奴仆人等，将各州县庄村之人逼勒投充，不愿者即以言语恐吓威势逼胁，各色工匠，尽行搜索，务令投充"[25]。崔子忠是京师首屈一指的书画家，清人急于搜罗的高级"工匠"，自然在勒逼投充之列。吴伟业《题崔青蚓洗象图》记载："材大宁堪世人用，徒使低头受羁绁。"[26] 称他因为不肯为清朝所用而遭到拘禁、控制。汪懋麟《王筠侣传》记载："嗟乎！若王（按：王崇节）与崔（按：崔子忠）者，殆所谓狂狷者流与？以彼才技，使稍就绳墨，其所传当不止此，乃俱以任诞死，惜哉！"[27] 称他不肯按照当权者的意志行事，任性而死。可知他已经被迫投充，成为清朝的"御用"画家。

汉人一旦投充即系满人家奴，出走即为逃人，清兵必严加追捕。王崇简《都门三子传》称崔子忠借住友人家后，因友人怜而无礼，去而不就，遂夫妇先后死。朱彝尊《崔子忠陈洪绶合传》称子忠出奔后，"郁郁不自得，会人有触其意者，走入土室中匿不出，遂饿而死"[28]。高承埏《崇祯忠节录》称崔子忠逃离西山后咒骂了西山友人："叹曰：西山邈矣，无处采薇，潜走郊外，匿土室中，不复与人相接，遂饿而死。"[29] 谢家禾称崔子忠宁死不回西山，"饥死忍采西山薇"[30]。曹溶称崔子忠被困死在京师冰天雪地中："……犹记沧波清浅日，凤城风雪困黄筌。"[31] 保定民间传说崔子忠从西山回京后，为躲避清兵，走入自家菜窖全节而死。这些记载和传说表明，崔子忠最初投靠在洪崖山（西山）封黄顶庙祝处，入清后也被迫投充在这里，并从这里逃回北京，成为清廷追捕的逃人。他逃出西山后"潜""匿"的行为、宁死不食西山嗟来之食的举动，走入土室不复与人相接、"遂饿而死"的结局，与"帖中逃人"逃离原主后不肯见人，不与宋璜合力图谋，任由事态发展，最后全家冻死于三九时节的悲剧相同。

其二，宋璜与"帖中逃人"的关系，与他同崔子忠关系相似。

宋璜是明末清初颇有名气的文人，他尊称"帖中逃人"为"先生"，可知这位逃人是一位受人尊敬的儒士和长者。他又称因营救"帖中逃人"，"家已破矣，心尽而力竭矣"，"为知己者死，亦复何憾"。这种生死之交的关系，与他同崔子忠的关系匹配。

宋璜性格磊落不羁，"与人交，片言相许，不惜倾身以之，……邑有公事，不惮力请至，今人思其庇焉"[32]。由于睚眦必报的性格，他与世寡谐，几乎没有什么朋友，以至于最后被他人陷害时，竟然无人出面公证，郁郁死于狱中。然而，他与崔子忠却是真正的知己好友，两人同乡、同社、同学，两家为世交之家。崔子忠的画作千金难求，同社社友多不能得，却多次为宋璜创作巨幅作品，如崇祯十三年（1640）作《洗象图》，方濬颐《梦园书画录》这样记载："绫本，今尺高五尺八寸，阔一尺六寸五分，……笔迹劲细，用色精密，亦当日作者经意之笔。"[33] 约同年，又为宋璜创作《唐代宫女图》，表达寄托身家之意：

一日为玉仲为此，学唐人宫女式而逸之者也。既竟，静观良久，为之言曰：翩然欲步下，幽然有所思。可与净言，可与解语，衣之天缥丝，照之犀脂炬，可乎？敬哉能诗，为我叶言于次，崔子忠识。[34]

在《莱阳宋员外璜帖一》中，宋璜反复解释"帖中逃人"的死与他无关，并对天起誓，可知死者家属（或亲戚朋友）在追问他的责任。根据《桑梓之遗书画册》第二十三册于斯堂藏帖下《莱阳宋员外璜帖》记载："以下四帖确出吾乡先辈，而失其姓字，附此，俟再详附。"可知追问宋璜责任的人是其同乡，"帖中逃人"也应该是山东人。查阅各种史料，明清鼎革之际，在京冻（饿）死且有逃人情节的山东名人，仅崔子忠一人。

其三，书信暗含崔子忠的名字。

该书信有句曰："大丈夫做事死不肯悔，矧未至死乎！""矧"意谓"况且"，直译为：大丈夫做事死不肯悔，何况还没有死呢！但联系到"帖中逃人"原本可以自救，却听之任之，最后冻死于三九严寒的情况，以及当时严酷的政治形势，却是暗指这位逃人的名字，意谓：大丈夫做事死不肯悔，"蚓"不该死啊！名字与崔子忠的字相同。

（三）宋璜审理崔子忠案的可能性

清人入关后，为稳固新建政权，广施怀柔政策。清顺治元年（1644）五月三日，清睿亲王多尔衮进入北京后，即谕令前明官员俱准照旧录用。六日，又令在京内阁、六部、都察院等衙门官员，俱以原官与满官一体办事。不久又宣布，凡文武官员军民人等，不论原属流贼，或为流贼逼勒投降，若愿归服新朝，仍准录用，"官仍其职，民复其业，录其贤能，恤其无告"。宋璜原为前明杭州府推官，甲申之乱后流亡江南，与新科进士王崇简相遇于江宁，两家船樯相连，动静相从。南明弘光政权覆灭以后，面对清廷的怀柔政策和朋友推荐，王崇简与宋璜三兄弟审时度势，决定降清，共订"北归之计"[35]。

顺治二年（1645）十月，王崇简与宋璜三兄弟归道莱阳。十一月，王崇简回京，立即起文赴部，次年正月直授翰林国史院庶吉士。按照事先约定，宋璜必定会随同王崇简一起赴京降清（按：顺治二年初冬，宋氏送王崇简回京，仅见宋琬一人与王崇简告别，隐约显示出宋璜即将随同王崇简入京、无须再行告别的理由）。由于宋璜曾经担任过杭州府推官，降清后可直授原官，因此他入职清廷的时间，应不晚于王崇简起文赴部的时间，这种猜测与《（光绪）增修登州府志》记载宋璜"国初调顺天府推官"及宋璜书信透露的降清时间吻合。

推官为府佐贰官，职专刑名，直接听审百姓递交的案件。清初，由于畿辅地区逃人案急剧增加，顺天府推官权重加大。宋璜在信中对处理友人案件信心满满，正是基于推官职权的表现。总之，宋璜任职的时间与崔子忠案重叠，有机会和权力处理其案件。

（四）结语

综上，"帖中逃人"的身份、逃亡经历、死亡时间地点及其与宋璜的关系等与崔子忠印合，宋璜也有机会和权力处理其案件。鉴于崔子忠是明清鼎革时唯一冻死京城的山东文人，今初步确定"帖中逃人"是崔子忠，《莱阳宋员外璜帖一》是一封关于崔子忠死亡原因的释疑信。

注释

[1] [清] 陈介锡编《桑梓之遗录文》卷八第七十八册《莱阳姜贞文先生垓帖三》，收入《山东文献集成》第一辑（4），山东大学出版社，2006年，第321页。

[2] [清] 陈介锡编《桑梓之遗录文》卷八第七十八册《莱阳姜贞文先生垓帖三》，收入《山东文献集成》第一辑（4），山东大学出版社，2006年，第321页下栏—322页上栏。

[3] [清] 陈介锡编《桑梓之遗录文》卷八第七十八册《莱阳姜贞文先生垓帖三》，收入《山东文献集成》第一辑（4），山东大学出版社，2006年，第322页上栏。

[4] [清] 姜埰：《敬亭集》之《姜贞毅先生自著年谱》，清康熙刻本，第10页a。

[5] [清] 姜埰：《敬亭集》之《姜贞毅先生自著年谱》，清康熙刻本，第10页b—11页a。

[6] [清] 陈介锡编《桑梓之遗录文》卷八第七十八册《莱阳宋节愍公应亨帖一》，收入《山东文献集成》第一辑（4），山东大学出版社，2006年，第318页下栏。

[7] [清] 陈介锡编《桑梓之遗录文》卷八第七十八册《莱阳宋节愍公应亨帖一》，收入《山东文献集成》第一辑（4），山东大学出版社，2006年，第318页。

[8] [清] 钱谦益辑《列朝诗集》丁集卷十《崔秀才子忠》，清顺治九年毛氏汲古阁刻本，第66页b。

[9] [清] 李祖陶辑《国朝文录续编》之《百尺梧桐阁文录·王筠侣传》，清同治刻本，第13页a。

[10] [清] 谈迁：《北游录》纪闻上《崔青蚓》，中华书局，1960年，第329页。

[11] [清] 王崇简：《青箱堂文集》卷八《都门三子传》，收入《四库全书存目丛书》集部第二〇三册，齐鲁书社，1997年，影印本，第497页上栏。

[12] [清] 孙承泽：《畿辅人物志》卷十九《崔文学子忠》，清初刻本，第13页a。

[13] [清] 宋琬：《宋琬全集》，辛鸿义、赵家斌点校，齐鲁书社，2003年，第692页。

[14] [清] 陈介锡编《桑梓之遗录文》卷三《莱阳宋郎中应亨帖一》，收入《山东文献集成》第一辑（4），山东大学出版社，2006年，第121页下栏—122页上栏。

[15] [清] 孙承泽：《畿辅人物志》卷十九《崔文学子忠》，清初刻本，第13页b。

[16] [清] 王崇简：《青箱堂文集》卷八《都门三子传》，收入

《四库全书存目丛书》集部第二〇三册，齐鲁书社，1997年，影印本，第497页上栏。

[17] [清] 陈介锡编《桑梓之遗录文》卷五第四十一册《无名氏帖一》，收入《山东文献集成》第一辑（4），山东大学出版社，2006年，第222页。

[18] [民国] 马其昶：《左忠毅公年谱定本》卷下，清光绪集虚草堂丛书本，第3页a。

[19] [明] 左光斗：《左忠毅公集》卷之二奏疏《地方兴化有机疏》，清康熙刻本，第27页a。

[20] [清] 陈介锡编《桑梓之遗录文》卷四第三十一册《平度崔灿帖一》，收入《山东文献集成》第一辑（4），山东大学出版社，2006年，第175页上栏。

[21] [清] 王应奎：《柳南随笔》卷二，清嘉庆借月山房汇钞本，第26页a。

[22] [明] 兰陵笑笑生：《金瓶梅词话》卷八第七十一回，明万历四十五年刻本，第11页b。

[23] 《胶东崔氏族谱》十世《流寓北京》，清康熙刻本，第38页。

[24] [清] 陈介锡编《桑梓之遗录文》卷十第九十九册《莱阳宋员外瑸帖一》，收入《山东文献集成》第一辑（4），山东大学出版社，2006年，第436页上栏。

[25] 《清世祖章皇帝实录》卷十五，中华书局，1985年，影印本，第140页上栏。

[26] [清] 靳荣藩辑《吴诗集览》卷六下《题崔青蚓洗象图》，清乾隆四十年凌云亭刻本，第13页a。

[27] 同[9]。

[28] [清] 朱彝尊：《曝书亭集》卷六十四传三《崔子忠陈洪绶合传》，四部丛刊景清康熙本，第14页b—15页a。

[29] [清] 高承埏编辑《崇祯忠节录》卷一，收入周骏富辑《明代传记丛刊·名人类（45）》，明文书局，影印本，第209—210页。

[30] [清] 潘衍桐：《两浙𬨎轩续录》卷三十四《谢家禾·癸巳下第归卜堂兄出所藏崔道母倪高士洗桐图属题》，清光绪刻本，第22页a。

[31] [清] 曹溶：《静惕堂诗集》卷四十二七言绝句二《客贻崔道母画有感（道母京师人，以乙酉年冻死）》，清雍正刻本，第12页b。

[32] [民国] 王丕煦纂《（民国）莱阳县志》卷三之三（上）人事志艺文上《宋司理瑸传（续志）》，第44页。

[33] [清] 方濬颐：《梦园书画录》卷十四《明崔子忠洗象图立幅》，清光绪刻本，第37页。

[34] 参见 [明] 崔子忠《唐代宫女图》题识。

[35] [清] 宋琬：《安雅堂文集》之《重刻安雅堂诗文集序（王熙）》，清康熙三十八年宋思勃刻本，第1页。

崔子忠流寓北京及放弃科举时间考

一、崔子忠流寓北京的时间及原因

崔子忠早年流寓北京，寄籍为顺天府学生。根据王崇简《都门三子传》记载："子忠为诸生甚贫，于六经无不读，得诸戴礼者尤深。为文崛奥，动辄千言，不加绳削而自合，督学御史左公光斗奇其才，置高等食饩。及数试而困，慨然弃去，不复应试。"可知在左光斗担任畿辅督学御史的时候，崔子忠已经来到北京并参加了北直隶乡试。左光斗担任畿辅督学御史始于天启元年（1621）三月，[1] 终于天启三年（1623）三月，"岁科三年"。[2] 梁清标《息影轩残稿序》称崔子忠"天启时为府庠生"，据此又可知崔子忠被左光斗"置高等食饩"的时间，在天启元年（1621）至天启三年（1623）间，他在崇祯元年（1628）之前，已经成为顺天府学生员。

明代对于科举考试冒籍监管极严，崔子忠能够被畿辅督学御史左光斗"置高等食饩"，只能通过两条路径：一是他原来就是顺天府学生员，在例行考试中被"置高等食饩"，获得举人考试资格；二是他原籍莱阳，因朝廷的特殊政策寄籍北京，被左光斗"置高等食饩"。

先看第一条路径。崔氏家族世代经商，崔子忠的祖父辈三代在京为官。明时，"凡附籍者，正统时，老疾致仕事故官家属，离本籍千里者，许收附，……景泰中，令民籍者收附"[3]。商人如因经商而留居其地，其子孙户籍亦可附于行商之省。按照这种规定，崔子忠的祖父、父亲及其本人都有资格入籍北京，但观察《胶东崔氏族谱》，除崔子忠"流寓北京"之外，崔氏家族没有人入籍北京，包括他的从祖父崔倓，虽然因先人恩泽补荫留京，但至其儿辈却又举家迁回山东胶州。由此可见，崔子忠在去北京之前仍然是莱阳县籍。许多历史文献支持这种观点，如徐沁《明画录》记载："崔子忠，字清引，一字道冊，莱阳人，少为诸生，以诗名，后侨燕。"[4] 等等。既然崔子忠不是北京户籍，也就不可能按照正常路径成为顺天府学生员，因此，第一条路不通。

再看第二条路径。崔子忠虽然不是北京户籍，但却被左光斗"置高等食饩"，这种情况表明他获得了某种特殊机遇，能够超越当时考试制度限制，直接以外地生员的身份参加北直隶乡试。巧合的是，天启二年（1622）明廷推行"屯学"新政，恰恰给他提供了这样的机会，而他流寓北京的经历与屯学新政契合，也说明他充分利用了这种机遇。

（一）屯学

天启二年（1622）三月，左光斗由屯牧改学差，担任畿辅督学御史，开始筹划屯学。他在给朝廷的奏折中写道：

零星开垦，其制不能久。欲辟永久之利，莫若开功名之途。国家卫有学，是军之子得为士；运司有学，是商之子得为士。今诚仿汉，力田科，以田为殿，最俾火耕水耨之子，亦得与圜桥观听之荣。其法使人自为屯，先授田百亩，给以武生衣巾，使之且耕且读且射，寄学之后，文艺有长力田有加者，收之庠业，益进士、益闱者，即就田之入饩之，南方富室子弟不得志于有司者，必走如鹜，南人导北，北复踵南，每田一亩，入租一石，每试百人，得租万石，且以屯占籍，士子世守其业，国家世收其利，较鬻爵纳粟如日中而市者，于计孰便。请视卫学运学例一体举行。[5]

建议很快得到朝廷采纳并首先在北直隶地区推行开来。左光斗"念天下承平久，民不知兵，而疆场多故，期得兼资奇伟者，养之庠序之中，每行部辄较诸生射"[6]。"更于河间、天津设屯学，试骑射，为武生，给田百亩"[7]。为提高屯学的吸引力，左光斗又在涿州置水田数百顷，通给乡试诸生卷，资着为例。上疏奏请："屯学诸生，每生员十名，准做科举一名，以励其进，其应定中额，是在上裁，非职所敢议也。前件本道覆议，得科举应试，断应取其一二，以示鼓舞。"[8]以提供贫寒子弟更多进身渠道。

屯学解决了教育资源不平衡和人才流动不畅的弊病，打破了南北直隶考试对外地生员的限制，其亮点在于：其一，外地生员屯学之后，可以"以屯占籍"，直接成为北直隶人，寄籍之后，如果在文艺等方面表现突出，可以直接收入府学，成为科举考试的后备力量；其二，生员一旦被"置高等食饩"，朝廷不须另行拨付廪资，可以直接从田赋中取代；其三，屯学生员每十名准许推荐一名参加科考，比例超高，能够提供生员更多脱颖而出的机会。屯学还为与地方官搞不好关系的生员开辟了博取功名的特殊通道，短时间内，大批贫寒子弟、奇才、怪才慕名而来。"人争趋如流水。……昨岁六百亩，今为四千亩，向之一望青草，今为满目黄云，鸡犬相闻，鱼蟹举纲，风景依稀，绝似江南。"[9]

（二）崔子忠与屯学

1. 崔子忠流寓北京的轨迹与屯学

关于崔子忠成为顺天府学生员的经历，《清史稿》记载"崔子忠，……莱阳人，寄籍为顺天诸生"，《桑梓之遗录文》卷八《莱阳崔高士子忠行书一》记载"以寄籍为顺天府诸生"[10]，均称他因寄籍而成为顺天府学生员。朱彝尊《崔子忠陈洪绶合传》记载与此大同小异，"居京师，补顺天府学生"[11]，称他因居住京师补顺天府学生员。梁清标《息影轩残稿序》则记载其"天启时为府庠生"，将他补顺天府学生员的时间界定在天启年间。王崇简《都门三子传》记载更为详细，称他早年跟随莱阳人宋继登学习，后因畿辅督学御史左光斗赏识其诗文，"置高等食饩"，将其获得举人考试资格的时间定格在天启元年（1621）至天启三年（1623）之间。

综上，崔子忠原先是一名莱阳生员，天启年间寄籍北京，因诗文优秀被左光斗"置高等食饩"，获得参加北直隶乡试的资格，补顺天府学生员。其成为顺天府生员的经历，与屯学以屯占籍，寄学之后，文艺有长力田有加者收之庠业的政策一致，时间节点也完全统一。

2. 崔子忠族祖父崔灿的书信

崔子忠的族祖父崔灿写给崔子忠的信，也能证明崔子忠参加了屯学，其《无名氏帖一》记载：

自甲子秋长安奉违年兄颜范，几易寒暑矣。……恭维年兄鸿才凤学，又加沉息三年，咫尺秋风，扳桂联琼，为吾辈吐气。……年兄今大比之会，历山乎？燕山乎？北闱令人从容，较吾省不大苦，如开榜之前先从便铨考，为一通，万无如弟之株守无似也。……前督学使者可曾特鉴乎？不敢颟启，弟遥隔千里，敬将一芹介意……。

由该书信得知，天启四年（1624），崔子忠已经参加了北直隶乡试。当时，他既可以参加山东乡试，也可以参加北直隶乡试，且北直隶考试的压力比山东轻，其自由宽松的考试状态，与天启年间屯学独有的"南人导北，北复踵南"及"每生员十名，准做科举一名"的政策完全相符。需要提及的是，崔子忠的族祖父崔灿是一位非常了解旧时科场潜规则的官员，他不仅反复叮嘱崔子忠事先与考官沟通，"先从便铨考"，而且打听后补考官名字，可能担心他听不懂，最后竟然提醒："前督学使者可曾特鉴乎？"似乎在暗示他原先为左光斗赏识的原因。由此可知，他的确已经投入屯学洪流，并因此入籍北京，成为顺天府学生员（见本书《〈桑梓之遗录文〉之姜垓、宋应亨、宋璜、崔灿帖及无名氏帖考》崔灿帖及无名氏帖考部分）。

3. 崔子忠北上屯学的原因

屯学对考生有百利而无一害，对于家境贫寒且与地方官搞不好关系的崔子忠来说，自然更加具有吸引力。崔子忠愿意参加屯学有如下原因。

其一，经济原因。崔氏家族原本十分富有，万历年间遭遇金商之祸后，家道开始中落，到崔子忠为诸生时，已经陷入"无终日之计"的窘境。屯学不限南北，自愿入屯，以屯为籍，先给水田百亩，每亩收租稻一石，生活有充分保障，无疑能够解除崔子忠的燃眉之急。

其二，宽松的科举政策。明代历朝乡试严格实行定额录取制度，这种制度决定着直隶、各省录取举人的数量，对每个举子的命运都会产生不少影响。乡试名额以南北直隶最多，山东名额偏少。如万历四十三年（1615）乡试，南北直隶分别为148名、150名；崇祯十五年（1642）乡试，南北直隶分别为163名、170名。同时期山东却只有80名、88名，比江西100名、110名，湖广95名、105名，河南85名、93名还少。[12] 总体名额少，竞争就激烈，许多生员毕生得不到考试机会，穷老终死。

莱阳地处孔孟之乡，人才济济。万历至崇祯年间，该县成为江北文化第一重镇，集聚了大批杰出人才，如崔子忠的同学赵士骥、宋应亨、宋继澄、宋玫、宋琮等，都是当时鼎鼎大名的才子，令人望而却步。相对来说，北直隶人才平平，科举名额却比较多。尤其是屯学"每生员十名，准做科举一名"的政策，对于已经颇有文学声誉的崔子忠来说，无疑具有很大诱惑力。

其三，良好的科举生态环境。明末世风日下，科举考试不仅是实力的较量，也是人事关系的竞争。在科考选拔过程中，地方主管教育的官员具有重要话语权。崔子忠性情孤傲，不喜刺谒当权者，曾出现过地方官不得不通过他的朋友向他求画的情况，可知他与地方官员的关系并不融洽，被推荐参加乡试的概率很小，属于"不得志于有司者"。屯学开放的科举政策，无疑为他提供了一条新路。何况在屯学地天津卫，崔氏家族有一支人以军籍居住此地，左光斗及其下属在此屯学，开武学，试骑射，必然会与他们发生联系，崔子忠会拥有更好的人际环境。

其四，左光斗精神品格的召唤。左光斗是明末东林党领袖之一，为官清廉，爱才如命。他在担任畿辅督学御史期间，不受荐，不受谢，亦不荐受谢者，日以"衡文"（评价士子诗文）为能事。公务之暇，则与二三宏阔之士谈古论今，质疑问难，许多贫寒子弟因此一跃龙门，声价十倍，如崔子忠的好友史可法，在被左光斗破格提拔为童生第一名之后，便在其家吃住、学习，二人情同父子。左光斗唯才是举、公正廉明的作风，对于那些不善于协调各方面关系的奇才、怪才，无疑具有巨大的感召力。史称左光斗见到崔子忠诗文之后，"一见奇之"，立即拔高等食饩，可见左光斗惜才如命的态度。需要提及的是，崔子忠、史可法虽然都是左光斗破格提拔的学生，但崔子忠的才华见识却在史可法之上（见王崇简《都门三子传》），以左光斗的脾性，必然会找崔子忠谈话。由此推测，当左光斗与"二三宏阔之士"谈古论今时，崔子忠必定在被邀之列，史称"史可法故与子忠善"[13]，或与此有关。

4. 崔子忠在屯学地区留下的遗迹

崔子忠及其所在的崔氏家族与屯学地天津、河间、涿州等有着千丝万缕的关系。例如，清河崔氏的发源地在北直隶广平府境内，距天津、河间等地不远。明初，崔子忠五世祖中的一支以"尺籍"[14]身份移居天津卫，世代永居；嘉靖、隆庆、万历年间，崔子忠的从高祖崔廷槐、族曾祖父崔桓、崔校等先后在栾城、武邑、河间府等地担任要职，政声颇佳；崇祯四年（1631）九月，崔子忠拜河间府奉佛弟子田大受为师，自称"长安门下士"；崇祯十五年（1642），崔子忠的族祖父崔维橒担任保定府安州知州，抗清被杀，祀乡贤祠等；崇祯末年，崔子忠隐居于与涿州毗邻的易州洪崖山，创作《息影轩画谱》；崔子忠的弟子王崇简、王崇节均为河间府人等。不仅如此，崔子忠还在该地留下了不少绘画作品，如：崇祯四年（1631）为田大受作《白描佛像》，清人张霺称得之于德州；明末，为易州洪崖山封黄顶庙创作壁画《王母娘娘大宴蟠桃会图》《九天仙女行乐图》。另外，今衡水地区流传的《三酸图》《负薪图》《松荫谈议图》等，也显示出他与屯学地区的密切联系。

二、崔子忠入籍北京和放弃科举考试的时间

屯学从天启二年（1622）三月开始，到天启四年（1624）十一月左光斗为阉党所陷，逐渐式微，兴盛期不过三年。由于左光斗担任督学御史止于天启三年（1623）三月，已经不可能主持天启四年（1624）的考试，因此，崔子忠北上屯学并得到左光斗提拔的时间，只能在天启二年（1622）至天启三年（1623）之间。明律，督学御史到任，第一年岁考，第二年科考，依此规矩，左光斗举行科考的时间在天启二年（1622），崔子忠获得乡试资格、补顺天府学生员的时间也应当在该年。而从"以屯占籍"的政策看，他很可能在天启二年（1622）初期已经入籍北京。其第一次参加北直隶乡试的时间，则应该在此后的天启四年（1624）。

根据崔子忠族祖父崔灿的书信得知，天启四年（1624），崔子忠参加北直隶乡试并落榜。崔子忠的好友宋应亨称他只参加了两次考试，便放弃科举，王崇简称他"及数试而困，慨然弃去不复应试"，可知他在天启七年（1627）第二次考试失败之后，便彻底放弃了举子业。崔子忠当时的行迹与这种推测契合，例如天启七年（1627）五月，他还在为国子监生出谋划策，以摆脱阉党陆万龄的纠缠；该年乡试之前，他的族祖父崔灿还在信中称："自甲子秋长安奉违年兄颜范，几易寒暑矣。……恭维年兄鸿才夙学，又加沉息三年，咫尺秋风扳桂联琼，为吾辈吐气。"试图帮助他考中举人，说明他仍然与学校、科举保持着密切联系，没有隐居山林。

崔子忠最终放弃科举可能在崇祯元年（1628）。该年，当少年时期的莱阳同学宋琮和顺天府大兴县的同学史可法同时考中进士之后，他开始意识到自己并不适合科举，他当时的精神状态，由王崇简诗歌《送宋宗玉并怀呈玉文玉》可窥一斑：

> 获与子深交，志意皆凤择。
> 见面云七月，语默通魂魄。
> 常看今世人，把握惟朝夕。
> 与君兄弟好，非舔声影索。
> 言别未为难，相视眼光射。
> 拜手难一词，怀思黯然积。
> 低眉向崔子，读书是相益。
> 车马顷刻间，远看天色碧。[15]

时在初秋，新科进士宋琮即将离京前去做官，崔子忠与王崇简前来送行。众人见面后话语不多，气氛凝重，顷刻间，宋琮的车马已经远去，空余两人跨蹰天际间，相约共同读书。

观察崔子忠作品款识，也可以看出他在这一时期放弃举子业的迹象。如崇祯元年（1628）之前，他的作品多题"北海崔子忠"，但在崇祯元年，尤其是崇祯三年（1630）之后，却开始频繁地题写"长安门下士""北平崔子忠"，绘画技巧也日趋专业、熟练，说明他已经定居北京，专门从事绘画创作。学者高居翰认为："1625年时，宋家有两位子弟得中进士，这无疑凸显了崔子忠多次赴试不第的事实。……有可能他就是在这个时候，开始打消取仕的念头，退而成为画家。"[16] 将崔子忠放弃科举的时间定格在天启五年（1625），虽嫌时间稍早，却已经与实际情况非常接近。

需要提及的是，崔子忠的老师宋继登有带领学生宦游、署中办班的习惯，万历四十年（1612）至万历四十七年（1619），他一直在北京地区任职，崔子忠也可能随其来京，顺便参加了屯学，并不一定在天启二年（1622）专门北上。今暂定他于天启二年（1622）北上屯学，入籍北京。

三、结语

综上，崔子忠流寓北京及放弃科举的经历如下：天启二年（1622）北上屯学，因诗文得到左光斗赏识，被"置高等食饩"，由此获得北直隶乡试资格并补顺天府学生员；天启四年（1624），第一次参加北直隶乡试，落榜；此后在京复读三年，天启七年（1627）秋第二次参加考试，再次落榜，万念俱灰，遂产生放弃科举的念头；稍后，崇祯元年（1628）送少年同学、新科进士宋琮出京，意有感触，乃绝意仕途，居京专门从事诗文、绘画创作。

注释

[1] 参见［民国］马其昶《左忠毅公年谱定本》卷下《天启元年辛酉公四十七岁三月》，清光绪集虚草堂丛书本，第1页a。

[2] ［民国］马其昶：《左忠毅公年谱定本》卷下《三年癸亥公四十九岁三月》，清光绪集虚草堂丛书本，第4页a。

[3] ［清］张廷玉：《明史》卷七十七志第五十三《食货一》，清乾隆武英殿刻本，第3页。

[4] ［清］徐沁：《明画录》卷一《人物》，清嘉庆读画斋丛书本，第14页a。

[5] ［民国］马其昶：《左忠毅公年谱定本》卷下《二年壬戌公四十八岁二月》，清光绪集虚草堂丛书本，第3页。

[6] ［民国］马其昶：《左忠毅公年谱定本》卷下《二年壬戌公四十八岁二月》，清光绪集虚草堂丛书本，第3页b。

[7] ［清］张廷玉：《明史》卷七十七志第五十三《食货一》，清乾隆四年刻本，第11页a。

[8] ［清］左光斗：《左忠毅公集》卷二奏疏《地方兴化有机疏》，清康熙刻本，第27页a。

[9] ［明］左光斗：《左忠毅公集》卷二奏疏《地方兴化有机疏》，清康熙刻本，第29页a。

[10] ［清］陈介锡编《桑梓之遗录文》卷八第七十八册《莱阳崔高士子忠行书一》，收入《山东文献集成》第一辑（4），山东大学出版社，2006年，第319页。

[11] ［清］朱彝尊：《曝书亭集》卷六十四传三《崔子忠陈洪绶合传》，四部丛刊景清康熙本，第14页b。

[12] 参见韩旭《中国古代科举制度中的地域平衡原则》，《华人时刊》2011年第10期，第98页。

[13] ［清］徐鼒：《小腆纪传》卷第五十八列传第五十一逸民《崔子忠》，清光绪金陵刻本，第9页b。

[14] 《胶东崔氏族谱》之《世系考（崔廷槐）》，清康熙刻本。

[15] ［清］王崇简：《青箱堂诗集》卷之一丙寅至辛未《送宋宗玉并怀呈玉文玉》，收入《四库全书存目丛书》集部第二〇三册，齐鲁书社，1997年，影印本，第41页下栏。

[16] ［美］高居翰：《山外山：晚明绘画（1570—1644）》，王嘉骥译，生活·读书·新知三联书店，2009年，第296页。

崔子忠在北京的几位主要朋友

明时宛平、大兴为顺天府附郭县，县学、府学一体，崔子忠成为顺天府学生员后，因此结识了王崇简、米寿都、史可法等人，这些人大多是畿辅督学御史左光斗识拔的生员和复社"北直顺天府"成员，古代士子极其看重同门、同社之谊，气味相投者更是惺惺相惜，他们自然也不例外，由此结成了具有东林文化基因的文化圈，后来发展成为京师政坛、文坛的一股重要力量。

一、王崇简

（一）王崇简其人

王崇简先世河间府任丘县（今河北省任丘市）人，其曾祖来京师，入赘于晋氏，遂为宛平县人。王崇简的父亲王爵隶籍锦衣卫，官至正千户；叔父王爱明官至陕西布政司使右布政，无子，过继王崇简为后嗣。

王崇简幼年矢志诗书，但才具平平，二十二岁通过童子试，四十二岁方成进士，未及授官，明王朝即宣告灭亡。入清后颇受世祖、圣祖器重，仕途通达，官至礼部尚书。其性情淳厚和穆，善气迎人，深受清初学人尊敬，清代学者陈玉琪赞曰："大宗伯王公，治礼者也，……天下之人皆秉礼教，罔敢陨越，而其间有能诗者，亦且感于性情之际，发为和平易直之言，是以数年之内，诗学渐兴于天下。"[1] 著名诗人钱澄赞曰：

世称北方尚气，故多悲歌慷慨之音，若先生之缠绵悱恻，其诗一出以柔澹而归于和平，则纯乎性情之为，非气之为矣。……吾视先生不矜过高绝人之行，不为蹊刻已甚之事，平淡率易，善气迎人，好士如渴，闺门之内雍雍如也。世争服其典型，皆以为道隆。[2]

他的门人、诗人蒋伊把他的诗歌与其人品联系起来，赞曰：

诗本性情，其为人和平敦厚，则诗必春容大雅，有合乎风人之遗，不必问其字句格调之孰为唐孰为宋也。……先生之诗发乎情，根极乎性命，怀人赠友之什，缠绵悱恻。游览诸作，觉西山爽气常在笔端。先生胸中有烟霞万斛，眉宇间有孤云艳雪之致，故其为诗，恬畅闲远，淡而不槁，幽而不畸，直足上嗣三百篇，岂独酝藉陶韦，澄涵储孟云尔哉？[3]

他深研义理之说，躬身行之，老而弥坚，民国大总统徐世昌编《大清畿辅先哲传》，将他列在名臣传第一位，赞曰：

平居无声色博弈之尚，晚岁益嗜淡泊，惟潜心先儒义理之说以躬行。……年七十尤嗜学不倦，欲依古人，以每岁尽读五经为夏课。宅居大市西，庭宇肃穆，阶前筑台方丈余，夏秋日暮，父子兄弟六七人率坐台上，或庄论诗书，或称述祖父遗事，旁及故旧家世之盛衰，以为劝诫。冬则篝灯拥炉，咿唔不辍，笔之为冬夜语儿笔记，时人方之颜氏家训。[4]

他善于作诗，是"燕台十子"和复社"北直顺天府"的核心人物之一，在明末清初北方文坛具有较大影响。其诗歌穆容平淡，感情真挚，著名诗人李雯评曰：

为人沉博有大虑，善自谦下，四方之贤豪良者无不交也，而好诗，……大约皆清新真逸独写性情之作也，而高之入浮云，下之动清泉。故予以为王子之诗，当去此间数十里外，上蕴青松，下濯素波，登岩壑之间而诵之，则冷冷而风发，杳杳而情深矣。[5]

其又兼善书画、琴艺。山水画师法二米、崔子忠等，章法布局不落窠臼，颇具文人雅趣。《国朝画征录》等有传。

（二）王崇简与崔子忠

王崇简少年闭门读书，年近二十岁才知道以文会友。天启二年（1622），崔子忠以洋洋洒洒的文风引起左光斗注意，被破格"置高等食饩"，补为顺天府学生员，此时，王崇简也已经考取顺天府学附生，大约从这个时候起，他们开始来往。王崇简《温仲青以崔青蚓画见贻答之以歌》记载："我生同里称交好，行义文学期探讨。间为振笔气峥嵘，云青石白追元灏。"[6] 由该诗可知他们的交往源于对诗文、绘画的共同爱好。

1. 王崇简与崔子忠的关系

崔子忠年龄比王崇简大八岁，但在王崇简的心目中，他的人品、智慧、诗画却是一座不可企及的高峰。两人相交数十年，一直保持着亦师亦友的关系。

王崇简对崔子忠的人品、智慧非常敬重，其《青箱堂文集》《青箱堂诗集》总计四十七卷，涉及崔子忠的内容却多达数十处。在崔子忠生前，他便将其视为高人，崇拜有加；崔子忠死后，已经成为朝廷高官的王崇简仍然对他念念不忘，或撰写传记，或写诗怀念，高度评价崔子忠的人品和艺术，从中可以看出崔子忠在他心目中的地位。他敬佩崔子忠的观察力、判断力，在他的笔下，崔子忠有点像古代隐居云梦山的鬼谷子，深谙自然人生之道，思维缜密，睿智明决，其种种举动，如早年意识到自己并不适合科举，即慨然弃去不复应试；同时加入复社"山左大社""北直顺天府"，却以东汉党锢为戒，与党言、党争保持一定距离，远祸自保；明亡后寄居友人家，友人待而无礼，即拂袖而去，走入土穴饿死等，给予他深刻的印象。他在《都门三子传》中重点记载了三件事。其一，天启六年（1626），左光斗为阉党陷诏狱，追毙归梓，中外人士莫敢亲近，他与史可法或哭于郊野，或以银贿赂狱卒探监，均几遭不测。崔子忠对他们的行为很不以为然，批评："你们这样做太迂腐了！别指望像古人郭亮、董班哭尸李固、杜乔那样获得当权者怜悯，应效法东汉魏劭卖屋救师，采取实际行动营救左光斗。"称赞崔子忠洞悉阉党险恶用心，智慧、魄力在他和史可法之上，同时暗示出崔子忠与京畿士子酿金营救左光斗运动的关系。其二，天启六年（1626），阉党魏忠贤用事，国子监生员陆万龄倡议为魏氏立生祠于太学，约其同舍生共举，生不敢显绝，又不敢得罪阉党，两难之际，崔子忠教其蓬头垢面病卧以谢。不久，陆万龄因趋附阉党被斩，同舍生则因崔子忠之计逃过一劫。其三，崇祯初年，张溥合天下文社于复社，复社社员声气相通，热衷于议论时事政治。崔子忠虽然身在复社，却并不热衷于社内活动，甚至拒绝慕名访问者。许多同道以为他迂腐，他回应道："交游盛而朋党立，东汉之季可鉴也。"后来果然有以复社植党言者，明思宗下令穷追，大批士子深陷其中，惨遭政治迫害，王崇简称他"其识力过人如此"。

不仅如此，崔子忠对某些小事的看法，往往也使王崇简心折。如崇祯元年（1628），两人游北京西山滴水岩，进"龙宫"，见一白蚓蜿蜒于乳石"龙床"之上，随行僧人称其为龙，崔子忠立即正色反驳："龙往来无声无息，怎么能够生活在如此嘈杂的环境？"王崇简深以为是，后来在诗文中多次提到此事。[7]

王崇简举家师从崔子忠学画。他经常临摹崔子忠的作品。《青箱堂文集》卷十收录其题跋两则，其中《题画》记载他临摹崔子忠《桃源图》的体会，称："昔人画桃源，田溪村屋出没于山光云影间，而人物隐蔽其中，山外一渔舟，超旷可想，因学其意以应元功之命。"[8] 另一则《题友人小画》则声称："古人笔墨之妙，于法度外独标惨淡微茫之致，始为超胜，若此烟云出没笔端变化浓淡间，想见胸次之宕逸，岂必古人也。"[9] 认为崔子忠的绘画意境超旷，已经达到与古人比肩的高度。他的书画作品中规中矩，但天趣不足。二十年前，笔者于友人处见其书法残联一轴，为明清时期流行的馆阁体风格，颇乏神采。从其现存作品看，主要学米氏、崔氏画法。故宫博物院今藏其楷书诗轴一件、山水图册十六页、山水页一件、菊石图扇面一件。河北博物馆藏《仿倪云林山水图》轴一。他的妻子梁氏也能绘画，偶尔模仿崔子忠的作品，即出手不凡，董其昌一见称善，竟以自己的书法换其《大士像》一帧。他的弟弟王崇节长年跟随崔子忠学画，日久得其笔法，山水、人物、花鸟无所不能，尤擅写真，是清初京师著名的肖像画家，人称"崔王"。有学者认为王崇简是崔子忠的艺术赞助人，具体依据不明，但以他的为人，借拜师学艺之名接济崔子忠，却完全符合他的个性和行事风格。

崔子忠同样看重与王崇简的友谊，经常向他赠送自己得意的作品，如《洛神图》（与董其昌临晋人书法合裱）、《三酸图》轴、山水画扇（四件）等。日积月累，王崇简竟成为收藏崔子忠作品最多的人。王崇简在诗歌《温仲青以崔青蚓画见贻答之以歌》中回忆：

吾友崔子质性奇，前生几度为画师。
笔墨已化无凡态，点染高妙匪夷思。
十日五日不可得，非意所许终不为。
我生同里称交好，行义文学期探讨。
间为振笔气峥嵘，云青石白追元灏。
丈绡尺扇岁月多，枕中笈里矜鸿宝。
贼兵一旦震神州，人物灰散虽复求。
生死离别悲恻恻，不独图尽生间愁。

温君贻我画一轴，云是吾家旧所受。
精华不减犹笔端，当年图此名三酸。
日月无几存殁异，人亡画在不忍看。
久之复贻四画扇，烟岚雪岳光风寒。
杳然如兴坐畴昔，经营惨淡鬼神寂。
幽壑常含不换秋，萧萧逸致凌空碧。
高人一去不复返，丹青千古留遐迹。
我感温君意气深，知我珍重故人心。[10]

2. 人生理想与追求

王崇简、崔子忠是封建礼教的忠实信徒，专注于礼学研究，志在千秋。早年，他们热衷于同全国各地士子进行交流，或赏梅听琴，或醉酒天街，或畅游西山名胜，砥砺风节，切磋诗文，朝气蓬勃。他们的精神状态，由崇祯初年王崇简所作诗歌《送韩铁汉出都同张仲乐崔青蚓》可见一斑：

一

张子性情笃，崔子神骨奇。
韩生重结交，我亦滥于斯。
气志不可解，同为千古期。
前日坐古寺，昨日高梁陂。
言笑关至理，非若今人为。
别去固非难，念子车轮时。

二

一官悦母心，何计薄与微，
荣膴世所恋，子志独相违。
读书存至性，孝友悟天机。
幸值世圣明，职微亦光辉。
生有救时骨，宁能不奋飞。
子归须念此，吾亦真掩扉。[11]

王崇简与崔子忠近乎生死之交，但却和而不同，保持着各自的独立性和价值取向，如在艺术创作方面，王崇简的诗文穆容平和，不作惊人之语，平中见奇，认为"澹远近于清，清之失或弱"[12]。崔子忠的诗画却崛奥奇幻，特以骨胜，语不惊人死不休。王崇简诗歌《与崔青蚓夜对梅花歌》形象地描绘出这种君子之交的关系：

> 我怀淡远同崔子，宵寒坐对香光里。
> 香不在花反在干，铁枝矫健香情起。
> 花花孤守不相党，坚幽点点欲成响。
> 夜老移灯影走衣，如虬如蝶向人飞。[13]

然而，随着明王朝内忧外患和个人科举生活的磨难，他们的人生态度开始发生改变，至崇祯四年（1631），崔子忠已经由一名儒生变为"三教合一"思想的信仰者，亦僧、亦道、亦儒，开始出入寺庙道观。王崇简则因屡试不第，壮志难酬，产生了悲观厌世的心理。他们的心态，通过崇祯十年（1637）王崇简所作诗歌《崔开予、米吉士不期各至，夕坐，命熙儿弹琴（时年十岁）》可窥一斑：

> 交寡攀援气自亲，依依寒夕远为因。
> 稚怀好友能相值，初学儿童不畏人。
> 风静琴声宵自迥，香供梅影事全贫。
> 良时嘉会难如此，莫厌伤多酾酒频。[14]

甲申之乱后，两人的人生轨迹发生了很大变化：王崇简在追随南明弘光政权无果后降清，位极人臣；崔子忠却因避乱走入西山，成为清廷追捕的逃人，最后走入土室而亡。崔子忠饿死之日即王崇简降清之时，感叹之余，不禁使人沉思：性格、价值观如此截然不同的两个人，怎么能够建立起如此长久而牢固的友谊？

王崇简晚年崇佛，专心义理之学。可能是经历太多事情的缘故，他对自己辉煌的人生很不以为然，以为："向来遭逢不堪回首者，一切等之梦境，寻梦觉后，达士旷观，必不尔也。"[15]他怀念的依旧是与崔子忠一起读书的时光，对于他来说，做一名书生，读圣贤书，才是最可贵的生活。

王崇简的儿子王熙是一位与崔子忠有些师生情分的人物。他少年早慧，《王文靖公年谱》记载，崇祯十年（1637）夏，王崇简乔迁新居，邀请崔子忠为其作山水屏风，其间，崔子忠命题测试王熙文章，大加赞赏。王崇简非常高兴，以此激励王熙，复又温酒宴集，命其鼓琴助兴，前述诗句"初学儿童不畏人"，即指此事。按：王熙（1628—1703），字子雍，号慕斋。清顺治四年（1647）进士，历官礼部尚书、保和殿大学士，特加少傅兼太子太傅。卒谥文靖，入贤良祠。传载《清史稿》。

二、史可法

（一）史可法其人

史可法（1601—1645），字宪之，号道邻。大兴（今北京市）人。其人身材短小精悍，面黑，双目炯炯有光。有文才。天启元年（1621），督学御史左光斗视学京畿，微服私访至古寺，见其卧睡文草边，阅毕，即解貂衣覆其身而去。"及试，吏呼名至史公，公瞿然注视，呈卷，即面署第一。召入，使拜夫人，曰：吾诸儿碌碌，他日继吾志事，惟此生耳。"[16]可见他深为左光斗所器重。

左光斗对史可法的人格形成产生了巨大而深远的影响。天启五年（1625），左光斗为阉党所陷，史可法朝夕守候于狱门外，以五十金贿赂狱卒，化装成清洁工看望左光斗。当时，左光斗的眼睛已经看不见东西，乃奋臂以指拨眦，目光如炬，怒斥史可法道："庸奴，你难道不知道这是什么地方吗？国家糜烂至此，你却轻身而昧大义，将来天下大事谁来主持？"因摸地上刑具做投击状，史可法噤不敢发声，退出，"后常流涕述其事以语人，曰：'吾师肺肝，皆铁石所铸造也！'"[17]自此以后，史可法每以左光斗自励，"以凤庐道奉檄守御。每有警，辄数月不就寝，或劝以少休，则曰：吾上恐负朝廷，下恐愧吾师也"[18]。南明弘光政权建立，史可法官至武英殿大学士、兵部尚书兼督师，成为南明政权的中流砥柱。然而，他虽有报国之心，但权臣掣肘于内，悍将跋扈于外，兵顿饷竭，难以施展拳脚，最终兵败。扬州城破被俘后，清将多铎口呼先生，许以高官厚禄，史可法却斥之曰："我为天朝重臣，岂肯苟且偷生，作万世罪人哉！我头可断，身不可屈。……城亡与亡，我意已决，即劈尸万段，甘之如饴！"[19] 清乾隆《钦定胜朝殉节诸臣录》评曰："至若史可法之支撑残局，力矢孤忠，终蹈一死以殉，……均足称一代完人。"[20]

清人郑廉认为史可法廉谨无大略，特治世之良臣，遇变则无计可出，不善于驾驭笼络。顾诚《南明史》认为，史可法精忠报国之心可嘉，但经世才略不足，难以力挽狂澜。这些观点与崔子忠、王崇简对史可法的评价契合，如史可法冒险入狱探望左光斗，不能救人于万一，被崔子忠批评为"何愚也"；崇祯十三年（1640）史可法丁忧家居，邀请已经考中举人的王崇简宴饮，论及国事，竟然"相对漫言无善策，诗书原自有迂谟"[21]。身为封疆大吏却没有既定主张，非常令人可惜。

（二）史可法与崔子忠的交往

左光斗担任畿辅督学御史期间，每天以审读生员文章为要务，闲暇则与二三有识之士高谈阔论，讨论时事，情绪甚笃。崔子忠与史可法都是左光斗破格提拔的生员，文章写得好，可以想象，当左光斗邀请优秀士子谈话时，两人亦当在被邀之列，他们或是"二三有识之士"，因经常与左光斗谈话而相识，史称"史可法故与子忠善"[22]，抑或指这段传奇经历。总之，他们都属于东林党系。

崔子忠与史可法熟悉的另一个原因，可能与他们同为大兴县人、居所相近有关。万历年间，崔子忠的父亲担任工部文思院大使，兼营珠玉珍玩生意，从方便工作的角度看，他的住所应该在文思院附近。明代文思院属于明时坊，在今北京市东城区金宝街南新开路胡同东，距离史可法家（今北京市东城区金宝街北史家胡同）不过二里，往来非常方便。且两家均有锦衣籍背景，具有天然的亲和力。

史可法考中进士后基本上在京师任职，崇祯八年（1635）外放，至崇祯十二年（1639）已经官至安庆巡抚，成为朝野关注的人物。崇祯十三年（1640）冬，居家丁忧的史可法前去拜访崔子忠，见门户紧闭，晨炊不继，便将坐骑留给他，自己徒步回家。崔子忠不希望别人怜悯自己，又不好意思回绝史可法，他牵马入市，售银四十镪，招呼故交好友轰饮，边饮边道："这些酒来自史道邻，干干净净，请放心喝吧！"数日而金尽，冻饿如故。两人谈话的内容无从得知，但可以肯定崔子忠没有跟随史可法报国的意思，倒是他的好友路中贞（活动于明末清初，精通兵法），后来主动投在史可法麾下，为之出谋划策，史可法深依仗之。

史可法亦工书法，故宫博物院藏其手札五件、轴一幅。

三、米寿都

米寿都（1610—1668），字吉士，宛平县（今北京市）人。明贡生，官至沭阳知县。

米寿都出身诗书画世家，其先祖为宋代书画家米芾，父亲米万钟是明末著名的诗书画家。他是一位早熟的才子，幼年便能吟诗作文，与名家唱和，常常语出惊人。因长相清秀俊雅，聪明伶俐，被人们称为"米家童"（此说各家记载不同），与"米家园""米家灯"并列为米家三奇。他的诗歌属于杜甫一路，具有现实主义的特点，如早年生活优裕平和，诗文有"廊庙之容"；遭遇家国之难后，则一变而为"感慨之音"，以至于"悲激栖闵，缠绵引抑"，总之，颇能抒发真情实感。王崇简《米吉士诗序》评曰："吉士韶龄英颖，传其家学，挥毫落纸，所谓高山擂具，苍佩华缨，有廊庙之容焉。……既而海内多故，歌《板荡》，述《小旻》，伤《大东》，欷嘘感慨之音作矣。迄于今，则悲激栖闵，缠绵引抑，其亦情之不得已乎？"[23] 其又兼善书画，遗憾的是，他的诗集、书画今已不得多见，空遗千古才名。

米寿都是崔子忠最要好的朋友之一，陶樑《国朝畿辅诗传》记载："少与王敬哉宗伯、崔青蚓文学交好，以诗文书画相往还，甲申后就邑令，未几郁郁卒。"[24] 他与崔子忠交流非常频繁，仅据《青箱堂诗集》记载，崇祯元年（1628）至崇祯九年（1636）间，两人就聚会四次之多，其中最为重要的聚会有两次：一次是崇祯六年（1633）上元节，由米寿都做东，邀请崔子忠、王崇简、宋琬三兄弟到东华门外观灯，众人追慕古人风雅，对酒高歌，尽兴而散；另一次是崇祯十年（1637）春，王崇简乔迁新居，他和崔子忠不约而同地来到王崇简家，此时，昔日的同学好友都已经步入中年，但彼此的生活境遇却并没有发生任何改变，一种寒来相顾的伤感弥漫书斋，王崇简为了消除不愉快的情绪，不断地温酒、劝酒，并命年仅十岁的儿子王熙弹琴助兴。

米寿都与崔子忠交好，可能与两人的父亲都曾在工部任职有关。崔子忠的父亲崔胤德出身水利世家，万历年间担任工部文思院大使（按：文思院隶工部都水司），是一位工艺美术设计家（或画家）。米寿都的父亲米万钟亦曾供职工部都水司，酷爱叠山理水，曾于万历二十六年（1598）营造湛园，万历三十九年（1611）至万历四十二年（1614）营造勺园。两人志趣相近且有同行之谊，当会有所接触。从崔子忠称呼米万钟为"米老伯"看，两家是世交之家。

米寿都与崔子忠交好，经常邀请崔子忠到他家游玩，这为崔子忠学画提供了有利条件。由于经常造访米家，崔子忠有机会观摩前辈画家米万钟、吴彬的作品，学习他们的绘画技巧，他的绘画也因此展现出米、吴的某些特点，显示出复兴北宋巨嶂山水形式与布局的倾向。如崇祯三年（1630）至崇祯四年（1631）间创作的《白描佛像图》等，人物造型、笔法皆与吴彬相类，其代表作《洗象图》（故宫博物院藏），几乎照抄了吴彬的同名作品（中央美术学院藏）；《仙人瑞兽图》山石画法，则与米万钟《杏花双燕图》如出一辙，等等。

崔子忠成名很早，当时复社同道纷纷向其索画，米寿都内心羡慕却并不急于求画，但到崔子忠死后，他却四处搜求，得其相似者即喜，以至于"不检故人之意"[25]，真赝并存，从中可以看出他对崔子忠的感情。

米寿都生二子。长子米汉雯，字紫来，王崇简的女婿。清顺治十八年（1661）考中进士，历官翰林院编修。工诗善画，擅长篆刻，能传承家法，人称"小米"。

注释

[1] [清] 王崇简：《青箱堂诗集》之《序（陈玉琪）》，收入《四库全书存目丛书》集部第二〇三册，齐鲁书社，1997年，影印本，第11页。

[2] [清] 王崇简：《青箱堂诗集》之《序（钱澄）》，收入《四库全书存目丛书》集部第二〇三册，齐鲁书社，1997年，影印本，第14页上栏。

[3] [清] 王崇简：《青箱堂诗集》之《序（蒋伊）》，收入《四库全书存目丛书》集部第二〇三册，齐鲁书社，1997年，影印本，第14页下栏。

[4] [民国] 徐世昌：《大清畿辅先哲传》第一卷名臣传一《王崇简》，民国天津徐氏刻本，第2—3页。

[5] [清] 王崇简：《青箱堂诗集》之《序（李雯）》，收入《四库全书存目丛书》集部第二〇三册，齐鲁书社，1997年，影印本，第2页下栏。

[6] [清] 王崇简：《青箱堂诗集》卷十二丁酉《温仲青以崔青蚓画见贻答之以歌》，收入《四库全书存目丛书》集部第二〇三册，齐鲁书社，1997年，影印本，第160页上栏。

[7] 参见 [清] 王崇简《青箱堂文集》卷六《游滴水岩记》，收入《四库全书存目丛书》集部第二〇三册，齐鲁书社，1997年，影印本，第413页下栏。

[8] [清] 王崇简：《青箱堂文集》卷十《题画》，收入《四库全书存目丛书》集部第二〇三册，齐鲁书社，1997年，影印本，第532页上栏。

[9] [清] 王崇简：《青箱堂文集》卷十《题友人小画》，收入《四库全书存目丛书》集部第二〇三册，齐鲁书社，1997年，影印本，第532页下栏。

[10] [清] 王崇简：《青箱堂诗集》卷十二丁酉《温仲青以崔青蚓画见贻答之以歌》，收入《四库全书存目丛书》集部第二〇三册，齐鲁书社，1997年，影印本，第159页下栏—160页上栏。

[11] [清] 王崇简：《青箱堂诗集》卷之一丙寅至辛未《送韩铁汉出都同张仲乐、崔青蚓》，收入《四库全书存目丛书》集部第二〇三册，齐鲁书社，1997年，影印本，第42页下栏。

[12] [清] 王崇简：《青箱堂文集》卷四《法黄石诗序》，收入

《四库全书存目丛书》集部第二〇三册，齐鲁书社，1997 年，影印本，第 367 页上栏。

[13]［清］王崇简：《青箱堂诗集》卷一丙寅至辛未《与崔青蚓夜对梅花歌》，收入《四库全书存目丛书》集部第二〇三册，齐鲁书社，1997 年，影印本，第 41 页。

[14]［清］王崇简：《青箱堂诗集》卷二丁丑《崔开予、米吉土不期各至，夕坐，命熙儿弹琴（时年十岁）》，收入《四库全书存目丛书》集部第二〇三册，齐鲁书社，1997 年，影印本，第 55 页上栏。

[15]［清］王崇简：《青箱堂文集》卷二《答宋澄岚》，收入《四库全书存目丛书》集部第二〇三册，齐鲁书社，1997 年，影印本，第 321 页上栏。

[16]［民国］马其昶：《左忠毅公年谱定本》卷下《天启元年辛酉公四十七岁三月》，清光绪集虚草堂丛书本，第 1 页。

[17]［民国］马其昶：《左忠毅公年谱定本》卷下《五年乙丑公五十一岁》，清光绪集虚草堂丛书本，第 16 页 a。

[18] 同 [17]。

[19]［明］史得威：《维扬殉节纪略》卷首，清嘉庆十一至十七年虞山张氏刻借月山房汇钞增修本，第 3 页。

[20]［清］佚名：《胜朝殉节诸臣录》卷首上谕，清嘉庆二年刻本，第 1 页。

[21]［清］王崇简：《青箱堂诗集》卷之三庚辰《史道邻招饮谈次感赋》，收入《四库全书存目丛书》集部第二〇三册，齐鲁书社，1997 年，影印本，第 64 页。

[22]［清］徐鼒：《小腆纪传》卷第五十八列传第五十一逸民《崔子忠》，清光绪金陵刻本，第 9 页 b。

[23]［清］王崇简：《青箱堂文集》卷四《米吉土诗序》，收入《四库全书存目丛书》集部第二〇三册，齐鲁书社，1997 年，影印本，第 369 页上栏。

[24]［清］陶樑：《国朝畿辅诗传》卷十六《米寿都》，清道光十九年红豆树馆刻本，第 2 页。

[25]［清］王崇简：《青箱堂文集》卷十《为米吉土题画》，收入《四库全书存目丛书》集部第二〇三册，齐鲁书社，1997 年，影印本，第 533 页上栏。

崔子忠的绘画老师及其师法的诗书画家

崔子忠学画的每个阶段都得到了那个时代最杰出艺术家的指导。在其幼年，由于出身诗书画世家的缘故，他首先受到先辈崔廷槐、崔淳等人影响。他的绘画启蒙老师可能是他的父亲崔胤德（或从祖父崔俠），由于他（们）担任与宫廷画家有关的职务，耳濡目染，他的绘画从一开始便具有宫廷绘画的某些特征。

崔子忠真正的绘画老师是宫廷画家姜隐。姜隐的正统的绘画观念和方法，奠定了崔子忠的审美观念和绘画方法。与此同时，崔子忠还向宫廷画家吴彬和米万钟学习，吴、米二人力图复兴北宋以前绘画传统的艺术主张，给他以深刻影响，使他的作品呈现出布局宏阔、苍茫深远的北派画风。董其昌是崔子忠成年后最为重要的老师，尽管他与崔子忠的艺术追求并不完全相同，但仍然对崔子忠晚期绘画产生了较大影响。自拜其为师之后，崔子忠开始留意个人风格，所创"青蚓体"线描，非唐非宋，在晚明画坛独树一帜。另外，明末学者黄道周也是一位对崔子忠人品、书画影响深远的人物，尤其是在书法方面，他的笔法在崔子忠作品中时隐时现，显示出内在的师承关系。总之，崔子忠的老师是那个时代宫廷绘画、文人画的代表，他们的指导，使崔子忠有机会接触到各个画种最前沿的专业知识，有能力担负起对宫廷绘画、文人画的改造，把明代人物画提升到新的高度。美国学者高居翰认为，"基本上，崔子忠系一位独立自主的画家，他的学习多来自专研及临摹高古人物画家之作，而非受教于任何业师"[1]，称他创造了"奇妙的玄想世界"和"富有表现力的变形主义手法"，观点均有待商榷。

一、姜隐

姜隐，字官周，一字周佐。明万历年间供奉画苑。善画人物、山水、花鸟，工写俱佳，传世作品有《芭蕉美人图》等。

（一）姜隐的籍贯

关于姜隐的籍贯，历史上有"黄县人""莱阳人""古牟平人"等多种说法。《明画录》《无声诗史》《历代名公画谱》《画史会要》《佩文斋书画谱》《绘事备考》等记载其为"黄县人"。陈介锡《桑梓之遗录文》卷五《黄县姜官周隐设色山水一》记载："姜隐，莱阳人，字官周，亦周臣。入明神庙画苑。黄县人，见《石竹斋画录》。嘉庆己未年（1799）二月赵曾记。"[2] 首言其莱阳人，万历时供奉画苑，次言其黄县人。《（民国）福山县志稿》对上述几种不同的说法进行了说明，称其为"故汉牟平县"人：

> 姜隐，字官周，一字周佐，古县村人。明万历朝供奉画苑，……弟子莱阳崔丹，字子忠，尽得其传，举家师之，遂以名世。而隐画顾不多见，稀如星凤。村，故汉牟平县地，其南鄙犹沿旧称，曰南关，至今姜氏族居之，号曰南关姜氏。黄及莱阳两县姜姓皆大户，与隐同族，隐常依居黄县，故或曰黄县人，又以弟子崔丹故，并讹曰莱阳人，实则村之南鄙人也。其所作画幅，押角印文曰古牟平姜隐。[3]

押角印文"古牟平姜隐"不知出自姜隐哪幅作

品。笔者收藏有一幅珂罗版《西王母图》（原日本东京美术学校藏），右下角题识"东牟姜隐"。汉代牟平县在原福山县（今烟台经济技术开发区），东牟县在原牟平县（今烟台牟平区），由此推测姜隐是福山人或牟平人，而非黄县、莱阳人，下面试论之。

1. "汉牟平县地"

关于"汉牟平县地"的位置，学者谭其骧编《中国历史地图集》第二册《西汉时期全图》，将其标注在青州刺史部东莱郡黄县东、腄县西北的福山县（今烟台经济技术开发区）境内，与《（民国）福山县志稿》《（民国）牟平县志》及《中国古今地名大辞典》记载相同。关于它的具体位置，《太平寰宇记》卷之二十河南道二十《登州》记载："牟平在今蓬莱县东南九十里牟平故城是也。"[4]《续山东考古录》卷十一登州府上《福山县》记载："牟平县故城在西北三十里今古县社（俗作古现），《寰宇记》蓬莱县牟平故城在县东南九十里。……按县在蓬莱东南百三十里，而古县社在县西北三十里，即汉牟平无疑。"[5]《（民国）福山县志稿》记载："牟平城故址在今牟城社（或谓即今右县，恐误），盖居县之西北境，并连蓬莱之东北境，其东境南境，则皆腄地。"[6] 概而言之，"汉牟平县地"在原蓬莱县东南九十里、福山县西北三十里交接处的古现社（又名牟城社）。

学者柳宗铎、解广海研究认为：

古现作为古代牟平县治，有其历史渊源和自然环境。从历史上看，春秋时鲁襄公六年（公元前567年），齐侯来莱，逼牟国东迁于今三十里堡村南（汉时为牟平县地），建立牟子国，筑城设防，兴盛一时，周边18个村庄，皆冠"牟城"，统称"牟城社"。战国时，国亡人散城废，为齐康公食邑。时距350年，汉武帝封齐孝王子渫侯爵于牟子国地，并顺其念旧民意之故，命名牟平县，理所当然。从地理位置、自然环境看，古现在登州东南90里，福山县城西北30里。西有牟山（今称磁山），北有九目山，南有龙山（今称隆山）、凤凰山，东临黄海，黄金河擦村北由西向东穿过，中为10.5平方公里平原，土地良沃，山、水、原俱全，为座城住地，与史记牟平完全相符。[7]

其称汉代牟平故城在原福山县西北三十里堡村南古现，同时引福山《姜氏家谱》记载为证："汉时古现栾姓居牟平城里，姜姓住城西今臧家村一带，因常遭匪患，姜、栾二姓联姻，姜姓迁至南关，故称南关姜家。"[8] 观察卫星地图，姜氏早先居住的臧家村（今西臧家社区）在古现（今古现社区）西约两公里处，迁居后的南关在古现南部，与《（民国）福山县志稿》记载的"村，故汉牟平县地，其南鄙犹沿旧称，曰南关，至今姜氏族居之，号曰南关姜氏"，地理位置完全相符。由此可以肯定汉代牟平县城的具体方位，在原福山县三十里堡村南古现（今烟台经济技术开发区古现街道古现社区），姜隐家族居住在古现社区驻地南部一带。

2. "东牟郡"及"东牟县"

汉初，在设置牟平县的同时，又于其东部设置东牟县，明时称宁海州（今烟台牟平区）。在山东半岛历史上，除设置东牟县外，后魏元年（386）还曾在黄县东一百步中郎故城设置"东牟郡"，辖域包含汉代的牟平县、东牟县，唐代改置登州，辖域与后魏东牟郡同，大致相当于今烟台市的区域。

古代画家的款识、印文，一般选择时代最早或最著名的地名，按此惯例，姜隐的押印文"古牟平姜隐"，应该指汉初设置的"牟平县"，款识"东牟姜隐"，则应该指后魏设置的"东牟郡"。既然"东牟郡"地域包含牟平县，那么押印文"古牟平姜隐"与款识"东牟姜隐"也就不再矛盾，《（民国）福山县志稿》的记载应予成立。

姜隐原为福山县人，因地名变化和经常往来黄县、莱阳两地，被误认为是黄县人，又因弟子崔子忠的缘故讹传为莱阳人。而崔子忠也因为师从姜隐，被人们视为"东牟"人，如袁翼诗歌《题崔青蚓杜鹃花鸟手卷》曰："掷笔时闻歌哭声，故乡烽火东牟岛。"[9] 地名的变迁，的确给历史研究增加了不少

图1　姜隐《芭蕉美人图》　美国加州大学博物馆藏（左上）
图2　姜隐《芭蕉美人图》（局部）（左下）
图3　崔子忠《桐荫博古图》（局部）　台北故宫博物院藏（右上）
图4　姜隐《补衲图》（顾炳摹）

麻烦。

（二）姜隐的艺术成就和对崔子忠的影响

1. 明清两代对姜隐的评价

姜隐是一位颇有建树的宫廷画家，明天启内阁首辅刘一燝评其画曰："善人物、士女、花叶，工致细润，得古人之妙，今观其《补衲图》，构景萧寂，寄神凝远，当□一窝有余味矣。"[10] 明人朱谋垔《画史会要》评曰："善人物、仕女、花果，细润工致，得古人之妙。"[11] 清人徐沁《明画录》评曰："工人物仕女，细润工致，摹古有法，花果亦精雅。"[12] 姜绍书《无声诗史》评曰："善人物士女花果，工致细润，得古人之妙，构景萧疏，寄情凝远，能品也。"[13] 孙岳颁《佩文斋书画谱》评曰："善人物士女花果，工致细润，得古人之妙。"[14]《（民国）福山县志稿》评曰："善画人物、士女、山水、花鸟。一意古法于细润工致之中，气韵生动，得未曾有，世所称隐画构景萧疏，寄情凝远，犹未足以尽其妙也。弟子莱阳崔丹，字子忠，尽得其传，举家师之，遂以名世。"[15] 从上述略显雷同的评语中，可以看出姜隐是一位长于人物、仕女、花鸟的宫廷画家，作品具有构景萧寂、寄情凝远、笔法细润工致的特点，生前已经获得官方、精英阶层认可。值得一提的是，明代宫廷画家顾炳编辑《历代名公画谱》，收录晋唐至明代名家圣手一百余人，将姜隐名列唐寅、文徵明之后，谢时臣、陈淳之前，足可见其对姜隐的推重。

2. 姜隐对崔子忠的影响

姜隐是唐宋院体画传统的继承者，他重视主题性、绘画性的表达，用笔用墨既具有陆探微、吴道子颤笔书写、强劲有力的特点，也有周昉庄重古雅、雍容华贵的作风，其绘画风格，通过《芭蕉美人图》《补衲图》《王母图》《高士图》等可见一斑。

《芭蕉美人图》是一幅带有浓郁宫廷绘画色彩的仕女画。在该图中，巨石迎面而立，蕉叶苍翠婆娑，芳草萋萋。棋盘旁，一位类似宋代仕女的女子正在洗手，侧身俯视坐在草地上的女子，似乎在跟她讨论已经结束的棋局。一侍女谦卑地端着水盆，一侍女手持毛巾，人物形象彼此呼应，情调幽雅娴静，充满古雅恬淡的艺术气息。其人物衣纹综合张僧繇、吴道子笔法，一波三折，提按有致（图1、图2），凝重有力的线条，颇使人联想到崔子忠《藏云图》人物衣纹的画法；背景锯牙利齿的太湖石，则使人联想到崔子忠《云中鸡犬图》山石的处理方法；肥大柔软的芭蕉叶子随风波动，衬托出仕女娟秀的体态，反映出明代仕女画由雍容华贵向纤细慵懒的审美转变。

姜隐的另一幅作品《补衲图》，显示出热衷于复古的审美倾向（图4）。在该图中，老衲心无旁骛地缝补着衣裳，神情近乎入定。身旁猴子调皮地模仿主人动作，更增加了孤寂的氛围。人物衣纹流畅飞动，长长的线条，与用笔迟滞凝重的山石树木形成鲜明对比，营造出萧疏、凝远的艺术情调，颇使人联想到崔子忠《桐荫博古图》《货郎童儿图》《渔父图》《云林洗桐图》中僧道、树干、山石的画法或意境（图3、图5、图6、图7）。

姜隐善于淡墨渲染，如《西王母图》背景蟠桃园，通过分层渲染、桃枝穿插、桃花点缀的手法，营造出迷远深邃的空间效果，使人产生如诗如梦的感受。学者高居翰认为，崔子忠的笔墨技巧受到西方铜版画影响，[16] 实事求是地讲，崔子忠在形体塑造、质感表达方面的确借鉴了西方绘画技法，但在画面空间、气韵把握方面，却更多地受宋代绘画和姜隐的影响，如其《临池图》背景的处理方法，便与姜隐《西王母图》一脉相承（图8、图9）。

崔子忠的线描具有两种风格：一种是铁线描，线条流畅自然，笔笔送到，力透纸背，类似周昉、姜隐；另一种是其独创的"青蚓体"线描，颤笔抖动，一波三折，源自张僧繇、吴道子、周文矩、姜隐的传统。两种风格均与姜隐有关。他的很多作品摹自姜隐，如上述《临池图》等，这些事实说明，其"摹顾、陆、阎、吴遗迹，关、范以下不复措手"的艺术追求和独创的"青蚓体"风格，乃是在姜隐指导下，上溯古代经典绘画的结果。需要提及的是，崔子忠的"婵娟林下幽"（董其昌语）的仕女画风格，同样来自姜隐的影响。总之，在跟随姜隐学习的过程中，崔子忠得到了严格、系统的训练，甚至亦步亦趋，继承了姜隐的某些缺点（图10、图11、图12）。

姜隐、崔子忠的绘画源于同一种传统而表述不同。姜隐法度森严，笔墨功力深厚；崔子忠则在继承宫廷绘画传统的基础上，参之以文人画笔墨，使作品达到了通透灵动、蕴藉内秀的境界。按照传统的品评标准看，姜隐的作品属于"能品"，崔子忠则能而逸，窥见神品门户。

（三）崔子忠拜师姜隐的机缘和时间

1. 拜师机缘

明万历年间，姜隐供奉画苑，此时，崔子忠的父亲崔胤德担任工部文思院大使，经营珠玉珍玩，两人职业相同且为老乡关系，自然会有所来往。在崔子忠的早期作品中，经常可以看到与文思院工作内容有关的场景，如《普贤菩萨洗象图》《授道行装图》等，这些作品表明，他对文思院的生活比较熟悉，曾经跟随父亲在京生活，有见到姜隐并随其学画的机会。另外，姜隐与莱阳姜氏同族，经常到莱阳依姜氏而居，崔子忠的老师宋继登与姜氏为世交之家，是姜氏长老姜良士的学生，姜良士孙儿姜垛、姜垓的老师，崔子忠跟随宋继登习举子业，与二姜为友，也有机会与姜隐相识并拜其为师。

2. 拜师时间

（1）姜隐生活的时代

目前尚未见文献记载姜隐生卒年和供奉画苑的时间，下面试通过分析姜隐在《历代名公画谱》中的排名以及崔子忠专门从事绘画的时间，对这个问题进行探讨。为方便计算，本节采用当代计龄法。

《历代名公画谱》是一部具有画史性质的画谱，它仿《宣和画谱》《图绘宝鉴》编辑体例，按照画家生活的朝代和年龄进行排名，这种编辑方法，为了

图5　崔子忠《货郎童儿图》(局部)　英国大英博物馆藏（©The Trustees of the British Museum.All rights reserved.）

图6　崔子忠《渔父图》(局部)　首都博物馆藏

图7　崔子忠《云林洗桐图》(局部)　台北故宫博物院藏

图8 崔子忠《临池图》 原唐风楼藏（左）
图9 姜隐《西王母图》 原日本东京美术学校藏（右）

解姜隐的生卒年提供了一定依据。

该画谱总计四册，其中第三册（下半册）、第四册（全册）收录明代画家。在第三册中，明代画家均出生于1460年之前，若姜隐出生于该年，至崔子忠出生时（1595）135岁，成年（暂按20岁计算，下同）155岁，这个年龄冲破人寿极限，因此，该册画家不能作为研究姜隐生卒年的参照。

在第四册中，姜隐之前的画家唐寅、文徵明均出生于1470年，之后的谢时臣、王榖祥、陈淳、文伯仁、仇英均出生于1502年之前，若取其中段，姜隐约出生于1486年。按照这个时间计算，至崔子忠出生时（1595）姜隐109岁，成年时129岁，这个年龄教授学生，于情于理显然不通。实际上，在第四册画家中，从第一名唐寅到第十八名文嘉，均出生于1508年之前，即使按照这个标准计算，至崔子忠成年（1615），姜隐的年龄也已经高达107岁，根本不可能进行实际教学活动。但如果按照该画册出生最晚的画家董其昌的出生时间（1555）计算，至崔子忠出生时（1595）姜隐40岁，成年时60岁，却正是画家年富力强的时候。尽管这样计算与顾炳编辑《历代名公画谱》的初衷相去甚远，但却得出了姜隐生年的下限：不晚于嘉靖三十四年（1555）。

再从姜隐供奉画苑的时间看。万历二十七年（1599），顾炳供事武英殿，入宫后不久，他即开始编辑《历代名公画谱》，万历三十一年（1603）刊行。按照顾炳的说法，这套画谱收录的画家和作品，都是自成一家和他亲自过目者，据此推知，至少在画谱刊刻之日，姜隐已经功成名就，其供奉画苑的时间不应晚于万历三十一年（1603）。一般来说，功力类型的画家大多成熟于40岁左右，照此计算，姜

图10　姜隐《芭蕉美人图》（局部）
美国加州大学博物馆藏（左上）
图11　崔子忠《杞梁妻》（局部）
国家图书馆藏（左下）
图12　崔子忠《杏园送客图》（局部）
美国查森美术馆藏（右）

隐当出生在嘉靖四十二年（1563）或之前，与董其昌出生时间差不多。

再从姜隐《文石甘蕉图》的鉴藏印看。明嘉靖内阁大学士徐阶（1503—1583）曾收藏过《文石甘蕉图》，钤印"大学士"。徐阶担任大学士的时间在嘉靖三十一年（1552）至隆庆二年（1568），可知这是姜隐供奉画苑前的作品。又见《文石甘蕉图》章法堵塞，笔法浮躁无味，推测其为姜隐早年（25岁左右）作品，今暂定其作于徐阶担任大学士的最后一年隆庆二年（1568），由此上推，姜隐当出生于嘉靖二十二年（1543）。

综上三方面推测，姜隐的出生时间分别为嘉靖二十二年（1543）、嘉靖三十四年（1555）、嘉靖四十二年（1563），时间主要集中在嘉靖朝中期。如果按照他出生于嘉靖中年嘉靖二十四年（1545）计算，至崔子忠出生（1595）50岁，成年70岁，放弃科举专职从事绘画（1628）84岁，其年龄虽然仍然偏大，但教授指导学生应该没有问题。

（2）崔子忠拜师姜隐的时间

《（民国）福山县志稿》称崔子忠"举家"师从姜隐学画，"遂以名世"，古代男子婚娶一般在二十岁，崔子忠出生于万历二十三年（1595），据此推测他拜师学画的时间，约在万历四十三年（1615）之后。根据孙承泽《崔文学子忠》记载："崔子忠，字道母，为顺天府学诸生，……文翰之暇，留心丹青。"[17] 王崇简《都门三子传》记载："及数试而困，慨然弃去不复应试。……妻疏裳布衣，黾勉操作，三女亦解诵诗，虽无终日之计，晏如也。"可知崔子忠早先忙于科举，只能业余绘画，直到天启七年（1627）放弃科举之后，才开始全身心投入绘画创作，其拜师学艺的时间，应在天启七年（1627）或之后。

从崔子忠的现有作品看，天启二年（1622），当他创作《品画图》时，运用的是铁线描（图13），笔法尚不熟练。天启六年（1626）三月创作《仙人瑞兽图》，笔法虽然发生了不少变化，却仍然在铁线描和兰叶描之间徘徊（图14），拘泥于形似。这种情况在天启六年（1626）五月创作《藏云图》时发生了巨大变化，出现了崔氏特有的颤笔线描法，云水曲迂如春蚕吐丝，衣纹点曳斫拂如钩戟利剑，墨色渲染则虚实相生，达到了"诗中有画、画中有诗"的艺术境界。短短数月，画风发生如此之大的变化，说明他已经得到了专业指导和绘画训练。值得注意的是，《藏云图》人物衣纹线描法与姜隐成熟期作品《芭蕉美人图》非常相似（图15、图16），显示出同期模仿姜隐作品的痕迹。崔子忠放弃科举在天启七年（1627）至崇祯元年（1628）间，据此推测他正式拜师学艺的时间，亦当在这段时间。

崔子忠跟随姜隐学画最有力的证据，是崇祯九年（1636）创作的《货郎童儿图》《天中货郎图》《临池图》，在这些类似唐宋宫廷绘画的作品中，人物衣纹统统采用铁线描，风格类似周昉、苏汉臣和姜隐，尤其是《临池图》的章法布局、人物形象、墨色渲染法，几乎完全取自姜隐《西王母图》，这种情况发生在崔子忠拜师董其昌之后，可见，崔子忠骨子里真正喜欢的还是专业画家作品，他走的是一条正统的专业绘画路线。需要提及的是，万历三十一年（1603），年仅9岁的崔子忠画过一幅《普贤菩萨洗象图》，线条昂扬顿挫，颇具专业规模，由此观之，他学画的时间可能更早，历史记载他"举家师之"，或是指他随父兄一起向姜隐学习。

二、董其昌

董其昌（1555—1636），字玄宰，号思白、香光居士。华亭（今上海市）人。明万历十七年（1589）进士。官至南京礼部尚书，卒谥文敏。著《画禅室随笔》等（图17）。

（一）董其昌的艺术成就

董其昌是明代书画艺术的代表。他的书法融晋、唐、宋、元诸家书风为一体，遒劲秀媚，平淡疏朗，风华自足。明人周之士称赞他六体八法无所不精。清圣祖称赞他："天姿迥异。其高秀圆润之致，流行于楮墨间，非诸家所能及也。每于若不经意处，丰神独绝，如微云卷舒，清风飘拂，尤得天然之趣。"[18]《明史》则评曰："人拟之米芾、赵孟𫖯云。同时以善书名者，临邑邢侗、顺天米万钟、晋江张瑞图，时人谓邢、张、米、董，又曰'南董北米'，然三人者，不逮其昌远甚。"[19]他的山水画集古法之大成，用笔清润俊秀，恬静疏旷；用墨明洁隽朗，温颐淡荡，无世俗尘垢气。他以绘画为菩提道场，以禅喻画，将中国画创作提升到精神体验和哲学思想的高度。明人朱谋垔《画史会要》评曰："山水树石，烟云流润，神气俱足，而出于儒雅之笔，风流蕴藉，宜为一代宗，或者推为本朝第一。"[20]他生前已经名播海内外，"尺素短札，流布人间，争购宝之"。在他的影响下，明末文人士大夫皆以游戏笔墨为雅，画必黄鹤，言必大痴，流风所及，甚至规定了清代以降三百多年绘画发展的方向。

（二）崔子忠与董其昌的交往

1. 崔子忠与董其昌相识的时间

明末党争惨烈，仕宦多不能自保，董其昌深自引远，一有风吹草动，即挂职归乡，以诗画自娱，过着半官半隐的生活。他一生多次进京，但居京时间都不长。崇祯四年（1631），年已77岁的他被重新起用，掌詹事府事。这是他最后一次赴京做官，接到诏书后，迟至崇祯五年（1632）春抵京。

明詹事府詹事掌府、坊、局之政事，以辅导太子为基本职责，地位高贵且较为闲散，董其昌公务之暇，与副都御史王志道结诗社，以吟诗、游览京

图 13　崔子忠《品画图》（局部）　美国普林斯顿大学艺术博物馆藏（左上）
图 14　崔子忠《仙人瑞兽图》（局部）　香港中文大学文物馆藏（右上）
图 15　崔子忠《藏云图》（局部）　故宫博物院藏（左下）
图 16　姜隐《芭蕉美人图》（局部）　美国加州大学博物馆藏（右下）

图17 项圣谟、曾鲸《董其昌像（约七十三岁）》（局部） 上海博物馆藏

师名胜为乐。但这种平静的日子并不长久，崇祯六年（1633）一月，王志道因遭太监攻讦去职，社集解散。变幻莫测的政局令董其昌心灰意懒，他无意于朝政，日与文人墨客鉴赏品评书画古迹为乐，借此遣怀避祸。根据姜绍书《无声诗史》记载："崇祯癸酉，董思白应宫詹之召，子忠游于其门，甚相器重。"[21] 可知他与崔子忠相识于崇祯六年（1633），正是他在京十分悠闲的时期。

2. 崔子忠与董其昌相见的牵线人

董其昌是三朝元老和晚明画坛宗主，具有极高的学术声望，非一般画家所能尽见。崔子忠能够拜在他的门下，疑与宋应亨、王崇简、张延登引荐有关。

（1）宋应亨

宋应亨性好贤喜士，有文名。崇祯六年（1633），他由吏部稽勋司转文选司副郎，署选事，成为当时炙手可热的实权人物。其间，他的几个儿子诗文酬唱，蜚声振藻，一诗既出，京师士人争相拜读，名噪京华。也正是在这个时候，董其昌开始频繁造访其家。宋琬《祁止祥书帖后》记载：

> 昔予弱冠，从先大夫官游京邸，董文敏公为大宗伯，年八十矣。丰神散朗，矍铄如壮盛时，间一过从，谈笑终日始去。雅喜为先人作书，余尝储吴绫宣德纸，伺先生至，辄怂恿先大夫求之。挥毫泼墨，甚乐也。惜乎童稚之年，勿知贵爱，中更丧乱，遂无什一存者。[22]

姜绍书《韵石斋笔谈》记载："癸酉，余访燕都，适思翁应宫詹之召，年八十矣，政务闲简，端居交暇，余时过从，而楚侯恒在坐隅。"与宋琬记载对应，可知董其昌此时已经80岁，精神矍铄，健谈，在宋家留下了大量墨宝。

崔子忠与宋应亨少年同学，私人关系极好，但是在宋应亨考中进士升任高官之后，却并不登其家门，反而与他的三个儿子宋璠、宋玳、宋琬来往密切。如崇祯六年（1633）上元节，应米寿都之邀，他与宋氏三兄弟、王崇简到东华门外灯市观灯，众人追慕古人风雅，饮酒高歌，放浪不羁，他则像东汉才子祢衡那样大声叫骂，[23] 尽情嘲弄世俗达官贵人。崇祯六年（1633）是董其昌、崔子忠同时与宋家频繁来往的一年，宋应亨一直关心崔子忠的生活和事业发展，如今董其昌不断前来串门，怎能不借机促成他们会面，以提高崔子忠的知名度和社会地位，改变其贫穷现状呢？何况宋家存有大量崔子忠作品，有些作品就摆放在客厅中（如《辋川图》屏风二十幅），董其昌至其家，怎能不一见奇之，由此引发两人交往的契机？值得一提的是，董其昌祖籍莱阳，其先人随燕王朱棣参加"靖难之役"，立功后留在了苏州卫。苏州董氏对故乡莱阳怀有深厚的感情，天启年间，董其昌的后裔董中和曾回莱阳寻根问祖。这种背景，抑或是董其昌乐于与宋应亨、崔子忠交往的原因之一。总之，宋应亨有促成崔、董见面的意愿和条件，有可能是崔子忠拜师董其昌的牵线人。

（2）王崇简

王崇简是复社"北直顺天府"的核心人物之一，

很早便与董其昌建立了密切联系，董其昌经常到他家谈诗论画，有时竟手书一卷，用以交换其妻子模仿的崔子忠作品。王崇简举家跟随崔子忠学画，收藏有大量崔子忠作品。他一直想把崔子忠与董其昌联系起来，如崇祯六年（1633）五月三日，应他请求，董其昌为其书写《王子敬洛神赋十三行》。次年中秋，他又邀请崔子忠作《洛神图》，并将其与董其昌作品装裱在一起，钤印"诗境"。这两张示范作品原本平淡无奇，但装裱之后却相映成趣，立即将崔子忠拔高到与董其昌相同的学术地位。此事发生在张延登邀请董其昌、崔子忠为其《白兔公记》书丹、配图期间，操作方式一模一样，显然是有"预谋"的行为，目的在于提高崔子忠的社会地位和作品价值，同时，也显示出他推动崔董见面的意图。

王崇简在《青箱堂文集》《青箱堂诗集》中记载，董其昌见到崔子忠及其作品后大为惊奇，认为"其人、文、画皆非近世所常见"，题诗相赠："花鸟化人幻，婵娟林下幽。"[24] 姜绍书则称崔子忠仰慕董其昌的为人和艺术，也向他赠送了自己的绘画作品：

悬想倪迂高致，以意为《洗桐图》，貌云林着古衣冠，注视苍头盥树，具逶迤宽博之概，双鬟捧古器随侍，娟好静秀，有林下风。文石磊砢，双桐扶疏，览之令人神洒。想其磅礴时，真气吞云梦者矣。[25]

历史记载崔子忠拜师董其昌的人很多，大多人云亦云，语焉不详，独王崇简、姜绍书记载详尽，如临其境，说明他们见证了崔、董会面的过程。按照古代拜师规矩，崔子忠应当到董其昌家行拜师礼，但此前的相互了解，却有可能在王崇简（包括宋应亨）家，比如说，当董其昌用自己的书法作品交换王崇简妻子模仿的崔子忠作品时，已经对崔子忠有了初步了解。总之，无论从友情还是利益考虑，王崇简都应当把崔子忠介绍给董其昌，毕竟，董其昌此时年已八十，来日无多，他的评价至关重要。

（3）张延登

张延登（1566—1641），字济美，号华东。邹平人。明万历二十年（1592）进士。历官太仆寺少卿、右副都御史巡抚浙江、兵部右侍郎兼右都御史、工部尚书、南京右都御史署刑部等，赠太子太保。著《兰亭琴谱》《悬袖便方》等。

张延登是最有可能促成董其昌、崔子忠结为师徒的人，究其原因，源自创作《长白仙踪图》。

崇祯五年（1632），张延登由工部尚书转为左都御史，有感于万历二十六年（1598）遇瑞兔于长白山麓，撰文《白兔公记》。崇祯六年（1633）初夏，他邀请董其昌为这篇散文书丹，董其昌于四月八日完成，并邀请书法家文震孟题写引首，张延登则于崇祯七年（1634）八月，复又邀请礼部尚书姜逢元跋尾。崔子忠所画张延登像完成于崇祯七年（1634）九月，从该图场景、人物形象与《白兔公记》关联的情况看，他早已见过这篇散文和董其昌的书法，可能在崇祯六年（1633）夏天，已经开始构思这幅作品。总之，张延登通过这幅由董其昌书丹、文震孟书首、姜逢元跋尾、崔子忠绘画的长卷，将明末最具代表性的书画家的作品尽收囊中。

张延登是晚明齐党核心人物之一，在当时具有重要影响，他的这一举动有何用意？姜逢元题跋似乎做出了回答："华东先生善谕文，拾拔多名士，此公岂即中山君耶乎，谓兔孕灵月窟，为太阴精。先生阴德过人，必食美报，不当于白麂、白蝠、黄麟、青鸟等同幻视也。留侯辟谷忆赤松，果老叠纸为骡游戏天壤。先生固请还山，斯亦大畅宗风矣。""中山君"因宴事失礼得罪司马子期而亡国，姜逢元将张延登与他相比，称张延登"拾拔多名士""阴德过人"，可知张延登此举目的在于提携崔子忠，其用心良苦如此，怎能不借机将崔子忠引荐给董其昌？

《长白仙踪图》从崇祯六年（1633）初夏开始创作，到崇祯七年（1634）九月结束，前后费时一年零五个月，这段时间，正是董其昌官场失意而又最为闲暇的时光，张延登穿梭于董其昌和崔子忠之间，自然有条件给两人提供见面并结成师徒的机会。需要提及的是，崔子忠在题识中称张延登为"太老师"，由此观之，他的老师宋继登抑或在这一事件中扮演了重要角色。

（三）董其昌对崔子忠的影响

1. 思想观念的启迪

晚明虽然政治腐败、党争剧烈，但学术空气却非常自由开放，此时，儒、释、道三教合一，王阳明心学大行其道，人们进可以为儒，退可以为道为释。一些对现实生活绝望的知识分子寄托佛门，逃避不可预知的世俗世界；一些文人画家则以禅喻画，游戏笔墨，形成了明末画坛独有的"禅悦"现象。董其昌于佛理早有契合，万历十三年（1585）落第，于舟中再省佛家悟境，对禅学理论已经完全心悦诚服，称："读《曹洞语录》偏正宾主互换伤触之旨，遂稍悟文章宗趣。"[26] 他很好地融合了禅宗思想和王阳明心学理论，对于他来说，参禅悟道、证悟人心本原为人生第一等要事，书画不过是心意外化的痕迹罢了。他褒扬以顿悟为核心的禅宗绘画，贬低以渐修为基础的北派绘画，笔墨散淡、明润、空灵，闪烁着高洁的精神火花，成为那个时代"前卫艺术"的代表。

崔子忠虽然是一名专业画家，但对禅宗思想和王阳明心学理论却有着比较深刻的认识和体悟，早在天启六年（1626），他已经开始在画中钤印"画心"，显示出心学思想影响的痕迹。崇祯六年（1633）拜师董其昌之后，他开始自我做主，全力探索自己的绘画风格。至崇祯十一年（1638），已经初步形成自己的特点，同时具备了很高的佛学修养，达到了"大圆镜"的境界（见钱谦益诗歌《中秋夜饯冯尔赓使君于城西方阁老园池，感怀叙别，赋诗八章，时德州卢德水、东莱崔道母及冯五十跻仲俱集》），这种境界的获得，无疑与董其昌的影响具有一定关系。

2. 人品激励

（1）人品

董其昌亦官亦隐四十多年，是一位高洁之士。如早年在翰林院编修任上告假，行程数千里，护送老师田一俊灵柩回乡安葬；在湖广提学副使任上不徇私情，遭考生哄逐，宁可辞官也绝不妥协等，无不表现出略带书生意气的官员形象。他秉性高洁，"性和易，通禅理，萧闲吐纳，终日无俗语"[27]，绝不与世俗苟合。他在官场沉浮数十年，所见多庸夫俗子，但在崔子忠身上，却看到了理想中士人的影子，他称崔子忠人、文、画皆非近世所有，对其"甚相器重"，实在是有感而发。而崔子忠在董其昌身上，也看到了与世俗官员完全不同的品质，把他与有"洁癖"的画家倪瓒联系起来，为其绘制《云林洗桐图》。他在同名作品中题识：

古之人洁身及物，不受飞尘，爱及草木，今人何独不然？治其身，洁其浣濯，以精一介，何忧圣贤？圣贤宜一，无两道也。慎吾老先生之谓欤？为绘倪元镇洗梧桐一事，以祝其洁，可与也。若夫严介自修，三千年上下周秦及今日无两人。吾谓倪之洁，依稀一班尔。自好不染，世之人被其清风，曰：君子嘉乐，端与斯人共永也。

尽管此作非彼作，却依然可以看作是对董其昌人品的评价。总之，他们在对"高洁"的追求方面，有着共同的道德标准。需要提及的是，董其昌身为礼部尚书，善谈名理，好房中术，恰好与崔子忠深研诸戴礼、好义理之学及其先辈精方论、善于炼丹的背景契合，两人会有更多的共同语言，《（民国）莱阳县志》记载两人"甚见契"，或源于此。

（2）画品

董其昌对中国画的贡献主要体现在笔墨方面，他强调士气的表达，认为："士人作画，当以草隶奇字之法为之，树如屈铁，山如画沙，绝去甜俗蹊径，乃为士气。不尔，纵俨然及格，已落画师魔界，不复可救药矣。若能解脱绳束，便是透网鳞也。"[28]所谓的"以草隶奇字之法作画"，即以书入画，借助书法用笔表达画家的精神品格和趣味，杜绝职业画家习气。他的这种艺术思想，无疑为写意画发展指出了正确方向。

人物画难于书法入画，在晚明，由于禅宗绘画的兴起和西方绘画介入，山水画、花鸟画大行其道，传统人物画受到极大冲击，要做到这一点更难。当时，虽然有曾鲸、吴彬、丁云鹏等人支撑场面，但他们的作品缺少董其昌称之为"士气"的东西，只能归之于作家（画家）之列。文人画家侈谈禅悦使绘画成为空洞的笔墨游戏，职业画家胶着于形似使绘画了无意趣，已经成为明末人物画亟待解决的问题。崔子忠学画之初即从晋、唐、北宋一流名家作品入手，通过研习顾、陆、阎、吴的笔法，已经脱尽匠家习气，加之真、草、隶、篆无所不能，具有很高的诗学、礼学修养，因此，他的绘画从一开始便与世俗画家拉开了很大距离，比较好地解决了职业画家人文性缺失、文人画家荒率不堪的问题。他的作品法度森严而不失迁想妙得之趣，充满诗情画意，给予人们全新的感受。董其昌一见奇之，给予高度评价，正是基于古典人物画传统在其作品中失而复得的特定背景。

崔子忠《长白仙踪图》是明清人物画创作的一幅精品力作，在这幅主题性人物肖像中，崔子忠继承古典写真绘画思想和技法，为把张延登画成仙风道骨的样子（这正是张氏希望看到的），他有意在张氏眉头添加数笔长长的眉毛，与长白山秋高气爽的景色呼应，立即使彪悍的张延登变为超然物外的高人，犹如顾恺之为裴楷画像，在面颊平添三根毫毛，"定觉益三毛如有神明，殊胜未安时"[29]。在用笔方面，该图工写结合，以铁线描勾勒出主体人物，以波折毛糙的侧锋拖出山石背景，松如盘龙，草随风动，粗细、长短、焦润、动静对比，犹如书写般畅快，无须过多渲染，便把张延登的精神状态入木三分地表现出来，从中可以看出，他很好地实践了顾恺之以形写神的绘画理论和以书入画的思想（图18、图19）。

3. 董其昌对崔子忠的指导

董其昌与崔子忠有诸多契合之处，但他们的艺术取向并不相同。如在继承传统方面，两人都强调学古，但董其昌推崇元人笔墨，专注于山水画创作；崔子忠却喜欢北宋以前的作品，注重思想性和艺术性的表达，以人物画创作为主。如果用董其昌的"南北宗"理论进行评价，董其昌属于南宗，崔子

图18　崔子忠《长白仙踪图》（局部）　上海博物馆藏（上）
图19　《张延登像》（局部）　邹平市博物馆藏（下）

忠只能算是北宗。平心而论，这是两种不同的绘画追求，董其昌对崔子忠的指导，只能是思想方法的点拨。实际情况的确如此，崔子忠在拜师董其昌之后，绘画方法并没有立即发生改变，甚至到崇祯九年（1636），他还在模仿宋代宫廷画家苏汉臣、明代宫廷画家姜隐的作品，创作具有宫廷绘画风格的作品，与时风保持着一定距离。清代的一些文人早就意识到崔董绘画南辕北辙，如清人翁方纲诗歌《崔青蚓洛神图》曰："崔生崔生洵好奇，仙灵恍惚笔底随。华亭画禅安得追，半段晋帖临奚为？"[30] 称崔子忠的艺术水平比董其昌还高。诗文家沈初则在《西清笔记》中评曰："明人沿文家画法者偏于东南，数见不鲜，人皆易之。董文敏一变其习气，韵固佳，细实处少，学之者尤浅率，无足观。崔子忠虽尝游文敏之门，然结撰工细秀逸之致，出自天成，非规摹文敏者。"[31] 称崔子忠虽然拜师董其昌，但走的是另一条道路。尽管如此，这次会面仍然对崔子忠的发展起到了十分重要的作用，自此以后，尤其是崇祯九年（1636）以后，崔子忠开始有意识地强化自己的风格。人物形态俯仰向背、相互纠结，充满内在的张力；用笔起承转合，更加具有书写性；墨色渲染明润清洁，境界更加空灵；至其晚年作《云中鸡犬图》《云中玉女图》，笔墨之雄浑典重，境界之瑰丽高华，已经达到出神入化的境界。

崔子忠拜师董其昌并没有使他成为禅宗派画家，但却使他名声大震。由于董其昌的推崇，上流社会和一般民众都开始认同他的绘画，他立即成为那个时代画坛最重要的人物，千金难求一画。他的性情也因此发生了很大变化，"尝为尚书华亭董其昌所许。顾自矜贵，虽贫甚，而不以金帛动"[32]，试图以金钱资助他的朋友皆遭拒绝。他不仅自己不卖画，而且还指责其他卖画的画家，称之为"插标卖首"[33]，名声越来越大，生活却越来越穷，成为明末世俗享乐主义背景下的一朵奇葩。古代后生见知于前辈，即有师生之义，从这个角度看，崔子忠游董其昌之门并得到他的肯定，即为董氏弟子，未必像职业画家那样天天守在一起。其实，董其昌在京时间并不多，至崇祯七年（1634）夏月，他已经得到明思宗同意返乡，他与崔子忠的关系，更多的是前辈提携后生，甚至是天才艺术家之间的惺惺相惜。

三、吴彬

吴彬（约1570—1643尚在），字文中，号枝隐。莆田人。明万历年间以能画授中书舍人，官至工部主事。传载《福建通志》《图绘宝鉴续纂》等。

（一）吴彬的绘画与崔子忠的关系

1. 吴彬的绘画

吴彬是一位技术全面、造诣精深的宫廷画家，山水、人物、花鸟无所不能，以人物、佛像闻名于世。其人物、佛像造型奇异怪伟，发唐宋所未能及，既能尽物象之精微，又能得其神韵，笔墨秀雅，自成一体。明人谢肇淛将其与赵孟頫、董其昌相提并论，在《五杂组》中评曰：

> 近日名家如云间董玄宰、金陵吴文中，其得意之笔，前无古人。董好摹唐、宋名笔，其用意处在位置、设色，自谓得昔人三昧。吴运思造奇，下笔玄妙，旁及人物、佛像，远即不敢望道子，近亦足力敌松雪，传之后代，价当重连城矣。[34]

明人朱谋垔称其师法自然，善于写真，评曰："善山水，布置绝不摹古，皆对真景描写，故小势最为出奇，一时观者无不惊诧，能大上像，亦能人物。"[35] 焦竑《栖霞寺五百阿罗汉记》称其画技不亚于顾恺之，评曰："居士吴彬者，少产晋安，长游建业，真文下烛悬，少微之一星，俊气孤骞，发大云之五色，既娴词翰，兼综绘素，团扇持而为犊，屏风点而成蝇，高步一时，无惭三绝。"[36] 备极赞美之词。

2. 吴彬与崔子忠

目前尚未见崔子忠拜师吴彬的记载，但从崔子忠的一些作品看，两人的师承关系却真实存在。吴彬是一位在传统绘画基础上改进、完善、突破，最终形成自己独特风格的画家，台北故宫博物院编《明末变形主义画家作品展》载《明末变形观念之兴起》，分析其绘画构成，称其作品具有"变形主义"的画风。

最早因身为宫廷画家，反映当时崇尚拟古主义的精工细美的院派绘画。稍后从事临摹或摹仿早期北宋构图高远画家的风格，这些作品并非完全模仿北宋绘画，而是将一种形象加以夸张的新的奇妙要素注入画中，造成层次之超远脱俗，实际上是从坏作品，产生好作品，于画面上运用奇怪的线条，以描述真实的地质现象。蓄意加强曲折盘绕的丘壑，远方突出的悬崖峭壁，山顶堆积的奇形岩石，这些蓄意的怪异性，表现于山水画结构中，似乎缺乏形式上之统一性或独创性，但是吴彬却把这些新创的、不协调的风格融合成形式上有力而令人满意的构图，而形成一种变形的画风。[37]

崔子忠的创作方法同吴彬一样，他总是在学习、借鉴前代甚至同时代画家作品的基础上，重新加以整合，运用自己独有的线描方法，创造出不同于（高于）他人的作品。如他平生最为得意的《洗象图》，高迈、典重、古雅（图20），借用的却是吴彬《洗象图》的图式和造型（图21）；《伏生授经图》（图22）瑰丽高华，却几乎完整抄袭了前辈画家杜堇的同名作品（图23），便是典型的例子。

学习中国画有赖于临摹，这是中国画教育的传统，也是画家成名成家的必由之路。作为一名长于摹古和借鉴同行优点的画家，崔子忠无疑从吴彬这里借鉴了有益的创作经验和方法。如在艺术表现方面，吴彬善于通过平面造型，借助光线与阴影，叠出虚实相生的千沟万壑式的大山水景观，"这种'实景与虚景之交替法'技巧，创造之境界使之不知不觉地更趋真实，比亲身经历之境界亦更强而有力，这种境界是一种超写实派作风"[38]。被崔子忠所吸收，与道德主题相结合，创造出亦真亦幻的崔氏景观，等等。

通过观察崔子忠和吴彬的作品还可以发现，他们的思想观念非常接近。他们都推崇北宋以前的绘画艺术，重视观察写生，试图创造出既奇幻而又真实、如同北宋绘画之宏阔的作品。吴彬绘画布置绝不摹古，皆对真景描写。崔子忠则强调观察现实生活，"疑写真而不写伪"，迁想妙得。两人在人物形象塑造、线描法方面非常相似，如崔子忠在崇祯四年（1631）创作的《白描佛像图》，人物造型图式、线描法及其所营造的悲天悯人的情调，便与吴彬所画应真像如出一辙（图24）。周亮工在《因树屋书影》中评曰："画家工佛像者，近当以丁南羽、吴文中为第一。……陈章侯、崔青蚓不专以佛像名，所作大士像亦遂欲远追道子，近逾丁、吴。"[39] 称崔子忠在佛像创作方面超越了吴彬。尽管如此，不可否认的是，崔子忠从吴彬这里汲取了许多有益的营养，且这种营养一直都在滋养着他的绘画。

（二）崔子忠与吴彬见面的机缘

1. 因父亲崔胤德的关系

吴彬是万历至崇祯年间著名的宫廷画家，最初供职南京，官中书舍人，后奉命北上，约万历二十八年（1600）供奉内廷，至天启七年（1627）被削夺官职，在京供职二十六年［按：实际上，吴彬在北京任职时间不止此数，因为崇祯元年（1628）阉党败后，他的朋友米万钟得到平反昭雪，官复太仆寺少卿，出于同样原因下狱的他也应该官复原职］。吴彬与崔子忠的父亲崔胤德同时服务内廷，隶属工部，这种关系，能够给崔子忠提供拜师学艺或观摩其作品的机会。

2. 因米寿都的关系

吴彬与米万钟相识于万历三十五年（1607），曾长期馆于米万钟家。万历四十三年（1615）暮春，应米万钟之邀，他在勺园为米氏绘制了《勺园祓禊图》，描绘京师文人在勺园雅集的情景。王崇简后来为该图题跋："吴文中昔馆于米友石先生家最久，为图《勺园》卷，极备，予尝游览园中，此图诚不诬。迨甲申变后一望荒烟白草，无复遗构矣。市儿偶以此卷求售，以数千钱易之。当季风景宛然在目。"[40] 又曰："昔万历之季，米友石先生以诗文书画名天下，

图20 崔子忠《洗象图》 故宫博物院藏（左）
图21 吴彬《洗象图》 中央美术学院美术馆藏（右）

图22　崔子忠《伏生授经图》（局部）　上海博物馆藏（左）
图23　杜堇《伏生授经图》（局部）　美国大都会艺术博物馆藏（右）

构园于海淀，且制灯如其园，……予时甫舞象，先生召乡大夫宴饮，以予故人于不弃，预侍左右，因得观其灯，游其园。"[41]"舞象"，古代指十五岁以上的男子，可知王崇简到勺园做客时，年近十五岁。王崇简生于1602年年底，计龄通常虚二岁，由此推之，他受邀参加这次活动的时间在约万历四十三年（1615），正值吴彬在勺园创作《勺园祓禊图》之时。崔子忠与王崇简、米寿都为少年挚友，他的父亲崔胤德与米万钟、吴彬曾同供职工部，这种关系，使崔子忠有机会像王崇简那样以故人之子的名义游览勺园并见到吴彬。事实上，在天启、崇祯年间，受米寿都邀请，崔子忠已经多次游览过米家园，与米家非常熟悉，崔子忠在串门时遇到吴彬并向其请教，都是非常自然的事情。

3. 职业画家之间的亲和力

相对于文人画家，专业画家更加关注同行的动态和绘画技法，崔子忠作为晚辈，必然会主动前去拜访吴彬。从崔子忠《洗象图》《仙人瑞兽图》与吴彬《洗象图》《十面灵璧图》的学术渊源看，两人的师承关系显而易见，必定会有较多接触。需要指出的是，崔子忠的绘画偶尔也会流露出某些画家习气，如前述《长白仙踪图》，虽然意境萧闲超旷，但张延登的形象却像纸片一样悬挂在山石背景上，显示出两道工序的痕迹，可视为受吴彬等宫廷画家影响。陈洪绶曰："故画有入神家，有名家，有当家，有作家，有匠家，吾惟不离乎作家。"[42]将自己定位在专业画家层面。崔子忠的绘画虽然书卷气十足，但较之同时代画家董其昌等人的作品，却仍在作家之列，与吴彬有着天然的亲和力。

四、米万钟

米万钟（1570—1631），字仲诏，号友石等。

宛平人。明万历二十三年（1595）进士。官至太仆寺少卿兼理光禄寺丞事。

米万钟是明末北方书画界最具代表性的人物之一，人品、画品俱佳。天启年间，阉党魏忠贤弄权，附庸风雅，当时不少文人墨客或趋炎附势，或惧其淫威，不敢不应。魏忠贤曾派专人向米万钟求字并许以高官厚禄，米万钟在明知违逆其意是什么结果的情况下，依然不肯屈从作书，遂被削籍为民，表现出高洁的士人品格。他的书法宗法先祖米芾，气势浩瀚，风雅绝伦，与董其昌并称"南董北米"。其山水画追求北宋以前大山大水的艺术风格，姜绍书《无声诗史》评曰："绘事楷模北宋已前，施为巧瞻，位置渊深，不作残山剩水观。盖与中翰吴彬朝夕探讨，故体裁相仿佛焉。"[43] 传世作品有《勺园图》《竹石菊花图》等。

米万钟不仅诗文翰墨驰誉天下，而且在造园、刻石、琴瑟等方面造诣精深。王思任《米太仆家传》记载："能琴，能奕，能握槊，能蹴丸，能剑，能谜隐，谑谐，打冷哨，绰沁趣，能审音顾曲，能别白博古图，而其大要笃好者，在石。"[44] 人称诗奇、文奇、书奇、画奇、印章奇、赏鉴奇。著《澄澹堂文集》《易经》《篆隶考伪》《象纬兵钤》《石史》《琴史》等。

米万钟早年在外为官，时出时归，居京时间不定。天启五年（1625）至崇祯四年（1631）间，由于阉党迫害去职及明思宗复其职，开始在京长居，而在这个时候，崔子忠也已经放弃科举，专心从事书画创作，经常到他家游玩。如崇祯三年（1630）仲春，米万钟在勺园清寤斋作《红杏双燕图》，崔子忠可能在场，他后来为该图题跋曰："此米老伯自夸自诩生平不可多得者也，无我一旦快然得之。南人多有扬董而抑米者，可恨未见此幅耳，见此如何不神魂飞荡，甘退三舍，北面请教耶！无我什袭之，非人不可轻与一视，崔生以此相戒。"把米万钟洋洋自得的神态和自己对米万钟的崇拜之情描写得淋漓尽致，同时隐约提及绘画南北宗之说。值得注意的是，该年秋天，江南人陈允衡到米万钟家漫园（按：园在积水潭东）做客，席间作七律《庚午九日米仲诏先生招登漫园新楼，分得河字，余即以翌日南归》，诗曰："北海尊前又和歌，南州有客愧羊何。人心

图24　吴彬《十八应真图卷》（局部）　原比利时尤伦斯夫妇藏

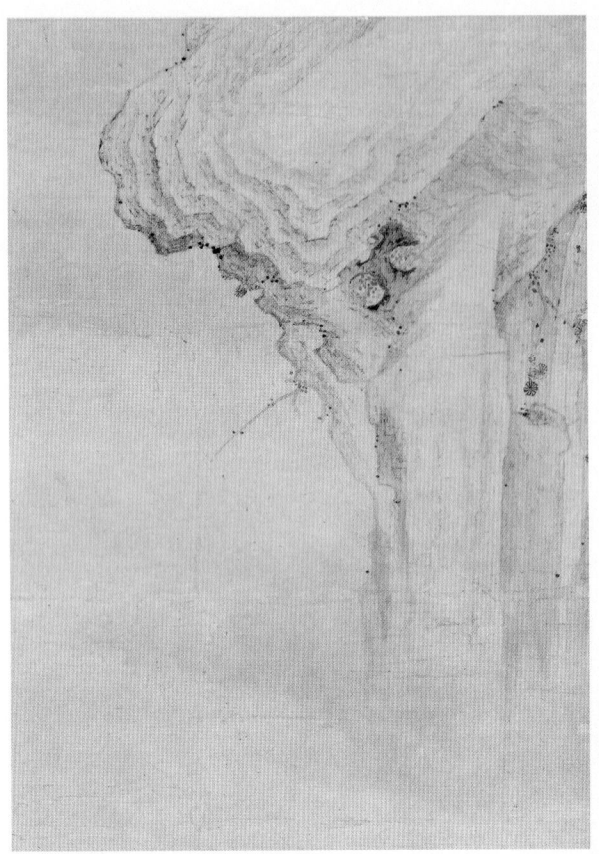

图25 崔子忠《仙人瑞兽图》（局部） 香港中文大学文物馆藏（左）
图26 米万钟《杏花双燕图》 苏州博物馆藏（右）

自向层楼远，秋色偏于九日多。带旭看花寒欲破，随云度雁影相和。将离不及园亭水，迢递潺潺到御河。"[45]明时积水潭尚未称北海，而崔子忠号北海，推测诗中"北海"为双关语，兼指崔子忠，他受邀参加了这场送别宴会。"羊何"，魏晋时期谢灵运与族弟谢惠连、东海何长瑜、颍川荀雍、泰山羊璿之以文章赏会，共为山泽之游，后借指文友群体，据此推测，崔子忠是米万钟的山水好友，经常与其诗文书画酬唱。

作为力图复兴北宋以前绘画传统的杰出画家，米万钟的作品布局宏大，气势浩瀚，他的这种作风对崔子忠产生了一定影响，如崔子忠的绘画多高轴大卷，章法布局阔达开张，便与他的审美取向非常相似（图25、图26）。总之，崔子忠学画之初便能够取法乎上，"摹顾、陆、阎、吴遗迹，关、范以下不复措手"，无疑来自米万钟、吴彬、姜隐等一流大师的指导。

五、田大受

（一）田大受的籍贯

田大受是崇祯年间崔子忠拜谒的老师，他在与崔子忠共同创作的书画合璧卷（《白描佛像图》）中，自称"瀛州奉佛弟子"。古代地名瀛州者众多。司马迁《史记》记载徐福上书始皇帝，称海中有三仙山蓬莱、方丈、瀛洲；《海内十洲记》称瀛洲在东海中，去西岸七十万里，洲上多仙家，山川如中国；皆神话传说。明代北直隶有河间府，治所河间县（今河北省河间市），其地在商代时为瀛国地，后魏置瀛州，隋、唐两代皆称瀛州，北宋罢瀛州为河间府。从田大受的佛教徒身份看，他所说的"瀛州"应该是指正式地名而非神仙居所，为河间府。而从清人张榕在德州得到这幅作品的情况看，却应该是指与河间府接壤的德州（按：在古代诗文中，德州部分地区也被称为瀛州），今暂定他是河间府人。

（二）崔子忠拜师田大受的历史文化背景以及田大受其人

明代儒、释、道三教合流蔚然成风。明太祖朱元璋首开"三教合一"。明成祖朱棣即位后，将儒家的忠孝思想与道教结合在一起，教化民众，使儒、释、道在观念上日趋融合。王阳明援佛、道入儒，创造心学，在晚明，一大批学者与之呼应，甚至影响到文学、绘画的发展。孔子祀于学宫，佛氏祀于寺庙，老氏祀于道观，原本俱有定制，可是到了晚明，三者却混祀于一堂，甚至出现大士同时穿戴道冠、儒靴、袈裟的现象。当时的风气就是士人与释、道相交为雅，有些士大夫甚至成为佛教寺院的护法。学者陈宝良在《明代儒佛道的合流及其世俗化》一文中记载："明人蒋德璟也说，晚明士大夫'无不礼《楞严》，讽《法华》，皈依净土'。……由于儒、佛、道三教合流渐成气候，……士大夫师事沙门，大族中妇女、子弟甚至拜高僧为师，……而其具体的表现，则为士人与僧道相交，恬不为怪，甚至引为风雅。"[46]如崔子忠的好友王崇简，画家丁云鹏、吴彬、陈洪绶等，都是虔诚的佛教徒。崔子忠拜田大受为师，声明"释与儒当无强生分别"，强调儒、释合一，正是这种特定文化思潮的反映。

另外，明王朝危机四伏，人们无法把握自己的命运，也是众多士子遁入空门的重要原因。崔子忠原本是一名积极进取的儒生，很早便考取了生员，但却始终考不上举人。天启末年，当他放弃科举考试之后，已经对自己的前途感到十分悲观。崇祯三年（1630）至崇祯四年（1631），他创作了大量佛教题材作品，从这些现象看，他可能早已转向佛教，崇祯四年（1631）拜田大受为师，不过是对外正式宣言而已。崔子忠信奉佛教不是附庸风雅，做样子，根据顺天诗人毛锐诗歌《太和庵崔开予见过》分析，崇祯八年（1635）之前他已经居住佛寺，成为一名虔诚的佛教徒，其行为无疑与田大受具有一定的关系。

根据崔子忠《白描佛像图》题识可知，田大受正直聪慧，超然物外而有大悲悯心，佛学修养达到了很高的境界。其又工书法，水平甚至达到了可以和王羲之《黄庭经》比美的高度。但观其所书《金刚经》，情况却并非完全如此，可见崔子忠的评论带有感情因素。概而言之，田大受是崔子忠的佛学导

图27 崔子忠《白描佛像图》(局部)　上海博物馆藏

师而非书法教师。需要提及的是,《白描佛像图》(图27)可能具有传记性质,如图中耳戴鲜花、手捧贝叶经的护法,神态倔强、自信、忠诚,颇似在京莳花养鱼的崔子忠;端坐蒲垫、恬静自适的佛陀,背景如雾如电,应和《金刚经》名句,"一切有为法,如梦幻泡影,如雾亦如电,应作如是观",则与田大受的精神状态契合。

六、钱谦益

钱谦益(1582—1664),字受之,号牧斋。明末清初文坛盟主之一。常熟人。明万历三十八年(1610)进士,官至礼部侍郎。南明弘光时官礼部尚书。入清，官礼部侍郎。著《牧斋初学集》等。

崔子忠与钱谦益相识于崇祯十一年（1638）。该年夏天，钱谦益因乡人告讦羁系京师，居住南城，崔子忠通过友人刘履丁见到了他。当时，"履丁寓方阁老园池，去余（按：钱谦益）寓一牛鸣地，有疏桐古木，前临雉堞，道母喜其萧闲，履丁去，遂徙居焉。晨夕过从者，凡两月"[47]。钱谦益九月初离开北京，可知两人比邻而居的时间在七八月间，正值北方金秋季节。根据钱谦益诗歌《中秋夜饯冯尔赓使君于城西方阁老园池，感怀叙别，赋诗八章，时德州卢德水、东莱崔道母及冯五十跻仲俱集》记载，"方阁老园池"在今右安门内陶然亭一带，环境萧闲幽静，无人间烟火气，乃京师一大胜景。

钱谦益虽然与崔子忠晨夕过从两月有余，但有文字记载的活动却只有两次。第一次是在崇祯十一年（1638）中秋夜。当时，钱谦益的案子已经基本了结，即将离开北京，他借为友人冯尔赓饯行的机会，在崔子忠家（方阁老园池）宴请遭难时帮助、陪伴他的几位友人，席间赋诗八章以谢。诗歌从描写崔子忠迁家入手，感叹其怀才不遇，人到中年，却依然没有考中举人，表达出对崔子忠命运的深深同情：

> 置酒坐广除，白月挂我前。
> 纤云解翳驳，万象吐澄鲜。
> 月驾何方来？先照双阙巅。
> 稍破阁道暗，复向天街圆。
> 飞光城南隅，亦是尺五天。
> 可怜大圆镜，移置小林泉。
> 明童泛玉卮，素魄流朱颜。
> 叹息月中桂，芬芳弥岁年。[48]

钱谦益对自己的前途感到十分迷茫，心情沮丧，他看着滴酒不沾、一直在观察少微星象的崔子忠（按：《史记》卷二十七《天官书》："廷藩西有隋星五，曰少微，士大夫。"《正义》："少微四星在太微，南北列：第一星，处士也；第二星，议士也；第三星，博士也；第四星，士大夫也。"）继续吟诵道：

> 年岁何促迫，凉风鸣葛衣。
> 分张一尊酒，共揽明月晖。
> 君如高林隼，刷羽秋怒飞。
> 我如绕树鹊，三匝睨南枝。
> 举酒向街北，天狼角差差。
> 荧惑仍在庙，卷舌光未衰。
> 盈觞不成醉，怅然生酒悲。
> 崔生独不饮，卬首看少微。[49]

当时，崔子忠刚刚以《杏园送客图》获赠方阁老别墅，锋芒正健，却仍然穿着单薄的夏衣，凝立在秋风中，钱谦益甚至对他产生了羡慕之心，从诗句"分张一尊酒，共揽明月晖"，可以看出他非常尊重崔子忠特立独行的品格，两人已经成为坚定的盟友。

崔子忠与钱谦益第二次会面在西城报国寺古松树下。此时，钱谦益已经准备离开北京，崔子忠和金石学者郭宗昌前去送行，报国寺词馆的教授们闻讯赶来送别，钱谦益直言不讳地问："公等多玉笋门生，也有如崔、郭两生者乎？"报国寺是明时士子读书之地，集聚了京畿乃至全国的优秀学子，钱谦益这样发问，无疑是在有意拔高崔子忠。可见，经过两个月的交游，钱谦益已经认定崔子忠是个难得的人才，将他视为自己最得意的门生。

崇祯十一年（1638）与崔子忠的交往给钱谦益留下了深刻印象，南明弘光政权灭亡以后，钱谦益以清朝礼部侍郎的身份进京，负责编撰《明史》，仍然不忘崔子忠，借访书之机重返南城故地，打探其下落。有人说崔子忠尚在，有人说已经死亡，当最终确定崔子忠自甘饿死之后，才怅然离去。他在为崔子忠所作传记《崔秀才子忠》中写道：

> 子忠，字道母，莱阳人。侨居都门，形容清古，言辞简质，望之不似今人。画亦法古，规摹顾、陆、阎、吴遗迹，关、范以下不复措手。居京师阛阓中，蓬蒿翳然，凝尘满席，莳花养鱼，杳然遗世。兴至则解衣盘礴，一妻二女皆能点染设色，相与摩娑指示，共相娱说，间出以诒知己。若庸夫俗子用金帛相购

请，虽穷饿，掉头弗顾也。[50]

七、黄道周

黄道周（1585—1646），字幼玄，又字螭若、螭平，号石斋。漳浦人。明天启二年（1622）进士。官詹事府少詹事。南明隆武时官至武英殿大学士、吏部尚书兼兵部尚书，抗清不屈死。学贯古今，天文、地理、历数、声律、诗赋、书画等无不通晓，尤精于《易》。明人徐弘祖《徐霞客游记》认为："木公与余面论天下人物，余谓至人惟一石斋。其字画为馆阁第一；文章为国朝第一；人品为海宇第一；学问直接周孔，为古今第一。"[51] 清乾隆《钦定胜朝殉节诸臣录》评曰："黄道周硕学清操，孤忠亮节，克全儒行，无愧贞臣，今谥忠端。"[52] 是晚明著名的忠义之士、学者和教育家，人称"黄圣人"，学者称"石斋先生"。

（一）崔子忠与黄道周相识的契机

历史文献没有记载崔子忠与黄道周的交往，唯一能够把两人联系起来的材料，是崔子忠为黄道周所作《伏生授经图》。在这幅作品中，崔子忠称黄道周为"黄老先生"，态度极为恭敬。

1.《伏生授经图》的创作时间

崇祯九年（1636）春，崔子忠的弟子王崇节作《人物扇面》（今故宫博物院藏），图中人物造型、线描法与崔子忠《伏生授经图》完全一致，可知这幅作品摹自《伏生授经图》，《伏生授经图》作于崇祯九年（1636）或之前。

然而，如果把《伏生授经图》与崔子忠崇祯九年（1636）创作的作品进行比较，却可以发现两者风格并不相同（按：该年崔子忠专心研习宋画，创作了一系列宫廷绘画风格的作品，类似周昉、苏汉臣）。一个画家不可能同时绘制出如此截然不同的作品。从风格学的角度看，《伏生授经图》属于崔氏成熟期作品，与《云中鸡犬图》等更为接近，如该图柳枝的结构、画法与《云中鸡犬图》山草颇为相似（图28、图29），人物衣纹构成图式及线描技法与图中人物如出一辙等。《伏生授经图》的笔墨技巧远不及《云中鸡犬图》老辣厚重，由此观之，该图应作于《云中鸡犬图》之前，时间大约在崇祯十五年（1642）前后。

然而，这个时间与由王崇节摹品推测出的时间矛盾，鉴于崔子忠有重复绘制同一题材作品和将他人作品改进为自己作品的习惯，这个问题可做两种解释：其一，王崇节《人物扇面》临摹的是崔子忠最初创作的《伏生授经图》，崔子忠赠送黄道周的作品为改进版；其二，王崇节最早创作了这幅扇面，崔子忠将其改造为自己的作品，并将其赠送给了黄道周。

2.《伏生授经图》与王崇简诗歌《赠别石斋先生》的对应关系

黄道周秉性忠直，不善揣摩迎合上意，经常当面顶撞皇帝，明思宗忌其声望未能杀之，因此其官场生涯危机四伏。清人李光地《榕村语录》评曰："石斋虽当时用之，恐无益于乱亡，救乱须有体有用之人。……明代士大夫如黄石斋辈，炼出一股不怕死风气，名节果厉。第其批鳞捋须，九死不回者，都不能将所争之事，于君国果否有益盘算个明白，大概都是意见意气上相竞耳，行有余而知不足，其病却大。"[53] 明确指出了他的性格缺陷和面临的危境。

崇祯十五年（1642）八月，黄道周官复原职回到北京，居住在京师双河庵客舍，在此期间，朝野正直之士纷纷前去探望。崔子忠的好友王崇简是前去慰问的士子之一，其诗歌《赠别石斋先生》曰：

抗立千寻恃一忠，嘉猷久已彻宸衷。
孤城幽在兵戈外，亮节难非困约中。
国是愿先明举措，臣邻期尽去通融。
圣朝兴治求遗直，好为苍生惜此躬。[54]

在这首诗中，王崇简诚恳地劝说黄道周：您忠心报国的品格天下皆知，但国家已经到了十分危急的时刻，在这个特殊时期，欲尽国事，必须讲究策略和方法，才能达到既定目标。国家未来还得靠您出面治理，为天下苍生考虑，您一定要珍惜自己的

图28　崔子忠《云中鸡犬图》（局部）　台北故宫博物院藏（左）
图29　崔子忠《伏生授经图》（局部）　上海博物馆藏（右）

性命！

崔子忠《伏生授经图》的寓意与王崇简赠诗异曲同工。（按：伏生，济南人，秦代博士。秦始皇焚书，于壁中藏《尚书》，后天下大乱，流亡去。汉朝建立，伏生破壁独得二十九篇，即以此教于齐鲁之间。汉孝文帝时寻求能治《尚书》者，已不可得，闻听伏生能治，以伏生年老不能行，诏使太常掌故晁错往受之，学者由是颇能诗书，山东诸大师无不涉《尚书》以教[55]。史家赞伏生之功："汉无伏生则《尚书》不传，传而无伏生亦不明其义。"）《伏生授经图》是唐宋以来画家经常表现的题材，原本平淡无奇，但崔子忠在黄道周与明思宗尖锐对立之时为其创作此图，却明显具有谏言的意味。在该图中，崔子忠借伏生机智逃避秦王迫害、保全《尚书》故事，暗示黄道周：在帝昏臣庸、明王朝即将灭亡的特殊时期，一味亢直不仅于事无补，甚至有可能丢掉身家性命，应当效法伏生，先保全自己，然后等待时机，再将绝学贡献于后世苍生。

清代文人蒋征蔚非常了解崔子忠的创作意图，他在诗歌《崔道母伏生授经图》中记载：

独解尊圣愧浮学，落笔深意存其闲。
智囊刻削激国变，尚古奥谊高难攀。
弟子流传失师说，事或可信非等闲。
纷纷疑窦特障我，读画直作研经观。[56]

称此图寄意深远，润物细无声，比黄道周与皇帝当面争吵高明多了，揭示出崔子忠借画劝谏黄道周的秘密。崔子忠赠画与王崇简赠诗寓意相同，一唱一和，鉴于两人经常结伴拜师访友，且王崇简本

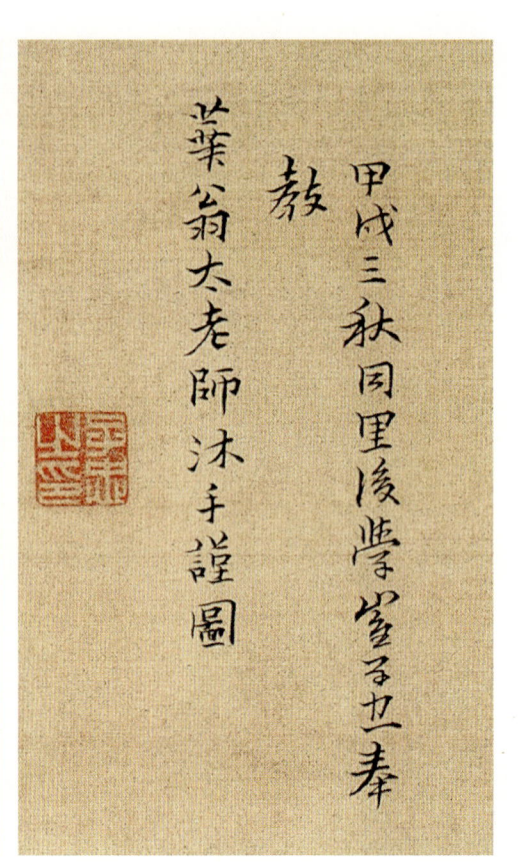

图30　黄道周《孝经颂》(局部)　天津博物馆藏（左）
图31　崔子忠《长白仙踪图》(题识)　上海博物馆藏（右）

次拜访黄道周，目的在于为自己的父亲求写墓志铭，笔者推测这是一次有"预谋"的活动，他们共同策划了这场诗画会。需要提及的是，在这场诗画会后不久，性格倔强的黄道周即告病返乡，迅速离开了险象环生的朝廷。

（二）崔子忠与黄道周的学术渊源

黄道周、崔子忠两人虽然社会地位、年龄不同，但精神品格、人生追求、行事风格却如出一辙。他们都是封建礼法的维护者，以忠孝节义安身立命。黄道周归乡后辑前代圣贤嘉言懿行教育弟子，临终遗言："纲常万古，节义千秋，天地知我，家人无忧。"崔子忠则在晚年作历代圣贤肖像，自撰像赞，试图借此立德、立言、立功，作书："木石存天地，衣冠志古今。"

黄道周学问直接周孔，以易学为著。其易学熔《归藏易》《连山》《周易》于一炉，将《周易》与天文历算融合为一体，通过天象、易理推及国运人事，自称百无一失："盖天、地、人之象数皆具于易，布而为图，次而为历，统而为易。去其图著，别其虚实，以为《春秋》《诗》。"[57] 建立起独特的思想体系。崔子忠出生于道教世家，毕生研究周礼，对易学、筮术、星象抱有浓厚的兴趣。他是一名通晓五经的正一道士，儒道合一，因此，在熟谙"儒门易"的同时，对"道家易""筮术易"也具有一定的了解，如崇祯十一年（1638），在钱谦益举办的送别友人的宴会上，不断观察少微星象，以揣测钱谦益与东林士人的命运；晚年隐居西山，为占筮术祖师鬼谷子及陶弘景、司马承祯、邵康节画像题赞等。

黄道周工书善画，是明代最具创造性的书画家之一。他的书法根植于晋人，远师钟繇，参以索靖草法，古拙清刚，自成一格，世称"漳浦体"。他在狱中书写的百余本小楷《孝经》，刚正遒媚，直逼钟王，与崔子忠的小楷精髓相通（图30、图31）。他的绘画以书入画，不屑描头画角取媚于人，磊落苍古,忠义之气尽显笔端,风骨气节溢于言表,这种发源于内、形成于外的艺术风格,与崔子忠"强其骨"的艺术追求一脉相承。总之,无论是人品、学问,还是书法绘画,他们都表现出明显的渊源关系。

八、左光斗

左光斗(1575—1625),字遗直,号浮丘。桐城人。明万历三十五年(1607)进士,官至左佥都御史。自幼潜心读书,精通文史,留心经世致用之策。天启元年(1621)担任畿辅督学御史之后,倡导屯学,为朝廷选拔了一大批文武兼备的人才,对维护明王朝统治起到了一定作用。

据《左忠毅公年谱定本》记载,天启年间,左光斗担任畿辅督学后,每天以品评士子文章为要务,闲暇则与二三有识之士纵谈时事,对一些具有发展潜力的后生进行重点培养。他破格提拔崔子忠为高等廪生,有提携、培育之功,按照古代科场规矩,亦可称之为崔子忠的老师。

左光斗与崔子忠等人的这种关系,是东林党延续其影响力的脉系之一,崔子忠对时局的态度和看法,无疑与此有关。需要提及的是,天启四年(1624),左光斗因弹劾阉党下狱,史可法、王崇简皆茫然无策,独崔子忠主张通过输金的方式营救左光斗,后来便发生了声势浩大的醵金营救左光斗的运动(按:该运动的组织者孙奇逢对崔子忠非常敬重,曾为其作传,收入《畿辅人物考》中),崔子忠可视为该运动的"主谋"之一。

左光斗工书,书法风流俊逸,非俗流所及。明末清初著名文人万寿祺赞曰:"今年在建业始见石父,既遇伟人,又获观此札也,先辈风流高卓如此,后人以时思其德业,乃在山水之间,呜呼!不可得矣。"足可见当时士子对他的敬仰之情(图32)。

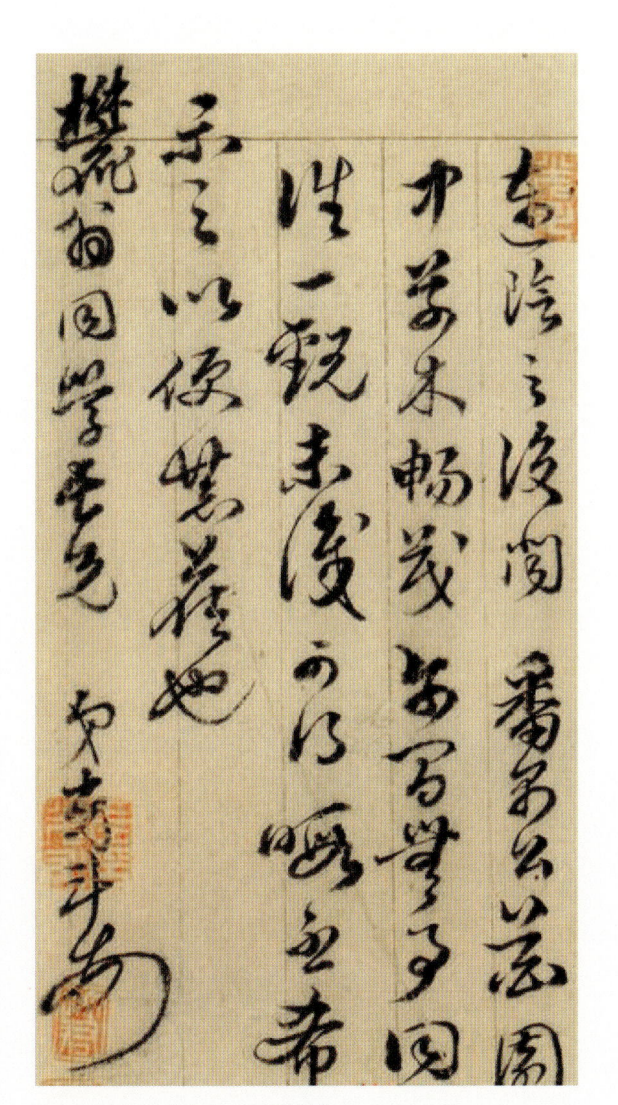

图32 左光斗《致麓翁行草信札》 上海朵云轩藏

注释

[1] 〔美〕高居翰：《山外山：晚明绘画（1570—1644）》，王嘉骥译，生活·读书·新知三联书店，2009 年，第 296 页。

[2] [清] 陈介锡编《桑梓之遗录文》卷五第四十一册《黄县姜官周隐设色山水一》，收入《山东文献集成》第一辑（4），山东大学出版社，2006 年，第 218 页上栏。

[3] [民国] 王隆基修、于宗潼纂《(民国) 福山县志稿》卷七之五文苑《明》，第 1 页。

[4] [宋] 乐史：《太平寰宇记》卷之二十河南道二十《登州》，清同治光绪间金谿赵氏红杏山房补刻重印赵氏藏书本，第 1 页 a。

[5] [清] 叶圭绶：《续山东考古录》卷之十一登州府上《福山县》，清咸丰元年刻本，第 7 页 a。

[6] [民国] 王隆基修、于宗潼纂《(民国) 福山县志稿》卷一之二《沿革》，第 2 页 a。

[7] 柳宗铎、解广海：《汉之牟平城考》，收入山东省地方史志办公室编《2005 年度地方志资政文集》，山东省地图出版社，2007 年，第 321 页。

[8] 同 [7]。

[9] [清] 袁翼：《邃怀堂全集》诗集前编卷三《题崔青蚓杜鹃花鸟手卷》，清光绪十四年袁镇嵩刻本，第 12 页 a。

[10] [明] 顾炳：《历代名公画谱》第四册《姜隐》，明刻本。

[11] [明] 朱谋垔：《画史会要》卷四《大明》，明崇祯刻清初补刻本，第 46 页 a。

[12] [清] 徐沁：《明画录》卷一《人物》，清嘉庆读书斋丛书本，第 8 页 b。

[13] [清] 姜绍书《无声诗史》卷六《姜隐》，翠琅玕馆丛书本，第 13 页 a。

[14] [清] 孙岳颁：《佩文斋书画谱》卷五十六画家传十二《姜隐》，清康熙刻本，第 48 页 b。

[15] [民国] 王隆基修、于宗潼纂《(民国) 福山县志稿》卷七之五文苑《明》，第 1 页 a。

[16] 参见〔美〕高居翰《山外山：晚明绘画（1570—1644）》，王嘉骥译，生活·读书·新知三联书店，2009 年，第 305 页。

[17] [清] 孙承泽：《畿辅人物志》卷十九《崔文学子忠》，清初刻本，第 12 页 b。

[18] [清] 孙岳颁：《佩文斋书画谱》第六十七卷御制书画跋《跋董其昌墨迹后》，清康熙刻本，第 8 页 b—9 页 a。

[19] [清] 张廷玉：《明史》卷二百八十八列传第一百七十六文苑四《董其昌》，清乾隆武英殿刻本，第 12 页 a。

[20] [明] 朱谋垔：《画史会要》卷四《大明》，明崇祯刻清初补刻本，第 50 页 b。

[21] [清] 姜绍书：《无声诗史》卷四《崔子忠》，翠琅玕馆丛书本，第 22 页 a。

[22] [清] 宋琬：《宋琬全集》，辛鸿义、赵家斌点校，齐鲁书社，2003 年，第 165 页。

[23] 参见 [清] 宋琬《宋琬全集》，辛鸿义、赵家斌点校，齐鲁书社，2003 年，第 831 页。

[24] [清] 王崇简：《青箱堂诗集》卷之四《忆崔青蚓画》，收入《四库全书存目丛书》集部第二○三册，齐鲁书社，1997 年，影印本，第 80 页下栏。

[25] 同 [21]。

[26] [明] 董其昌：《容台集》文集卷二序《戏鸿堂稿自序》，明崇祯三年董庭刻本，第 11 页 a。

[27] 同 [19]。

[28] [明] 董其昌：《容台集》别集卷四题跋《画旨》，明崇祯三年董庭刻本，第 3 页 a。

[29] [南北朝] 刘义庆撰、[南北朝] 刘孝标注《世说新语》卷下之上《巧艺第二十一》，四部丛刊景明袁氏嘉趣堂本，第 34 页 a。

[30] [清] 翁方纲：《复初斋诗集》卷第四十七苏斋小草三《崔青蚓洛神图》，清刻本，第 1 页。

[31] [清] 沈初：《西清笔记》卷二《纪名迹》，清功顺堂丛书本，第 10 页 a。

[32] [清] 孙静庵：《明遗民录》卷十一《崔子忠》，赵一生标点，浙江古籍出版社，1985 年，第 83 页。

[33] [民国] 芮鸿初主编、[民国] 丁翔熊编辑《蜗牛居士全集》子目《艺人小志》，民国二十九年，第 83 页。

[34] [明] 谢肇淛：《五杂组》卷七《人部三》，明万历四十四年潘膺祉如韦馆刻本，第 22 页 a。

[35] [明] 朱谋垔：《画史会要》卷四《明》，清文渊阁四库全书本，第 74 页 b。

[36] [明] 焦竑：《澹园集》卷二十一记《栖霞寺五百阿罗汉记》，民国金陵丛书本，第 15 页。

[37] 台北故宫博物院编《明末变形主义画家作品展》，台北故宫博物院，1977 年，第 8 页。

[38] 同 [37]。

[39] [清] 周亮工：《因树屋书影》卷四，清康熙六年刻本，第 36 页 b。

[40] 吕晓：《吴彬、米万钟〈勺园图〉初探——兼谈吴彬与米万钟的交往》，《紫禁城》2008 年 11 期，第 92 页。

[41] [清] 王崇简：《青箱堂文集》卷四《米友石先生诗序》，收入《四库全书存目丛书》集部第二○三册，齐鲁书社，1997

[42]［清］毛奇龄：《西河集》卷七十九传七《陈老莲别传》，清文渊阁四库全书本，第14页b—15页a。

[43]［清］姜绍书：《无声诗史》卷四《米万钟》，翠琅玕馆丛书本，第10页a。

[44]［明］王思任：《谑庵文饭小品》卷四《米太仆家传》，清顺治刻本，第92页。

[45] 萧鸿鸣：《江湖之远两头陀——八大山人与方以智的相交》，收入《大匠之门——2018年北京画院论文合集》，2018年，第23—24页。

[46] 陈宝良：《明代儒佛道的合流及其世俗化》，《浙江学刊》2002年第2期，第157页。

[47]［清］钱谦益辑《列朝诗集》丁集卷十《崔秀才子忠》，清顺治九年毛氏汲古阁刻本，第67页a。

[48]［清］钱谦益：《牧斋初学集》卷十四《中秋夜饯冯尔赓使君于城西方阁老园池，感怀叙别，赋诗八章，时德州卢德水、东莱崔道母及冯五十跻仲俱集》，四部丛刊景明崇祯本，第1页a。

[49]［清］钱谦益：《牧斋初学集》卷十四试《中秋夜饯冯尔赓使君于城西方阁老园池，感怀叙别，赋诗八章，时德州卢德水、东莱崔道母及冯五十跻仲俱集》，四部丛刊景明崇祯本，第1页b。

[50]［清］钱谦益辑《列朝诗集》丁集卷十《崔秀才子忠》，清顺治九年毛氏汲古阁刻本，第66页b。

[51]［明］徐弘祖：《徐霞客游记》第七册下《滇游日记七》，清嘉庆十三年叶廷甲增校本，第5页a。

[52]［清］佚名：《胜朝殉节诸臣录》卷一《专谥诸臣》，清嘉庆二年刻本，第7页b。

[53]［清］李光地：《榕村语录》卷二十二《历代》，清刻榕村全书本，第12页。

[54]［清］王崇简：《青箱堂诗集》卷三壬午《赠别石斋先生》，收入《四库全书存目丛书》集部第二〇三册，齐鲁书社，1997年，影印本，第68页上栏。

[55] 参见［汉］司马迁《史记》卷一百二十一儒林列传第六十一《伏生》，清乾隆武英殿刻本，第8页。

[56]［清］王昶辑《湖海诗传》卷四十三《蒋征蔚·崔道母伏生授经图》，清嘉庆刻本，第16页a。

[57]［清］永瑢：《四库全书总目》卷一百八子部十八术数类一《三易洞玑十六卷》，清乾隆武英殿刻本，第25页a。

[图3] 台北故宫博物院编辑委员会编《故宫书画图录》第九册，台北故宫博物院，1992年，第225页。

[图4]［明］顾炳：《历代名公画谱》卷四《姜隐》，明万历三十一年刻本。

[图7] 同［图3］，第235页。

[图8] 邓秋枚编《神州国光集》第五集，神州国光社，清光绪三十四年。

[图9]〔日〕石原俊明编辑《国际写真情报》二月号第三十卷第二号《西王母图》，日本国际情报社，昭和九年。

[图17] 上海博物馆编《丹青宝筏——董其昌书画艺术》，上海书画出版社，2019年，第75页。

[图18] 故宫博物院、上海博物馆编《南陈北崔——故宫博物院、上海博物馆藏陈洪绶、崔子忠书画集》，上海书画出版社，2008年，第189页。

[图20] 同［图18］，第194页。

[图22] 中国古代书画鉴定组编《中国绘画全集18：明9》，浙江人民美术出版社、文物出版社，2000年，第93页。

[图24] 故宫博物院编《比利时尤伦斯夫妇藏中国书画选集》，紫禁城出版社，2002年，第40页。

[图27] 同［图22］，第88页。

[图28] 同［图3］，第231页。

[图29] 同［图22］，第92页。

[图30] 王冬梅主编《历代书法名家经典·黄道周》之《小楷孝经颂》，中国书店，2013年。

[图32]《书法》，上海书画出版社，2009年第8期，封底。

崔子忠的弟子及后世师法者

崔子忠在崇祯初年已经具有广泛社会影响，各地慕名求见者络绎不绝，但他洁身自好，非同类及心灵默契者不见，登堂入室的弟子人数更少。目前有据可查的弟子有三人：一是顺天府大兴县（今北京市）孙如铨，二是宛平县（今北京市）王崇简、王崇节兄弟。另外，临清县（一说大兴县）周之恒、真定（今河北省正定县）梁清标，史料记载不甚明确，今暂列其弟子中。

一、王崇节

（一）王崇节其人

王崇节（1606—1671），字筠侣，始名崇明，更名崇节。明锦衣卫千户王爵之子，礼部尚书王崇简弟、王熙叔父。传载《（光绪）顺天府志》《百尺梧桐阁集》《图绘宝鉴续纂》等。

王崇节生于阀阅之家而任诞不羁，视富贵蔑如。他很早便失去了母亲，少年多病，性格懒散，不喜经典章句之学，好击剑走马。曾供职锦衣卫，锦衣卫卫员以打探消息、揭人隐私为能事，有人借此要挟他人，获取资财，他深以为耻，曰："此岂是大丈夫所为耶？"弃职而去，跟随崔子忠学画。他的绘画天赋极高，学画时间不长，便具备了以画谋生的能力。甲申乱后，亲人四散逃亡，他一人走街串户，靠替别人绘画挣钱养家，艰辛渡过难关。清顺治八年（1651），他变卖房屋，捐官兴州卫千总，但不久即裁缺归。从此，徜徉京师西山山水间，植花养草，香盈一室，全心身投入绘画创作。[1] 当时，他的哥哥王崇简、侄儿王熙俱为朝廷高官，烜赫宇内。但他没有借此谋取名声和财富，而是蛰居斗室，屏迹公卿之门，甘心贫约，卖画自给，即使生活难以为继，也不肯向哥哥和侄儿索要一文钱。士大夫雅慕其人，求画者踵足，但他不愿意为金钱所束缚，不是自己喜欢的人，即便是权门贵族以势、金帛相逼，也不屑一顾。

王崇节把商业、人情分得非常清楚，求画者必预先交定金，然后才开始作画。大收藏家、户部尚书梁清标求其画，赠送他大量绢丝，他很认真地对梁清标说："我家里很穷，要这么多绢干什么？还是给现钱吧。"如果有人给钱超过了画的实际价值，则将多余的部分退回，童叟无欺，[2] 其为人处世率真如此。他同崔子忠一样不喜饮酒，但非常喜好妇人，得金即前往与之幽会，立尽。起初与一位有夫之妇私通，被其丈夫发觉，伤害甚重，该女竟自刭而死，他也因此受到惊吓，神情经常处于恍惚不定之中。"一夕坐室中，见妇忽至，似有所语。筠侣大惊愦，家人于帘间见妇裙影，随之入，遂不见。亦异事也。"[3]

王崇节不善治生，一生穷困潦倒，晚年居住在侄儿王熙为其构筑的画室中，不再外出。后罹病，经常吐酸水，未及两月而卒，生前尚为诗人宋琬作《辋川图》。[4] 他通晓医学，曾于犴狴之中得遇异人，授以养生秘方，心知之而未曾亲身施行。遗憾的是，由于过早去世，这些绝技未能传于后世，他的哥哥王崇简也深以为憾。[5]

（二）王崇节与崔子忠的交往及其艺术成就

王崇节因其兄王崇简与崔子忠相识。崇祯元年

（1628）春，他跟随王崇简、崔子忠游西山滴水岩，由此踏入他们的朋友圈，行人司行人姜垓，光禄寺署丞宋璠，诗人梁清标、宋琬、王士禛等，都是他的鼓吹者、赞助者。

王崇节与崔子忠友善，日久得其笔法，所画山水、楼观、人物、草木、虫鱼，淡雅清新，脱略凡格而萧远闲旷，虽无崔氏绘画之蕴藉，但风怀磊落，观之令人神清气爽，非俗流可比。他善于设色，即使一羽一叶也要渲染多次。尤其善于写真，"继崔之后，惟称王焉"[6]。清圣祖闻其名，召见中和殿，览其须良久，令写《杏花鹦鹉图》等。他供奉内廷时已经六十多岁，后"以足疾自退"[7]。死后画益贵。

王崇节的同代人对他评价很高。诗人王士禛在《分甘余话》中，以轻松诙谐的笔调，揭示出其人品与画品的关系：

画学青蚓，京师贵之，故相国梁公玉立清标常以筠侣画草虫索题，余赋二绝句云："髯翁任诞如忠恕，脱屣朱门傲五侯。肯为尚书写幽兴，碧花红穗草堂秋。一幅丹青顾野王，草根纤意曲篱旁。风怀磊落如公少，便注虫鱼也未妨。"[8]

梁清标《题王筠侣画》则赞曰：

王生好画风骨奇，青蚓崔子为之师。
解衣盘礴扫毫素，经营真与古人期。
垆头白眼倾百斗，画出重比双琼玖。
写生淋漓妙入神，濡笔化工常在手。
此幅精良极苦心，不让徐熙与王友。
落落古木栖佳禽，槐堂仿佛闻清音。
宗伯筑室花木深，退朝茂对同幽林。
晴窗开帙气萧瑟，何如置身秋山岑。[9]

王崇节是崔子忠弟子中唯一自成风格并在当时产生较大社会影响的画家，尽管他属于职业画家，画史地位不高，但对弘扬以崔子忠为代表的北派艺术，却起到了关键性作用，正如朱彝尊《论画和宋中丞十二首》所言：

崔陈人物最瑰奇，仕女天然窈窕姿。
弟子描摹失师法，尽调铅粉画东施。
王五（按：王崇节）溪山擅平远。
周郎（按：周之恒）窠石亦清真。
两君人物兼臻妙，未许南人笑北人。[10]

由于王崇节供奉内廷时间很短，加之率性而为，传世作品稀少。《宋元明清书画家传世作品年表》收录其作品两幅。其一为《人物图扇》，作于崇祯九年（1636）春，可能摹自崔子忠《伏生授经图》，今藏故宫博物院。其二为《临李成寒林图卷》，作于清康熙元年（1662）冬，有清人孙承泽等人题跋（图1），今河北博物院藏。

王崇节的哥哥王崇简工诗书画，是明末清初京师政坛、文坛非常重要的人物。其绘画师法米、崔，约略成体。有关他的情况，笔者在本书《崔子忠在北京的几位主要朋友》一文中已有交代，此不赘述。

二、孙如铨

孙如铨，大兴县人，拔贡，入清官至汾州推官，是史有记载的崔子忠的弟子，如朱彝尊《崔子忠陈洪绶合传》记载："予友孙如铨常师事子忠。"[11] 然而却未见其作品传世。有关他的行迹，朱彝尊《曝书亭集》卷六十七《应州木塔记》有记，学者张宗友综合各方面信息，在《朱彝尊年谱》中记载：

正月，自大同南游。二十日，同曹溶、周之恒、孙如铨等，游应州木塔寺，作《应州木塔记》。知州傅登荣镌文于壁。……按：应州，在大同府南部。孙如铨，顺天大兴人，拔贡。顺治六年（1649）至九年（1652）任汾州府推官。（参《（乾隆）汾州府志》卷九《职官》）傅登荣，奉天盖州人，贡士。康熙元年（1662）至九年（1670）任应州知州（参《山西通志》卷八、卷八十二）。[12]

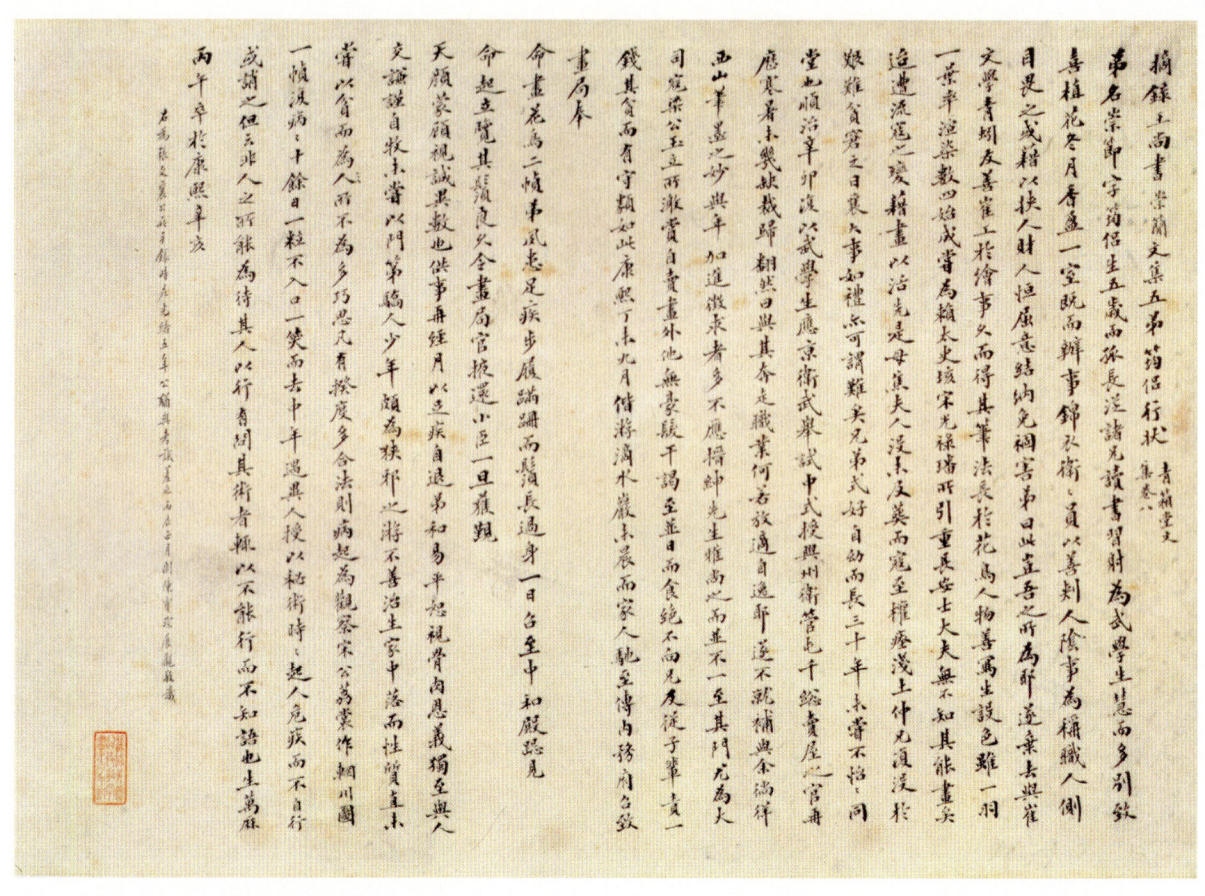

图1 王崇节《临李成寒林图》卷拖尾　河北博物院藏

时在清康熙四年（1665）正月二十日，朱彝尊与陕西按察司副使曹溶、江西布政司参政周之恒、盖州知州傅登荣一起游览应州木塔寺。应州木塔位于今山西省应县城内，传为辽兴宗时遗物，该塔采用斗拱结构，仰望如朵朵莲花，内藏佛牙、佛经、佛像、佛教绘画等，为古代佛教建筑不可多得的珍品。孙如铨、周之恒、曹溶、朱彝尊都是当时知名书画家、诗人，大多为崔子忠的弟子和友人，此次登塔，众人不仅尽览山川城郭之盛，且有古今盛衰之叹，皆赋诗唱和，此时，距离崔子忠死亡已经过去整整二十年。

孙如铨与崔子忠同县，对崔子忠的家庭情况知之甚详，他称崔子忠的两个女儿皆善画，可知他跟随崔子忠学画的时候，崔子忠的女儿已经基本成人，由此推测，他跟随崔子忠学画的时间在崇祯初年后，正值崔子忠放弃科举之时，崔子忠或借此养家。关于崔子忠的居家环境，曹溶诗歌《客贻崔道母画有感》记载："含毫飞动玉绡圆，花鸟怜香小阁前。"[13] 花锦簇拥，翠鸟啼鸣，崔子忠熟练地挥动着笔毫，妻女陪伴左右，温馨恬静，好一派世外桃源的景象，由此亦可想象当年孙如铨学画的情景。

三、周之恒

周之恒，字月如，临清人（按：《（康熙）平阳府志》作大兴人），后移家江浦。曹溶门下士。顺治元年（1644）降清，官至江西参政。能诗。工八分书，书法委曲得宜。又善画山水。传载《国朝画征录》《历朝画史汇传》《（宣统）山东通志》等。

朱彝尊称周之恒是崔子忠的弟子，他在《论画和宋中丞十二首》中首先感叹："崔陈人物最瑰奇，……弟子描摹失师法。"继而称赞周之恒、王崇节："两君人物兼臻妙，未许南人笑北人。"在崔氏弟子中能够拔地特起，取得与南方画家平起平坐的地位。观其为曹溶所作《倦圃图》，造型图式、笔法皆从崔子忠而来，可知朱彝尊所言不虚。周之恒与崔子忠交往事迹不详，入清，他曾作诗《洪崖桥》，触景生情，颇具古今兴衰之叹，隐约透露出甲申之乱前在洪崖山待过的意思，或曾见过崔子忠。

四、梁清标

（一）梁清标其人

梁清标（1620—1691），字玉立，号棠村，真定人。少年颖异，年十四为诸生，二十二岁成进士，授翰林院庶吉士。入清，历官兵部、礼部、刑部、户部尚书，拜保和殿大学士，是清初京师文化圈的核心人物之一。民国大总统徐世昌在《大清畿辅先哲传》中记载：

> 清标雍容娴雅，宏奖风流，一时贤士大夫皆游其门。每退直，日抱芸编，黄阁青灯，互相酬唱。搜藏金石文字、书画、鼎彝之属甲海内。领袖词林数十年，岿然为钜人长德。教子弟，家法醇谨，虽步履折旋进退，必合规矩。[14]

梁清标读书目数行俱下，搦管成文，飙发泉涌。工诗词，诗歌格律严谨，清润自然，是河朔诗派的重要成员，著《蕉林诗集》《棠村词》。徐世昌评曰："梁清标之诗，枕藉经史，不以一家名，庄而不佻，丽而有则。其作于明季者，多感慨讽刺之言，及入清朝，则飒飒春容之音，为台阁中钜手。尤工倚声，论者比之吴伟业。"[15] 河朔诗派代表申涵光赞曰：

> 吾读大司马玉立先生诗，盖真善折衷而无所偏者。先生累叶卿相，早年射策，为贵近臣，可谓得志适显矣。乃一切无所好，好读书，牙签万轴，手自雠较，时时引我辈布衣为文字之饮，耳热剧谭，纵横千古。然叩其集，辄唯唯，间出一二篇，皆高浑壮丽，如盛唐早朝诸作。叩其全，复唯唯，以为先生拒我欤。已而知，先生实未始刻其集。嗟乎，即是而先生之人之诗皆可知矣。……滹沱恒岳之间多伟人，其诗文莽莽汩汩，得山川之助，读蕉林集，亦可以得其概矣。[16]

工书法，小楷书法柔中带刚，清纯自然，颇具钟繇、王羲之风度；行楷取法文徵明，法度谨严，清劲稳健；行草则风流倜傥，观之令人心旷神怡（图2）。又擅长鉴赏，所藏金石书画鼎彝甲海内，经他过目订正的书画作品，几乎件件都是精品。书法收藏有陆机、王羲之、杜牧、颜真卿、苏轼、黄庭坚、米芾、蔡襄、赵孟頫等人作品，绘画收藏有顾恺之、展子虔、阎立本、周昉、顾闳中、荆浩、范宽、李唐、赵孟頫、仇英等人作品，论者以为，历代私人收藏家中，以数量论，首推明末项元汴；以质量论，首推清初梁清标，他是继北宋米芾、元代赵孟頫、明代董其昌之后最重要的鉴藏家之一。他收藏崔子忠作品数十幅，其中，《藏云图》悬轴一（故宫博物院藏），线描人物像及像赞书法八十六幅（见国家图书馆藏《息影轩画谱》）。

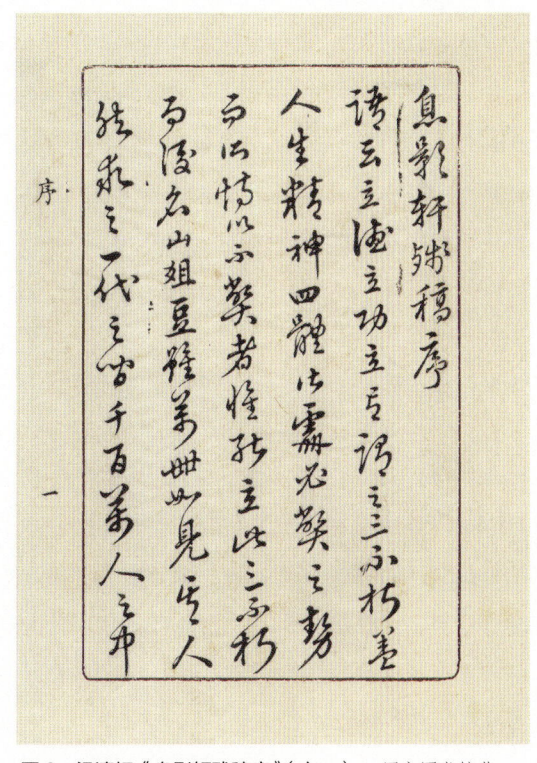

图2　梁清标《息影轩残稿序》（之一）　国家图书馆藏

（二）梁清标与崔子忠的关系

1. 亦师亦友

梁清标在《息影轩残稿序》中，称崔子忠为"吾友"，自称"里弟梁清标"。"里"，同乡、邻里；"弟"，本义指年龄比自己小的兄弟，后引申为辈分相同、年龄比较小的男子和学生对老师的自称。梁清标比崔子忠小二十多岁，既非亲戚同辈，亦非同学，他在崔子忠死后斥重金为其出版《息影轩画谱》，与古代弟子为老师出版遗著行为相同，因此，"里弟"解作"同乡弟子"比较合适，他与崔子忠亦师亦友。

2. 梁清标与崔子忠之间的交游

（1）梁清标与崔子忠初见面的时间

崇祯十六年（1643）春夏间，崔子忠为躲避李自成农民军和清兵之祸，举家移居西山（参见本书《崔子忠晚年的隐居生活与绘画创作》一文），杜门却扫，不再与世俗社会来往，其间，全身心投入历代名人肖像创作，大约在这个时候，梁清标入山拜访了他。关于两人见面的情况，梁清标在《息影轩残稿序》中记载：

> 当其暮年，慨世道纷乱，息影深山，杜门却扫，颜其居曰息影轩，故其翰墨罕传于世。此册乃其隐居时浏览史籍以自娱，每遇一古人，或忠，或孝，或奇节，或义侠，无论巾帼丈夫，有契诸心，不觉摹之于手；或搜罗其遗像，或想象于羹墙，务冀萃古人于一堂以为快。余初见之，已约得百余人，不料其志未竟，猝罹家国之变，死后不知归诸谁何之手。[17]

称与崔子忠见面后不久，崔子忠就因"家国之变"去世了，可知他们见面时李自成尚未进京，时间在崇祯十六年（1643）春至崇祯十七年（1644）三月之间。梁清标又称两人初次见面时，崔子忠已经绘就历代圣贤肖像一百余幅，姑且按照一天一幅的速度计算，创作这些作品大约需要半年时间，据此推测这次见面应该在崇祯十六年（1643）秋。有两则材料与此推测契合。

第一则，梁清标的五言诗《西山道中》（见《蕉林诗集》卷七）。诗曰：

一

渐与烟霞远，悠然野兴繁。
白云秋草径，红树夕阳村。
雁影回沙渚，泉声度寺门。
行行山岫合，气象变晨昏。

二

立马依丛薄，阴崖鸟自啼。
乱云关树北，秋草汉陵西。
日气含朝雨，山光落断霓。
野僧惊节候，向暖理寒绨。

三

始识西山路，前驱入翠微。
水村依石转，沙鸟避人飞。
木落交寒籁，川晴□夕晖。
萋萋原上草，惆怅古今非。

四

曾闻西岭秀，此日惬幽寻。
黄叶寒山寺，青杉古墓林。
渔樵开径细，凫鸭浴塘深。
斗酒何由得，凌虚醉碧岑。[18]

"乱云关树北，秋草汉陵西。""树"，封树，古代士以上之葬制，堆土为坟，谓之封；植树为饰，谓之树。"汉陵"，汉代帝王陵墓，在今陕西西安、河南洛阳一带。

"野僧"，山野僧人，非常驻僧人。

"黄叶寒山寺"，今北京西山植物园水尽头（水源）有黄叶古寺景，崇祯八年（1635）前，崔子忠曾居于此处太和庵。其附近为"黄叶村"（曹雪芹故居），学者周汝昌有诗吟诵。

由诗句"始识西山路""白云秋草径"得知，这是梁清标初次访问西山，时间在秋天。当时，在河南、陕西等地，明军与李自成农民军的斗争已经初见分晓，明王朝处于即将崩溃的边缘（"秋草汉陵西"）。北方清人却在京畿、山东地区不断地掳掠骚扰（"乱云关树北"），中原大地一片狼藉（"惆怅古今非"）。梁清标在西山拜访了一位"野僧"，这位僧人借住在黄叶掩映的古寺中，当梁清标把当前的形势告知僧人时，僧人大惊，下意识地梳理着自己的冬衣（"野僧惊节候，向暖理寒绨"），似乎想尽快逃离此地。

梁清标入山的时间、地点和历史背景，与崇祯十六年（1643）春夏间崔子忠隐居西山寺庙，"乐道尚恬，处千仞之巅，近聆铃铎，……徘徊古哲良有故，举动不作第一着不休"，在得知李自成农民军占领河南、开封城圮之后，于夏秋间再次遁入深山古寺，以及该年八九月李自成与明军决战河南郏县，十月杀孙传庭，占领潼关、西安及陕西全境；清兵最后一次入关，在京畿、山东地区烧杀抢掠，明王朝面临灭亡的形势相符。而"野僧"得知陕西即将全面沦陷后的反应，又与该年八九月间崔子忠作《云中玉女图》，为明军与李自成农民军的决战祈福契合。[19]

第二则，衡水中国书画博物馆藏《松荫谈议图》。该图图式、笔墨皆为崔子忠晚年做派，可以肯定是其晚期作品。图中描写一位年轻士子拜访山中长老。秋山红树，万木萧瑟，年轻人身穿宽大的官服，头戴钹形帽，系朱色帽带，衣冠郑重地询问着什么；长老蓬头粗服，朱履，态度谦恭地迎接着客人。主客人物服饰朱色相应，显示出共保大明江山的寓意。值得注意的是，年轻人的形象酷似刚考中进士的梁清标（参见《梁清标登瀛洲图》，河北博物院藏），长老形象则与崔子忠自传体绘画如出一辙，其会面的时间、地点和时代背景，与梁清标进山拜访崔子忠及其诗歌《西山道中》的记载完全符合。

除上述两则材料外，在近几年拍卖的绘画作品中，尚流传有崔子忠隐居诗二首。一首见于张大千《青山红树图》，题识："挂笏西山豁远眸，蓟门疏雨又迎秋。敝庐山色知谁管，拄杖归来看石头。拟崔青蚓并录其题语。庚午十二月，大千居士。"另一首见于张氏同类作品，题识："挂笏西山豁远眸，蓟门疏雨又迎秋。敝庐山色知谁管，欲得飞来问石头。曾见崔青蚓山水，绝似大涤子，此即拟其意并书原题，大千。"两诗有所差异，但它们共称崔子忠于秋季隐居西山，却与上述推测及梁清标诗歌《西山道中》的记载契合，可供参考。

（2）梁清标与崔子忠的友谊

梁清标是清初著名收藏家，具有很高的鉴赏能力。他的这种能力除了家学影响之外，无疑来自良好的教养。他自称是崔子忠的好友和"里弟"，可知其学识与崔子忠有关，两人早有交往。梁清标非常了解崔子忠的人生理想，他在《息影轩残稿序》中写道：

语云：立德、立功、立言谓之三不朽。盖人生精神，四体皆处，必弊之势，而所恃以不弊者，惟能立此三不朽。而后名山俎豆虽万世，如见其人。然求之一代之间，千百万人之中，遑遑不一二觏焉。故有志之士，疾没世之无称，既不得其上，不得不思其次也。惟翰墨一道，其殆庶几乎。夫翰墨绢素，数百年纸本，千余年即尤物，为人所珍惜。然劫于兵燹者半，葬于蠹鱼者半，欲求不朽，岂不忧之乎难哉？是又皆处必弊之势而所恃以不弊者，惟付剞劂广传诸天下，其死庶几乎，……皇朝定鼎后，余游京师，于琉璃厂市肆中偶得之，劫烬之余，仅存四十余人，于是以重价购归。昔人有云："凡能拾人遗文残稿而代传之者，其功德与哺弃儿葬枯骨同。"念及此，不得不急付梨枣，以传崔君之不朽。不特使后之学者得以作楷模，即古人之忠孝奇节义侠，将更借图以垂不朽。不特古人借图以垂不朽，即后之临风披览者，亦皆起顽廉懦立之思，即谓其不朽，直与立德、立功、立言三而四之，其谁曰不可？[20]

称出版《息影轩画谱》的目的，是为了传崔子忠之名，以实现其"立德、立功、立言"的人生理想。值得注意的是，这套画谱选择在花神节期间出版，明显具有悼念的意思（按：崔子忠生前以莳花为生），生死两隔之人能够如此，可谓义薄云天。

五、李赞元

李赞元（1623—1678），原名立，字公弼，号望石，大嵩卫（今山东省海阳市）人，清顺治十二年（1655）进士，官至兵部督捕右侍郎。工书法。其后裔李朴、李承喆、李香、李承钧皆以书画闻名于世，是古代胶东重要的画家群体。

李赞元拜师崔子忠之说，见于程灿谟主编《莱西历史文化概览》（上），其《第四章 明清时期文化的振兴和繁荣》记载："现已确知其（按：崔子忠）授业弟子中有李赞元。"[21] 不知何据。李赞元出生于明天启三年（1623），根据《中国进士全传·山东卷》记载，李赞元幼年丧父，家贫无力请师，一直居乡随母学习。后被致仕家居的通判赵景星收为弟子，至清顺治十二年（1655）考中进士，未曾在京生活，没有机会见到崔子忠。此事真实性有待进一步考证，今列此备考。

六、后世师法崔子忠的画家

崔子忠生前就被人们认为是可以名传千秋的人物，他自己也"自信不可一世"。在清初，上至皇帝大臣，下到平民百姓，无不对其耳熟能详，崇敬有加。清高宗是崔子忠的铁杆粉丝，经常随身携带崔子忠作品巡游各地，曾五题《苏轼留带图》并临摹刻石，盛赞其成就可与王羲之、苏东坡比美。清代大臣中，兵部尚书梁清标为他编辑出版画谱，礼部尚书王崇简、礼部侍郎钱谦益等人为他撰写传记；清代各个时期的代表画家，如王崇节、费丹旭、任熊、钱慧安等，皆以他为宗。他与妻女点染设色、共相娱悦的家风，甚至影响到故乡的民俗。[22]

（一）禹之鼎

禹之鼎（1647—1709 尚在），字尚吉，号慎斋。江都人。清康熙年间供奉内廷。擅长人物、仕女、山水、花鸟画，尤精写真。其人物肖像汲取西洋画法，以淡墨渲染结构，每作一像，必烘染数十遍，直至形神兼备，一时名人小像皆出其手。他重视观察现实生活，清人杨钟义《吴元朗礼部观乐歌序》记载：

> 丙寅丁卯间，朝鲜、安南、琉球、贺兰、西洋土鲁番、暹罗、喇嘛、阿罗斯、喀尔凯各遣使入贡。故事：大鸿胪引使臣见朝毕，赐宴礼部，时徐健庵官礼侍，陪宴日，其客广陵禹之鼎囊笔以随，叠小方纸，粗写大概，退而图之绢素。衣冠剑履，毛发神骨之属毕肖，取汲冢周书之义，命曰《王会图》。[23]

他的写真作品以白描为主，有李公麟一路的"行云流水描"，又有吴道子一路的兰叶描。中年以尖锐的笔法刻画山石，造型崔嵬；树木盘结曲屈，富于装饰性；云雾晕染横向取势，层峦叠嶂，墨气氤氲；颇具崔氏笔墨之风韵（图3），惜少文，多能品。

（二）改琦

改琦（1774—1829），字伯蕴，号七芗，清嘉道年间著名人物画家。世居宛平，后迁家松江，遂为上海人。擅长人物、佛像、仕女，其绘画远师李公麟、赵孟𫖯、唐寅，近学陈洪绶、崔子忠。仕女画造型端庄，用笔细秀，设色幽雅淡逸，自创一格，人称"改派"，对晚清仕女画具有较大影响（图4）。

（三）费丹旭

费丹旭（1802—1850），字子苕，号晓楼、环溪生等。乌程人。工诗善画。山水、花鸟、人物无所不能，人物画宗法崔子忠、华喦，《清史稿》评曰："工写真，如镜取影，无不曲肖。所作士女，娟秀有神，景物布置皆潇洒，近世无出其右者。"[24] 其仕女画造型幽雅俊秀，弱不禁风。用笔设色淡雅飘逸，尽显女子病态之美，折射出晚清人文衰暮的气象和文人士大夫的审美理想（图5）。

费丹旭的叔祖、父亲、儿子皆为知名画家，加上跟随他学习的弟子，形成了一个庞大的画家群体。作为这个群体的领军人物，他上承崔子忠，下启晚清民国诸大家，对当时及后来的人物画、仕女画产生了重要而深远的影响，是崔氏传派最为重要的人物，与改琦并称"改费"。然而，仅就对晚清民国时期仕女画的影响而言，他比改琦影响更大，正如民

图3 禹之鼎《王士祯放鹇图》（局部） 故宫博物院藏

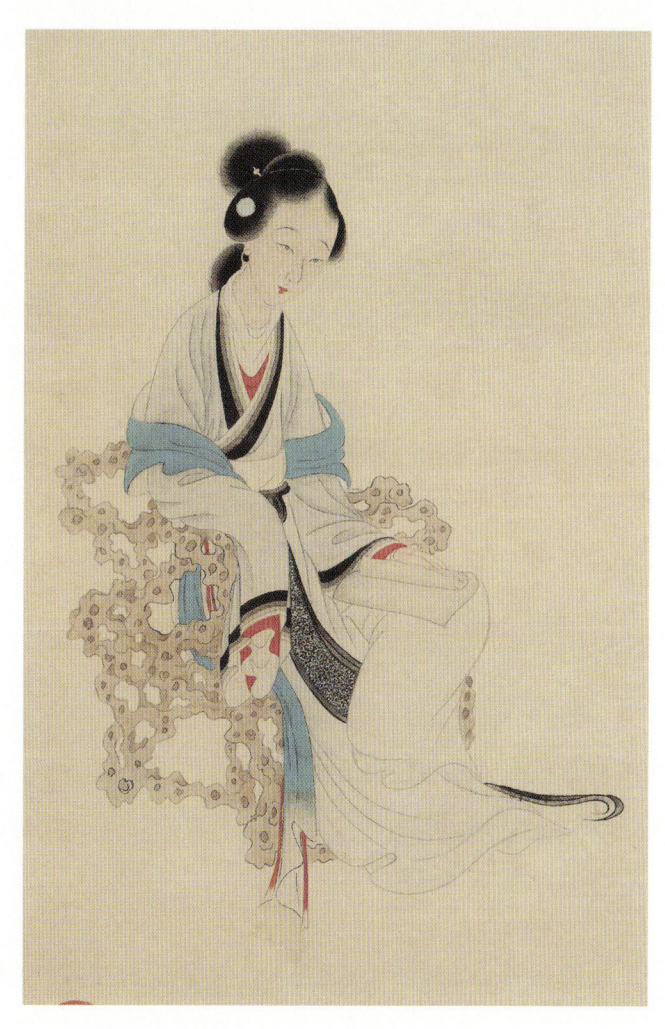

图4 改琦《元机诗意图》（局部）
故宫博物院藏

图5 费丹旭《十二金钗图册》(之一) 故宫博物院藏

国藏书家葛嗣浵所言：

> 晓楼之画，道咸间一代人也，不仅一乡一邑不能私，即全浙一省亦不能私，若但以仕女一种指之，犹浅之乎视晓楼矣。晓楼山水、人物、花卉无一不妙。山水宗石谷，花卉宗南田，人物宗崔子忠、华秋岳，陶镕烹炼，自成一家，即陈老莲、王麓公，亦猎清遗粗，下逮姜改，咸取则焉。近代论画学之博，无逾此公。[25]

（四）张士保

张士保（1805—1878），字子固，号鞠如。掖县（今山东省莱州市）人。清道光十二年（1832）副贡，官临淄教谕。

张士保具有深厚的国学基础，嗜好金石书画。书法诸体皆精，尤以金文见长。绘画山水、花鸟、人物无所不能，人物画远追吴道子，近宗崔子忠、陈洪绶，笔意古雅，自成一格，如线描《云台二十八将图》，人物造型取法陈洪绶，线描取法崔子忠，为清代版画造像精品（图6）。《（宣统）山东通志》称其"山水直夺娄东之席，人物可抗陈洪绶"[26]。丁叔言《张士保先生评传》称其画学吴道子，"智者创物"，能与陈崔分庭抗礼，数百年来，一人而已。

（五）钱慧安

钱慧安（1833—1911），字吉生，号清溪樵子。宝山人。海上画派的代表画家之一。早年临摹学习仇英、唐寅、陈洪绶作品，继而研习崔子忠、改琦、费丹旭等画法。工人物画、仕女画，间作花卉、山水。清宣统年间，与蒲华、吴昌硕、王一亭等人发起"豫园书画善会"，以德高望重被推为首任会长。传世作品有《麻姑图》《斗寒图》（图7）等。

晚清仕女画受"改费"影响，人物形象、线描

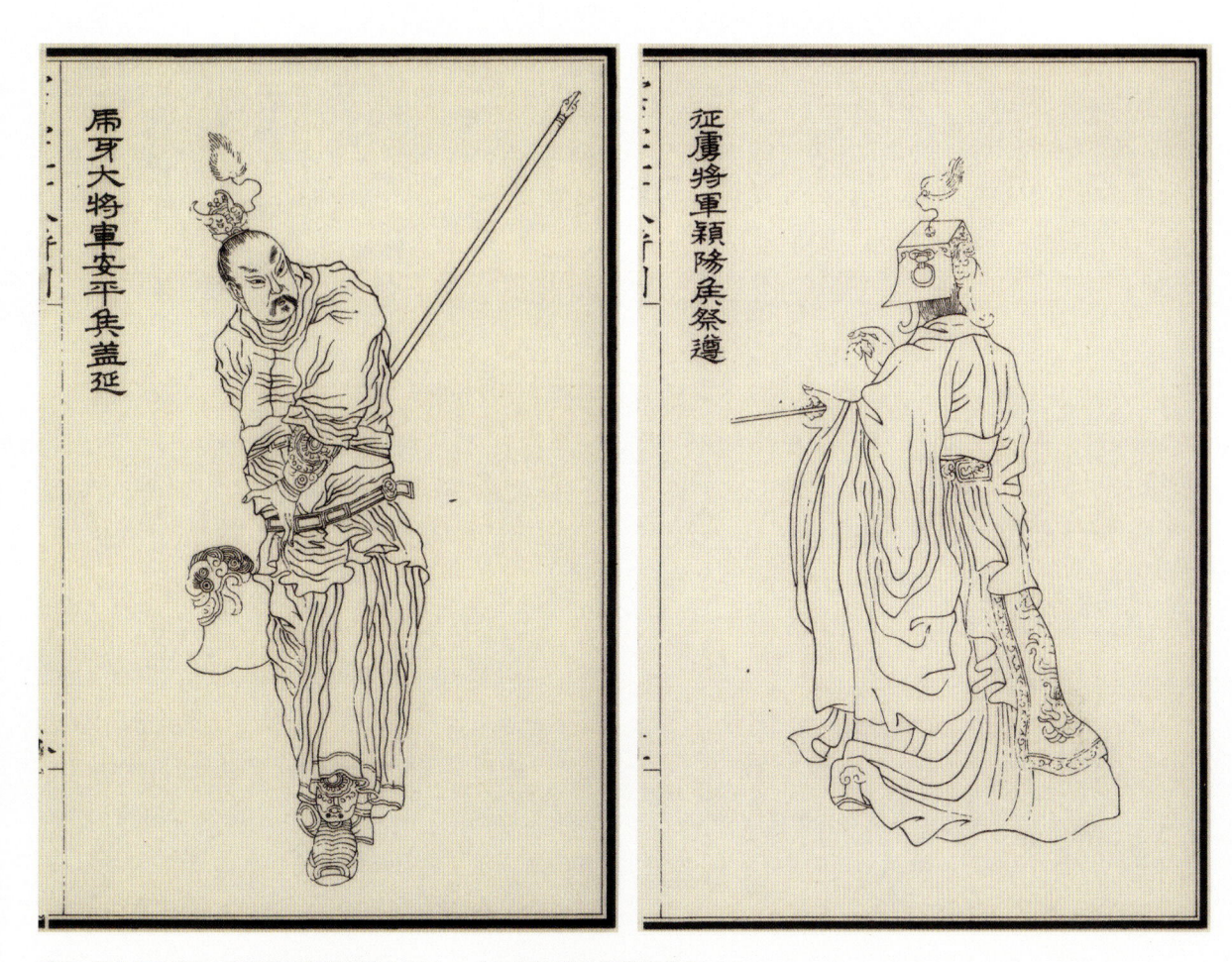

图 6　张士保《虎身大将军安平侯盖延像》（左）　《征虏将军颖阳侯祭遵像》（右）

图 7　钱慧安《斗寒图》　故宫博物院藏

样式逐渐固化为柔靡的病态程式，钱慧安稍改其体，将文弱的闺秀形象变为朴实内敛的村姑，用笔苍老迟缓，线条如干裂秋风，润之以水墨淡色，创造出古雅清新的艺术风格，于海上诸家之外另成一派。他虽然是职业画家，但用笔用墨却具有书卷气，深受藏家喜爱。

在晚清诸家中，钱慧安是对崔子忠绘画用功最深的画家之一，其或仿、或摹、或背临、或模拟，目识心记，心摹手追，达到了随心所欲而不逾矩的境界，如其《福星像》轴题识曰："同治五年，岁在柔兆摄提格无射月上浣，摹崔青蚓笔法，清溪樵子钱慧安写。"[27]受其影响，他的弟子曹华、沈心海、徐小仓等人也都从临摹崔子忠一派画家入手，在绘画上取得了较高成就。

（六）陈崇光

陈崇光（1838—1896），原名召，字崇光，改字若木、柘生，号纯道人。甘泉人。早年为雕花工，曾为太平天国绘制壁画。成年后鬻画自给，间读经史，亦工诗，著《一沤山馆选集》。

陈崇光博览宋元名家真迹，力追古法，人物、山水、花鸟草虫无所不能。人物画学崔子忠、陈洪绶，花鸟画学陈淳，山水画学王原祁，冶百家于一炉，自成一格。其又善画鬼魅，曾以崔子忠《钟馗图》为蓝本，作《钟馗移家图》《钟馗嫁妹图》，传世作品有《耄耋图》等。王振世《扬州览胜录》评曰："至今邗上论画者，咸推若木为第一手。盖若木天资既高，而又通书史，工八法，并精于诗，实擅三长之技，故能卓然成一大家。"黄宾虹早年随陈崇光学画，称其"极合古法，沉雄浑厚"，论及清末维扬画家佼佼者，仅陈崇光一人而已。他在《论画长札》中记载："回忆我的二十余岁，初至扬州……遍访时贤所作画，七百余人以画为业外，文人学士近三千计，惟陈若木画双钩花卉最著名，已有狂疾，不多画，索值亦最高。次则吴让之，为包慎伯所传学。"[28]吴昌硕《题陈崇光拟柯丹丘墨竹图》曰："笔古法严，妙意丛草、篆中流出，于六法外又见绝技，若木道人真神龙矣。"[29]陈崇光特立独行，作画不喜人迫，绘画意趣大概在盛唐王维之间，其人生态度、艺术追求与崔子忠相类，可惜生前画名显赫，死后却渐渐被人们遗忘。清光绪年间举人徐珂赞曰：

> 若木作画颇自矜重，稍不惬意，必寸裂弃去。既病狂，则任笔为之，不复详检，然其精到处，固不减曩昔，而超逸之气转过之。寒素之士求其画者，无论识与不识，欣然命笔。下至佣保，求亦必应。富商显宦，致重金求之，或迟迟以应，一迫促之，则束之高阁，百请而不得矣。画中有诗，诗中亦有画也。[30]

（七）"海上四任"

"海上四任"是指晚清民国时期寓居上海卖画的四位画家：任熊、任薰、任颐、任预。一般认为，这些人主要学习模仿陈洪绶，但从他们的作品和相关历史记载看，崔子忠对他们的影响也非常大，如"海上四任"之首任熊的绘画观念、技法，便与崔氏有着千丝万缕的关系。在"海上四任"中，任薰是任熊的弟弟，任预是任熊的儿子，任伯年是任熊从街头收留的弟子，他们都跟随任熊学画，这种关系，使任熊自然成为"四任"的领袖，他的以崔氏为宗的绘画思想，对这些画家产生了直接影响。然而，由于崔子忠绘画的人文性太强，其"儒者笔墨"的绘画风格，并不适合职业画家卖画，他们后来大多转向学习陈洪绶。尽管如此，崔子忠绘画的精神却依然存在于他们的作品中，使其呈现出"南陈北崔"风格并存的面貌。

1. 任熊

任熊（1823—1857），字渭长，萧山人。寓居苏州、上海，卖画为生。人物、山水、花鸟无所不能，尤工人物。人物画远追唐宋，近学崔子忠、陈洪绶，形象夸张，笔法遒劲，自成一格。

任熊对崔子忠绘画认知颇深，其《麻姑献寿图》糅合崔、陈两家技法，造型奇伟，以清圆细劲的铁线描绘主体人物，以粗简方折、顿挫有力的线条描绘太湖石，两相对比，极富金石味和装饰性（图8）。

象栩栩如生，被人们视为晚清版画艺术的精品。

2. 任薰

任薰（1835—1893），字阜长。萧山人。工花鸟、人物，尤工花鸟羽毛。章法严密，造型生动，笔墨精巧。线描以高古游丝描、铁线描为主，兼作柳叶描。晚年所画人物造型奇伟，画风古雅，自成家法。传世作品有《水浒传》等。

3. 任颐

任颐（1840—1896），字伯年。山阴人。幼年随父习写真术，初学费丹旭，后得任熊指点。山水、花鸟、人物无所不能。其人物画造型奇伟，有陈氏之致；墨色渲染层次分明，有崔氏之妙，是"四任"中成就最高的画家。

（八）王一亭

王一亭（1867—1938），名震，号白龙山人。祖籍浙江吴兴，曾任上海佛学书局董事长等职。

王一亭早年得到钱慧安弟子徐小仓指点，后师从任伯年，晚年与吴昌硕亦师亦友。所作焦墨写意，笔酣墨畅，气势雄浑而不失写真本色。其写罗汉诸佛得崔子忠笔法，字亦苍古，诗书画印浑然一体。吴昌硕曾赠诗赞曰："天惊地怪生一亭，笔铸生铁墨寒雨。"给予极高评价。

（九）朱屺瞻

朱屺瞻（1892—1996），号起哉。江苏省太仓市人。曾任上海美术专科学校教授、上海中国画院画师等职。工山水、花鸟。他把传统绘画的用笔用线技巧与西方印象派的色彩结合起来，创造出沉厚、朴茂、古拙的艺术风格，作品兼具东西绘画之妙。曾收藏崔子忠《长白仙踪图》，以此作为自己绘画创作的范本。

纵观古今中国画，南人尚文失之弱，北人尚雄失之强，朱屺瞻独于氤氲变幻中得其骨气，媚而不俗，雄而不强，具中和之姿，实乃沿袭崔氏绘画之功。需要提及的是，与朱屺瞻同时的潘天寿，秉持"强其骨"的绘画创作理念，以线造型，一味霸悍，用笔用墨皆与崔氏绘画意趣相通，如其《小龙湫图》的章法布局，指画《松鹰图》的石松画法等，与崔

图8　任熊《麻姑献寿图》 故宫博物院藏

令人称奇的是，他在图中题识："法崔、陈两家画，永兴任熊。""南陈北崔"之说至清末民初，已经形成以陈洪绶为主的态势，在这种背景下，任熊再提"崔陈"，可知他对"南陈北崔"之说发生的历史及学术渊源了如指掌，能够正确认识这一历史现象。

任熊兼擅版画插图，其《列仙酒牌》仿崔子忠《息影轩画谱》，绘老子、嫦娥、黄初平、钟离权、葛洪、蓝采和、林逋等四十八人像，将崔陈造型、线描法合二为一，颇具古意，加之名工镌刻，人物形

氏《长白仙踪图》一脉相承，疑是受其启发而作（按：朱屺瞻早年在个人展览中展示过自己的藏品，潘天寿曾与会，当见过该图）。

（十）张大千

张大千（1899—1983），原名正权，改名爰，字季爰，号大千居士等。四川省内江市人。山水、人物、花鸟皆佳，尤擅山水画，所创青绿泼彩法开中国现代山水画之先河，有"南张北齐""南张北溥"之誉。

张大千早年遍临历代绘画名迹，其用功最深处在石涛，而石涛蓬头粗服式的山水画，与崔子忠的山水人物画存在明显的学术渊源关系（按：明亡后，崔子忠的好友姜埰、姜垓流落江南，他们都持有崔氏晚年最重要的作品。姜埰的儿子姜实节善画，与石涛善，经常向同行展示家中藏品，石涛当能看到这些作品。另外，石涛的绘画赞助人、江南学政赵崙，是崔子忠好友赵士骥的儿子，也能给石涛提供见到崔氏作品的机会）。事实上，张大千经常模仿崔子忠作品，抄录崔子忠的诗歌，以抒发其胸臆，其青绿山水画在绢本底色直接施以石青石绿，雄浑瑰丽，颇具崔氏青绿山水之姿。

（十一）其他

历史上受崔子忠影响的书画家很多，譬如前述清高宗，不仅广泛收集崔子忠作品，题诗、题跋、临摹刻石，而且深入研习其画风，他为母亲祝寿而创作的《南极老人图》，寿星的造型和笔法均源自崔子忠《苏轼留带图》；清户部尚书翁同龢反复临摹崔子忠及其弟子作品《三酸图》；民国时期潍县画家刘嘉颖集崔子忠《品画图》《桃李园夜宴图》，作《摹崔子忠桃李园夜宴图》等。如果从宏观的角度看，扬州八怪中的华嵒、郑板桥、黄慎、闵贞，包括近代画家吴昌硕、黄宾虹等人，都与崔子忠有着直接或间接的学术关系，可视为崔氏绘画之余绪。

七、结语

崔子忠、陈洪绶、丁云鹏等人主导了清代以降三百多年人物画发展的方向，然而，单就对仕女画的影响看，崔子忠似过于他家。因为他，清代仕女画才逐渐演变出婵娟静幽的造型图式和古雅秀丽的设色风格，甚至衍化出民国时期末世之美的图式。另外，崔子忠"特以骨胜"的绘画风格，也对当代绘画产生了非常重要的影响，如上述潘天寿"强其骨"的绘画主张等。总之，无论是他的弟子王崇节以写真闻名于朝野，人称"崔王"，费丹旭创仕女画新体，人称"改费"，左右道光、咸丰及其以后仕女画的发展方向，还是"海上四任"及其同时期画家钱慧安、陈崇光、王一亭等人名闻江南画坛，均从他的作品中汲取过有益营养，他对近代中国画的贡献，远比美术史评价的要高。

令人感慨的是，崔子忠虽然为北方绘画赢得了一席之地，但他的影响却主要体现在江南。通过观察近现代美术史可以看出，清代以降，与崔子忠有关且在中国美术史占据重要地位的画家，如禹之鼎、费丹旭、陈崇光、任熊、任薰、任伯年、钱慧安、王一亭、朱屺瞻等，皆为江南人，且其支系繁多，至今犹在发力。北方则只有王崇节、张士保、刘嘉颖等数家，后继乏人，颇乏知音真赏。笔者认为，造成这种现象的原因有二：一是由于清高宗对崔子忠的作品过度喜爱，将其精品悉数收入宫中，世人不得一见；二是由于江南人文兴盛，崔子忠的作品大多流向江南。尽管如此，如果从传承古典文化的角度看，北方学人却应该对此现象进行深刻的反思。

注释

[1] 参见［清］王崇简《青箱堂文集》卷五《五弟筠侣偕黄室人六十寿序》，收入《四库全书存目丛书》集部第二〇三册，齐鲁书社，1997年，影印本，第401页；《青箱堂文集》卷八《五弟筠侣行状》，第495页—496页上栏。

[2] 参见［清］王晫《今世说》卷七《巧艺》，清康熙二十二年霞举堂刻本，第8页a。

[3] ［清］王晫：《今世说》卷七《巧艺》，清康熙二十二年霞举堂刻本，第8页b。

[4] 同[1]。

[5] 同[1]。

[6] ［清］缪荃孙等：《（光绪）顺天府志》卷九十九人物志九《先贤九》，清光绪十二年刻十五年重印本，第38页a。

[7] 同[1]。

[8] ［清］王士禛：《分甘余话》卷一，清文渊阁四库全书本，第12页。

[9] ［清］梁清标：《蕉林诗集》七言古二《题王筠侣画》，清康熙十七年秋碧堂刻本，第10页a。

[10] ［清］朱彝尊：《曝书亭集》卷第十六古今诗十五《论画和宋中丞十二首》，四部丛刊景清康熙本，第11页a。

[11] ［清］朱彝尊：《曝书亭集》卷第六十四传三《崔子忠陈洪绶合传》，四部丛刊景清康熙本，第15页b。

[12] 张宗友：《朱彝尊年谱》，凤凰出版社，2014年，第134页。

[13] ［清］曹溶：《静惕堂诗集》卷四十二七言绝句二《客贻崔道母画有感（道母京师人，以乙酉年冻死）》，清雍正刻本，第12页b。

[14] ［民国］徐世昌：《大清畿辅先哲传》（上），北京古籍出版社，1993年，第6页。

[15] ［民国］徐世昌：《大清畿辅先哲传》（上），北京古籍出版社，1993年，第6—7页。

[16] ［清］梁清标：《蕉林诗集》申序《序（申涵光）》，清康熙十七年秋碧堂刻本，第1页b—2页a。

[17] ［明］崔子忠著、［清］梁清标辑《息影轩画谱》之《息影轩残稿序（梁清标）》，清康熙十二年刻本。

[18] ［清］梁清标：《蕉林诗集》五言律二《西山道中》，清康熙十七年秋碧堂刻本，第5页b—6页a。

[19] 参见宋磊《崔子忠〈云中玉女图〉考略》，《中国书画》2022年第2期，第22—25页。

[20] 同[17]。

[21] 程灿谟主编《莱西历史文化概览》（上），青岛出版社，2010年，第118页。

[22] 参见《（民国）续平度县志》卷十二（下）艺文志《胶东赋（王崧翰）》，第16页b。

[23] ［民国］杨钟义：《雪桥诗话》三集卷第三《吴元朗礼部观乐歌序》，民国求恕斋丛书本，第37页b。

[24] ［民国］赵尔巽：《清史稿》卷五百十一艺术传三《费丹旭》，民国十七年清史馆铅印本，第2页b—3页a。

[25] ［清］葛嗣浵：《爱日吟庐书画补录》卷七《清余集、费丹旭合作美人轴》，民国二年葛氏刻本，第21页b。

[26] ［清］孙葆田等纂《（宣统）山东通志》卷一百七十七人物志第十一《国朝·莱州府》，民国七年排印本，第19页a。

[27] ［清］葛嗣浵：《爱日吟庐书画补录》卷七《清钱慧安福星像轴》，民国二年葛氏刻本，第33页b。

[28] 冯德宏：《若木道人——陈崇光》，《收藏》2013年23期，第23页。

[29] 同[28]。

[30] ［民国］徐珂：《清稗类钞》艺术类稗七十一《陈若木画无师授》，民国六年商务印书馆排印本，第100页。

崔子忠晚年的隐居生活与绘画创作

崔子忠一生游离于世俗社会之外，多次在京郊地区隐居，如果说早年隐居乃是出于主观意志（修道、避世），有点明末文人"矫情"的意味，晚年归隐山林却是客观形势逼迫的结果，不得不隐。那么，他隐居深山的真实动机、原因是什么？当时国内外的政治形势如何？他在隐居期间思想观念发生了哪些变化，创作了哪些作品？

一、隐居的背景、原因

（一）明末恶劣的政治形势与生存环境

1. 国内政治形势

崇祯朝是明代政务、国防最为混乱的时期。在朝政方面，大臣们拉帮结派，党争不断，无论是所谓的正义的东林党，还是邪恶的阉党，均不顾事实，纯为私党意气，误国误民。在政治管理体系方面，统治者缺乏管理国家的经验，控制力极弱，甚至连最基本的行政工作都无法有效开展。在军事方面，文官领兵、将不专兵的现象愈加突出，贪污成风，缺饷导致士兵哗变。与此同时，繁重的赋税引发农民暴动，外敌掳掠，瘟疫流行，百姓流离失所，明王朝统治已经步入天怒人怨的绝境。

崇祯元年（1628）至崇祯三年（1630）间，高迎祥、李自成、张献忠等人先后起事，拉开了农民军与明王朝斗争的序幕。崇祯十三年（1640）冬，经历十年拉锯式战争，李自成率部进入中原腹地河南，受到当地广大农民的热烈欢迎。十四年（1641）正月，李自成攻破洛阳，杀福王。十五年（1642）九月，决黄河水淹开封，次年（1643）春，城圮，中原砥柱不复存在。此时，河南各地农民军先后归附李自成，使其势力大增。与此同时，张献忠率领的农民军也重新振作起来，克襄阳，杀襄阳王、贵阳王，彻底粉碎了明军的围剿计划。经过几次大的战役，明军主力大部分被歼，农民军开始转入战略进攻。十六年（1643）春，李自成建立大顺政权，矛头直指明王朝统治。九月，大败明将孙传庭。十月，攻克潼关，随后攻占西安，整个陕西落于农民军之手，明王朝败亡的结局已经不可避免。

2. 明清战争形势

明王朝与清王朝之间的战争始于明万历年间，胶着于天启、崇祯两朝。崇祯十四年（1641）春，为挽救辽东危局，明思宗命蓟辽总督洪承畴率精锐十三万与清军决战，明军大败。十五年（1642）二月，清军破松山，洪承畴被俘降清。随后，锦州守将总兵祖大寿亦率众出降，锦宁防线土崩瓦解。从此，明军在关外已经不能再战，无力应付辽东残破局面。

清人为达到问鼎中原的目的，很早便采取逐步耗竭明朝血脉的战略，多次派兵掳掠京畿地区和北方各省。崇祯十五年（1642）十月，清将阿巴泰率军再次入关，如入无人之境，破3府18州67县88城，俘获人口36万，牲畜30万头，金银财宝无数。回师途经北京，明朝将帅拥兵观望不敢战，任其北归。此时，明朝国民惧怕清兵的心理已成痼疾。

对国民精神打击最大的事件是洪承畴降清。松山兵败，举国都以为洪承畴必死无疑，明思宗辍朝三日，以王侯规格亲祭九坛，御制《悼洪经略文》

昭告天下，但在祭祀过程中，却传来洪承畴降清的消息。洪承畴是明思宗的股肱之臣，在与农民军的斗争中立下赫赫战功，他的降清，使得国人精神越发萎靡不振。

截至崇祯十六年（1643）初，明王朝在清军、农民军两大势力的攻击下飘摇欲坠。明思宗无将可用、无兵可调，最后竟然幻想通过建坛设醮拯救明王朝的命运。

3. 明廷内部的斗争

明王朝外部形势如此严峻，内部党争却日趋激烈。崇祯十五年（1642）夏，诏推阁臣，崔子忠的好友、工部侍郎宋玫入选，朝中有大吏未逞己欲者，因布置流言于内，明思宗深受其惑，疑诸臣推举有私。及入朝面对，宋玫侃侃而谈，直言九边形势，帝已中流言，大怒，立即将宋玫与吏部尚书李日宣等下狱，褫夺冠带，诸大臣交章申救，不听，仍将宋玫除名、李日宣戍边。明思宗最恨朝臣结党，严旨彻查此案，许多人因此入狱、流放、去官，一时朝野震动，人心惶惶。

无独有偶，该年十一月，崔子忠的好友、礼科给事中姜埰上疏参劾权贵，引起明思宗震怒。关于这段故事，《明史》记载：

> 初，温体仁及薛国观排异己及建言者。周延儒再相，尽反所为，广引清流，言路亦蜂起论事。忌者乃造二十四气之说，以指朝士二十四人，直达御前。帝适下诏戒谕百官，责言路尤至。埰疑帝已入其说，乃上言，……而帝于是时方忧劳天下，默告上帝，戴罪省愆，所颁戒谕，词旨哀痛，读者感伤。埰顾反复诘难，若深疑于帝者，帝遂大怒，曰："埰敢诘问诏旨，蔑玩特甚。"立下诏狱考讯。掌镇抚梁清宏以狱词上，帝曰："埰情罪特重。且二十四气之说，类匿名文书，见即当毁，何故累腾奏牍？其速按实以闻。"[1]

姜埰在回答明思宗指责时未加深审，其重提"二十四气"之说，关乎党争，更增加了明思宗的怀疑，亟欲杀之，《明史》记载：

> 时行人熊开元亦以建言下锦衣卫。帝怒两人甚，密旨下卫帅骆养性，令潜毙之狱，……养性乃不敢奉命，……会镇抚再上埰狱，言掠讯者再，供无异词，养性亦封还密旨，乃命移刑官定罪。尚书徐石麒等拟埰戍，开元赎徒，帝责以徇情骫法，令对状，乃夺石麒及郎中刘沂春官，而逮埰、开元至午门，并杖一百。埰已死，埰弟垓口溺灌之，乃复苏，仍系刑部狱。[2]

姜埰九死一生，但明思宗仍不肯放过他。崇祯十六年（1643）夏秋间，京师爆发大瘟疫，朝廷命清狱，姜埰被释出，然而仅过十日，明思宗即召刑部尚书，指责其随意释放姜埰，并在名册姜埰、熊开元处各交一叉，恨恨地说"此两大恶"[3]，将姜埰重新关进监狱。至此，姜埰已经没有生还希望。

没有第一手证据表明崔子忠隐居与姜埰、宋玫案有关，但崔子忠、姜埰、宋玫都是宋继登门生，三人同乡、同社，自小交好，却是路人皆知的事实。时值朝中各种政治势力角逐之时，复社成为众矢之的，三人关系如此，焉能不引起明思宗和政敌猜忌？且明思宗生性多疑，杀伐自专，许多人因姜埰、宋玫案被罢免、流放，尚在者也都人人自危，崔子忠的处境可想而知。实际上，崔子忠在这段时间的确闯了"大祸"。崇祯十五年（1642）年末，明思宗诏廷杖姜埰，当姜埰出牢狱至长安街时，数万人围观，崔子忠冒死赠药，一边告诉他这种药凉血，喝了可以救命，一边声泪俱下地称赞"真忠臣"，此事过后不久，大约在崇祯十六年（1643）初春，崔子忠即狼狈不堪地流落北京西郊。根据姜埰弟姜垓写给崔子忠的信可知，崔子忠此时遭遇了与姜垓同样的灾祸（按：姜垓刚刚遭到皇帝斥责），"同病相怜"，却不能对外言说，隐约显示出因赠药姜埰触犯明思宗"逆鳞"的关系。而崔子忠在看到有关姜埰案情的官方邸报后，怅然若失，携妻走入更荒僻的深山古寺的举动，愈加显示出与姜埰案的关联和避祸动机。

（二）同行之间的竞争

崔子忠晚年隐居深山还可能与同行竞争有关。

崇祯十六年（1643）春夏间是姜垓案最为敏感的时期，也是陈洪绶奉命临摹历代帝王像，名噪京华，与崔子忠并称"南陈北崔"之时。此时，陈洪绶的作品已是千金难求一画，公卿士大夫纷纷攀缘，得片纸尺素以为拱璧。崔子忠一生不卖画，且极力贬低画家卖画，称之为"插标卖首"，这种言论传到陈洪绶耳中，结果可想而知。文献资料没有记载陈洪绶如何反击崔子忠，但曹溶诗歌《迪之出崔道母画扇索题仍用九青韵二首》称崔子忠"长康泣尹邢"[4]，却揭示出他败于同行竞争的事实。按："尹邢"，汉代尹夫人、邢夫人，两人同时被汉武帝宠幸，武帝怕她们相互妒忌，故意将她们分开，诏令不得见面。由这则典故可知，崔子忠流落西山可能与同行竞争有关。陈洪绶、崔子忠的诗文与曹溶诗歌记载契合。

崇祯十六年（1643）秋，陈洪绶因为不满明思宗安排辞官南下，作七言绝句《问天》，诗曰："李贺能诗玉楼去，曼卿善饮主芙蓉。病夫二事非长技，乞与人间作画工。"[5]崔子忠是当时公认的李贺式的诗人，该年走入西山道观（玉楼）绘制壁画；陈洪绶志在做官，作画随兴所至，明思宗却让他临摹历代帝王像（按：这原本是崔子忠的长处）。情节均与曹溶诗句"长康泣尹邢"契合，暗示出明思宗故意将他与崔子忠分开的事实。而崔子忠走入西山后，有感作《卫夫人》，在像赞中记载："晋卫夫人，……工笔法，王右军师事之。见右军书法，语王策曰，'此子必蔽吾名。因而流涕簪花格，以夫人为首称焉。'"又与尹夫人见到邢夫人后，自愧不如其才貌，低头痛哭的情节相符，也应和了"长康泣尹邢"之说。

研究表明，陈洪绶的世界观、价值观、艺术观与崔子忠迥然不同，两人甚至没有见过面。清人丁耀亢《哀陈章侯》记载："到处看君图画游，每从兰社问陈侯。西湖未隐林逋鹤，北海难同郭泰舟。"[6]崔子忠号北海，是当时公认的郭泰式的人物，丁耀亢如此描写，显然是指陈洪绶在北京与崔子忠搞不好关系（参见本书《再看"南陈北崔"》）。据此推测，崇祯十五年（1642）冬月，当崔子忠在众目睽睽之下赠送姜垓凉血之药、称赞他是"真忠臣"（按：他此前还曾为姜垓作《洗象图》，题识"自信不可一世也"）时，已经触及明思宗逆鳞，明思宗凤怒未消，陈洪绶常在帝侧，略仿谢环、戴进故事，导致他被斥离京，走入西山。

（三）家庭经济原因

谈迁在《北游录》中记载："崔青蚓，顺天诸生也，善书绘，轨守寂，无子。赘婿无赖，尽破其产，甲申之乱，竟馁死。"[7]称在李自成进京之前，崔子忠的入赘婿因经商（或赌博）失败，荡尽其家产，导致他在甲申之乱后饿死。王崇简《都门三子传》也记载，崔子忠在南逃途中已经"无以给朝夕"。联系到崇祯十六年（1643）春崔子忠流落西山、居无定所的情况，其隐居的原因或又与赘婿尽破其产有关。

（四）瘟疫流行

在中国瘟疫流行史上，有一场堪比西方中世纪黑死病的大瘟疫：明末京师大瘟疫。有学者认为，正是这场大瘟疫，才使农民军不费吹灰之力攻破北京城，推翻明王朝统治。瘟疫爆发于崇祯十六年（1643）春秋间，疫情异常惨烈，清人刘尚友记载："夏秋大疫，人偶生一赘肉隆起，数刻立死，谓之疙瘩瘟，都人患此者十四五。至春间又有呕血病，亦半日死，或一家数人并死。"[8]明人骆养性记载："昨年京师瘟疫大作，死亡枕藉，十室九空，甚至户丁尽绝，无人收敛者。"清人抱阳生则记载："大疫，人、鬼错杂。薄暮人屏不行。贸易者多得纸钱，置水投之，有声则钱，无声则纸。甚至白日成阵，墙上及屋脊行走，揶揄居人。每夜则痛哭咆哮，闻有声而逐有影。"[9]根据相关历史记载可知，由于死亡的人太多，白天城中已是处处鬼影，城门竟然被准备出城的尸体、棺材阻塞。

崔子忠出身医学世家，了解瘟疫的严重性和传播特点，当疫情发生时，为保护家人安全，必然会离开人口密集区，到上风上水、水源清洁的山区居住。实际上他真的这样做了，而且还做得非常彻底。崇祯十六年（1643）夏，当姜垓写信告诉他"别来育风怪雨"时，他便带着家人从北京西郊走入千仞之巅的古寺中，不再与世俗社会往来，其间创作《许旌阳移居图》《云中玉女图》，试图通过符箓绘画改变现状，挽救明王朝的统治（见本书《〈桑梓之遗录文〉之姜垓、宋应亨、宋玧、崔灿帖及无名氏帖考》姜垓书信部分）。

（五）人生价值取向

崔子忠因战乱、瘟疫、朝廷政治斗争、入赘婿败家等原因隐居西山，但他思想深处原本就有出世倾向，即使天下没有大乱，他也有可能归隐山林。

1. 地域、家族文化的影响

崔子忠的故乡是古代道教文化发源地和方士仙术盛行的地方，如被称为"海上第一名山"的崂山，自春秋以来就是方士修道养生的地方，道教宗师张廉夫、李哲玄、刘若拙、王重阳、丘处机、张三丰等人都曾在此修行，被誉为"东海仙山"。莱阳县地处半岛地区中心，是全真教七真马钰、刘处玄、丘处机、谭处端、王处一、郝大通、孙不二经常活动的地区，有游仙宫、迎仙观、会葬阁、四真庄等传道场所。平度州北三十里的大泽山，则是唐宋以来著名的道教圣地，山中古刹道观林立，摩崖石刻毗邻，人称"神仙洞窟"。崔氏家族具有悠久的隐逸文化传统，如崔子忠的高祖崔廷桂卜筑荆山之阳，"隐桂树下"；从曾祖崔淳隐居道教名山，专心炼丹等，都是志在山林的隐士。受地域、家族文化影响，崔子忠很早便成为一名道士。崇祯四年（1631），当他拜佛教徒田大受为师后，又开始在寺庙借住，他的隐居生活，事实上早已经开始了。

2. "三教合一"思想影响

明代儒、道、释三教合流蔚为风气。朱元璋首开"三教合一"风气。朱棣夺位得僧道助力不小，即位后对佛教多有佑护，对儒、佛、道合流起到了积极推动作用。在"三教合一"思想演变过程中，王阳明援佛、道入儒，构建心学理论，对晚明士子产生重要影响。在当时文化背景下，无论阁部大臣还是平民百姓，多是三教合一思想的弘扬者。

"三教合一"思想将三种不同的信仰融合在一起，缓解了理想与现实的矛盾，许多失意士子因此得到救赎，他们进可以为儒，退可以为僧为道，亦可以同时为儒、为道、为僧，不会因角色错位产生心理不适。"三教合一"思想同样拯救了科场失意的崔子忠，对于他来说，建立千秋功名并非只有科举做官一条路，放弃科举，反而更容易成就圣贤大业。他晚年隐居西山，专心研究义理之学，追求至性至纯的人生境界，为那些在道学、修仙、艺术方面开宗立派的人物画像题赞，为道观寺庙绘制壁画，表现出内在的精神诉求。

（六）小结

崇祯十五年（1642）冬至崇祯十六年（1643）秋是崔子忠一生最为艰难的时期，此时，明王朝与农民军、清军之间的角逐已见分晓，姜埰案、大瘟疫、"尹邢"之祸等却藕断丝连，重病、破家、同行之争纷沓而至，他既无恒产，亦无恒业，只能远走深山古寺，借僧（道）活命，其隐居深山的举动，主要是客观环境和现实生活逼迫的结果。

二、晚年隐居深山的时间

《崇祯忠节录》记载，崇祯十五年（1642）十一月，高承埏为母亲庆寿，适逢同门生沈宸荃以行人同考北闱，得士刘敷仁、谭贞良，刘、谭二人特请崔子忠为高母作画祝寿，作品得到高承埏高度赞扬，称其"非近日画家所及也"[10]。根据这则记载，可知该年十一月崔子忠尚在北京。

最早记载崔子忠隐居西山的资料，是姜垓写给崔子忠的三封信（《莱阳姜贞文先生垓帖三》），这些信件表明，崇祯十六年（1643）春，崔子忠已经流落北京西郊。夏秋间，当他得知李自成农民军占领河南、明思宗必杀姜埰、京城流行大瘟疫之后，遂携妻走入更荒僻的深山古寺中。秋天，作《云中鸡犬图》赠别姜垓，正式宣布息影山林（见本书《〈桑梓之遗录文〉之姜垓、宋应亨、宋玧、崔灿帖及无名氏帖考》姜垓书信部分）。

梁清标《息影轩残稿序》《西山道中》及耿宝仓等编著《保定地区庙会文化与民俗辑录》的记载与上述观点应和。梁清标《息影轩残稿序》记载："当其暮年，慨世道纷乱，息影深山，……不料其志未竟，猝罹家国之变。"称在李自成进京之前，崔子忠已经隐居深山。其诗歌《西山道中》也说明崇祯十六年（1643）秋，他在西山见到了已经成为"野僧"的崔子忠。《保定地区庙会文化与民俗辑录》则记载崔子忠在李自成进京之前已经隐居洪崖山（西山），尽管其记载的隐居地与梁清标不同，但在明亡前隐居西山这一点上，却高度一致。总之，崔子忠在崇祯十六年春（1643）归隐山林，应该是没有疑问的。

三、崔子忠的隐居地点

崔子忠一生多次外出隐居，隐居时间或长或短，隐居地点也不尽相同，见诸文献记载的主要有以下几次。

（一）第一次隐居

崔子忠第一次外出隐居在崇祯八年（1635）前。《帝京景物略》载毛锐诗歌《太和庵崔开予见过》记载：

秋出肃霜容，秋庵夜气洁。
来我所怀人，茗酒深怡悦。
冻萤映窗飞，鸟啼晓将彻。
蒙蒙雾片将，乃见山分别。
数星枫树红，一假柏径折。
溪声出有踪，石际非霜雪。
夜语寐未成，朝光复难辍。[11]

时间已经到了秋天。山色凝重，夜气清洁，崔子忠所在的太和庵有些孤寂，此时，恰好老朋友毛锐携茶拜访，相与对斟，心情极为畅快。冻萤窗飞，鸟啼清澈，不觉新一天已经到来，在蒙蒙晨雾中，两人相互告别。根据该诗及其同时期诗歌描述的情景分析，崔子忠似乎是太和庵的主人，在此居住已经很久。《帝京景物略》刊刻于崇祯八年（1635），由此可知，至少在该年之前，崔子忠已经开始居住在太和庵，而根据他在崇祯四年（1631）拜佛教徒田大受为师的情况看，这次隐居应该在崇祯四年（1631）至崇祯八年（1635）之间。

关于太和庵的具体位置，《帝京景物略》卷六西山上《水尽头》记载："西上圆通寺，望太和庵前，山中人指指水尽头儿，泉所源也。至则磊磊中，两石角如坎，泉盖从中出。鸟树声壮，泉喑喑，不可骤闻。"[12] 称其在西山"水尽头"附近。"水尽头"亦称"水源"，在今北京植物园樱桃沟内，由此可知，太和庵在植物园水源旁。

水源旁边有两块巨大的岩石，一块是人们臆想为女娲补天遗留下的"元宝石"（白鹿岩），另一块据说是与《红楼梦》创作有关的"石上松"石，松石相拥，松生石缝中，石裂则松死，松死则石散，寓意木石同盟，为水源一大景观。毛锐同期诗歌《入水源》记载：

入山幽不已，岩想初古霹。
有径盘青螺，无土柔片席。
卧难择石危，我困泉亦急。
僧于险处庵，依石依松立。
出地水迟疑，相观坐环曲。[13]

将该诗与水源实景进行比较，可知诗句"僧于险处庵，依石依松立"，乃是指僧人在"石上松"搭建的修行场所，其位置与"太和庵"相同，则又可知居住"险处庵"的老僧，即"太和庵崔开予（崔子忠）"。

崔子忠在"石上松"搭建太和庵，使人联想到他的书法对联作品《木石存天地，衣冠志古今》[14]，以木石同盟比喻自己坚贞的士人节操。而"石上松"与"元宝石"（按：石头腹内有石室、石床，灶与泉通）并立，其自然形成的上餐松风、下饮清泉、枕流而眠的修道环境，又使人联想到他为《陶弘景》所作像赞：

梁陶宏景，字通明。自幼聪慧，于书无所不读，尤善属文，精黄老之学。隐居茅山，梁武帝每有大事辄造庐请决焉，时人称为山中宰相。著书数十种，号华阳隐居。作三层楼以居之，性爱松风，翛然远俗。及卒，举棺甚轻，人始知其羽化也。

需要提及的是，在毛锐诗歌《入水源》之后，又有李元弘《水源赠僧》，其描绘的情景与毛锐诗歌应和，似是出自同一次活动。诗曰：

僧慵烟灶与泉通，寺熟归云牖牗同。
得水竹光争日好，矜秋柿粉饱霜红。
老安丘壑神明肃，静对人天瓶钵空。
羡尔今年生计稳，西成消息在林中。[15]

李元弘（明代嘉定人），事迹不详，从诗歌所表达的情境看，应该是一位与崔子忠志趣相投的人。

此处暂且"关公战秦琼"，将毛锐、李元弘诗歌联系起来做一番联想：毛锐和李元弘共同参加了这次拜访活动。毛锐与崔子忠在太和庵彻夜长谈，李元弘则在"元宝石"附近与老僧（崔子忠）临泉对坐，他们都非常羡慕这位老僧（崔子忠）的生活。在李元弘诗中，虽然没有说明这位僧人是崔子忠，但诗句"老安丘壑神明肃"，"出地水迟疑，相观坐环曲"，却把崔子忠"言辞简质，形容清古，望之不似今人"的道学家形象描写得淋漓尽致，而诗句"羡尔今年生计稳，西成消息在林中"，则隐约透露出崔子忠借僧活命，在此进行某项创作活动的信息。

总之，水源一带有泉、石、林之盛景，太和庵

图1　北京植物园樱桃沟远眺
宋少伯／摄影

图2　北京植物园水源"石上松""元宝石"　宋少伯／摄影

有溪水清风之乐，的确是逃避世俗喧嚣的好地方（图1、图2）。《帝京景物略》卷六《水尽头》引言部分对此景描写甚详，今略录之："观音石阁而西，皆溪，溪皆泉之委；皆石，石皆壁之余。其南岸皆竹，竹皆溪周而石倚之。燕故难竹，至此，林林亩亩。竹，丈始枝；笋，丈犹箨；竹粉生于节，笋梢出于林，根鞭出于篱，孙大于毋……"[16]

（二）第二次隐居

崔子忠第二次隐居约在崇祯十六年（1643）春夏间，也即李自成农民军占领河南、姜垓家族遭难、"南陈北崔"名噪京华之时。根据姜垓写给他的书信可知，他当时流落北京西郊，居所逼仄，姜垓提出以途中所见土楼六间相赠。鉴于他这次隐居与躲避瘟疫灾祸、采药等有关，笔者认为其隐居地仍然在西山水源，因为这里不仅有他原先搭建的修行场所"太和庵"，空气清新，水源清洁，而且百草丰茂，为古代采药之地，能够达到为好友姜垓采药治病的目的。

崔子忠这次在北京西郊居住的时间并不长。崇祯十六年（1643）夏秋间，当他得知开封城圮、京师疫情爆发、明思宗必杀姜垓之后，拒绝姜垓赠屋，"怅然他适"，再次走入更荒僻的深山古寺中。

（三）第三次隐居

崔子忠第三次隐居是在李自成进入北京之后。根据高承埏《崇祯忠节录》记载，"逆闯陷京师，子忠叹曰：西山邈矣，无处采薇。潜走郊外，匿土室中不出，不复与人相接，遂饿而死"[17]；叶鉁《明纪编遗》记载，"逆闯陷都城，子忠出奔，郁郁不自得，曰：西山邈矣，无处采薇。遂走入土窖中匿不出，甘饿而死"[18]；宋弼《山左明诗钞》记载，"乱后走入西山中，遂以饿死"[19]。可知他在李自成进京后逃到了西山，后因西山友人迫害走入土室而死。而根据徐鼒《小腆纪传》记载的"乱后南奔"[20]，又可知他这次隐居的西山不是北京西山，而是京师南部的某座西山。易县学者公李的研究成果与此应和，其《易县洪涯山大庙及庙俗初探》一文记载："明末清初，紫荆关、居庸关相继失守。崔子忠为躲避李自成和清世祖爱新觉罗·福临之灾，携眷离开京师，暂时移居洪涯山封黄顶庙祝房中。"[21]

"洪涯山"，明代时称"洪崖山"，涞水人称"西山"，易州人称"后山"，在京师南方100公里，地处燕山深处，人迹罕至，其地名、地理位置、环境，与历史记载崔子忠"乱后南奔""乱后走入西山中""息影深山""燕山崔生何好奇"[22]符合。不仅如此，洪崖山还是道教祖山，山中有庙宇道观数十处，其中，封黄顶庙（黄帝庙）是黄帝祭天及其乐官伶伦调制音乐的地方，寿阳院是河北道教"正一派"的祖庭，同时还有王重阳嫡传的全真教龙门派

图3　河北省易县洪崖山远眺 孙莉/摄影

等，为华北道教活动的中心，其良好的宗教人文环境，适合崔子忠携妻在此隐居（图3）。

洪崖山留有大量崔子忠在此活动的遗迹，如崔子忠隐居此山时居住的退宫殿、"老道房"，山中僧众为纪念他绘制壁画而修建的"崔爷殿"（今名"三爷殿"），今均尚在（图4、图5）。保定地区民间传说，崔子忠晚年为山中诸神庙绘制壁画，其中封黄顶庙退宫殿的三堵壁画《白猿献桃》《王母娘娘大宴蟠桃会》《九天仙女行乐图》[23]，笔墨高超，堪称国手之绘。

公李《易县洪涯山大庙及庙俗初探》还记载："崔子忠有一幅《葛洪移居图》（按：此处记载有误，实际应该为《云中鸡犬图》），画上题诗云：'移家避俗学烧丹，携子挈妻老入山。知否云中有鸡犬，

图4　洪崖山封黄顶庙远眺
宋少伯/摄影

图5　崔子忠的祀殿"崔爷殿"（今名"三爷殿"）　宋少伯/摄影

孳生原不异人间。'即是他在洪涯山避居时的真实写照。"[24] 其记载的情节，与清高宗叠崔子忠原韵题《云中鸡犬图》契合。清高宗喜欢随身携带崔氏作品实地题诗，曾游洪崖山，由此推测他知道崔子忠隐居洪崖山的秘密，题诗于该山。

综上所述，崔子忠原先隐居北京西山，李自成进京后，他才从北京西山逃到了易县洪崖山。

四、隐居西山期间的绘画创作

崔子忠走入西山后创作了大量绘画作品，其中最具代表性的作品有：历代圣贤肖像白描一百幅、《许旌阳移居图》手卷一、《云中玉女图》立轴一、《杜鹃花鸟》手卷一、《钟馗图》、洪崖山封黄顶庙退宫殿壁画三堵。下面对这些作品略作研究。

（一）历代圣贤肖像（以下简称《息影轩画谱》）

1. 创作起因及时间

《息影轩画谱》是崔子忠隐居西山时创作的最重要的作品。根据梁清标《息影轩残稿序》记载，他隐居西山后不再与世俗社会来往，其间浏览古籍史册，每遇到心仪的历史人物，立即摹之于手，或亲手绘制，或搜集前人造像，务求集古代圣贤于一堂，梁清标初见时，已经完成百幅。他可能想绘制更多肖像，但由于突遭家国之难而终止，死后书稿不知落入何人之手。清朝定鼎北京后，这套作品开始出现在琉璃厂古玩店，劫后余烬，只剩下四十三幅。梁清标重金将其买下，辑成《息影轩画谱》，于康熙十二年（1673）刊刻行世。[25]

崔子忠隐居西山始于明崇祯十六年（1643）春，卒于清顺治二年（1645）冬月，据此可知这套画谱创作于这一时期。

2. 作品现存状态及研究状况

（1）现存状态

《息影轩画谱》有清康熙、同治两种版本，康熙本刊刻于康熙十二年（1673），同治本刊刻于同治二年（1863）。两种版本存世量绝少，目前仅知国家图书馆藏有康熙本、同治本《息影轩画谱》各一册，北京大学图书馆藏有同治本《息影轩画谱》一册。除此而外，民间偶有零星残页流传。海外收藏情况不明。

国家图书馆藏康熙本《息影轩画谱》为已故学者郑振铎的捐赠本，纵28cm，横14.6cm，厚1.5cm。根据学者周芜描述，该版本虽然没有版权页，却是迄今为止较为完整的康熙版本。该馆所藏同治本《息影轩画谱》未见原件，从天津古籍出版社出版的《中国历代画谱汇编》看，应当是比康熙本完整的版本。北京大学图书馆藏同治本《息影轩画谱》颇为完整，其首页标注"刘藏修堂藏板"字样，"藏修堂"是清末广东藏书家刘晚荣的堂名，他曾编撰《藏修堂丛书》，可知该刊本出自刘晚荣家。

值得注意的是，国家图书馆、北京大学图书馆藏同治本《息影轩画谱》，首页均有"刘藏修堂藏板"字样，且图文内容、印刷效果与康熙本《息影轩画谱》基本一致，据此推测，康熙本原来由梁清标刊刻，后来原板片流传到了刘家，他们重新编辑，补充出版，形成了新的同治版本。而从同治本《息影轩画谱》版权页"同治癸亥重镌"看，也可能是康熙本原刻版在刘家，后再版；或刘家收藏有《息影轩画谱》原画稿，参考康熙本重刻出版。

康熙本、同治本两者差异如下。

其一，在版权页方面，国家图书馆藏康熙本无版权页，国家图书馆、北京大学图书馆藏同治本版权页均称"刘藏修堂藏板"。其二，在目录编排方面，两种版本人物画像内容、数量基本一致，但名称、编排顺序不同。其三，两种版本人物画像一样，但名称不完全相同，如康熙本《老子》《钟离春》，同治本改为《老聃》《无盐女》。其四，两种版本人物画像一样，但画像名称、像赞内容不完全相同。如康熙本《苏东坡》与同治本《耶律楚材》形象一样，但在同治本中，画像、像赞的名称被改为《耶律楚材》，且像赞内容完全不同。[26]

从同治本发生改变的情况看，乃是出于修正、改进康熙本的目的，如康熙本目录《老子》《钟离春》，画像却署名《老聃》《无盐女》，虽然是指同一人，却很容易在启蒙教育中引起误解，同治本将其统一改为《老聃》《无盐女》，明显比康熙本规范。但在印刷质量方面，后补内容较康熙本稍有逊色，如《耶律楚材》像赞书法，水平拙劣，与原谱很不协调等。

（2）画谱研究与出版

当代学者零星地研究过《息影轩画谱》。郑振铎是最早关注《息影轩画谱》的藏书家，曾将该画谱收录于《西谛书目》（文物出版社 1963 年版），在书目中记载："《息影轩画谱》一卷，明崔子忠绘，清康熙刊本，一册。"其又在《中国古代木刻画选集（九册）》（人民美术出版社 1985 年版）中引用画谱部分插图，同时在《中国古代木刻画史略》中对该画谱进行评述，认为："此册疑非原刊本，但仍可见其本来面目也。"周芜是较早研究崔子忠的大陆学者。1982 年，他在编辑《中国古代版画百图》的过程中，开始关注《息影轩画谱》。1984 年，在"中国古代版画展览会"展出《息影轩画谱》，并编印《中国古代版画展览图录》。此次展览及出版的图录，是《息影轩画谱》最早进入当代公共视野。他曾撰写过一篇名为《崔子忠》的文章，重点对《息影轩画谱》展开研究，在文中提出了几个亟待解决的问题：

> 根据现有资料，要对崔子忠作一个全面的论述是困难的，他是怎样由山东莱阳迁入北京的，在北京做什么事，以什么维持一家四口人的生活？他学绘画老师是谁，与当时那些画家交往，大约有多少传世作品？他的后辈与弟子有哪些人，为什么死于"土室"？他的世界观与倔强的性格是怎样形成的等一系列问题，还不能据以史料加以说明。[27]

由于受当时意识形态影响和资料限制，他的研究带有强烈的时代色彩，但即使这样，在当时也非常可贵。除上述两位学者以外，王伯敏主编《中国美术全集·绘画编 20 版画》（上海人民美术出版社 1988 年版）、周心慧主编《新编中国版画史图录》（学苑出版社 2000 年版），均曾收录过《息影轩画谱》作品。另外，孔国桥著《"在场"的印刷：历史视域下的版画与艺术》（中国美术学院出版社 2008 年版）、邓锋著《中国人物画通鉴 8·秋风纨扇》（上海书画出版社 2011 年版）、刘辉煌编著《中外插图艺术大观》（中国文联出版公司 1996 年版）等，也都简单提到过《息影轩画谱》。研究成果较丰的则有吴树平编《中国历代画谱汇编》（天津古籍出版社 1997 年版），收入同治本《息影轩画谱》全部内容，版权页、序、目录、画像、像赞无一缺失，可称是《息影轩画谱》出版最重要的成果。总之，截至目前，各家对《息影轩画谱》的研究基本是以介绍著录为主，其中某些观点，如郑振铎因梁清标作《息影轩残稿序》，称"此本是'残稿'"，怀疑康熙本《息影轩画谱》不是原刊本等，尚有待商榷。

3.《息影轩画谱》人物像赞研究

《息影轩画谱》现存画像、像赞总计八十六幅，根据梁清标《息影轩残稿序》记载，可知崔子忠在创作这些画像时并非漫然为之，而是"有契于心，不觉摹之于手"，有感而发。因此，研究画谱人物构成及像赞内容，对了解崔子忠晚年的思想状态，具有重要意义。

该画谱以道学、道教、艺术类人物居多，按照人物身份可以划分为仙道隐逸、忠节义侠、巾帼节烈才女、诗书画家、幽人志士等几个类别，各类别人物大致如下。其一，仙道隐逸十八人，其中道教、道学人物十一人——彭祖、老聃、庄周、陶弘景、华佗、邵康节、徐市、司马承祯、真德秀、金履祥、鬼谷子，隐士六人——许由、范蠡、林逋、鲁仲连、庞德公、司马徽，佛教人物一人——佛印，约占整个造像 41.9%。其二，忠节义侠五人，其中忠节四人——张巡、韩世忠、海瑞、周遇吉，义侠一人——聂政，约占整个造像 11.6%。其三，巾帼节烈才女、贤母十一人，其中巾帼节烈才女十人——无盐女、秦良玉、红拂女、杞梁妻、卫夫人、班昭、谢小娥、绿珠、孙夫人、韦逞之母，贤母一人——孟母，约占整个造像 25.6%。其四，诗书画家、幽人志士八人，其中诗书画家五人——屈原、杜甫、苏轼、张旭、贯休；幽人志士三人——刘伶、陆贽、王曾，约占整个造像 18.6%。其五，警戒世人一人——韩信，约占整个造像 2.3%（按：上述人物归类仅仅是为了研究方便，并不是对人物的最后定性）。从思想内容看，这些作品宣传的无外乎道家的遁世无为、道教的修道成仙、儒家的忠孝节义、文人畸士的狂放不羁等，深入研究却可以发现，这些人物的选择，与崔子忠的家族文化背景、思想信仰、人生态度、人生经历及时代政治背景有着紧密的联系，具有自传性质，有些作品甚至预示了他的命运归宿。

(1) 仙道隐逸人物系列

《彭祖》（像赞文略，下同）

崔子忠的家族是山东半岛著名的医学、道教世家，具有悠久的养生传统。崔子忠的高祖是嘉靖年间衡王府的医官，精方论，晚年隐居紫荆山修仙；从曾祖父是闻名朝野的炼丹家，"精黄伯之术"；祖父、父亲以孝闻名，克承祖业，也属于该类型人物。受家庭背景影响，崔子忠从小便信奉道教，尚恬乐道。晚年隐居西山寺庙道观后，近聆铃铎，益占正性之学。他为彭祖画像题赞，盛赞其"不营世务"，"常称疾，不与政事"，显示出避世远俗的生活态度。然而，他的养生哲学并非不食人间烟火，放任自流，而是建立在严格的自我约束的基础之上。他曾作《彭祖观井图》，画彭祖系身于大树，俯身探视深井（喻现实世界），阐述君子临事而惧、以理养生的道理。他的好友、理学家宋继澄题诗释之曰："井深人所汲，坠陷亦或偶。盖之以车轮，俯视其何有。系身于大树，得非迂愚叟。彭祖八百人（岁），于世恒不苟。示以常爱生，欲人知所守。呜呼适所适，得无屡娶否？"

《老聃》

老子是道家、道教之祖，主张以道解释宇宙、自然、人生的运动规律，行不言之教，无为而治。崔子忠始名丹，字道母，又字道母、青蚓。名、字相表里，完美诠释出老子思想的要义，可知从他诞生之日起，已经被父辈打上道教文化的烙印，赋予传承、弘扬道教的使命。在该像赞中，崔子忠不谈老子的道德思想，独言函谷关吏尹喜在老子出关时，索求《道德经》五千言，疑与他在山中创作《息影轩画谱》有关。

《庄周》

庄周是战国时的道家人物，著名的思想家、文学家。清人方潜《南华经解卷首总评五则》评曰："南华，老子之后劲，而佛氏之先声。大抵痛人凿性遁天，桎梏名利，拘墟见闻，而为解其缚者也。"[28] 其散文思想内容与写作风格浑然一体，汪洋恣肆，仪态万方，对后世文学影响很大。崔子忠为庄周画像，称其："著书如《逍遥游》等篇，似长江大河滚滚灌注，泛滥乎天下，又如万籁怒号，澎湃汹涌，自为一家言。"显示出对庄子哲学思想和文风的喜爱，折射出其浪漫主义文风（"动辄千言，不加绳削而自合"）的出处。

《华佗》

崔子忠的家族是著名的医学世家，医道同修。崔子忠为华佗画像题赞，称其精岐黄术，能剖腹刮肠，医人疾苦，表达的是对医学宗师的敬仰之情，书写的却是对家族医道文化历史的自豪，其中抑或透露出家族医学擅长的领域，如画谱中不断提到"精岐黄术"（按：源自《黄帝内经》的养生术，是一种天人合一和整体恒动的思想）等。他在像赞中称赞华佗医术高明，后"遂仙去之"，则显示出其家族"医仙"的修行特点。

《陶弘景》

陶弘景是道教天师道茅山派的创始人，其思想脱胎于老庄哲学和葛洪的仙道教，倡导"三教合一"，对道教发展影响深远。他是著名的医药家、炼丹家、养生家，注重养生修仙，兼善诗书画，著《本草经集注》《集金丹黄白方》《养性延命录》《华阳陶隐居集》等。

崔子忠是一位儒道释合流的人物，倡导"三教合一"思想，精通诗、书、画，兼擅医学。他洞察世情物理，能"预知"未来之事，虽然隐居深山，却关心明朝国祚，如崇祯十六年（1643）作《许旌阳移居图》，借图建言治国方略；作《云中玉女图》，为明军与李自成农民军的决斗祈祷等。他的思想信仰和生活经历与陶弘景非常相像，甚至在西山水源搭建太和庵，依石依松而立，上餐松风，下饮清泉，与陶弘景"隐居作三层楼以居之，性爱松风，翛然远俗"，也如出一辙，显示出师其心、效其行的倾向。

《邵康节》

邵雍是北宋著名的理学家、道士、诗人。他以儒学为宗，阐释四书五经义理，纯正忠厚，安而成学，乡人化其德风，有"内圣外王"之誉。与周敦颐、程颢、程颐、张载并称于世。

崔子忠毕生尚恬乐道，不治生产，所居蓬荜环堵，晚年隐居西山，虽然住所环境严酷，却益坚其志。他的好友姜垓赞道："足下乐道尚恬，处千仞之巅，近聆铃铎，益占正性之学。……赵元叔疾世之篇云：乘理虽死而弗亡，违义虽生而□，足下徘徊古哲良有故，举动不作第一着不休。今之辟世者多矣，盖未有如足下之明决者也。"他始终追求"在理（礼）"的精神境界，生前被喻为郭泰式的人物，死后享祀洪崖山，成为理教教徒祭祀的神主，被人们奉为"仁义爱国多福之神"[29]。他的绘画以理入画，与邵雍以理入诗遥相辉映，在中国绘画史上独树一帜，其品德才学已经达到"内圣外王"的境界。邵雍之乐人莫能窥，崔子忠独知之。

《徐巿》

始皇帝命徐巿率领数千名童男女赴东海寻找不死仙药，徐巿去而不返，有欺君之罪，但崔子忠却对其大加赞赏。在这里，崔子忠向往的是徐巿踏入东海后令人浮想联翩的仙人生活，正像他在《桃源图》中所描绘的一样。

《司马承祯》

司马承祯是道教上清派宗师，少年师从潘师正，得授上清经法及符箓、导引、服饵之术。其修真路径为信敬、断缘、收心、简事、真观、泰定、得道，援佛入道，著《坐忘论》。

《旧唐书》《全唐文》分别称司马承祯为"贞一先生""正一先生""真一先生"，崔子忠独取"贞一先生"之名题赞，且在像赞中提及"为道日损，以至于无"，从中可以看出，他所秉持的生活态度和修道方法是抱一统万和"贞一"，正如他在《云林洗桐图》题识中所言："治其身，洁其浣濯，以精一介，何忧圣贤？圣贤宜一，无两道也。"

《真德秀》

真德秀是宋代著名理学家、贤相，有直声。崔子忠称其得朱熹真传，立朝以风节谏诤著称，卒后从祀孔庙，反映出他一贯的理学追求和人生目标。

《金履祥》

金履祥，宋、元之际学者。精研天文、地理、礼乐、田乘、兵谋、阴阳、律历，深通性理之学。南宋末年政局动荡，遂绝意仕进，但未忘忧国，曾献策朝廷以重兵由海道直趋燕蓟，以解襄樊之围。入元后不仕，隐居金华讲学著书。学宗周、程、张、朱，奉行"居敬以持其志，立志以定其本，志立乎事物之表，敬行乎事物之内"的主张，崔子忠与其哲学思想、人生态度和生命历程近似，当是为其画像题赞的主要原因。

崔子忠反复为历史上著名的理学家画像，盛赞他们持节励行的精神和死后从祀孔庙的荣耀，使人联想到他"徘徊古哲良有故，举动不做第一着不休"及弘扬义理的表现，可知他也是一位卓越的理学家，他在明亡后"移孝作忠"，不食清粟而死，有着深厚的道德伦理基础。需要再次提及的是，理教教徒奉崔子忠为神主，而理教的核心思想来源于礼（理）学，事实上是孔教的翻版，由此观之，崔子忠不仅是一名孔门子弟，还是一位与理教密切相关的人物。

《鬼谷子》

鬼谷子是历史上著名的谋略家、纵横家，精通百家学问，深谙自然阴阳变化规律，日星象纬、人事在其掌中，占往察来无不应验，孙膑、庞涓、张仪、苏秦等俱从其学。隐居山中，以采药、为人占卜为生。然而，对于这样一位代表传统文化"智"的千古奇人，崔子忠却仅仅称赞他善隐，"为人卜筮，无不应验"，其或有此长技乎？

《佛印》

佛印禅师是一位"三教合一"人物，人生态度积极入世，曾驻锡金山寺，与苏东坡禅锋相对。该像赞称其为"贾氏子弟","乃小慨然出家,然而不为佛老语",可知崔子忠心仪禅宗一派,秉持平常心的修行态度,不愿意在人前卖弄自己的佛学智慧。

崔子忠创作过多幅与佛印有关的作品,始终把佛印放在画面中心位置(如《苏轼留带图》),可见他对佛印十分推崇。他本人曾得到过文坛宗主钱谦益、画坛宗主董其昌的高度评价,或感怀于此,以佛印自比、自励?

《许由》

许由是历史记载最早、最著名的隐士之一。他的核心思想是养正远俗,谢绝世俗名声侵扰,甚至风吹空瓢有声都要弃去。

崔子忠具有强烈的逃名倾向。他的作品价值千金,却常常不署名;京师权贵重金求画不能得,山斋佛寺却经常能够看到;"南陈北崔"口号名噪京华之时,他却逃到深山古寺隐居;明亡后寄住友人家,友人试图强迫他服务于清朝,立即逃去,宁可饿死也不肯为世俗社会所用。其人格之独立、行为之决绝,较许由有过之而无不及;而其死后享祀名山的结局,却又与许由完全一样。值得注意的是,像赞将《高士传》原语句"据义履方"改为"优养履方",些微差别,反映出崔子忠淡然的修行态度。

《林逋》

崔子忠与林逋非常相像。他早享诗名,却未曾刊刻诗集;绘画千金难求,却只赠知己友人;四方慕名求见者皆谢不见,杖履不入王侯家,却经常与僧人、高士交游,居住深山古寺;无子,一妻三女,莳花养鱼,摩挲指示,共相娱悦。他的生活态度和人生经历,几乎就是林逋的翻版。

《鲁仲连》

鲁仲连以游说使秦国撤军,以一封书信使齐军轻而易举地攻下聊城,功劳可谓大矣,然而,当平原君要给他封官赠金时,他却拒辞而去,笑曰:"所贵于天下之士者,为人排患释难、解纷乱而无所取也,即有所取者,是商贾之人也。仲连不忍为也。"[30]鲁仲连有经世之才却不为世俗功名所羁,能立不世之功却不愿意以此换取利禄,行为完全出于义理,崔子忠赞扬的是他的精神品格,表达的却是自己据义而行的"天下士"志向和特立独行的人生态度。需要提及的是,崔子忠出身商贾世家,他的这种人生态度,无疑是对家族职业文化传统的背叛,是一种极端逆反的心理。

《范蠡》

范蠡臣事越王句践数十年,助其灭吴,他深知"狡兔死、走狗烹"的道理,功成名就之后,弃官易姓,遍游天下,其间三次经商成为巨富,三散家财。苏轼赞曰:"春秋以来用舍进退,未有如范蠡之全者。"功成身退,世间鲜有明白此理而能身体力行者。在该像赞中,崔子忠盛赞范蠡忠以事君、智以保身的人生智慧,显示出对人性的深刻认识,与《韩信》像赞相呼应,警示世人的意味非常明显。

《庞德公》

庞德公是东汉时期的隐士,与诸葛亮友善。躬耕田里,不入城市,夫妻相敬如宾,闲暇则端坐琴书自娱。荆州刺史刘表数次请他出仕,曰:"你不做官,将来拿什么留给子孙?"答曰:"给子孙留下财富的同时也留下了祸患,我宁愿留给他们平安。"携妻隐居鹿门山,采药终老。崔子忠平生不治家业,唯教授三女读书作画如故,他在像赞中称:"人皆遗之以危,我独遗之以安耳。"可谓智者之言。然而现实生活不同于理想之境,由于入赘婿在经商(或赌博)活动中尽破其产,甲申乱后,他和妻子竟然流落荒郊,冻饿而死。该像赞折射出他晚年真实的生活状态和对生活的感悟。

《司马徽》

明末朝廷昏庸,奸臣当道,许多忠良之士因谏言被贬、流放,甚至危及生命。崔子忠亲历黄道周、宋玫、姜埰等人案件,不无感慨寄托,他在乱世中作《司马徽》,提醒人们明哲保身("智而能愚"),提防小人,反映出当时严酷的政治生态环境,是告诫他人,也是自戒。

小结

该系列画像在画谱中占比最高,显示出崔子忠晚年已经基本倒向求道修仙。但是也应该看到,在这些画像中，不少人是儒道合一或"三教合一"的人物，一些人还是开宗立派的理学家和道教上清派的宗师，从祀孔庙者颇多，联系到画谱中还有很多忠孝节义之士，可知崔子忠是一位传统型的理学家，并没有放弃士人理想。他信仰的是正一道，倾心于上清派。另外，该系列画像还涉及天下士、保身等内容，反映出与传统文化"义""智"的联系。总之，崔子忠隐居西山后的主要精神追求是避世远俗、研习义理、修仙养生，其他皆为绪余。

（2）忠节义侠人物系列

《张巡》

张巡是唐代中期名臣，至德二年（757），安庆绪部将尹子琦率兵十余万攻打睢阳，张巡部仅数千人，仍固守不懈，与许远杀妾仆飨兵，歼敌数万，有效地阻遏了安氏南犯，后英勇就义。崔子忠反复不断地为死节国难的忠臣良将画像题赞，反映出坚定的抗战态度和与敌玉石俱焚的血性。

《韩世忠》

韩世忠是宋代著名将领，为人仗义执言，后为权臣所忌罢官而去，乃骑驴携酒游于西湖，以小词自娱。其出为名臣，退为道释，坦坦荡荡，颇具大丈夫气概。崔子忠于群星璀璨的将相谱中，独选韩世忠画像题赞，称他是"中兴"四将、"不主和议"，反映出积极抗战的态度。

《海瑞》

明末官场贪墨之风盛行，在这种背景下，崔子忠为海瑞画像并称其"励行""清廉""忠介"，"卒于官，百姓罢市祭送还乡"，反映出其期望海晏河清、吏治清明的士人理想。

《周遇吉》

周遇吉是明末最著名的将领之一。崇祯十七年（1644）二月奉命镇守宁武关，固守，毙伤农民军数万。李自成以火炮击关而入，犹力战，全身矢集如猬毛。其妻刘氏亦率家中妇女二十余人登屋而射，皆壮烈战死。宁武关之战一度使李自成丧失进攻北京的信心，是明王朝灭亡之前最提振士气的一次战斗。

崔子忠为周遇吉画像题赞，是对明末死节之士的礼赞，也是对崔氏家族忠节之士的追思。按：崇祯十五年（《平度崔氏家世录》作崇祯九年），清兵入侵京畿地区，崔子忠的族祖父、安州知州崔维垣组织军民备战抵抗，城破被执，自触厅柱死，其妻牟氏及儿媳陈氏同日死。事闻，明廷赠"奉议大夫陕西按察使司佥事"，诏建庙荫衣顶，永祀香火，崇祀乡贤、名宦祠，安州、铜陵各有主祀。赠牟氏"安人"、陈氏"孺人"。

《聂政》

聂政故事出自司马迁《史记》卷八十六《刺客传》。韩国大夫严仲子与韩相有隙，欲寻侠客杀之，得知聂政隐迹于齐国，遂数拜其居所，赠金百镒问候其母，并执子礼助葬其母，尽备宾主之礼。聂政已心许为知己。服母丧毕，嫁其姐，询知仇家名字，只身前往行刺，事成后自破面目而死。韩人曝其尸于街市，其姐聂荣得知后立即说："这人肯定是我的弟弟。昔日严仲子以国士与他相交，他必报其知遇之恩，我当去相认。"在尸体旁，她大声哭喊："这是轵地深井里的聂政啊！"有人提醒她离开，她回答："我弟弟之所以忍辱负重混迹于屠肆中，是因为母亲在堂，我未出嫁。他死后毁坏自己的形象，是怕被认出牵连于我，我怎么能因为惜命而使他英名泯灭呢！"绝叫数声，死在聂政身旁。

《聂政传》故事甚详，崔子忠独取聂政剖面抉眼而死、聂荣冒死认弟情节，宣扬的是士为知己者死的理念，彰显的是"义"的道德要求。君为我死，我何惜死？聂政义薄云天，聂荣又何让哉？聂氏姐弟肝胆相照，鬼神泣之，是对明末君臣离心、士人舍义取利风气的有力鞭笞。聂政像赞还使人联想到崔氏家族尚义任侠的文化传统，可以肯定，崔子忠与聂政具有同样的血性，能够为知己者赴汤蹈火，他所需要的仅仅是别人对他的尊重和信任。

小结

明末道德沦丧，文官贪钱，武官惜命，文人士子则沉迷于世俗之乐，醉生梦死。崔子忠感时事之衰，以韩世忠、张巡、周遇吉、聂政、海瑞为典型，倡导忠孝节义的理念，重申臣子的本分，用心可谓良苦。他为这些人物画像立传，说明他并没有放弃士人的理想和责任，他在和平时期游离于主流社会之外，但当明王朝危难之时，却立即由不问世事的隐士变为无畏的斗士。

崔子忠的主战态度还与其同学好友的激励有关。明清鼎革时期，他少年时期的同学好友几乎全部战死，如明崇祯十六年（1643），清兵破莱阳，吏部郎中宋应亨、工部侍郎宋玫力战不屈死，中书舍人赵士骥自投城下死；崇祯十七年（1644），南明使者、兵部右侍郎左懋第出使北京，拒绝清廷威胁利诱，引颈受刑死；清顺治二年（1645），南明督师、兵部尚书史可法抗清被俘不屈死等。故人慷慨多气节，无疑激发了他舍生取义的爱国主义精神，同时，也为他后来不食清粟而死埋下了伏笔。

（3）巾帼节烈才女、贤母系列

《无盐女》

无盐女虽然奇丑无比，却胸有韬略，正而有辞，能够使齐国安定富强，被封为王后。君王治国，首在内相，才具见识为第一标准，出身低微何妨？明思宗晚年施政举措失当，所用非人，十七年更换五十位内阁辅臣，尚书数十人，诛戮总督、巡抚数十人，以至于无将可用、无兵可调，实在是欠缺像无盐女一样的治世能臣。

崔子忠身为布衣，其貌不扬，却怀抱不世之才。他关心明朝国运，曾借《许旌阳移居图》畅谈治国、收拾人心之道，《无盐女》与该图作于同一时期，从中可以看出他试图有所作为的心态。

《秦良玉》

秦良玉为明末女帅，曾在围剿农民军和抗清斗争中多次立功。明崇祯三年（1630），清军围攻京师，秦良玉奉诏勤王，以数千白杆兵呐喊冲杀，勇往直前。京师解围后，明思宗在平台召见，赋诗四首以彰其功。在该像赞中，崔子忠借明思宗之诗，对平日作威作福、临阵拥兵观望的明军将官进行了无情讽刺，无疑具有激发国民良知和斗志的作用。正如《明史》所言："秦良玉一土舍妇人，提兵裹粮，崎岖转斗，其急公赴义有足多者。彼仗钺临戎、缩朒观望者，视此能无愧乎！"[31]

《杞梁妻》

齐庄公袭莒，齐国将领杞梁殖战死。齐庄公归，遇到前来迎接丈夫的杞梁殖妻，便让使者在路上画宫（画地为宫室之位）向她吊丧。杞梁殖妻以为这样草率地对待战死的将士不合礼法，回绝道："如果杞梁殖没有什么过错，那么，请到他的故居进行吊唁，我不能在郊外随便接受。"齐庄公无奈，被迫按照正规礼仪进行了吊唁。《礼记》赞曰："哀公使人吊蒉尚，遇诸道，辟于路，画宫而受吊焉。曾子曰：蒉尚不如杞梁之妻之知礼也。"[32]

礼是道德、人伦的载体，无礼则人事不行，天下必乱，社稷必败。《太平御览》记载杞梁殖妻故事甚详，崔子忠独取其依礼而行的情节，可见他对事关国体之"礼"的重视。他讲述的是杞梁殖妻的故事，弘扬的却是克己复礼的道德精神，他在不久后拒绝嗟来之食，走入土室自甘饿死，是对封建礼教的生命礼赞。

《班昭》

班昭继承兄志踵续《汉书》，成为皇后及诸贵人的老师，有才、有节、有行，堪为女范。崔子忠一妻三女皆随其诵诗作画，他作班昭像，或是对妻儿的嘱托？

《卫夫人》

崇祯十六年（1643）春，正当陈洪绶名噪京华时，崔子忠却狼狈不堪地走入西山。刚刚遭到明思宗斥责的姜垓前去慰问，称两人"同病相怜"。曹溶诗歌《迪之出崔道母画扇索题仍用九青韵二首》记载："长康泣尹邢。"称崔子忠晚年的悲剧源于同行竞争，是明思宗有意把他与另一位画家分开。陈洪绶在诗歌《问天》中称明思宗胡乱安排工作，把一位类似李贺的诗人（按：喻指崔子忠）遣往道观中，可知崔子忠走入西山与陈洪绶竞争有关，是皇帝将他遣去西山。崔子忠如何对待这件事？在该像赞中，卫夫人见王羲之笔法，知其必然超越自己，没有心生妒忌，而是"流涕簪花格，以夫人为是称焉"，主动让贤，似乎回答了这个问题，应和了"长康泣尹邢"的记载。由此推测，"南陈北崔"之说产生于该年春秋间。

《韦逞之母》

该像赞出自《晋书》卷九十六列传第六十六卷《烈女》，原文如下：

> 韦逞母宋氏，不知何郡人也，家世以儒学称。宋氏幼丧母，其父躬自养之。及长，授以周官音义，谓之曰：吾家世学周官，传业相继，此又周公所制，经纪典诰，百官品物，备于此矣。吾今无男可传，汝可受之，勿令绝世。属天下丧乱，宋氏讽诵不辍。其后为石季龙徙之于山东，宋氏与夫在徙中，推鹿车，背负父所授书，到冀州，依胶东富人程安寿，寿养护之。逞时年小，宋氏昼则樵采，夜则教逞，然纺绩无废。寿每叹曰："学家多士大夫，得无是乎！"逞遂学成名立，仕符坚，为太常。坚尝幸其大学，问博士经典，乃悯礼乐遗阙。时博士卢壶对曰："废学既久，书传零落，比年缀撰，正经粗集，唯周官礼注未有其师。窃见太常韦逞母宋氏，世学家女，传其父业，得周官音义，今年八十，视听无阙，自非此母无可以传授后生。"于是就宋氏家立讲堂，置生员百二十人，隔绛纱幔而受业，号宋氏为宣文君，赐侍婢十人。周官学复行于世，时称韦氏宋母焉。[33]

自嘉靖朝以来，崔氏家族一直从事与礼学有关的工作，在礼学方面积累了丰富的知识和经验。如崔子忠的曾祖父崔津是朝廷礼官；从曾祖父崔淳经常参加祭陵活动，被称为"引礼之子"；父亲崔胤德担任文思院大使，负责祭天大典器物的供给工作；崔子忠研习礼学，尤深于《大戴礼记》等，皆可圈可点。崔氏家族礼学传统深厚，但子嗣却非常稀少，崔子忠甚至没有儿子。尽管如此，他却并不懈怠，每日督促三个女儿吟诵如故。他为韦逞之母宋氏画像，盛赞宋氏未曾因乱废学，以周官功成名立，显然是对妻女的忠告和嘱托，由此亦可知，崔氏家学的精华尽在先秦礼学方面。

《谢小娥》

谢小娥故事见于《太平广记》。谢氏初嫁侠客段氏为妻，十四岁时，父亲与丈夫被强盗所害，乃沿街乞讨，寻访仇人，乔装入仇家为仆，先杀申兰，后缚申春，并将其同党报官。浔阳太守感其节义，免死罪。豪族闻名求娶，不嫁，削发为尼，以原名小娥为法号，示意不忘根本。李公佐赞曰："誓志不舍复父夫之仇，节也；佣保杂处不知女人，贞也。女子之行，唯贞与节能终始全之而已。如小娥，足以儆天下逆道乱常之心，足以观天下贞夫孝妇之节。"[34]

崔子忠为谢小娥画像，弘扬的是士人的节操，警示的是倡乱天下的乱臣贼子。如果把该图置于明思宗自缢、李自成（或清人）进京的背景下，他在明亡后"移孝作忠"的行为，也就找到了最好注脚。

《孙夫人》

孙夫人因政治需要成为刘备的妻子，两人感情并不融洽，但当她得知刘备驾崩之后，却向西而哭，自沉江而死。像赞借孙夫人之死，表达了崔子忠从一而终的道德观念，为他不久后走入土室而死埋下了伏笔。值得一提的是，王崇简在《都门三子传》中称崔子忠"夫妇先后死"，由此猜测，他的妻子也是一位深受封建礼教影响的人物，或像孙夫人那样而死。

《绿珠》

绿珠是西晋石崇的宠妾，貌美善舞，孙秀强索不得，欲杀石崇，绿珠跳楼而死以绝其念。士为知己者死，绿珠以死报石崇，其行为岂仅止于贞烈？乡人化其德风，生女怎能不美丽？崔子忠晚年隐居洪崖山，明亡后，有"世俗子"强迫他归顺清朝，不从，走入土室而死，死后被人们奉为"仁义爱国多福之神"，其命运经历与绿珠相似，或在创作该画像时，已经抱定了必死的决心。

《红拂女》

红拂女是南北朝时期杨素府中的侍女。一日，李靖与杨素侃侃而谈，红拂女见他器宇轩昂，知其将来必然有所作为，于是深夜只身前往，表明愿随其共图大业，两人遂结伴投奔秦王李世民，后被封为一品夫人。红拂女私奔虽然有违女德，但却实现了封建女性的最高价值。成大事者不拘小节，诚如林黛玉诗歌《红拂》所言："长揖雄谈态自殊，美人巨眼识穷途。尸居余气杨公幕，岂得羁縻女丈夫？"此像赞可视为崔子忠对天下有志者的忠告。

《孟母》

崔氏家族深明环境对人成长的重要性，曾多次迁家，如崔子忠的一世祖崔得福，因子孙不娴礼仪，举家迁居学宫旁。在崔氏家族的发迹史中，贤妻良母扮演着极其重要的角色，他们对于家族的贡献，甚至超过了那些功名显赫的男子，如崔子忠五世祖崔镐的妻子李氏，夫君亡时年仅三十八岁，从此杜门教子，潜心抚育六子。在她的培育下，儿孙们先后考中进士、举人，家族由此成为山东半岛地区著名的官宦诗书之家。

崔子忠一生多次迁家，均与习礼、避俗有关，如他少年时拜莱阳学者宋继登为师，流寓北京后居住天坛附近，晚年隐居上古祭天重地洪崖山等。他的师友也多习礼之人，如出身阴阳官之家的宋应亨、明礼部尚书董其昌、礼部侍郎钱谦益，后来成为清礼部尚书的王崇简等，他的绘画也因此脱去烟火气，达到了一根于理的境界。他为孟母画像，诠释的是"性相近，习相远"的道理，却暗含了家族、个人的成长史。

小结

该系列画像占整个画谱人物四分之一篇幅，选择即观点，从中可以看出崔子忠是古代三从四德思想的维护者。他青睐那些深明大义、敢爱敢恨的节烈女子，赞赏那些能够继承父兄遗志的才女，为褒扬她们某一方面优点，甚至不惜触及封建道德底线，应当说，这些像赞就是他的《女史箴》。需要说明的是，有些画像虽然是女性形象，揭示的却是治国理政的大道理和某种思想信念，如《杞梁妻》《孙夫人》等。

崔子忠一妻三女。他的妻子可能名叫"怜香"[35]，不仅能够点染设色，而且善于调琴。她陪伴崔子忠一生，受尽贫困煎熬，但却始终不离不弃。他的三个女儿既能绘画又能诵诗，颇有名声。根据清人谈迁记载，其中一个招赘入家，但此人很不争气，"尽破其产"[36]，由此看来，他在教育子女方面并不完全成功。

（4）诗书画家、幽人志士系列

《屈原》

屈原因上官大夫妒忌其能，被楚王流放，自沉汨罗江。崔子忠在像赞中称其"以忠谏为靳尚等所谗"。又在《苏东坡》像赞中记载："以节义文章为时所嫉，贬窜至死。"在《杜甫》像赞中记载："坐救房琯，流落剑南。"疑有自比之意，与他流落北京西山有关。像赞语"伤暗主乱俗，以是为非，以清为浊"，或是影射当政者；"楚之人于是日为竞渡，以志挽救之情。又以叶裹米为角黍祭之，系以五色缕为之续命焉"，则泄露了他死后享祀洪崖山的天机。

崔子忠创作《屈原》具有一定的生活感受基础，如他原来的居所在陶然亭慈悲庵一带，每年五月都要举办纪念屈原活动，竞渡、以叶裹米为角黍、系以五色缕等仪式如像赞所述。

《杜甫》

崔子忠始终坚持与世有益的创作原则，关注现实生活和时事政治，他的作品或弘扬忠君爱国思想，或记录自己特殊的人生经历，实际上是一部家国变迁史。他盛赞杜甫为"诗史"，反映出对杜甫现实主义创作原则的认同。

《苏轼》

苏轼是一位百科全书式的人物，文章与欧阳修并称"欧苏"，诗词与辛弃疾并称"苏辛"，书法为宋四家之首，绘画开文人画先河。王士祯认为，汉魏以来诗家能称仙才者，唯有曹、李、苏三人。近代曾国藩则认为，古人称立德、立功、立言为三不朽，自周汉以后，罕见以德传者，立功则不过如萧、曹、房、杜、郭、李、韩、岳，立言如马、班、韩、欧、李、杜、苏、黄而已，将苏轼列为立言一等人。

崔子忠视苏轼为自己的人生坐标，多次为苏轼画像题赞。他标榜"节义文章事功人品"，追求

"立德、立功、立言"的人生目标。在立德方面，他修养道德，像古代圣贤一样生活着，被董其昌誉为："其人、文、画皆非近世所常见。"被理教教徒奉为精神领袖，被民间尊为"仁义爱国多福之神"。在立功方面，他高举复兴唐宋人物画大旗，将明代人物画提升到全新的高度，与陈洪绶齐名，号"南陈北崔"。在立言方面，他独创"青蚓体"绘画，创作出一大批经典之作，作品至今为世界各大美术馆竞相收藏。清高宗五题其《苏轼留带图》并临摹刻石，称其作品与苏带同称不朽，从他的人生经历和绘画成就看，已经达到立德、立功、立言的要求。

《张旭》

张旭擅狂草，时称"颠张"，此像赞反映出崔子忠崇尚狂怪和敢于艺术创新的精神。

《贯休》

崔子忠与贯休在人品、诗画方面颇多相合之处。他们都少年励行，精于诗书画。绘画师法阎立本，面貌奇拙，以胡貌梵相的风格名世。贯休为钱塘圣恩寺作《十八应真尊者》，崔子忠则作《十五应真图》，被收藏家施于钱塘惠济寺。如果说《张旭》像推崇的是艺术创新的精神，《贯休》像则弘扬的是艺术个性的价值。

《刘伶》

刘伶是"竹林七贤"之一。《晋书·刘伶传》记载："容貌甚陋，放情肆志，常以细宇宙齐万物为心，澹默少言。不妄交游，与阮籍、嵇康相遇，欣然神解，携手入林。初不以家产有无介意，常乘鹿车，携一壶酒，使人荷锸而随之，谓曰'死便埋我'，其遗形骸如此。"[37]政治上主张无为而治，以无能罢职，以高寿终。崔子忠的性情、生活态度与刘伶颇多相合之处，但不喜饮酒，他称赞刘伶善饮，乃是取其自由洒脱、只言当下的人生态度。

《陆贽》

在该像赞中，崔子忠表达了他未曾实现的人生理想：少年登第入翰林，中年封相治国安邦，死后从祀孔庙。

《王曾》

崔子忠的绘画在崇祯年间已经具有全国影响，一画既出，豪贵千金相夺。但他没有以此换取优裕的生活，而是锐意创新，希圣希贤。在该像赞中，他借王曾对刘子仪的回答"曾平生志不在温饱"表达了自己远大的人生志向。

（5）结语

通过上述分类研究，可以看出崔子忠隐居西山期间，避世修仙、修养道德已经成为生活的主题，与此同时，他也没有放弃士人责任，自觉地维护着明王朝的统治，思想上表现为"三教合一"的状态。

明末的"三教合一"思想并非简单地将儒、道、释三者相加，也不是简单地舍此取彼，而是亦此亦彼，改变的只是侧重点，而侧重点的不同，目的是为了取得道德伦理与自我价值肯定的平衡。士人无论是在朝还是在野，有为还是无为，都跳不出这种规定性，据此确定自己的人生目标和行为准则。崔子忠虽然归于道释，但他的脚却始终踩踏在儒家的船舷上，未曾改变自己"儒"的身份。美国学者高居翰认为：

> 他自己可能也是道教的信徒，属于信奉许逊的一个宗派。许逊就是许旌阳，他是道教成仙之人，……这一派的道教信仰，后来就从儒家的学说当中，撷取了孝道一类的道德主题，并且从宋代以降，成为民间流行的一种融合性宗教。[38]

实际上，由于中国古代儒道一体的文化观念，道教从一开始便与儒家道德伦理结合在一起，譬如与"净明道"属于同一体系的"正一道"，其伐诛邪伪、佐国育民的宗旨，便与宋明理学高度融合，成为维护封建统治的工具。崔子忠的思想观念、学问由先秦礼学而来，因此，他的道教思想信仰带有浓厚的儒家文化色彩。从该画谱修仙、隐逸人物比比皆是，忠孝节义、道学人物不离其宗的现象看，他的道教信仰未曾脱离儒家道德规范，其"三教合一"思想，事实上是一种以儒为里、以道为表、以佛为归的思想观。

崔子忠的文艺评价标准是"德艺双馨",故入谱之人多是立德、立功、立言的大人物。由于他格外重视"立言",那些在某一领域取得很高成就的怪才、奇才也都被收入谱中,这种编撰思路,使画谱正气凛然而不乏包容性,显得更加饱满、活泼。需要提及的是,由于该画谱具有国史、家史和自传的性质,其中所包含的某些历史信息和思想内涵,还有待学者深入进行研究。

4. 艺术表现

明代历朝皇帝重视对封建道德伦理的宣传,加之这一时期版画插图、画谱兴起,出现了大批图文并茂的图书作品,这些作品在灌输主流文化思想的同时,对提高大众审美水平起到了积极推动作用。如吕坤《闺范》仿《列女传》,辑先哲嘉言懿行,绘之图像,以警后学;黄尚文搜集历代列女传记,从中选择一百二十个封建女教典型编为《女范编》,请画师程起龙绘图,黄应泰、黄应瑞等雕版,一传一图,线条细若毛发,世称徽派版画中的白眉等。明万历至崇祯年间,画谱、插图出版达到了它的高峰,如万历三十年(1602),宫廷画家顾炳刊刻《历代名公画谱》,摹东晋至明代一百零六名画家作品,一图一文,雕刻精美,成为具有划时代意义的画谱;崇祯十二年(1639),陈洪绶创作《西厢记》插图等,都是彪炳史册的经典作品。

《息影轩画谱》沿用《历代名公画谱》体例,一图一文,编撰形式类似蒙本读物,从中可以看出,崔子忠在创作之初,就准备绘制一套弘扬主流文化价值观、为大众喜闻乐见的画谱,以达到立德、立功、立言的目的。根据梁清标记载:"或搜罗其遗像,或想象于羹墙,务冀萃古人于一堂以为快。"可知这套画像并非崔子忠独创,有些是前人造像或造像摹本,但观察谱中作品,并无抄袭他人现象,或是经过梁清标编辑的缘故。

(1) 人物造型

相对于崔子忠的大型绘画,《息影轩画谱》的造型显得非常传统和写实,在该画谱中,崔子忠将弘扬主流价值观的人物形象与晋唐名家的线描法结合在一起,使之呈现出庄重典雅的形式感,将人物画谱创作向前推进了一大步,对后来画谱创作产生了直接影响,如清人刘源《凌烟阁功臣像》、张士保《云台二十八将图》等,都因模仿这种形式而成为经典名作。

中国古代绘画没有西方"写实""变形"的概念,它在描绘自然时强调"写真"。"真"既指人物的精神面貌,也包括画家的主观感受。

"写真"与"写实"不同,写实满足于表现人物的外在形貌,"写真"却以真切表现对象的精神气质为目的,兼有"写意"的成分。《世说新语》记载顾恺之画裴楷,凭空在其面颊上加三毛,人问其故,顾曰:"裴楷俊朗有识具,正此是其识具,看画者寻之,定觉益三毛如有神明,殊胜未安时。"[39] 便是这种写真思想的反映。为便于论述,在下面行文中,仍然使用"写实"等西方词汇,内含写真之意。

崔子忠是一位杰出的肖像画家,"工图绘,为绝技,……更善貌人,无不克肖",他的这种写实能力,使他在创作《息影轩画谱》时如鱼得水,所作人物形神兼备。如《庄周》头胸左转,双臂张开右倾,与右转的臀部、抬起的左腿形成有节奏的运动关系,形态自然生动。为表达庄周梦蝶的意境,在其身边添加一块飘动的布片,与人物动态形成呼应关系,同时,运用周文矩颤笔水纹描勾勒衣纹,衣袖翻卷涌动如同云水,营造出翩翩欲仙的艺术效果。又如《刘伶》采用对角线的构图方法,将人物置于画面左下方,顾长卷曲的上身、仰起的头部、上翻的脚心,与右上方大面积空白呼应,展示出刘伶放浪形骸的名士形象。《孙夫人》上身长下身短,怀抱阿斗,形态拖沓臃肿,犹如哺乳期的农家妇女。《陆贽》席地而坐,姿态俊美、聪慧、白皙,昭示出未来仕途通达、死后从祀孔庙的迹象(图6)。包括雍容大度、颇具宰相之风的苏东坡,瘦骨嶙峋却仍在掐指计算的鬼谷子,朴实憨厚、略显土气的女帅秦良玉,机敏干练、俯身前冲的侠士聂政,婀娜多姿的绿珠等,都能通过恰当的造型,揭示出人物固有的精神气质。

《息影轩画谱》中的人物偶尔也会夸张变形，但这种变形乃是出于表现对象精神的需要，不存在为变形而变形的问题。如《无盐女》，文献记载其"臼头""深目""长指""大节""卬鼻""结喉""肥项""少发""折腰""出胸""皮肤若漆"，奇丑无比，崔子忠却并没有完全按照这些记载如实描写，而是将这些丑陋的特点与流畅的线描结合，以略带幽默的笔调表现出来，使人心领神会（图7）。

《息影轩画谱》不变形的原因，除了崔子忠崇尚写实主义风格以外，还与这套画谱所表现的内容和受众有关，毕竟，典庄写实的画风更适合为圣贤立传，与陈洪绶《水浒叶子》描绘绿林豪杰大不相同（图8）。

晚明时期，画家受禅宗、心学思想影响，大多沉迷于笔墨游戏，以山水画、花鸟画创作为主，致使唐宋优秀的人物画传统逐渐丧失。以崔子忠为代表的"正统派"画家，汲取古法，锐意创新，使人物画的颓势得以遏止，其代表性成果之一，便是这套人物画谱。不过也应该看到，尽管这套画谱平整大气，极具"正能量"，但在明末市民文化兴起、画家追求个性表达的背景下，却也显得有些平铺直叙

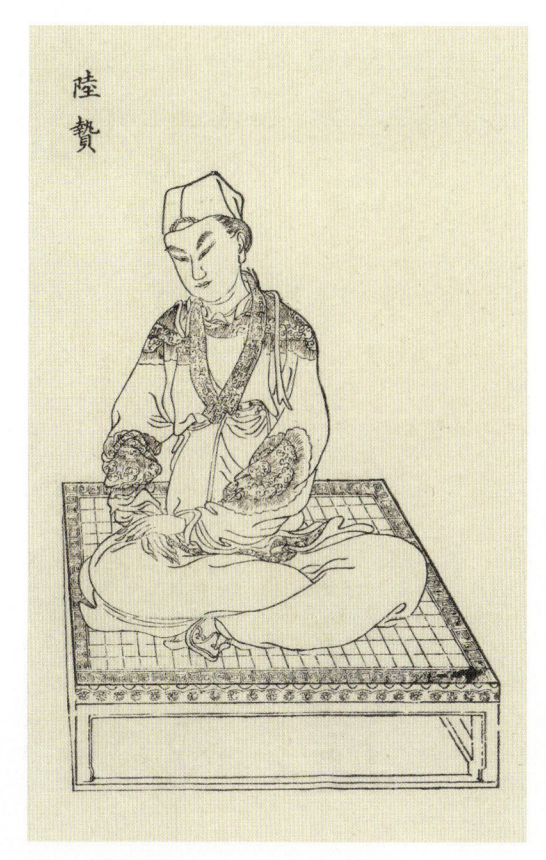

图6　崔子忠《陆贽》　国家图书馆藏

图7　崔子忠《无盐女》　国家图书馆藏

图8　陈洪绶《两头蛇解珍》

图9 顾恺之《女史箴图》(局部)
英国大英博物馆藏

和乏味，在造型方面不如陈洪绶的插图好玩、有趣，如果站在当代绘画的角度看，这个缺点就更明显了。

（2）线描技法

《息影轩画谱》以顾恺之、陆探微、阎立本、吴道子线描法为宗，兼及周文矩等画家技法，颇具专业色彩。其受影响最著者为东晋画家顾恺之。

顾恺之作画重视人物神韵的表达，强调以形写神，"传神写照，正在阿堵中"，线描流畅舒缓，笔迹周密绵长，人称"春蚕吐丝描"（图9）。其飘逸洒脱的线条，非常适合表现仙道、文人高士、仕女等形象，因此成为《息影轩画谱》的首选，如《刘伶》《苏东坡》《绿珠》，把这种线描法与铁线描糅合

图10 崔子忠《刘伶》 国家图书馆藏

图11 崔子忠《苏东坡》 国家图书馆藏

图12 陆探微《三教人物图》(顾炳摹)

图13 崔子忠《鬼谷子》 国家图书馆藏

在一起,创造出流畅而又蕴藉内秀的艺术效果(图10、图11);《无盐女》《谢小娥》《陶弘景》《卫夫人》《班姬》《聂政》,不仅学习这种线描法,甚至服饰纹样也采自汉魏时期,平添许多古雅气息。

陆探微与顾恺之并称"顾陆",谢赫《古画品录》认为,自古及今画家各善一节,唯有陆探微、卫协能够达到六法皆备的标准,尽传人物精神。陆探微是最早将书法笔势引入绘画并创立"一笔画"的人,他的作品气韵生动,线条一波三折,颇具战笔描的味道,显现出绘画本体审美的倾向(图12)。《息影轩画谱》画像大多以流畅的线条绘成,较少波折(图13),但用笔如书,气脉相连,却体现出陆氏"一笔画"的特点,如《林逋》《范蠡》《邵康节》《无盐女》等,几乎就是"一笔画"的经典范本。需要提及的是,与顾恺之、陆探微、吴道子齐名的张僧繇,重视笔墨神韵的表达,将书法用笔中的点、曳、斫、拂等引入绘画,点画之间,钩戟利剑森森然,极大地丰富了中国画技法(图14),也对崔子忠产生了

图14 张僧繇《伏虎罗汉图》(顾炳摹)

一定影响，但在该画谱中，崔子忠却将其凌厉的气息隐藏于平和高雅的线条中。

阎立本在继承南北朝绘画的基础上，创造了刚劲有力的"铁线描"，为唐代绘画步入"焕烂而求备"做出了杰出贡献。他的线描对《息影轩画谱》创作影响很大，如《徐市》《陶弘景》《邵康节》等，线条细长、坚挺、圆润，富于弹性，明显带有其铁线描的特征。另外，崔子忠还在这种线描中加入陆探微、吴道子、周昉、周文矩诸家元素，通过改善"铁线描"属性，使之产生粗细、虚实的线型变化，劲利灵动，绝少人间烟火气，特别适合表现古代高士和仙道人物（图15）。

吴道子是绘画史上极其重要的画家，他继承张僧繇等人技法，锐意创新，自称："众皆密于盼际，我则离披其点画；众皆谨于象似，我则脱落其凡俗。"[40] 所画衣带迎风飞动，人称"吴带当风"。他对绘画最大的贡献，是将魏晋南北朝时期单一的线描改变为提按有致、变化多端的新形式，由于这种变革，人物的空间感、立体感、质感、动感得到全面加强，线描自身的表现力得到进一步提升，但与此同时，魏晋绘画中所具有的高古气息也有所损失，开始变得有些"匠气"。崔子忠敏锐地注意到吴氏绘画的优缺点，一方面吸收其提按法，借以表现人物的形态结构、运动关系；另一方面把这种技法限制在高古的格调中。如《绿珠》《韩信》，线条提按有度，细长飘举，如行云流水，灵动而不失端庄、高洁之意。另外，与吴道子具有学术渊源关系的南唐画家周文矩，其波动屈曲的"战笔水纹描"（图16），对画谱也具有一定影响，如前述《庄周》人物翩翩起舞，宽大的上衣、肥硕的裤子随风起伏，线条曲折迂回，恍若云水浮动（图17）等。

综上，《息影轩画谱》收录的是历史上第一流人物，线描采用的是晋唐第一流画家的技法，名人、名家技法合二为一，从中可以看出崔子忠的正统绘画思想以及试图借这套画谱潜移默化影响后生道德情操和审美观念的用意。

图15 崔子忠《陶弘景》
国家图书馆藏

图16 周文矩《重屏会棋图》
故宫博物院藏

图17 崔子忠《庄周》
国家图书馆藏

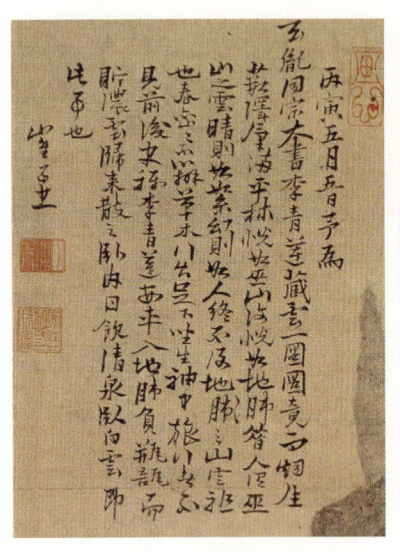

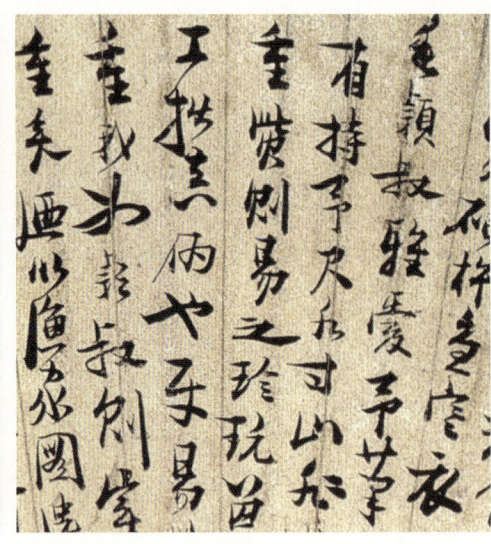

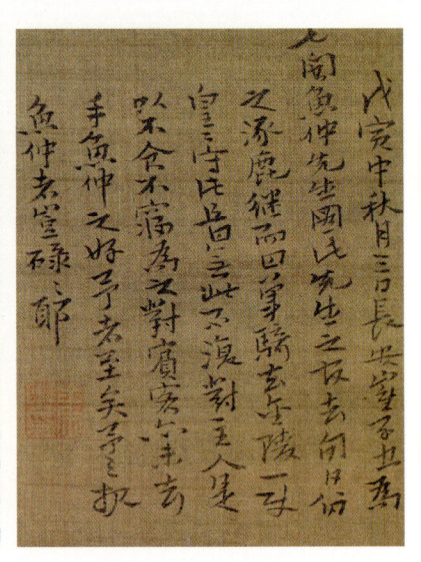

图18　崔子忠《藏云图》(题识)　故宫博物院藏(左)
图19　崔子忠《渔家图》(题识局部)　故宫博物院藏(中)
图20　崔子忠《杏园送客图》(题识)　美国查森美术馆藏(右)

(3) 章法布局

章法布局是中国画第一要义，只有处理好画面的主次、远近、虚实、疏密、聚散、开合、藏露关系，才能使画面生机勃勃，把画家的创作意图完美展示给观众。其中，处理好画面气、势、力的关系，是获得最佳艺术效果的关键。

所谓"气"，是指画面的整体气韵；"势"，是指画面的运动走向；"力"，是指通过笔墨技巧使画面产生"畅神"的美感。崔子忠很好地解决了这几个问题。为达到造势的目的和浑然一体的艺术效果，他运用欲左先右、欲出先蓄的艺术技巧，充分利用人物动态与画幅边框之间的关系，生成特定的动势结构，使画面充满内在的张力。在处理主体人物与背景关系方面，"计白当黑"，以较为密集的线条描绘主体人物，构成浓重稳定的色块，与空白背景形成互补关系。同时强化对角线的作用，将人物控制在隐形的对角线结构中，借助人物动态、视线等，与空白部分取得联系，给人以喘息、联想的空间。通过种种艺术处理，使人物形象显示出庄重、饱满的肖像感。

(4) 像赞书法

《息影轩画谱》像赞书体包含楷、行、草、隶、篆五种，其中楷书十八件，行书三件，草书十九件（含狂草、行草等），隶书两件，篆书一件。关于这些像赞书法，梁清标没有说明是崔子忠创作。学者周芜研究认为："此本图后面的传赞文字，都是崔子忠分别以真草隶篆书写刊成。"[41] 不知何据。从常理看，当画家开始创作某幅插图时，他对所要表现的人物必定已经了然于胸，画完后会立即撰写小传。从像赞涉及明末时事政治、崔子忠的家族背景及其个人信息分析，这些像赞文字应该出自崔子忠之手。如果将这些像赞书法与崔子忠已有书法作品进行比较，则更加确定无疑了。

崔子忠书法宗法钟繇、二王，这种师承关系，在像赞书法中有比较明显的体现，如将崔子忠《藏云图》《渔家图》《杏园送客图》（图18、图19、图20）的题识与《许由像赞》《鲁仲连像赞》（图21、图22）并置，尤其是把崔子忠《云林洗桐图》题识与《庞德公像赞》《王曾像赞》（图23、图24、图25）并置时，就会发现两者在结字、笔法、笔性方

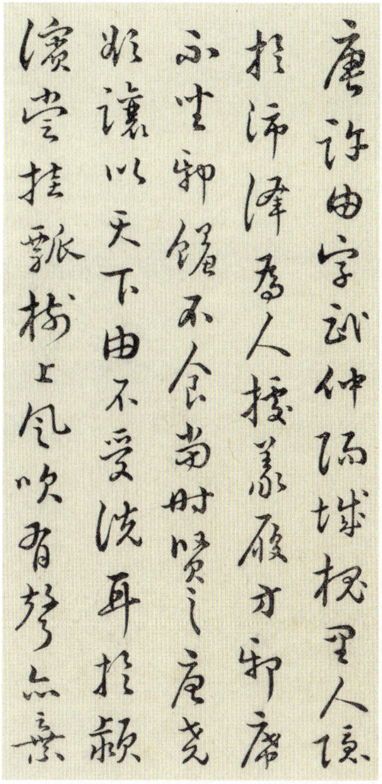

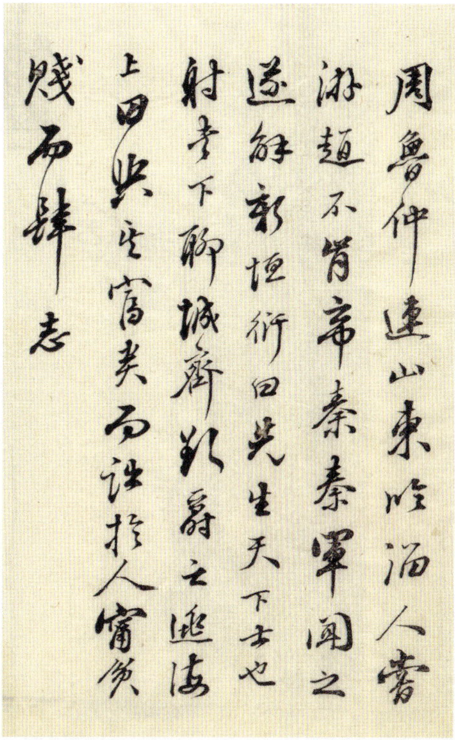

图21 崔子忠《许由像赞》(局部) 国家图书馆藏(左)
图22 崔子忠《鲁仲连像赞》 国家图书馆藏(右)

图23 崔子忠《云林洗桐图》(题识) 台北故宫博物院藏(左)
图24 崔子忠《庞德公像赞》 国家图书馆藏(中)
图25 崔子忠《王曾像赞》(局部) 国家图书馆藏(右)

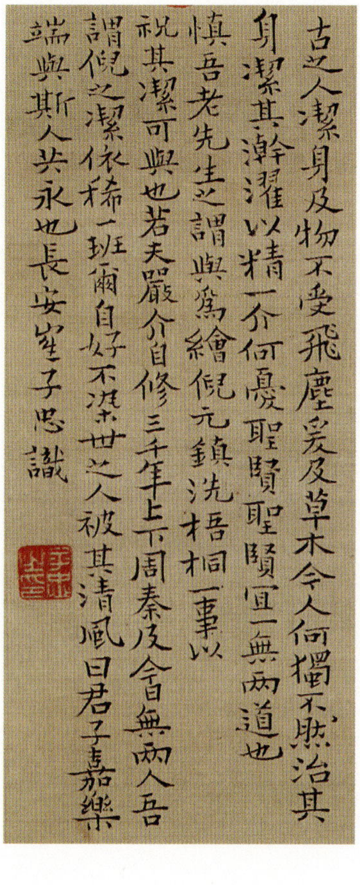

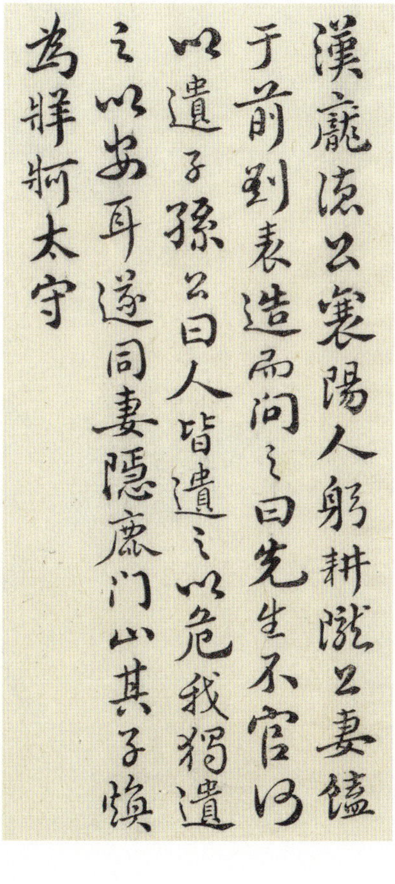

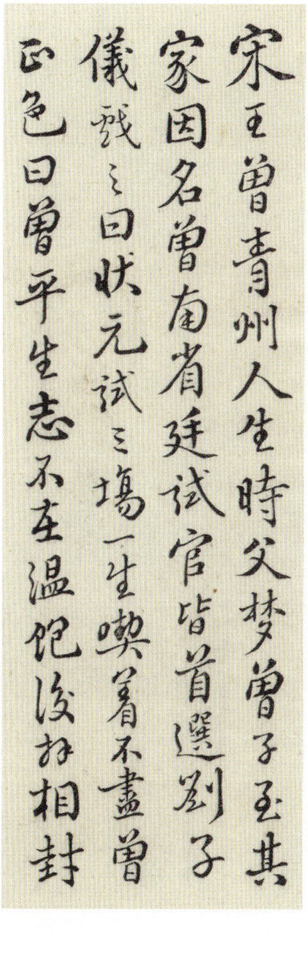

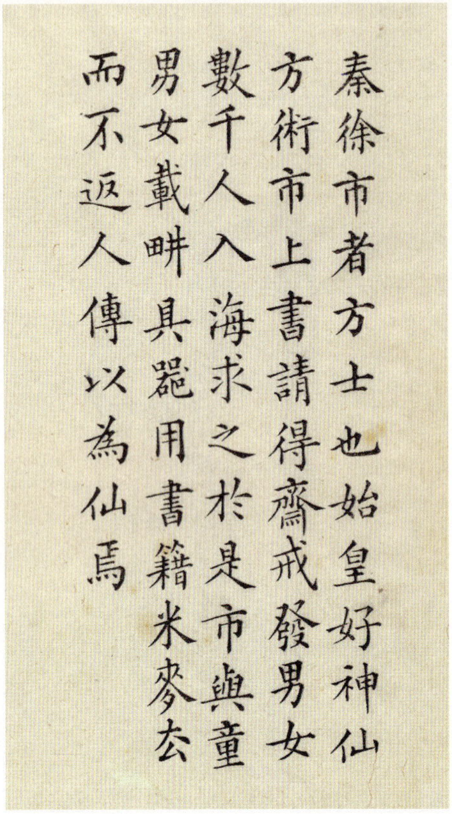

图26　崔子忠《仙人瑞兽图》（题识）　香港中文大学文物馆藏（左）
图27　崔子忠《徐市像赞》　国家图书馆藏（右）

面高度一致，包括崔子忠《仙人瑞兽图》题识平淡方正的楷书风格，与《徐市像赞》等也非常相似（图26、图27），基本可以肯定是崔子忠的手迹。

崔子忠书法作品传世很少，《息影轩画谱》集其楷、行、草、隶、篆诸书体于一堂，洋洋大观，无疑为后世学者提供了观摩学习机会。笔者认为，郑板桥独特的"六分半"书体，与《彭祖像赞》高度相似（图28、图29），有可能是受其影响（按：郑板桥曾在崔子忠祖居地平度州担任潍县知县八年，当见过这部画谱）。

（5）装帧设计

国家图书馆藏康熙本《息影轩画谱》虽然缺少封面、版权页，但根据与它承续的同治本《息影轩画谱》，却依然可以推测出它原来的装帧面貌。概而言之，它的内容以弘扬封建道德伦理、修道养生为宗旨，"正能量"满满；体例一图一文，集名人、名画、名书于一堂，书画相映成趣，传画学正脉；封面、封底、内页设计及装帧形式简洁大方、平易近人，是一本内容与形式高度统一的好书。

（二）壁画及主题性绘画创作

除创作《息影轩画谱》外，崔子忠还创作了大量宗教壁画和单幅绘画，这些作品的主题大都与道教思想和忠君爱国有关，有的至今尚在流传。

1. 河北省易县洪崖山封黄顶庙退宫殿壁画

崔子忠隐居易县洪崖山期间为很多寺庙画过壁画，据洪崖山附近的东张家梁德山老人讲，他小时候就听老人们讲，崔老爷子以在洪崖山卖画得来的银两购买颜料，为封黄顶诸神殿义务作画。学者公李在《易县洪涯山大庙及庙俗初探》一文中记载：

> 正宫殿东侧有一偏门可入后院，进退宫殿。退宫殿为后土黄帝休息之所。迎面正神，身高丈二，仍为后土黄帝。右侧为嫘祖、嫫母，左侧为女节、渔彤氏之女。四女神像高一丈，坐姿，手握笏板，神态平和。……退宫殿后土黄帝身后北墙彩绘为《白猿献桃》，东墙为《王母娘娘大宴蟠桃会》，西墙为《九天仙女行乐图》。三壁画皆出自国工崔子忠之手，其艺术之高超、价值之珍贵可以想象。[42]

封黄顶庙退宫殿目前尚存，但壁画已经不在。

2.《许旌阳移居图》

（1）相关历史记载及作品创作的时间

《许旌阳移居图》见于朱彝尊《静志居诗话》记载："莱阳宋司臬玉叔曾示予《许旌阳移居图》，鬼物青红，备诸诡异之状，几与龚圣与争能，匪近日画家所及也。"[43] 其《许旌阳移居图跋》又记载：

> 《许旌阳移居图》，宛平崔秀才道母所画。横幅丈余，图中移家具散走者，须鬓臂指，各异情状怪，疑皆鬼也。自吴道子、朱繇传地狱变相，其后貌鬼子、鬼母、钟馗、小妹，不一其人。至宋龚高士开，专以鬼物见长，观其骨象狞劣，令人不欢。兹图为神仙移居，故口无哆张，目无很视，较开所状略殊。然

先民后贤，寄托之情一也。诗言之：莫赤匪狐，莫黑匪乌。高士盖有深慨于中寄之笔墨者。崇祯之季，有鬼白昼入市，用纸钱交易，死者魂未离散，叩人门户买棺。彼时思陵命将出师，辇下臣民，无一足供驱使者。翻不若旌阳令之使鬼，鬼忘其劳焉。道母绘此，得毋寄托在是与？道母初名丹，晚更名子忠，别字青蚓，国亡，走入土窟中死。图今藏莱阳宋氏，顺治庚子冬观于云门舟中。[44]

清人俞蛟、张之洞也记载过这件作品。俞蛟《罗两峰传》记载："昔吴道子尝画地狱变相，鬼子鬼母，极琦瑰儋佹。明季宛平崔道母画《许旌阳移居图》，亦有鬼魅。道子人物为古今独步，其画鬼也，乃一时游戏之笔。而道母生当明季，目击乱亡，不无感慨寄托。"[45] 张之洞《（光绪）顺天府志》记载："所作《许旌阳移居图》，横幅丈余，人物怪伟，较宋龚高士开所状鬼物略殊，然寄托之情一也。"[46] 从他们记载的内容看，当是延续朱彝尊的观点。

朱彝尊将崔子忠创作这幅画的动机，与明思宗无将可用、无兵可调以及京师流行大瘟疫等事件联系起来，称："道母绘此，得毋寄托在是与？"可知这是一幅感慨时事的作品。

明思宗即位后即面临缺兵少将的局面，但真正步入无将可用、无兵可调的绝境，却是在崇祯十六年（1643）四五月间。按：自明督师杨嗣昌死，明廷再无大将可用。崇祯十六年（1643）春，李自成

图28 崔子忠《彭祖像赞》（局部） 国家图书馆藏

图29 郑板桥《难得糊涂》（书法拓片）

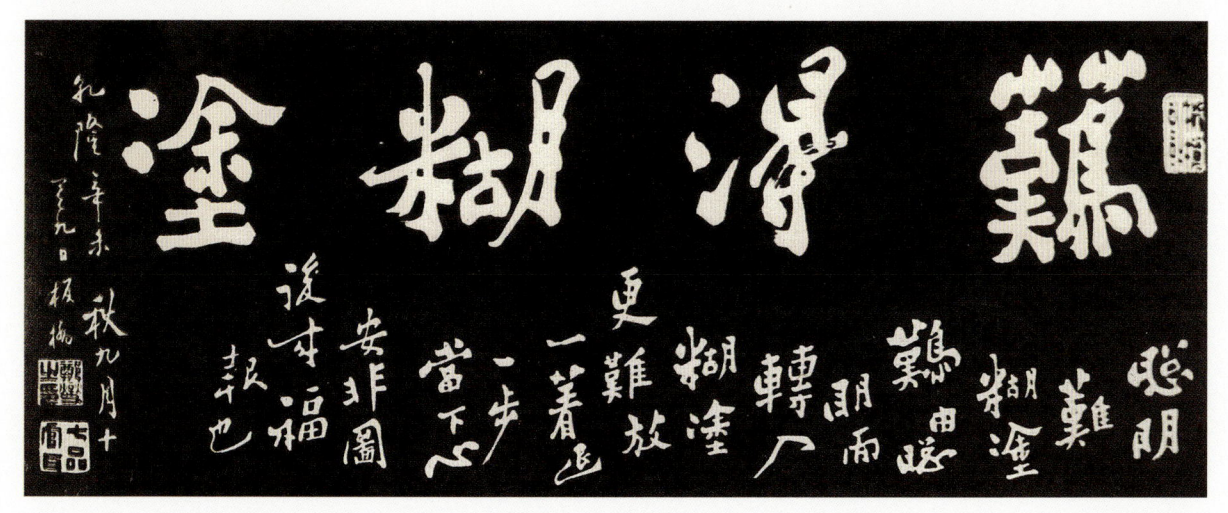

连克襄阳、荆州、承天，在襄阳定百官之制，张献忠也乘势复起，中原形势急转直下。清兵则进关烧杀掳掠，京畿、河北地区一片狼藉。明思宗焦头烂额，于朝堂之上涕请内阁次辅吴甡督师湖广，因无兵无饷未能成行。该年四月，清兵劫掠北归，仅得内阁首辅周延儒领兵，但也不敢出战，任由清兵离去。京师大瘟疫发生在崇祯十六年（1643）二月至九月，当时，京城死亡日以万计，阖城震悼。抱阳生《甲申朝事小纪》记载："人鬼错杂，薄暮人屏不行。贸易者多得纸钱，置水投之，有声则钱，无声则纸。甚至白日成阵，墙上及屋脊行走，揶揄居人。每夜则痛哭咆哮，闻有声而逐有影。"情形异常恐怖。天灾人祸并集，明思宗无计可施，竟然邀请龙虎山道士设坛作法，告天延续国祚。朱彝尊《许旌阳移居图跋》记载，皆与崇祯十六年（1643）明王朝面临的形势和京师发生的事情印合，可知这件作品作于该年。巧合的是，该年夏初，该图原收藏者宋琬在明亡前最后一次进京（按：为其父请谥），至冬末方才离去，其间，知会在京故友，经历了上述种种事情，据此推测宋琬见过崔子忠并收藏了这件作品（按：朱彝尊曾与宋琬共同欣赏《许旌阳移居图》，随后便题写了跋文，可知其跋文记载的情况来自宋琬口述，宋琬见过崔子忠），该图约作于崇祯十六年（1643）四月至五月间。

（2）作品去向及原貌

《许旌阳移居图》原藏宋琬家，后不知落于何人之手。台北故宫博物院藏传龚开《钟进士移居图》手卷，绢本设色，画钟馗驱鬼迁家场景。一老翁手擎桃枝（喻辟邪）牵牛引路于前；一童子坐牛背敲击石磬，一吹笙人随之（喻礼乐）；钟馗头插桃花，手执笏板（喻权），骑鹿（喻禄）行走于队伍中；身后一鬼手捧官银，魁星飞跃其上（喻名利），一鬼手捧宝剑（喻刑法），尾随其后；众鬼合力护送钟馗妹前行，或手持金吾开路，或举华灯照明，或推拉轿车，或搬运神龛、家具、博古鼎彝，跌跤、掇拾，欢呼雀跃（喻鬼忘其劳）。人物形象及其所表达的主题思想，与朱彝尊《许旌阳移居图跋》印合，线描风格也与崔子忠作品非常相似（图30、图31、图32、图33）。巧合的是，该图横332.6cm，折合清尺丈余，恰好与朱彝尊、张之洞记载的尺寸相同。画中人物总数四十九人，则应和崔子忠《云中玉女图》题识："如曰许旌阳以五十旅行，虽多亦奚以为。"2018年，台北故宫博物院编《伪好物：十六至十八世纪"苏州片"及其影响》，以该图画风、署款与传世龚开作品不符，将其归于16至18世纪"苏州片"仿龚开作品，观点有待商榷。盖"苏州片"作假一般都有粉本，非凭空而作。此作与龚氏风格截然不同（图34），与崔子忠的风格却非常相近，必不是摹自龚氏粉本。如果是摹本，至少也应该是摹自崔子忠的《许旌阳移居图》。

崔子忠还有另一幅《钟馗图》，故事情节、人物造型及主题思想等与传龚开《钟进士移居图》基本相同，清人吴省钦诗歌《崔子忠钟馗》记载：

图30 （传）龚开《钟进士移居图》（局部一）　台北故宫博物院藏

图 31　（传）龚开《钟进士移居图》（局部二）　台北故宫博物院藏（上一）
图 32　（传）龚开《钟进士移居图》（局部三）　台北故宫博物院藏（上二）
图 33　（传）龚开《钟进士移居图》（局部四）　台北故宫博物院藏（下一）
图 34　（元）龚开《中山出巡图》（局部）　美国克利夫兰美术馆藏（下二）

忽然揎袖豪素沾，神妙僵走顾陆闽。庄严宝相渺何处，齿牙栈齾颐垂髻。髯公回面靴皮老，赤豹文狸驯不扰。小妹谁乘破浪雄，大圭略记终瑰宝。鬼魅易画狗马难，艺事每动神明叹。东都庙壁地狱相，到今倜诡惊人寰。郁陶苦忆有明季，土木形骸军国寄。战骨如麻椒醑空，游魂为市纸钱至。骷髅之乐南面余，崔生感事为此乎？曷不佩作黄神越章符，司门御胜垒与茶，水乡无复饿鬼来睢盱。[47]

联系朱彝尊《许旌阳移居图跋》记载，推测该图与崔子忠《许旌阳移居图》为同一（系列）作品，"苏州片"摹之，伪称龚开《钟进士移居图》，以牟取暴利。目前虽然不能完全确定传龚开《钟进士移居图》是崔子忠的作品，但通过它，却依然可以窥见崔子忠《许旌阳移居图》的面貌，同时，也能借此了解崔子忠的创作思想。有关该图的创作思想，请参见拙作《崔子忠〈云中玉女图〉考略》（《中国书画》总230期，2022年第2期），此不赘述。

3.《钟馗图》

该图即上述吴省钦诗歌《崔子忠钟馗》所载。联系明末历史背景，可知诗句"游魂为市纸钱至"，乃是指崇祯十六年（1643）京师发生大瘟疫的情景。"骷髅之乐南面余"，则是指南明弘光政权蜗居南京苟延残喘的危局。该图作于明崇祯十六年（1643）至清顺治二年（1645）间。

4.《云中玉女图》

《云中玉女图》格调高古典雅，笔墨清润淳厚，是崔子忠晚年绘画的代表作之一。崔子忠在题识中称："如曰许旌阳以五十旅行，虽多亦奚以为。"可知该图作于《许旌阳移居图》之后。《许旌阳移居图》作于崇祯十六年（1643）四五月间，由此推之，该图应作于崇祯十六年（1643）五月之后。

《云中玉女图》是一幅具有道教符箓色彩的作品，包含很深的现实寓意，题识：

杜远山下鲜桃花，一万里路蒸红霞。昨宵王母云中过，逢驻七香金凤车。王仲彝，汉魏间人也，尝画云中玉女于赤城古壁上，风雨不凋零，至有异之而去者，百千人不见其多。予画一人于云中，亦复不见其少。画得其情，非以数具也，如曰许旌阳以五十旅行，虽多亦奚以为。崔子忠识。

"王母"，道教神谱中最有权势的女仙之一，职掌刑杀、瘟疫灾难、长生等，曾派九天玄女授黄帝神符，助其打败蚩尤。"七香"，古代祛邪却病的灵丹妙药。"金凤车"，王母出行的座驾。"桃"，古代神话中镇邪驱鬼的仙木。在这幅高轴大卷中，西王母身穿白衣立于云端，头戴胜（一种仪式化的面具，寓意胜利），眼睛凝视茫茫大地，一股躁动的妖气被其吸纳脚下，化为平和的祥云，背景晴空万里，"玉宇澄清万里埃"，与朗朗上口、易于传播的题识青词（按：斋醮奏章表文中的一种诗体，道士用以上奏天庭或征召神将）相呼应，惩恶扬善、镇妖驱邪的含义不言自明。

崔子忠在题识中称此画意有所指，如果把此画与崇祯十六年（1643）八九月间明军同李自成农民军的决战联系起来，可以清楚地看出它与这场决战的关系及崔子忠维护朱明王朝统治的用意。

"杜"，意谓杜塞、剿灭。《周礼·夏官司马》："犯令陵政则杜之。注：令犹命也。王霸记曰：犯令者违命也，陵政者轻政法不循也，杜之者，杜塞使不得与邻国交通；外内乱鸟兽行则灭之。注：王霸记曰：悖人伦，外内无以异于禽兽，不可亲，百姓则诛灭去之也。"[48]

又姓。《广韵》："杜……亦姓，本自帝尧刘累之后，出京兆、濮阳、襄阳三望。……徙茂陵始居京兆。"[49] 按：刘累故邑在今河南省洛阳市南鲁山县，地邻郏县。杜姓始祖为刘氏五十世祖、周宣王时期的大臣杜伯，居住杜地，西汉时为京兆望族。

又古县名。周杜伯国地（同上），春秋秦武公置杜县，治今陕西省西安市东南。西汉时属京兆尹。三国魏复名杜县，属京兆郡。西晋称杜城县，北魏复名为杜县，移治今西安市南杜城。

"桃花"。潼关东有地名曰桃林（或曰桃林塞），

《元和郡县图志》记载，自河南省灵宝县以西至潼关皆是桃林塞地。

综上，诗中语句"杜""杜远""桃花"等，皆与崇祯十六年（1643）明军与农民军在河南、陕西决战的地点桃林、郏县、潼关、西安有关，包含阻挡、镇压犯上作乱者的意思，联系到崔子忠的主战（镇压农民军）态度、正一道士身份以及图文所具有的符箓属性，可知该图与明军同农民军的决战有关，意在祈祷明军获胜。诗句"杜远山下鲜桃花"，是指崇祯十六年（1643）八月，孙传庭东出潼关与李自成初战小胜的故事；"一万里路蒸红霞"，是祈祷祝福明军乘胜追击农民军，匡复大明江山；图中王母戴胜出行，意谓战无不胜（按：《广博物志》记载，黄帝与蚩尤在涿鹿郊野大战，数战不决，因西王母遣九天玄女授给符箓而大获全胜）。该图创作于崇祯十六年（1643）八九月间。

需要提及的是，大约在这段时间，崔子忠还为洪崖山封黄顶庙退宫殿创作了壁画《王母娘娘大宴蟠桃会》《九天仙女行乐图》，题材内容与《云中玉女图》相同，或即云图题识所记："王仲彝，汉魏间人也，尝画云中玉女于赤城古壁上，风雨不凋零，至有昇之而去者，百千人不见其多。"

5.《左忠贞公肖像》

宋代遗民画家龚开在宋亡后冒死为少年好友陆秀夫和文天祥作传，对两人殉国的壮举表示哀悼，朱彝尊、俞蛟、张之洞等人把崔子忠与龚开相提并论，可知崔子忠也有类似举动。在《左忠贞公肖像》中，崔子忠把左懋第同象征高洁不朽的松、鹤等并置，题诗赞扬他坚贞不屈的精神品格（"冬岭孤松"），称他身虽隐而名愈彰（"九皋鸣鹤，声闻于天"），与左懋第的绝命词"丹心照简，千秋庙食，松柏从天风不断。堪叹他、时穷节乃见，流水高山"以及人们称赞左氏"社稷倾危见一人"（见蓝漪《耐寒斋诗稿·悼左萝石》），甚至清朝大臣也称赞左氏"岁寒然后知松柏之后凋也"（见芮宏、于士标《左侍郎出使本末略》），语义完全一致，可知该图为悼念左懋第而作。左懋第卒于清顺治二年（1645）闰六月，崔子忠卒于该年冬月，由此推之，该图应作于顺治二年（1645）闰六月至冬月间。

6.《云中鸡犬图》

公李《易县洪涯山大庙及庙俗初探》记载：

> 明末清初，紫荆关、居庸关相继失守。崔子忠为躲避李自成和清世祖爱新觉罗·福临之灾，携眷离开京师，暂时移居洪涯山封黄顶庙祝房中。崔子忠有一幅《葛洪移居图》，画上题诗云："移家避俗学烧丹，携子挈妻老入山。知否云中有鸡犬，孳生原不异人间。"即是他在洪涯山避居时的真实写照。[50]

崔子忠《葛洪移居图》见于"中贸圣佳2008秋季艺术品拍卖会——中国古代书画专场"，原名《崔子忠葛稚川移居图》，画侧有徐邦达题跋。但该图既无崔子忠题诗、题识，也与崔氏晚年风格不符，可以肯定不是公李记载的那一幅。目前唯一可见上述题诗内容的作品，是台北故宫博物院藏《云中鸡犬图》，作于崇祯十六年（1643）秋，当时，崔子忠已经隐居西山。据此推测保定民间传说有误，《葛洪移居图》应为《云中鸡犬图》。

7.《杜鹃花鸟》手卷

该图见于袁翼《邃怀堂全集》诗集前编卷三《题崔青蚓杜鹃花鸟手卷》记载，诗曰：

> 大学生员鲁男子，国亡走入破窑死，千年望帝魂不归，谢豹花开血痕紫。呜呼！青蚓作画如青藤，墨骨饮绢绢有棱。意匠经营腕屈铁，薜荔山鬼来窥灯。卷中活色双翎小，帝女前身精卫鸟。掷笔时闻歌哭声，故乡烽火东牟岛。君不见石城重建小南朝，燕子呢喃幕上巢。一时粉本轻鸿毛，龙友梅花蝶叟桃。[51]

根据诗句"国亡走入破窑死""千年望帝魂不归""君不见石城重建小南朝，燕子呢喃幕上巢"，可知该图作于李自成进京之后、南明弘光政权灭亡之前，当时，崔子忠已经隐居于洪崖山。

在该诗中，袁翼把崔子忠与明末颇负盛名的书画家杨文骢、蓝瑛相提并论，可知他在花鸟画方面也取得了很高成就。而根据王崇简记载，董其昌看到崔子忠的作品后非常惊奇，题诗："花鸟化人幻，婵娟林下幽。"[52] 称赞他的花鸟画已经达到出神入化的境界，远比袁翼的评价要高。崔子忠一生创作了大量花鸟画作品，仅据清初画商吴其贞《书画记》记载，就有六幅之多。其中，《杏花游鹅图》绢画一幅，"画法甚佳"[53]。《鸳鸯图》小纸画一幅，"绘野鸟栖凤尾竹上，有鸳鸯游荡其下"[54]。《墨鸭图》绢画一幅，"画有三鸭，盖用焦墨，甚有秀色，气色亦佳"[55]。《杏花双鹅图》绢画一幅，"丹墨如新，画法工致，精俊如生"[56]。另外，还有《山雀捕蝶图》《双雁图》等。崔子忠晚年靠卖画购买颜料为洪崖山绘制壁画，这些小幅作品抑或与此有关。

五、总结

明亡清兴之际，崔子忠携家移居深山古寺。隐居期间，他不仅没有放弃绘画创作，反而勇猛精进，在主题性绘画、插图、壁画等方面创作了大量作品。这些作品或关注时事，表达自己的政治态度，为明王朝献计献策；或托古言今，寄托自己的人生理想；或返诸己身，感叹身世飘零，将那个时代真实的影像尽收笔底，洋洋洒洒，蔚然大观。总体看，崔子忠这一时期的绘画具有如下特点：其一，关注时事政治和现实生活，弘扬封建伦理道德，维护明王朝的统治，每画必有寄托，作品具有"画史"的意义和价值；其二，吸收文人画营养，将古典宫廷绘画升级、改造，提升至正大博雅、富丽堂皇的境界，"字与画皆儒者笔墨"[57]；其三，骨格独立，墨色雅洁，艺术表现形式与思想内容达到高度统一，"青蚓体"绘画风格完全成熟；其四，诗礼修养融入绘画，作画讲究理法，章法布局、空间层次、线条组织等一根于理，正气凛然，尽显庙堂之气，达到了诗中有画、画中有诗的艺术境界。

注释

[1] [清] 张廷玉：《明史》卷二百五十八列传第一百四十六《姜埰》，清乾隆武英殿刻本，第 22 页 b—23 页 a。

[2] [清] 张廷玉：《明史》卷二百五十八列传第一百四十六《姜埰》，清乾隆武英殿刻本，第 23 页。

[3] [清] 姜埰：《敬亭集》年谱《姜贞毅先生自著年谱》，清康熙刻本，第 11 页 b。

[4] [清] 曹溶：《静惕堂诗集》卷十五五言律一《迪之出崔道母画扇索题仍用九青韵二首》，清雍正刻本，第 4 页 a。

[5] [清] 陈洪绶：《宝纶堂集》卷九七言绝句《问天》，清康熙三十年刻本，第 14 页 a。

[6] [民国] 徐世昌辑《晚晴簃诗汇》卷三十二《哀陈章侯》，民国退耕堂刻本，第 20 页 b。

[7] [清] 谈迁：《北游录》纪闻上《崔青蚓》，中华书局，1960 年，第 329 页。

[8] [清] 刘尚友：《定思小纪》，收入《丛书集成续编》第 24 册史部，上海书店，1994 年，第 175 页。

[9] [清] 抱阳生编著《甲申朝事小纪》卷六，任道斌校点，书目文献出版社，1987 年，第 162 页。

[10] [清] 高承埏编辑《崇祯忠节录》卷一，收入周骏富辑《明代传记丛刊·名人类（45）》，明文书局，影印本，第 209 页。

[11] [明] 刘侗：《帝京景物略》卷六西山上《太和庵崔开予见过》，明崇祯刻本，第 67 页。

[12] [明] 刘侗：《帝京景物略》卷六西山上《水尽头》，明崇祯刻本，第 63 页 b。

[13] [明] 刘侗：《帝京景物略》卷六西山上《顺天毛锐入水源》，明崇祯刻本，第 67 页 b。

[14] [清] 陈介锡编《桑梓之遗录文》卷八第七十八册《莱阳崔高士子忠行书一》，收入《山东文献集成》第一辑（4），山东大学出版社，2006 年，第 319 页下栏。

[15] [明] 刘侗：《帝京景物略》卷六西山上《嘉定李元弘水源赠僧》，明崇祯刻本，第 68 页 a。

[16] [明] 刘侗：《帝京景物略》卷六西山上《水尽头》，明崇祯刻本，第 63 页 a。

[17] [清] 高承埏编辑《崇祯忠节录》卷一，收入周骏富辑《明代传记丛刊·名人类（45）》，明文书局，影印本，第 209—210 页。

[18] [清] 叶鋆：《明纪编遗》卷二《殉难诸生姓氏》，清初刻本，第 43 页 a。

[19] [清] 宋弼编《山左明诗钞》卷三十《崔丹》，收入《山东文献集成》第一辑（4），山东大学出版社，2006年，第749页下栏。

[20] [清] 徐鼒：《小腆纪传》卷第五十八列传第五十一逸民《崔子忠》，清光绪金陵刻本，第9页b。

[21] 耿保仓等编著《保定地区庙会文化与民俗辑录》，天津古籍出版社，2007年，第237—238页。

[22] [清] 靳荣藩辑《吴诗集览》卷六（下）七言古诗三之下《题崔青蚓洗象图》，清乾隆四十年凌云亭刻本，第11页b。

[23] 耿保仓等编著《保定地区庙会文化与民俗辑录》，天津古籍出版社，2007年，第224页。

[24] 耿保仓等编著《保定地区庙会文化与民俗辑录》，天津古籍出版社，2007年，第238页。

[25] 参见 [明] 崔子忠著、[清] 梁清标辑《息影轩画谱》之《息影轩残稿序》，清康熙刻本。

[26] 有关《息影轩画谱》版本变化的情况，笔者参考了薛文辉、阳泽宇提供的资料和部分观点，这些观点尚未对外发表。

[27] 曹齐编辑《中国历代画家大观——明》，上海人民美术出版社，1998年，第374—375页。

[28] 谢祥皓、李思乐辑校《庄子序跋论评辑要》，湖北教育出版社，2001年，第360页。

[29] 同 [24]。

[30] [汉] 高诱注、[宋] 姚宏续注《战国策注》卷二十《赵三》，士礼居丛书景宋本，第11页b。

[31] [清] 张廷玉：《明史》卷二百七十列传第一百五十八《龙在田》，清乾隆武英殿刻本，第17页b—18页a。

[32] [汉] 郑玄注、[唐] 陆德明音义《礼记》卷三《檀弓下第四》，清乾隆四十八年武英殿刻仿宋相台五经本，第20页b。

[33] [唐] 房玄龄：《晋书》卷九十六列传第六十六《烈女》，清乾隆武英殿刻本，第14页a—15页a。

[34] [宋] 李昉辑《太平广记》卷四百九十一杂传记八《谢小娥传》，明嘉靖谈恺刻本，第3页a。

[35] [清] 曹溶：《静惕堂诗集》卷四十二七言绝句二《客贻崔道母画有感（道母京师人，以乙酉年冻死）》，清雍正刻本，第12页b。

[36] 同 [7]。

[37] [唐] 房玄龄：《晋书》卷四十九列传第十九《刘伶传》，清乾隆武英殿刻本，第17页b。

[38] 〔美〕高居翰：《山外山：晚明绘画（1570—1644）》，王嘉骥译，生活·读书·新知三联书店，2009年，第299页。

[39] [南北朝] 刘义庆撰、[南北朝] 刘孝标注《世说新语》卷下之上《容止第十四》，四部丛刊景明袁氏嘉趣堂本，第34页a。

[40] [唐] 张彦远：《历代名画记》卷二《论顾陆张吴用笔》，清嘉庆十年虞山张氏照旷阁刻学津讨原本，第5页a。

[41] 曹齐编辑《中国历代画家大观——明》，上海人民美术出版社，1998年，第374页。

[42] 同 [23]。

[43] [清] 朱彝尊：《静志居诗话》卷二十一《崔丹》，清嘉庆扶荔山房刻本，第30页a。

[44] [清] 朱彝尊：《曝书亭集》卷五十四跋十三《许旌阳移居图跋》，四部丛刊景清康熙本，第9页b—10页a。

[45] [清] 俞蛟：《梦厂杂著》卷七读画闲评《罗两峰传》，清刻深柳读书堂印本，第25页b。

[46] [清] 张之洞：《（光绪）顺天府志》卷九十八人物志八先贤八《明》，清光绪十二年刻十五年重印本，第43页b。

[47] [清] 吴省钦：《白华前稿》卷二十八《崔子忠钟馗》，清乾隆刻本，第8页b—9页a。

[48] [汉] 郑玄注、[唐] 陆德明音义《周礼》卷七《夏官司马第四》，士礼居丛书景明嘉靖刻本，第10页b—11页a。

[49] [宋] 陈彭年：《广韵》卷三上声十《杜》，清光绪古逸丛书覆宋刻本，第16页b。

[50] 同 [21]。

[51] [清] 袁翼：《邃怀堂全集》诗集前编卷三《题崔青蚓杜鹃花鸟手卷》，清光绪十四年袁镇嵩刻本，第11页b—12页a。

[52] [清] 王崇简：《青箱堂诗集》卷之四乙酉《忆崔青蚓画》，收入《四库全书存目丛书》集部第二○三册，齐鲁书社，1997，影印本，第80页下栏。

[53] [清] 吴其贞：《书画记》卷二《崔子中杏花游鹅图》，清乾隆写四库全书本。

[54] [清] 吴其贞：《书画记》卷四《崔子中鸳鸯图》，清乾隆写四库全书本。

[55] [清] 吴其贞：《书画记》卷四《崔子中墨鸭图》，清乾隆写四库全书本。

[56] [清] 吴其贞：《书画记》卷六《崔子中杏花双鹅图》，清乾隆写四库全书本。

[57] 黄宾虹、邓实编《美术丛书》初集第七辑《享金簿》，浙江人民美术出版社，2013年，第222页。

[图8] [明] 陈洪绶：《水浒叶子》，人民美术出版社，2011年。

[图9] 陈允鹤编《中国历代艺术·绘画编（上）》，人民美术出版社，1999年，第115页。

[图12] [明] 顾炳：《历代名公画谱》卷一《陆探微》，明万历三十一年刻本。

[图14] 同 [图12]，《张僧繇》。

[图23] 台北故宫博物院编辑委员会编《故宫书画图录》第九册《明崔子忠云林洗桐图轴》，台北故宫博物院，1992年，第235页。

崔子忠之死

关于崔子忠的死，清朝的官史及官方人士撰写的传记大多称其"遭寇乱"，死于"甲申之变"。一些清朝的失意官员和文人作家，则称其死于南明弘光政权覆灭之后，与清廷有关。而民国以后的一些文献和民间传说，径直称其死于清兵追杀，称其为"民族英雄"。在《崔子忠生卒年考》一文中，笔者已就崔子忠死亡的时间进行过专门探讨，此不赘述。本文重点研究崔子忠死亡的原因及其与清初政治的关系，包括崔子忠假死的可能性。

一、崔子忠晚年的隐居地

关于崔子忠晚年的隐居地，清人高承埏《崇祯忠节录》记载："逆闯陷京师，子忠叹曰：'西山邈矣，无处采薇。'潜走郊外，匿土室中不出，不复与人相接，遂饿而死。"叶鋆《明纪编遗》记载："逆闯陷都城，子忠出奔，郁郁不自得，曰：'西山邈矣，无处采薇。'遂走入土窖中匿不出，甘饿而死。"宋弼《山左明诗钞》记载："乱后走西山中，遂以饿死。"这些记载大同小异，均称崔子忠在李自成进京后逃亡到了"西山"，并因此而死，可知"西山"是他最后的隐居地。

在古典文化语义中，"西山"常常被喻为高隐之地或士人气节，如伯夷、叔齐隐居首阳山，歌曰："登彼西山兮，采其薇矣。"陆机《演连珠五十首》曰："是以吞纵之强，不能反蹈海之志；漂卤之威，不能降西山之节。"[1]但在现实生活中，也确有山名"西山"者，如东晋道士许逊隐居江西南昌西山，清代诗人董樵隐居山东荣成西山等。

明代北直隶地区有两座著名的"西山"。一座在北京西郊，今香山一带，为太行山余脉，有平坡山、燕山、香山、荷叶山、瓮山等，统称"西山"；一座在京师南部保定府易州（今河北省易县），明时称"洪崖山"（今称洪涯山），涞水人称"西山"，易州人称"后山"。北京西山是崔子忠早年经常造访、隐居的地方，崇祯十六年（1643）春，晚年的崔子忠再次隐居于此。然而，此山虽然名曰"西山"，但却在京城西方，与徐鼒《小腆纪传》记载"乱后南奔"完全不同，可知这里不是李自成进京后崔子忠的隐居地。而京师南部的洪崖山，不仅山名、地理方位与徐鼒记载一致，而且还有崔子忠晚年在此活动的遗迹和传说。

崔子忠晚年隐居洪崖山具有很高的可信性。其一，地理方位与历史记载相同。洪崖山地处燕山山脉最深处，南去京城100公里，地理方位与徐鼒记载"乱后南奔"之"南"、梁清标记载"息影深山"之"深"、吴伟业记载"燕山崔生何好奇，书画不肯求人知"之"燕山"相符。

其二，人文环境符合崔子忠的精神诉求。洪崖山是道教祖山和古代炼丹之地，山顶封黄顶庙是上古黄帝祭天和乐官伶伦调制音律的地方。自建庙以来，经过数十代统治者和民间经营，这里的宫观庙宇多达数十处，已经成为古代华北乃至全国道教文化活动的中心。

明清时期，洪崖山并存正一道、全真教两大道教门派。属于正一道的寿阳院（又称"寿阳观"）是洪崖山封黄顶唯一的道院，河北正一道的活动中心。正一道儒道合一，要求修道者的心念和行为符合封建道德伦理规范，与崔子忠崇道、习礼、忠君爱国的精神诉求不谋而合，且正一道不要求修行者出家，崔子忠可与妻子在此共同生活。

其三，崔子忠有入住洪崖山的条件。明太祖朱元璋曾自制僧律二十六条，其中有一条曰："凡有明经儒士及云水高僧、能文道士，若欲留寺，听从其便，诸僧得以询问道理，晓解文辞。"[2] 崔子忠通五经，能诗善画，是北方的大名士，按此律法，无论是全真教的玉泉观，还是正一道的寿阳院，都应当为他提供入住的便利。尤其是"十方丛林"的寿阳院，地不分南北，凡是满发大领的道教徒，均可在此挂单居住。

其四，洪崖山有崔子忠晚年在此活动的遗迹。山中建有崔子忠祀殿"崔爷殿"（今名'三爷殿'），为山中僧众纪念崔子忠在此创作壁画而建。《保定地区庙会文化与民俗辑录》记载，明末清初，紫荆关、居庸关相继失守，崔子忠为躲避李自成和清世祖爱新觉罗·福临之灾，携眷离开京师，暂时移居洪崖山封黄顶庙祝房中。崔子忠在山中避居数年，其间为诸神庙作画，退宫殿彩绘壁画《白猿献桃》《王母娘娘大宴蟠桃会》《九天仙女行乐图》，即他的手笔。回北京后不久，为躲避清兵，他躲进自家菜窖全节饿死。噩耗传来，洪崖山佛道僧众悲痛万分，为感谢和纪念这位中国历史上的名人，他们募捐修建此庙。2013 年、2019 年，笔者两次赴洪崖山考察，崔子忠的祀庙"崔爷殿"尚在，崔子忠居住并绘制壁画的封黄顶庙退宫殿尚在，山中接受道友挂单的"老道房"尚存，院中千年银杏树虽然已经干枯，但依然高耸挺立。

崔子忠"南奔"能否走得更远，譬如说，追随南明政权到达长江以南某座"西山"？从崔子忠当时没有考中举人和朝不保夕的经济状况看，这种选择既无必要，也无可能。崔子忠有一首诗《送僧归滇南》，诗曰："兵戈前路息，万里忆慈云。冬岭春花艳，秋江暑气熏。"[3] 称前方（南方）战事吃紧，把僧人归家的路都给阻挡了，可知他没有南下。而甲申之乱后流落江南、到过他家乡的好友王崇简，多次写信给他，期望与他重温在京读书论道的生活[4]，也间接说明他没有南下。崔子忠在李自成进京之前已经隐居北京西山，据此推测徐鼒所谓的"乱后南奔"，乃是指他在李自成进京之后，由北京西山逃往易州洪崖山。

二、崔子忠隐居西山后的遭遇

（一）历史记载综述

崔子忠隐居西山后并不顺利，根据钱谦益《崔秀才子忠》记载："丙戌（1646）入燕，访问道母所在，或曰：'道母尚在。'或曰：'亡矣。'已而知道母乱后依友人以居，家人尚数口，友人力不能供而未忍言也，道母微知之，固辞而去，竟穷饿以死。"[5] 可知李自成攻陷京师后，崔子忠并没有立即死去，而是借住在朋友家，天长日久，友人财力不支却又不好意思开口，他隐约感觉到主人的意思，便坚辞而去，最后竟穷饿而死。

其实，崔子忠离开友人并不是因为他财力不支，而是友人怜而无礼。王崇简《都门三子传》记载："亡何遭寇乱，潜避穷巷，无以给朝夕，有怜之而不以礼者，去而不就，遂夫妇先后死。"称李自成进京后，崔子忠隐名埋姓流落穷巷，过着朝不保夕的生活，有人可怜并收留了他，但此人待他很不礼貌，他拂袖而去，因此饿死。王崇简的亲家孙承泽（降清后官至吏部左侍郎）的记载与此相同（见《畿辅人物志》）。在他们的记载中，钱谦益记载的那位隐忍不发的"友人"变成了"怜之而不以礼者"，"固辞而去"变成了"去而不就"，崔子忠宁可饿死也不接受嗟来之食，事件性质发生了根本变化。

这位朋友如何"怜之而不以礼"？朱彝尊《崔子忠陈洪绶合传》记载："李自成陷京师，子忠出奔，郁郁不自得，会人有触其意者，走入土室中匿不出，遂饿而死。"[6] 徐鼒《小腆纪传》记载与此基本相同："乱后南奔，郁郁不自得。有世俗子拂其意，遁入土室中匿不出，南都覆后以饿死。"[7] 原来，崔子忠投靠友人后没有人身自由，他郁郁寡欢，此时，恰好有一位"世俗子"强迫他做不愿意做的事，触及他的底线，他只好逃到土室中躲藏起来，南明弘光政权灭亡后以饿死。在朱彝尊、徐鼒的记载中，事件性质再次发生变化，"友人""怜之而不以礼者"变成了"世俗子"，"怜之而不以礼"升级为"触其意""拂其意"，强迫他做某些事情，而崔子忠对这位"世俗子"非常惧怕，竟然逃入土室中不敢出来，情形比"怜之而不以礼者"严重得多。

需要指出的是，在朱彝尊、徐鼒的记载中，尽管他们没有说明这位"世俗子"就是崔子忠所投靠的那位"友人"，但其在导致崔子忠走入土室饿死这一点上，却与钱谦益记载的"友人"、王崇简记载的"怜之而不以礼者"完全相同。高承埏《崇祯忠节录》的记载也颇能证明这一点："逆闯陷京师，子忠叹曰：'西山邈矣，无处采薇。'潜走郊外，匿土室中不出，不复与人相接，遂饿而死。""邈"通"藐"，藐视之意，崔子忠如此蔑视、咒骂曾经收留他的西山友人，且从西山逃出后便躲进土室，再无去处，可知"世俗子"即"友人"，正是因为他"拂其意""触其意"，才导致崔子忠陷于绝境。总之，"友人""怜之而不以礼者""世俗子"为同一人。

对于崔子忠逃离西山饿毙土室的悲剧，朱彝尊等人多从个人恩怨的角度，将其责任归之于友人。高承埏、叶鋆、谢家禾等人却将其与伯夷、叔齐相提并论，上升到民族气节的高度，如叶鋆在《明纪编遗》中记载："逆闯陷都城，子忠出奔，郁郁不自得，曰：'西山邈矣，无处采薇。'遂走入土窖中匿不出，甘饿而死。"[8] 谢家禾《癸巳下第归卜堂兄出所藏崔道母〈倪高士洗桐图〉属题》记载："饥死忍采西山薇。"[9] "采薇"，语出《史记》伯夷、叔齐不食周粟的故事，用来比喻那些不忘故国、抱节守志的高洁之士。崔子忠死于清朝立国之后，可知他是"不食清粟"而死，当时，西山已是清人的天下，"友人"已经降清（下另述）。

值得注意的是，徐鼒、朱彝尊、高承埏等人称崔子忠离开西山为"遁""匿""潜走"。"遁"，《释诂·三》："避也。"《后汉书·杜林传》："上下相通，为蔽弥深，……犹回避也。"《说文解字》："迁也。一曰逃也。""匿"，《说文解字》："亡也。"《广雅》："藏也。""潜"，原意潜藏水下，延伸为秘密行动。由此可知崔子忠离开友人时，并非像钱谦益所说的那样体面（"固辞而去"），而是秘密逃走，不敢与人见面，情形十分狼狈。

崔子忠的举动颇令人费解。既然是友人待而无礼，尽可堂堂正正离开，为何还要躲躲闪闪、藏匿土室，不再与人相接？自称"无处采薇"也有违常理，盖明亡之后，反清者有之，不与清政府合作者有之，都可隐身江湖，老死山林，为什么崔子忠离开"西山"便没了生路？天下之大，难道只有"西山"才可以隐居？所有信息表明，崔子忠出走并非友人"怜之而不以礼者""触其意""拂其意"那么简单，西山友人强迫他做的事情，肯定触及了他的道德底线，而他逃走后步入绝境，也可能触犯了某种无所不在的力量。

对于崔子忠出走后逃匿土室的行为，公礼《易县洪涯山大庙及庙俗初探》一文做出了很好的注解："崔子忠为躲避李自成和清世祖爱新觉罗·福临之灾，携眷离开京师，暂时移居洪涯山封黄顶庙祝房中。……回北京后不久，为躲避清兵，他钻进自家菜窖全节饿死。"原来，崔子忠走入土室是因为受到清兵追捕。清兵为什么要追捕崔子忠？他为什么要藏匿土室不出直至饿死？谢家禾一语道破天机："饥死忍采西山薇。"原来，清兵追捕与他逃离西山有关，是西山"友人"在要求他回归，而他宁可饿死，也不愿意再回到待而无礼的西山。

综上，崔子忠逃离西山走入土室与西山"友人"迫害有关，西山"友人"是导致他死亡的罪魁祸首。所以，尽管他没有死在西山，但人们却将这笔账算在西山身上，如宋弼《山左明诗钞》记载："乱后走西山中，遂以饿死。"[10]

（二）"世俗子"友人考

1. "世俗子"释义

"世俗子"一词在明清文献典籍中不多见，比较常见的有"俗子"等，如钱谦益《崔秀才子忠》：

"若庸夫俗子用金帛相购请，虽穷饿，掉头弗顾也。"[11] 罗贯中《三国演义》卷十五《关云长刮骨疗毒》："吾岂比世间之俗子耶？"吴承恩《西游记》第一回《灵根育孕源流出，心性修持大道生》："真是丰姿英伟相貌清奇，比寻常俗子不同。"意谓"庸俗的人""普通人"。

那么，"世俗子"又是何意呢？

"世"，代也。《论语》："必世而后仁。"许慎《说文解字》："世，三十年为一世。"又《维摩经》："大千世界。"注："世，谓同居天地之间；界，谓各有彼此之别。"

"俗"，《字汇》："上所化曰风，下所习曰俗。"《释名》："欲也，俗人所欲也。"黄庭坚《书缯卷后》："士大夫处世可以百为，唯不可俗，俗便不可医也。或问不俗之状，老夫曰：'难言也，视其平居，无以异于俗人，临大节而不可夺，此不俗人也。'"[12]

"世"与"俗"组合可以表达多层意思，与佛道相对，指非宗教的、世俗的；从品性鉴别解，有流俗、庸俗的意思。除此而外，还有势利、世故的含义，指随波逐流的社会风气和作风，如东方朔《七谏·沉江》："世俗更而变化兮，伯夷饿于首阳。"

"子"，《康熙字典》："嗣也"。颜师古曰："子者，人之嘉称，故凡成德，谓之君子。"王肃曰："子者，有德有爵之通称。"又男子通称，有男子、士子、浪子、才子之说。

综上词解，"世俗"与"子"组合，可解释为非宗教的人、势利的人、随风气而变化的人。"世"与"俗子"组合，可解释为世袭的浅陋鄙俗的人、鄙俗的继承人等。

崔子忠是一位高标风节的理学家和道士，在有关他的传记中，一般是先叙述其超尘脱俗的精神品格，然后再描写"世俗子"友人的无礼行为，只要文中涉及"世俗子"，必然就会有"无处采薇""南都覆后以饿死"字样，可见这种描述是基于明亡清兴背景之上的人物节操品格的对比，"世俗子"解作"非宗教的人""随风气而变化的人"比较合适，特指那些原为大明臣民、后投降清朝的人。

2. "世俗子"其人

既然崔子忠晚年隐居易州洪崖山，那么，这里必定会有一位接纳他的"世俗子"友人。公李在《易县洪涯山大庙及庙俗初探》一文中称崔子忠隐居洪崖山期间，借住在封黄顶庙祝房中，可知这位庙祝就是历史记载的"世俗子"友人。

庙祝，古代管理寺庙道观的俗人，一般不出家。庙祝与道士是两种完全不同的人。道士清高绝俗，不问世事，庙祝却要打理日常事务，与各色人物往来，是实实在在的"俗子"。2013年12月，笔者偕易县学者公李走访洪崖山，易县流井村梁姓村民口述：梁姓世居易县流井村，世袭管理洪崖山封黄顶庙，至今已经延续了很多代。他从小便在"崔爷殿"附近放羊、玩耍，亲眼见到过"崔爷殿"中崔子忠夫妇的塑像，对这一带山林寺庙情况非常了解。

这位村民口述的历史是可信的。公李研究认为，流井音同"六茎"，"六茎"是黄帝祭天的乐曲名，相当于现在的国歌。流井村的设置与黄帝在洪崖山祭天有关，是专门负责祭祀礼乐活动的"国庄"，它从诞生之日起，便有着与生俱来的官方身份和管理洪崖山封黄顶庙的职能，时代罔替。汉代以后，随着政治中心的转移，洪崖山的祭祀逐渐演变为地方性民间活动，但仍然延续了原来的规矩，流井村继续管理封黄顶庙。金代，封黄顶庙被收入官籍。明清民国时期，洪崖山道观的主持和道士不少人来自流井村。

流井村世袭管理洪崖山封黄顶庙的职责，为解开"世俗子"友人谜团找到了线索。可以想象，这些世代靠收取香火费维持生活的庙祝比一般人更加务实，明朝时他们管理洪崖山，清朝来了照样歌舞升平，他们供奉的是至高无上的神，首先要维持寺庙正常运转，管他谁做皇帝和什么士人气节。

3. 清初封黄顶庙祝的变节和崔子忠的命运

明末清初是中国历史上时代变革最为剧烈的时期，在这个特殊的历史时期，疆域、体制、人事等瞬息万变，今日王公堂前燕，明朝飞入百姓家，所有人不可避免地要面对自己命运的变化，或奋力抗争,或屈己顺从,以适应生存法则的要求。

洪崖山自古以来就是林业资源十分丰富的地区,特殊的地理环境和气候,使这里的树木质地格外坚硬,烧制的木炭具有气暖而耐久、灰白而不爆的优点,深受皇家贵族喜爱。由于此地距离京城较近,柴炭运送非常方便,因此,自明代开始,官方便在这里设置易州山场,负责柴炭的烧制、供应和买卖,洪崖山流井村一带成为山场的核心区域。明天顺朝以后,易州山场愈加繁荣,"建部堂于中,环以土城。八府五州分治,以次而列,皆南向。前有东西长衢,各属州县分治列焉,每门各设坊牌以记之。其部堂府治,两傍各有隙地,为积放薪炭之所,并植蔬果以供日用。部堂总其纲,府州县佐贰官分理其事,……民之执兹役者,岁亿万计。车马辏集,财货山积,亦云盛矣"[13]。

易州山场烧制的木炭十分金贵。明代宦官刘若愚《酌中志》记载:"凡宫中所用红箩炭者,皆易州一带山中硬木烧成,运至红箩厂,按尺锯截,编小圆荆筐,用红土刷筐而盛之,故名曰红箩炭也。"[14]清高宗诗歌《拨火谣》称其"白灰红炭堪为友",从中可以看出,红箩炭是皇宫生活不可或缺的物资。

洪崖山作为易州山场和河北正一道活动的中心,西通山西,南瞰保定府,东临天津,政治、经济地位十分重要,无论从哪方面看,当政者都应该将其牢牢抓在手中。实际上,清廷在进入北京后第二个月(顺治元年六月),即派兵驻守易州城,设立游击衙门,易州城周围的村庄住满了满洲兵民,后来随着施行"圈地令",易州成为清人入关后控制最早、最严的区域之一。

明清鼎革之际,汉人有两种选择,一是顺应时势做新朝顺民,如此,官者可保爵位,民者可保其田;二是心怀故国,与清人展开斗争,最后惨遭杀戮。洪崖山封黄顶庙固有的官方身份和在正一道中的地位,决定了它必然被清廷接管的命运,而封黄顶庙祝为保住在洪崖山的利益,必然也会顺势投靠新主人,扮演类似庄头和二地主的角色。

所谓"庄头"和"二地主",是清初施行"圈地令"和"投充法"的产物,学者李帆认为:

庄头来源基本有三种,一是由八旗各佐领下选派出来的。他们一般是"从龙入关"者,往往在"各自自行圈占土地"而形成的庄上充当庄头;二是带地投充者,"各按其地亩为……庄头";三是志愿在承领官地新设庄上充当庄头者。[15]

洪崖山封黄顶庙祝最大的资本是庙宇、道场和田产,只要他主动投靠清朝,就有可能继续行使管理权。从崔子忠离开洪崖山后感叹,"西山邈矣,无处采薇""饥死宁采西山薇",人们称西山"友人"为"世俗子"看,庙祝已经投降清朝。时代更替之际,崔子忠不食清粟而死,其表现确如黄庭坚所描述的那样:"临大节而不可夺,此不俗人也。"具有高洁的士人气节。而封黄顶庙祝降清虽属势不得已,品格却已不可同日而语。一个是"伯夷饿于首阳"的高士,一个是随"世俗更而变化"的"世俗子",原来的好友最终成为对立的两个阶级。在这种背景下,庙祝强迫崔子忠做事或以力不能负为由将其挤出家门,都是非常自然的事情。

三、崔子忠死亡的政治背景和具体原因

洪崖山封黄顶"友人"是导致崔子忠死亡的罪魁祸首,然而,这位"友人"不过是一介庙祝,即使投靠清人,顶多也只是个走卒而已,绝对不可能使高傲的崔子忠恐惧到"潜""遁""匿",更不可能调动清兵对他进行追捕,将其置于匿土室中不出、不敢与人接触的绝境。此事最好的解释是,崔子忠出走西山触犯了清朝法律,"友人"借助了官方法律的力量。实际情况的确如此。

(一)清初弊政对崔子忠命运的影响

清人入主北京后,先后实施圈地令、剃发令、投充法、逃人法等,这些弊政改变了原有社会结构,使汉人命运发生了翻天覆地的变化。在这些弊政中,对崔子忠命运影响最大的是圈地令、投充法、

逃人法。

1. 圈地令

顺治元年（1644）十二月，清廷为解决入关八旗官兵生计，正式下达圈地令。"圈田所到，田主登时逐出，室内所有皆其有也。……圈一定则庐舍场圃悉皆屯有。"[16]"近畿土地皆为八旗勋旧所圈，民无恒产，皆仰赖租种旗地以为生。"[17]圈地最初在近京顺天、保定、承德、永平、河间等府进行，后扩展到其他地区。当时，大兴县、宛平县的民田几乎全部被圈占，许多汉人因失去土地房产，不得已背井离乡，以致"流民南窜，有父母夫妻同日缢死者；有先投儿女于河而后自投者；有得钱数百卖其子女者；有刮树皮抉草根而食者；至于僵仆路傍，为乌鸢豺狼食者，又不知其几何矣"[18]。

2. 投充法与崔子忠

（1）投充法

清廷施行圈地令后，由于京畿地区大量土地被圈占，必须有大量人力进行耕作，顺治二年（1645）春月，又颁布投充法，允许八旗官民招收贫民役垦。投充法造成的恶果是，满人不管汉人是否贫民，只要需要，他们就会强迫汉人为奴。同时，清朝王公贵族为满足自己的穷奢极欲，极力网罗各种能工巧匠，"又距京三百里外，耕种满洲田地之处庄头及奴仆人等，将各州县庄村之人逼勒投充，不愿者即以言语恐吓，威势逼胁。各色工匠尽行搜索，务令投充。以致民心不靖，讹言繁兴，惟思逃窜"[19]。除此而外，人口买卖也是当时投充的重要渠道，徐凯在《清初逃人事件述略》一文中记载：

> 人口契买，也是奴仆的一个来源，后金在东北时，由于奴仆的数量猛增，如同牲畜一般的人口交易就已存在。……进关后，人口的契卖，也一度成为清代前期的一个严重社会问题。贫穷潦倒的农民走投无路，情愿卖身给旗人做奴的，为数不少……至于旗人因犯罪，或因负债等由，变成奴仆者，入关前后皆有。[20]

（2）投充法背景下的崔子忠的命运

甲申之乱前夕，崔子忠家发生了两件大事。一是他的入赘婿在经商（或赌博）活动中失败，"尽破其产"[21]；二是他得了一场大病，几乎死去。这两件事使他失去了赖以生存的经济基础，丧失了挣钱养家的本钱，到他向南逃亡时，已经"无以给朝夕"。不知道他最初投靠洪崖山封黄顶庙时是否已经"卖身"，但清廷施行投充法，满人强迫汉人为奴，"各色工匠尽行搜索，务令投充"，身为名画家的他却根本无法逃脱被投充的命运。吴伟业《题崔青蚓洗象图》记载："材大宁堪世人用，徒使低头受羁绁。"[22]称他身怀绘画绝技，却不肯为世人所用，因而受到拘禁、束缚，被迫服务于他人（按：羁绁，马络头、马缰绳，引申为捆绑、拘禁。"受羁绁"同"负羁绁"，意谓跟从服侍）。汪懋麟《王筠侣传》记载："（子忠）为人清古傲岸，不苟随人。遭甲申乱，失生计，入败窑中自饿死。嗟乎！若王（按：王崇节）与崔（按：崔子忠）者，殆所谓狂狷者流与？以彼才技，使稍就绳墨，其所传当不止此，乃俱以任诞死，惜哉！"[23]称他不肯按照法律规矩行事（做画家），因此失去生计，走入土窑而死。厉鹗《题敬身所藏崔子忠伏生授经图》记载："贵人乞画怒不与，槁死土室甘饥饥。"称他不肯为达官贵人作画，宁可走入土室饿死；包括他"匿""遁""潜走"的举动，均说明他没有逃过这一劫，已经沦为他人的奴隶（按："匿"，清初奴隶逃亡的专有罪名之一，与其相连，又有"隐匿"等罪）。而他寄住友人家后"郁郁不自得"、友人"怜之而不以礼"的境遇，也与投充人相同。从他咒骂西山友人以及宁死不回西山的态度看，强迫他投充的人，应该是先前收留他的洪崖山封黄顶庙祝或流井村。

需要说明的是，在梁清标《息影轩残稿序》的记载中，崔子忠隐居西山后优游自在，并无上述事情发生。笔者认为，梁清标记载的是崔子忠在明亡前的情形，后来被迫投充，他与庙祝的关系开始转变为主仆，才变得"郁郁不自得"起来。

（3）崔子忠投充后的遭遇

投充使无家可归的汉人得到了喘息的机会，但他们自投充之日起，身份便发生了质的变化。清廷规定，凡投充满人旗下，"投充人即系奴仆，本主愿卖者听"[24]，被称为"户下人"。"户下人"过着没有自由的牛马生活，子孙也被称为"家生子"，世代永役。主人强迫投充者从事各种劳作，可以随意呵斥、买卖，杀死不需偿命。徐凯《清初逃人事件述略》记载的一则故事，形象地描写出投充者的处境：

> 顺治十五年正月，随多罗郡王正白旗乌金超哈（汉军）常如桂牛录下分得拨什库董学良跟役董鲁，主子一日打他两次，"因受不得逃回"，拿获后，责一百，刺字，押回出征所。又因"打骂受气不过"，而再次逃走。康熙前期，还时有"旗下奴婢，往往轻生，投河自缢"等惨事发生，一部分投充、契买为奴者，不甘忍受迫害，"挟制家长，勒索身契"，……一些家奴出逃后，有的投入了全国抗清运动的洪流中去。[25]

崔子忠的遭遇与上述记载完全一样。寄住洪崖山友人家后，他没有自由，不能随心所欲地做自己喜欢做的事情，心情郁闷至极。友人待而无礼，甚至强迫他做不愿意做的事情。他深受刺激，逃回北京，藏匿城郊土室中不出，宁死不再返回西山。

清初投充者外逃，有不堪忍受主人侮辱的原因，也有"或伊主不能养赡，流落在外，或系不堪驱使令其自往"[26]的因素。崔子忠"不堪驱使"者有三，其一，身材短小，大病之后身体虚弱，无法承受重体力劳动，除绘画、教学外，鲜能做其他工作；其二，家人尚数口，在清初经济大萧条和生产力低下的背景下，时间一长，容易给友人增加经济负担；其三，尚气节，眷恋故国，不能忍受他人二三其德，侍奉新朝。可以想象，由于这些原因，日久必然会引起友人反感。钱谦益称："家人尚数口，友人力不能供而未忍言也，道母微知之，固辞而去。"可知他出走西山，既有友人经济匮乏、待而无礼的问题，也有其个人表现"欠佳"的因素。

（4）崔子忠甘于寄人篱下的原因

崔子忠是一位标榜气节的理学家，他在明亡后甘于寄人篱下，当出于以下几方面原因。其一，古代士人重气节，即使在最落魄的时候也不会卖身，但寺庙道观例外，如南北朝时期的梁武帝和清朝的顺治帝，都曾舍身敬佛，被视为高尚的行为。洪崖山封黄顶庙是黄帝的家庙，崔子忠"舍身"为道祖仆从，为道观绘制壁画，弘扬道法，是他非常乐意做的事情。

其二，洪崖山封黄顶庙祝虽然已经归顺清朝，但终究是汉人，在他门下，与满人没有正面接触，尚能保全士人的某些颜面，且这种行为在当时较为普遍，"如蓟州庐各庄人谢三，由于'顺治二年间圈占房地，度日不过'，被迫'投在三岔口住的庄头张麻子家做活'"[27]，不至于触及其道德底线。

其三，在清初，由于汉族知识分子对清人凶残贪婪的本性认识不足，他们痛恨的主要是农民军，认为农民军逼死君父，霸占皇妃宫女，拷索金银，与贼无异。而清人虽属异族，却高举剿贼旗帜，为明思宗发丧，尊奉孔教，允许前明官员以原官同满官一体办事。投充政策也冠冕堂皇，称为生活无依靠的贫民提供人身保障，投充者投到某旗后，也确实能消除其徭役、田赋，有点"仁义之师"的气度。崔子忠最初可能处于这种思想状态，只是后来随着形势发展，自己成为清人的奴隶，才彻底看清其面目，转而逃跑、反抗。在今洪崖山"三爷殿"中，崔子忠的牌位是"管家财务之神"，负责看守此庙的村民传说，"崔爷"原是后土黄帝的总管，因辅助有功被封为管家财务之神，似乎透露出早期崔子忠与洪崖山友人的关系。

3. 崔子忠逃离西山后的情况

（1）逃人法

投充者在清人或庄头的压迫下像牛马一样生活，他们当中的一些人由于受不了奴役殴打而自杀，更多的则是伺机逃亡，成为清廷追捕的逃犯。大批奴仆逃亡，直接影响满人的生活，为维护自身利益，清廷严厉推行逃人法,把捉拿逃人作为首要任务,地方官也以此作为考绩的重要标准。

清人惩治逃人条例多次变更,内容各不相同。入关前奴隶逃跑即杀,入关后延用明律,至顺治三年(1646)五月才形成较为完备的《顺治律》。大致而言,初期,奴仆一次、二次逃亡,处以鞭笞后发回原主;三次逃亡处以绞刑,收留逃人的窝主处斩。后稍有减轻,复又因为逃亡者有增无减,从重处治,"有隐匿逃人者斩,其邻佑及十家长、百家长不行举首,地方官不能觉察者,俱为连坐"[28]。后又规定,"逃人三次始绞,而窝主一次即斩,又将邻佑流徙"(引文同上)。整体看,逃人法重治窝主,薄惩逃人。

(2)崔子忠逃离西山后的处境

投充者一旦成为逃人,即意味着被整个社会抛弃,即使自己的父母和亲生子女也不敢来往,正如《清史稿》记载:"缉逃事例,首严窝隐,一有容留,虽亲如父子,即坐以罪,使小民父子视若仇雠。"[29]其悲惨遭遇,由清康熙初年山东莱芜知县叶方恒的讲话可窥一斑:

> 上谕说:"戒窝逃以免株连。"本县如今说这窝逃。山左当时屡经残破,俘获的比别处独多;后来又有投充,又有鬻身,又有拐卖,甚至有拉铁橛的,顶冒逃人名姓,种种变幻,不可枚举。总之,逃人的路数愈宽,那窝逃的陷阱愈密。正如鼎镬在前,豺虎在后,须是时时吊胆,刻刻惊心。思量那窝隐之害,常为了一个逃人拖累你们数十个纳粮当差替朝廷种田种地的好百姓在内,岂不可痛可惜。……但目今功令森严,一为了逃人就是你父子夫妻都也不能照顾,何苦为了一人坑害一家老小的性命。本县还有句唤醒你们的实话,如今旗下也都宽大了,要那逃人回去,不过使唤,不过发到屯子里种地,有甚难过日子?你今逃出来担惊受恐,虑人稽查,东村住住,西村住住,流来流去,没一日安稳居停,还要逃到隔属雇短工、做乞丐,藏头露尾,终久被人拿了,甚合不着。不如回心转意,投奔旧主,若能小心服役主子,自然欢喜加厚于你。[30]

《清初逃人事件述略》还记载一则故事:"据一逃妇供称:他是'正黄旗下人,丈夫名唤顾奈,被主子打骂,受气不过,逃至清苑县平岭村我父吴少台家去。不敢留我赶出,各处乞食'。"[31]清人魏裔介诗歌《哀流民》记载:"田庐水没无干处,流民纷纷向南去。岂意南州不敢留,白昼闭户夜蹲踞。檐前不许稍踟蹰,恐有东人不我恕。上见沧浪之天,下顾黄口小儿,命也如何!……彼苍者天,哀此黎庶。"[32]把逃人的悲惨命运描绘得淋漓尽致。

崔子忠非常清楚逃人法的严酷性,知道逃离西山即意味着触犯清朝法律,成为"逃人",主人必然要上告官府,清兵必然要进行追捕。故而他在逃离西山时"潜走""遁""匿",避免遇见清兵。由于逃人法重治窝主,没有人敢收留他,他也不愿意连累任何人,最后只能逃入荒郊土室,"不复与人相接"。

崔子忠的好友、清顺天府推官宋璜有一封信(按:《莱阳宋员外璜帖一》),详细记载了崔子忠死亡的全过程。由该书信得知,清顺治二年(1645)三九时节,崔子忠尚在友人家中,出逃后不得已藏匿京郊。严寒相逼,生命危在旦夕。此时,恰好宋璜刚刚担任顺天府推官,负责审理逃人案。根据清廷延续的明朝法律,崔子忠可以通过"出金赎人"的方法,彻底解除奴隶身份。至于逃匿之罪,宋璜可以帮助他解释,只要他肯出面,宋璜就能将此事办妥。但崔子忠既不肯出面,也不与宋璜合力图谋,而是听之任之,以至于全家冻死于冰天雪地之中。清顺天府学政曹溶记载的情节与宋璜书信基本相同,其诗歌《客贻崔道母画有感(道母京师人,以乙酉年冻死)》曰:"含毫飞动玉绡圆,花鸟怜香小阁前。犹记沧波清浅日,凤城风雪困黄筌。"

需要提及的是,高承埏记载崔子忠咒骂了西山友人,徐鼒记载他逃入土室匿不出,谢家禾记载他宁死不回西山,钱谦益却称他"固辞而去",好像友人挽留过很多次的样子。笔者认为,钱谦益的语言风格比较含蓄,他所谓的"固辞而去",乃是指崔子忠多次逃跑并被西山友人(清兵)追回的情况;崔子忠走入土室自甘饿死，则是因为逃跑次数超过法定极限，已经没有再生希望，汪懋麟《王筠侣传》称其"失生计"，指的正是他无可解救的绝境。

4."祢衡善骂"证考

崔子忠与西山友人的矛盾是导致他死亡的主要原因，有宋琬诗歌《杨商贤病起话旧赋此志感》为证。词曰："吾辈今衰也。忆当年、偕游诸子，天街跃马。跋扈飞扬惊四座，况有祢衡善骂（谓青蚓也）。同酹酒、昭王台下。祖裼高楼呼五白，和悲歌、旁若无人者。怀古昔，追风雅。"[33]

祢衡字正平，东汉名士。性恃才傲物。曹操命他为鼓吏，但却被他击鼓所骂，曹操忌其盛名未杀，送予荆州刘表。刘表非常器重他，但后来他又侮辱轻慢刘表，刘表不能容忍，将他推荐给江夏太守黄祖。黄祖是个粗人，却非常敬重祢衡，但祢衡在宴请宾客时又大骂黄祖，黄祖一怒之下将其杀掉。祢衡三骂丢了性命，从此，人们便称那些因随意评论他人被杀的才子为"黄祖之祸"，如与崔子忠齐名的陈洪绶，因大骂降清汉将田雄被迫害致死，清人丁耀亢称其"时有黄祖之祸"。"祢衡善骂"即"黄祖之祸"，两者同义。

崔子忠狂傲不羁，绝不与流俗为伍，是一位性情、才能与祢衡相当的人物。他也有著名的三"骂"。其一，崇祯六年（1633），宋琬的父亲署选事，见其生活窘迫，结集同事为其祝寿，意在帮助他摆脱生活困境。他却将寿金掷之于地，骂道："若念我贫，不以廪粟与我，乃以此选人金污我耶？"令友人狼狈不堪。其二，崇祯七年（1634），宋琬的族兄依恃少年同学感情，闭门向他求画，引起他强烈反应，将画撕碎后而去，友人因此为人所笑。其三，崇祯十三年（1640）冬，他的同学好友、皖抚史可法家居，一日过其舍，见晨炊不继，以坐骑相赠。他牵马入市，售银四十镪，呼旧朋轰饮，边饮边道："此酒自史道邻来，非盗泉也。"连饮数日，金尽贫穷如旧，不冷不热予以拒绝。骂造就了他的高洁名声，但却给那些身居高位的朋友造成了"不良"影响。他们原本出于善意帮助他，却因此迁怒于他，尽管

心中不快，但碍于老同学情面，却也无可奈何。这次大为不同，这位西山友人不仅待而无礼，给他脸色看，甚至强迫他干不愿意干的事情，而当他不堪其辱逃离西山，发出"西山邈矣"的诅咒时，友人恼羞成怒，不断追索。他立即成为清廷追捕的逃犯，没有人敢收留他，最后于三九严寒中冻饿而死。

宋琬的父兄皆因厚善崔子忠被骂，他的二兄宋璜亲身经历过崔子忠死亡全过程，作为崔子忠的好友，他称崔子忠"祢衡善骂"，深刻揭示出崔子忠恃才傲物，屡次"伤害"帮助他的朋友，最后招惹杀身之祸，饿死郊陌无人相救的悲剧。学者周芜早就意识到崔子忠死亡的可疑性，他在《崔子忠》一文中质问："如果崔子忠因为惧怕农民革命军，躲入地下室饿死的，那是最大的误会，是荒唐的。"[34] 称其"自作自受"（引文同上），只是未做深究而已。

5.崔子忠死亡与剃发令的关系

清廷强令汉人剃发易服，也可能是导致崔子忠死亡的原因之一。

清顺治元年（1644）五月初，多尔衮入京后不久，即正式下达剃发、易衣冠法令，要求投诚官吏军民皆行剃发，"衣冠悉遵本朝制度"。此令引起汉人强烈反抗，不得已收回成命。顺治二年（1645）五月，清兵攻占南京后，多尔衮认为天下已经大定，随即下令官民再次剃发。规定自布告之日起，京城内外于十日内、各地方在诏令到达后十日内尽行剃发，否则"杀无赦"。

剃发对于清廷来说关乎顺逆，对于汉人来说则关乎民族感情和人格，因此，汉族士子和百姓纷纷拼死抵抗。当时，除了不愿意剃发被斩杀的人之外，还有许多出于道义自杀的人，如少詹事徐汧投水死。中书舍人文震亨绝食六日死，遗言："仅保一发，以见祖宗于地下。"崔子忠的好友左懋第率团出使北京，因随行官员艾大选剃发，竟然将其乱棍打死等。

崔子忠以忠孝节义闻名于世，曾作书："木石存天地，衣冠志古今。"表达自己高洁的节操和与明王朝共存亡的决心，联想到徐鼒等人为他作传，始终把世俗子"拂其意"（强迫他作某件事）与他"遁入

土室中匿不出，南都覆后以饿死"联系起来，时间节点与清廷推行剃发令契合，疑他走入土室而死又与抵抗剃发令有关。

（二）明亡后崔子忠的政治态度及其后果

明亡对崔子忠的精神造成巨大创伤，由袁翼诗歌《题崔青蚓杜鹃花鸟手卷》可以看出，自明思宗吊死煤山后，他一直沉浸在亡国之痛中，经常以歌代哭，借画寄托对故国的思念之情。他关注故乡反清斗争形势，期望起义军恢复大明王朝，不仅为主战、抗清的将帅画像题赞，甚至还像元朝画家龚开那样，为抗清而死的民族英雄左懋第画像题赞，行为如同衔木填海的精卫鸟，表现出对明王朝的赤胆忠心和对清王朝的无比蔑视。

明清鼎革之际，清廷对反清人士的镇压十分残酷，在当时，任何危及清廷统治的言行都有可能闯下弥天大祸，如清初庄廷鑨私著《明史》，由于书中有贬斥清朝统治者的文字，虽已死，仍被开棺碎尸，牵连致死数十人，治罪千余人；崔子忠的好友宋继澄与前明锦衣卫都指挥使黄培诗文酬唱，因文字中含有敏感词语，坐狱，黄培被杀等。隐晦的诗文尚能带来灭顶之灾，崔子忠公开怀念故国、为反清英雄画像题赞，岂能独善其身？没有证据表明崔子忠逃离西山、受到清兵追捕与其政治态度有关，但在当时的历史背景下，他的行为引起清廷注意却是必然的。逻辑上讲，当他慷慨悲歌、表现出强烈的反清意识之后，已经无法在清人统治下的西山待下去。试想，一位心系故国、具有反清倾向的挂单道人，如何能与已经归顺清朝的庙主同坐一张饭桌？他的品格已经使西山友人相形见绌，却还要高喊反清复明，改变既有现状，几乎是指着友人鼻子骂娘，在这种情况下，友人出于厌恶、避祸等心理，待而无礼，也就是必然的了。

需要提及的是，《（民国）续平度县志·胶东赋》记载，明亡后，崔子忠"痛心国祚"，"移孝作忠"。《保定地区庙会文化与民俗辑录》记载，崔子忠死后，理教教徒到他的祀殿"崔爷殿"上香；清朝灭亡后，民间奉其为"民族英雄""仁义爱国多福之神"。清高宗却题诗《桐荫博古图》，称崔子忠当年多次制造麻烦，因此受到追究，显示出他参与反清复明活动、遭到清兵追捕的痕迹。

四、崔子忠死亡的地点

（一）陶然亭慈悲庵附近

关于崔子忠死亡的地点，清人叶鋆在《明纪编遗》中记载："遂走入土窖中匿不出，甘饿而死。"耿保仓等编《保定地区庙会文化与民俗辑录》记载："（崔子忠）回北京不久，为躲避清兵，他钻进自家菜窖全节饿死。"旧时菜窖一般在居所附近，崔子忠生前居住"方阁老园池"，据此推测他可能死于北京市西城区陶然亭慈悲庵附近。

朱彝尊、王崇简的记载与此应和。朱彝尊在《静志居诗话》中记载："走近郊，匿陶穴中不出，遂饿而死。"[35] 王崇简《观崔青蚓遗画》记载："闻君埋骨在城隅。"[36] 明清时期，由于南城是在原来京城南郊的基础上扩建而成，比较荒芜，人们习惯上称其为南郊。而陶然亭慈悲庵地处北京南城城墙与先农坛外坛墙相交处，一直被人们称为南城一隅、东南一隅。且此处原来杂草丛生，为荒冢之地，地理环境与吴伟业《题崔青蚓洗象图》记载相符，"嗟嗟崔生饿死长安陌，乱离荒草埋残骨"。

（二）"黄金台畔"的猜测

保利艺术博物馆藏崔子忠《洗象图》悬轴一，轴下有丁丙题跋（录沈守纯诗歌《题崔青蚓洗象图》），跋曰："风尘控宕战玄黄，牛鬼蛇神笔轻落。黄金台畔崔先生，土室冷卧如病鹤。腕底能夺造化奇，饿死深畏人所知。茄花开紫委鬼闹，那肯供奉随乘蠕！"该诗出处不详，但诗中称崔子忠困死于黄金台畔土室，却与上述推论吻合，今聊作探讨。

1. 黄金台的位置

黄金台又称贤士台、招贤台。明人蒋一葵《长安客话》记载："黄金台有二，故燕昭王所为乐、郭筑而礼者，其胜迹皆在定兴。今都城亦有二，是后人所筑。"[37] 尽管真正的黄金台在河北定兴，但根据曹溶《客贻崔道母画有感（道母京师人，以乙酉年冻死）》记载"犹记沧波清浅日，凤城风雪困黄筌"[38]，朱彝尊《静志居诗话》记载"走近郊"，杨钟羲《雪桥诗话》记载"走近郊陶穴中不出"[39]，崔子忠困死其中的黄金台，却应该在北京。

（1）北京永定门外刘家窑附近的黄金台

北京有多处黄金台。清人吴长元《宸垣识略》记载："金台在永定门外东南三里许，屹然土阜。"[40]民间也传说其在永定门东南。观察北京地图，出永定门向东南行约三里，为刘家窑所在地，是《宸垣识略》记载的黄金台的位置。

又蒋一葵《长安客话》记载："都城黄金台。出朝阳门循濠而南，至东南角，岿然一土阜是也。日薄崦嵫，茫茫落落，吊古之士，登斯台者，辄低回眷顾，有千秋灵气之想。京师八景有曰'金台夕照'，即此"。其地在今苗家地一带，但观察明代北京地图及卫星地图，循濠南行至南城东南缺角处，为今潘家园古玩市场一带，顺此望西南，"日薄崦嵫，茫茫落落"之境，似在今北京芳群园、刘家窑一带，位置与吴长元《宸垣识略》记载相合，疑为同一处黄金台。

（2）北京教子胡同附近的黄金台

清人孙承泽《天府广记》记载："燕城故迹，见于元人葛萝禄乃贤文集者，一曰黄金台，大悲阁隗台坊内。"[41]隗台坊的位置大致在今西城区白纸坊东北、教子胡同一带，与吴长元《宸垣识略》记载"金台在大悲阁东南隗台坊内，其地约今白纸坊，殆金所筑也"[42]，方位基本相同，当为同一处黄金台。

2. 与崔子忠死亡有关的"黄金台畔"

上述两处黄金台的地理位置、环境，与丁丙题跋记载的崔子忠死亡的地点非常相似。其一，永定门外的黄金台在北京城外三里，教子胡同一带的黄金台在北京南城西部，地理方位与历史记载"走近郊"基本相同；其二，明清时期，永定门外黄金台附近的潘家窑、刘家窑，教子胡同黄金台附近的黑窑厂均为烧窑之地，存有大量废弃的破窑、土窑，地理环境与历史记载崔子忠"走入破窑""入败窑中""匿陶穴""走入土室"等基本吻合；其三，明清时期，右安门内外为京师莳花之地，草桥十里居民皆以莳花为业，建有大量培育"冻花"的花窖（用火烧烤而成的陶质花窖）。崔子忠生前居住右安门内莳花，当在此地建有自己的花窖，这种花窖，又与历史记载的"陶穴""土穴""菜窖""土窖"等相似。

综上，潘家园、刘家窑、陶然亭附近的土窑、花窖都有可能成为崔子忠晚年的临时住所，历史记载他晚年"走入破窑""匿陶穴""走入土室""入土穴"等，当是他在躲避清兵追捕过程中，不断变换藏匿地点的反映，而其最终死亡的地点，则应该在他原来的居所"方阁老园池"附近（今陶然亭慈悲庵一带）。

五、其他可能与崔子忠死亡有关的人物

（一）郝晋

郝晋（1596—1666），字康仲，号昆岳，又号丸啸居士。复社"山左大社"社员。山东栖霞人。明崇祯元年（1628）进士。初授四川巴县知县，升四川道监察御史。崇祯十六年（1643）升顺天府尹，迁刑部右侍郎，寻转左侍郎。崇祯十七年（1644）春，奉旨视师保定与山西太原，兼兵部尚书、左都御史，旋以军功内调，钦加太子太保，封勤襄伯。李自成破京师被俘，委以刑部事。清顺治二年（1645），清廷以其素望命巡抚保定，授兵部右侍郎兼都察院右副都御史。顺治三年（1646），特恩加太子少保，赏花翎，赐封三等男爵。

郝晋是世俗社会的善泳者，他历仕大明、大顺、大清三朝，均为重臣，不论是对明思宗，还是"逼死"明思宗的李自成、清摄政王多尔衮，都能尽力维护他们的统治，履行自己的职责。中国第一历史档案馆藏有他担任清保定巡抚时的两件揭帖——《保定巡抚郝晋为党国宾抗旨不剃头事揭帖》（顺治三年六月二十二日）、《保定巡抚郝晋为审拟赵高明等蓄发传教事揭帖》（顺治三年七月二十二日），[43]从中可以看出他在推行剃发令和剿灭反清势力方面的铁面无私。他的表现，与其同社社友宋应亨、宋玫、姜埰、左懋第、赵士骥等形成鲜明对比。南明使者左懋第的母亲陈氏在自尽前，曾当面指责他身为国家重臣，却不能

以死报国，大节有亏。民间则戏称之为三朝元老。

郝晋自有他的人生哲学，其诗歌《温泉浴月》曰："石窦元津一鉴开，氤氲紫气抱珠胎。光涵素魄金波静，暖浸冰婆玉影回。洗去烟岚偏激艳，濯来星斗共徘徊。几番倚徙瑶池侧，移取清辉入酒杯。"[44] 称不论在哪个朝代做官，都能坚守自己的行为准则，做个好官。尽管如此，从传统道德伦理看，他在节操方面还是有所亏欠。

郝晋与崔子忠同为"山左大社"成员，但两人的人生境遇截然不同。崔子忠持节自励，穷困潦倒一生，郝晋却相时而动，终生高官厚禄。他一直是崔子忠的"父母官"：明朝时担任直隶顺天府丞、府尹；大顺时担任保定巡抚（按：崔子忠的隐居地洪崖山在其管辖范围之内）；清朝时继续担任保定巡抚，升兵部右侍郎兼都察院右副都御史，兼理海防（按：崔子忠的故乡山东部分在其管理范围之内）。学者安家正在《崔子忠匿土室绝食而死》（《胶东通史演义》下册，山东人民出版社2011年版）一文中讲述了两人的恩怨纠葛：李自成进京了，他的核心领导层中不乏落魄的秀才，有牛金星，也有李岩，他们要网罗人才，像崔子忠这样的著名画家自然在"必选"之列。投降的郝晋就充当了说客："我们这些明朝的高官显宦都投降新朝了，你一介布衣又何必胶柱鼓瑟？你只需给闯王登基献上一幅字画，就不亚于开国元勋的功劳。"崔子忠却凛然回答："我的是非标准与阁下不同，不错，明时我清贫，改朝换代了，前朝也好，当朝也罢，均以富贵诱士而欺士，令士二三其德，没有操守，吾守住贫穷而傲视权贵，为何因鼎革而改变自己的初衷呢？"郝晋茫然若失，他遇到了一块又臭又硬的石头，只好悻悻地说："像你这种人，就该谁也不理睬你！"郝晋走了，崔子忠独自一人留在土屋里。果然被郝晋不幸言中，再也没有人去光顾那间土屋，外面兵荒马乱，也没有小贩去送块豆腐之类的食品。他仍旧狂傲，不肯走出土屋向当局要一点施舍，只好忍饥挨饿，就这样，这个人被时人忘记了。数天之后，人们想起了他的画，撬开那扇紧闭的门，发现老人已经死了。

这则记载明显具有演义的成分，但郝晋劝崔子忠送画给李自成求取富贵，触动其道德底线，导致其走入土室冻饿而死，却与历史记载"贵人乞画怒不与，槁死土室甘饥筐""会有世俗子触其意，走入土穴以饿死"契合。只是他将崔子忠死亡的责任推到李自成身上不能成立（按：崔子忠死于清顺治二年冬天）。笔者认为这段故事可能是张冠李戴，实际发生于崔子忠隐居洪崖山期间，当时，清廷施行投充法，强迫京畿地区各色工匠投充，郝晋身为保定巡抚，恰好督察这方面工作，在此大背景下，他劝崔子忠做清朝的御用画家，是非常自然的事情。

郝晋虽然身居高位，但也具有普通人的感情，崔子忠对他进行嘲弄，必然会招致他的报复，正像降清汉将田雄报复陈洪绶一样。事实上，当郝晋说出："像你这种人，就该谁也不理睬你！"几乎等于下达了封杀令。没有人敢漠视这位大员的诅咒，收留或帮助崔子忠。也许，洪崖山对待崔子忠"怜之而不以礼"的态度，就是受郝晋影响，清兵追捕崔子忠也与郝氏有关（按：郝晋的弟弟担任易州判官，赠兵部侍郎）。何况，崔子忠具有明显的反清复明倾向，甚至可能与保定民间秘密宗教理教有关（下述），郝氏职责所在，不能不管（按：郝晋曾缉拿过白衣道、孔教等，这些教派与理教有着千丝万缕的关系）。

郝晋是除洪崖山封黄顶庙祝之外最值得怀疑的另一位"世俗子"，他长期担任保定地区首脑，势力深植于京畿、河北、山东地区，也许，洪崖山就是他的私人领地，崔子忠依友人而居，就是在他的屋檐下生活。

（二）孔有德

孔有德（约1602—1652），字瑞图。辽东人。原为明朝登州参将，后叛明投清，封恭顺王。入关后多立军功，清顺治九年（1652）兵败自杀。归葬，清世祖命亲王以下，阿思哈尼哈番以上，汉官尚书以下、三品官以上郊迎。赐金，官为营葬，立碑纪绩，是降清汉将中生前显赫、死后哀荣的人物。

孔有德家世为平度崔氏家奴，其母两乳垂腹，曾为崔氏奶妈。孔有德少年随母生活，常受崔氏子弟欺侮，立誓出头之日报仇雪恨。他在投清前曾屠掠过平度州城，专门追杀崔氏子弟，两家由此结下不世之仇（见崔文亭《平度崔氏家世录》）。

崔子忠比孔有德大八岁，两人少年时是否有过接触无从考证，但清廷施行投充法，孔有德家借机将他收入门下，或因他与孔友德的关系引起孔氏鹰犬注意，却是非常可能的事情。颇具意味的是，吴伟业在《题崔青蚓洗象图》中，有意把崔子忠画象与孔有德之死联系起来，认为若由崔子忠画象攻城，将孔有德挫骨扬灰，何须像李定国那样劳神费力，[45]虽然只是诗人的浪漫想象，但其中所包含的应由崔子忠毙命孔有德的寓意，却显而易见，隐约显示出两家之间的恩怨关系。

（三）左懋第

左懋第是明末著名的政治家、外交家。清顺治元年（1644）十月，他以兵部右侍郎兼右佥都御史、经理河北兼理关东军务的身份，代表南明弘光政权与清廷谈判。其间，暗访崇祯太子，联络山东反清势力，与清廷斗智斗勇，以铮铮铁骨维护了南明弘光政权的尊严，不屈而死，被人们誉为明代的文天祥。

左懋第被杀的罪状之一是"勾结山东土寇"，事实上，他在北使期间的确接触了不少抗清义士，山东、河北的抗清斗争形势也日益高涨，如顺治元年（1644），他的堂兄左懋泰在李自成败走之后，回到故乡莱州备兵（入清后举家流放宁古塔）；姜垓的族兄姜楷带领义军攻占莱阳城；原李自成裨将赵应元收复青州；即墨黄宗贤、平度骚搭毛、张广先后起义等。目前不清楚崔子忠是否参加了左懋第支持的抗清活动，但崔子忠与左懋第同乡、同社，两家通好；崔子忠在明亡后移孝作忠，关注故乡抗清斗争形势，冀望恢复大明江山，却是路人皆知的事实。尤其是他在左懋第死后为其画像题赞，公开两家世交关系，在当时血腥的政治环境下，几乎等同画押受死。左懋第就义于南明弘光政权灭亡之后，崔子忠也于此后不久死去，时间交叠，应该不是巧合。值得一提的是，左懋第北使路过德州时，曾秘密会见过一位与崔子忠身份非常相似的同乡好友（"谱契兄弟"）。这位好友刚刚加入名教（礼教），在舟中赠送给他一件礼物，左懋第首先谦称"途中一芹未能当"，继而莞尔收留，视为鞭策鼓励，颇使人联想到崔子忠为左懋第作画的事情（参见《桑梓之遗录文》载《莱阳左忠贞公懋第帖一》《莱阳左懋第帖一》）。

（四）理教

理教又称"在理教""白衣道"等，是清初民间秘密的反清复明组织，由山东即墨人羊宰创立。它遵儒家之礼，以伦理忠孝为本；奉佛家之法，以慈悲救世为怀；修道家之行，以道德清净为主；集三家之精华，熔众理于一炉，立身行道，度人度世，以达到克己复礼的境界（见《中华民国年鉴》，正中书局1984年版，第52页）。在羊宰的思想体系中，"礼"为八德核心，认为："礼者，人之常也；无礼者，人事之不行也。"[46]实际上是古典理学的翻版。

理教组织过许多反清复明活动，教众颇多。奇怪的是，羊宰墓在河北蓟州岐山，教徒却纷纷跑到易州洪崖山"崔爷殿"上香。联系崔子忠以礼学研究闻名于世，倡导"三教合一"思想，晚年隐居西山深研义理，追求"在理"的人生境界，明亡后移孝作忠，为礼而死，以及他不喜饮酒的生活习性等，推测羊宰见过他，受他影响创立了理教，他才是该教的精神领袖。

需要指出的是，羊宰出处并不清楚，传其为进士身份也无从考证，但他的名字、思想信仰、行为方式、身家背景等却与崔子忠高度相似。如史传羊宰为山东即墨人，与崔子忠祖居古即墨城相符。羊宰名"羊莱儒""羊莱如"，反过来念为"儒莱羊"（音谐儒莱阳）、"如莱羊"（意谓：如同莱阳、跟随莱阳），又与崔子忠祖籍平度、入籍莱阳、拜莱阳学者宋继登为师以及与宋氏子弟宋应亨、宋玫、赵士骥、左懋第等同学契合；"羊丹仙"，与崔子忠初名"丹"及用印"丹仙骨"契合。包括羊宰不肯接受清廷征召，借传教反清复明的行为，都使人感到与崔子忠的联系，产生他是崔子忠化身的联想。

崔子忠具有成为理教教主的潜质。他的家族是著名的道教、礼学世家，其曾祖父、从曾祖父、从祖父、父亲或是朝廷礼官，或从事与礼学有关的工作。他的从曾祖父崔淳擅长炼丹，是一位借助炼丹术传播道教思想、发展道教徒的领袖级人物。他自己是正一道信徒，在礼学方面造诣精深，善于通过符箓手段凝聚人心，如以《云中玉女图》为维护明王朝统治呐喊等。朱彝尊《许旌阳移居图跋》暗示他是一位类似许旌阳的人物，善于使鬼，麾下有人；吴省钦称他善于画符，能够镇妖驱邪，御敌于城门之外，均显示出其"教主"的身份。史载他在明亡后"移孝作忠"，精卫填海，试图挽救明王朝的统治，一介文弱书生，何以能够具有这么大的能量？恐怕只能通过传教，而他看家的本领，便是礼（理）学。

民间传说，崔子忠在甲申之乱后，以假死之计潜回故乡莱阳隐居，教授生徒。果真如此，理教徒到"崔爷殿"上香，遇到危险，即面向东南方默念"一心灭大清"的秘传大法，便找到了现实依据。需要提及的是，在崔子忠死后近百年，当清高宗看到《桐荫博古图》中身穿白衣的高士、僧人、道士时，立刻敌意满满（按：理教早期以白衣为传教暗号），题诗曰："书童雅称双丫髻，居士偏传垫角巾。仿佛苏王留妙躅，当年取咎致何频。"称他生前屡次寻事，以至于受到（清廷）追究。而在清王朝覆灭之后，人们却开始称他是"民族英雄"，《（民国）续平度县志》卷十二艺文志《胶东赋》则称他："痛心国祚，……移孝作忠，君亲爱戴，星归箕尾，剑依天外。"两相呼应，隐约显示出他与理教的关系和"死"后暗中参与（指挥）反清的事实。需要补充说明的是，清康熙年间，平度崔氏家族编撰《胶东崔氏族谱》，不录其名，仅在十世注曰"流寓北京"，究其原因，也可能与他同理教的关系有关。

六、崔子忠假死之说考析

（一）隐居莱阳说

尽管人们称崔子忠饿毙土室，但却没有人知道他的埋葬地点。从崔子忠一贯的爱生态度和灵活的处事方式看，因朝代更替抛妻离子，于情于理都讲不通，他应该像许多逃人那样，远离京畿，隐名埋姓开始新的生活，或投入抗清斗争中去。这种推测颇有些蛛丝马迹，数百年来，在今山东省莱阳市东诸麓村崔氏家族，一直流传着崔子忠是其先祖的说法，而在民国年间东诸麓村编修的《博陵郡崔氏合族全谱》中，也确实有一位名字叫"崔科"的人，身份、志趣、家族背景与崔子忠高度相似。如果此人确实是崔子忠，有关崔子忠的许多问题便可迎刃而解。

（二）崔子忠加入东诸麓崔氏家族的可能性

崔子忠具有加入莱阳东诸麓崔氏家族的条件。其一，东诸麓崔氏出自博陵郡，与平度崔氏（属清河郡）同宗同祖，两族有着古老的血缘关系。其二，东诸麓村商人崔煦与崔子忠关系至善，善古文词，工书法，曾居京经营钱庄，喜好收藏古玩字画。其三，东诸麓崔氏家族崇佛，为诗书之家。崔煦的父亲崔志学（1491—1572）为在家居士，嗜学；长兄崔勋崇佛，工诗文；弟崔熙为增广生。族人向学，能够提供崔子忠生存的文化土壤。其四，东诸麓村群山环抱，鹿鸣禽奔，远离京师，封闭的自然环境，有利于逃避清兵追捕。

（三）"崔科"与崔子忠的比对

1. 祖籍相同

关于崔科，《博陵郡崔氏合族全谱》卷一《科》记载："附生，此至诸麓入泮之。始公以讲学自任，诸弟子俟皆所成立，儒风自此盛焉，配宋氏、李氏。"[47]称他为外族之人。东诸麓村教师崔辉年老人回忆，民国年间，东诸麓村纂修族谱，完成之日，崔科的八世孙崔华川拿出一部清康熙年间编撰的崔氏族谱，始祖是崔世荣。根据东诸麓村原书记崔洪山和崔贤臣老人描述，该族谱的版式与清康熙年间平度崔氏所编《胶东崔氏族谱》完全一致，可知崔科来自平度崔氏家族，祖籍与崔子忠相同。

2. 科举身份基本相同

在东诸麓《博陵郡崔氏合族全谱》中，崔科的身份为"附生"（按：明代在廪生、增广生定额之外所录取的府州县生员，因附于廪生、增广生之后，故称为附生），其学术身份与崔子忠基本匹配。

3. 生活的时代及在族谱中辈分相同

《博陵郡崔氏合族全谱》将崔科列在崔煦的哥哥崔勋名下，崔科的同辈兄弟崔旦、崔大章"崇祯末年殉邑难"（按：明崇祯十六年清兵屠掠莱阳之难），其他兄弟也都活动于这一时期，可知崔科活动于明末清初，其生活的时代与崔子忠相同。另外，崔科在《博陵郡崔氏合族全谱》中位列十世，与崔子忠在《胶东崔氏族谱》中的辈分相同。

4. 职业身份与崔子忠相同

《博陵郡崔氏合族全谱》记载，崔科加入东诸麓崔氏家族后，自请担任教师，在他的教导下，诸弟子侄考中贡生、生员者比比皆是，儒风由此大盛，可知他是一位通晓儒家经典的人文教师。不仅如此，他还工诗善画，善于写真。崔辉年老人称，崔科与崔煦之子崔允第关系很好，曾为其作《行乐图》，画两人立于土坡之上。又称崔科的父辈崔勋、崔煦、崔熙及侄儿崔允第俱有写真大像，但崔科没有。崔贤臣老人则称，崔勋画像身穿黄色衣袍，眼睛随人转动，惟妙惟肖，后被族人卖与烟台商人，至今下落不明。

崔科善画肖像，与崔子忠"善貌人"相同。崔科的父辈、侄辈俱有大像，唯独对崔氏家族做出巨大贡献的他没有，这种现象说明他不愿意留下自己的影像，或因为他不是本族人，或害怕泄露自己的形象（隐居东诸麓的秘密）。另外，崔勋画像身穿封建礼制禁忌的黄色衣袍，说明他是佛教徒，与崔子忠的奉佛背景契合。

（四）历史传说及现存文物分析

崔辉年老人对东诸麓崔氏家族的历史了如指掌，以下是他的回忆及笔者解析，仅供参考。

1. 祠堂门联

崔辉年： 自古以来，东诸麓村崔氏祠堂的门联一直书写"双桐古地，三戟世家"，为"死联"（按：固定门联）。

解析： "双桐古地"，学者俞香顺研究认为，双桐有家园、精神盟友、爱情表征、佛门圣物等含义，南朝以后，"双桐"成为诗歌典常，指涉佛门寺庙。[48] 从崔勋的佛教徒身份和诗歌对仗的角度看，此句解作"佛门古地"比较恰当，特指东诸麓崔勋一族。

"三戟世家"。清河郡崔氏仕宦极盛，唐时，崔琳兄弟三人俱为高官，门前俱列戟，"号三戟崔家"[49]。元代，崔子忠始祖崔世荣父子三人俱为将军，门前也列戟。此句乃是追忆平度崔氏的辉煌历史，特指崔科一族。

崔子忠属于清河崔氏，但人们却称他出自博陵崔氏，如宋琬诗歌《鹭画》曰，"博陵之裔狂者流"。这种说法，与崔科祖籍平度，后加入东诸麓崔氏家族契合。

2.《行乐图》题识

崔辉年： 崔科为崔允第作《行乐图》，题识："禾斗为科，粒粒皆丹，志东也。"

解析： 如果崔科是崔子忠，此题识便暗含了崔子忠三次改名的过程。"丹"为崔子忠初名。"志东"谐音"子忠"，为崔子忠原名。"科"为崔子忠现名。题识当仁不让地表明了崔科对东诸麓崔氏家族科举事业的贡献。

"志东"又有"矢志东方"的意思，与明亡后崔子忠关注半岛反清形势的表现吻合。同时，也与理教教主羊宰在明亡后返回山东老家教授生徒，借此窥探人心，图谋反清复明的传说关联。

3. 崔科入族

崔辉年： 崔科由崔勋带入东诸麓村，以教书为生。起初，有些子弟对他很不友好，崔勋乃宣布崔科入族，附自己名下，继承其子媳、田产等，同时，不许对外谈及崔科入族之事，违者以家法论处。后离去。

解析： 崔科入嗣他人门下，按理应该大张旗鼓对外宣传才对，崔勋对此遮遮掩掩，严戒子弟外传，如临大敌，说明崔科是个非同寻常的人物，暴露他的行迹，有可能给家族带来麻烦，这种情形，与崔子忠身为著名画家和逃人，受到清兵追捕，以及逃人法重治窝主的时代背景契合。

4. 石民琦的记载

螳螂拳一代宗师崔寿山的外孙、"烟台高新区武术运动协会"会长石民琦记载："崔寿山（1890—

1969），号彭年，烟台市莱阳东诸麓村人，出身于名门望族，书香门第，祖上为明朝著名大画家崔子忠。"[50]

解析：崔寿山为崔科十世孙，如果他的先祖是崔子忠，则应该是最早加入东诸麓村的崔科（图1）。

5. 遗留文物

崔辉年：东诸麓村东崔氏后裔藏有明代书法家文震孟的隶书对联，内容为："洞有仙人篆，家藏太史书。"

解析：文震孟是明末著名的书法家，书迹遍天下，崔煜收藏其作品原不为怪。但该对联与崇祯六年（1633）文震孟、董其昌、崔子忠合作《长白仙踪图》手卷时，文震孟的用印一致（按：文震孟原印文为"洞有仙人篆，山藏太史书"。"洞"与"山"对仗，较"洞"与"家"更为妥当，崔辉年老人或记忆有误），却十分耐人寻味。

崔子忠与董其昌、文震孟等人合作时，曾与董其昌相互赠送过作品，崔子忠赠送董其昌《云林洗桐图》，董其昌则题赠崔子忠："花鸟化人幻，婵娟林下幽。"[51] 由此类推，崔子忠与文震孟也应有互赠之举。若崔科是崔子忠，此对联可理解为文震孟赠送崔子忠的作品，后来被崔子忠带到了东诸麓村。

（五）相关记载

除上述传说外，某些文献记载也隐约暗示崔子忠隐居莱阳。清法部右侍郎王垿《张太守允抡传》记载：

> 世谓有明之季莱阳多隐君子，而传与不传盖有幸有不幸焉，夫姜给谏垓、姜考功垓彰彰矣，宋继澄、李岩、董樵、崔丹、王岀、曲庶与夫董氏之嗣朴、嗣谌，左氏之懋赏、懋润、其人，诸君子虽已仕未仕，遭逢各异，莫不怀清履洁，历坎轲而不改初心，然或有遗稿而未梓行，或竟无一言流传后世，甚且姓氏不著于邑乘，由此推之，易姓之时，遁迹埋名，湮没而无闻者，曷可胜道？[52]

宋继澄、李岩、董樵、王岀、董嗣朴、董嗣谌、

图1 崔寿山像 石民琦藏

左懋赏、左懋润都是明亡后隐居莱阳的隐士，姜垓、姜垓兄弟二人则往来于苏州、莱阳两地，王垿将崔子忠与他们并列，称有人因隐名埋姓"湮没而无闻"，颇使人产生崔子忠隐居莱阳的联想。

王垿又在《王隐君岀传》中记载：

> （王岀）居陶漳村，近临漳水，林泉幽胜，常招同志张太守允抡、董茂才樵、姜考功垓、宋孝廉继澄、继澄子孝廉琏为诗酒会，三百年来犹称"漳水八隐"，然可知者，并隐君而六，其二人不可考矣。[53]

陶漳村在东诸麓村西方，两村相距不远。这些隐士大多是崔子忠的同社好友，崔子忠或因改名崔科，成为缺失的"漳水八隐"之一？崔子忠曾作《彭祖观井图》，该图作于何时难以考证，但宋继澄为之题诗："呜呼适所适，得无屡娶否？"是否指崔子忠

隐居东诸麓，娶妻生子的故事？《博陵郡崔氏合族全谱》显示，崔科有两个妻子，生四子，儿孙满堂。

（六）小结

以上研究，是按照明亡后崔子忠隐居东诸麓的思路展开。事实上，《博陵郡崔氏合族全谱》"崔科"条目可作两种断句，意义大不同。下面试作探讨。

第一种断句（上述研究基本按此思路展开）："附生，此至诸麓入泮之。始公以讲学自任，诸弟子侄皆所成立，儒风自此盛焉，配宋氏、李氏。"如果崔科是崔子忠，按照这种断句，结合相关历史记载，可演绎出如下故事：崔子忠在京与崔煦交好，甲申之乱后，因触犯逃人法成为清廷追捕的逃犯，后在崔煦的帮助下，以假死之计逃离京城，改名崔科，加入东诸麓崔氏家族，隐姓埋名生活。其间自任教师，带动崔氏家族科举事业的发展。

第二种断句："附生，此至诸麓，入泮之始，公以讲学自任，诸弟子侄皆所成立，儒风自此盛焉，配宋氏、李氏。"按照这种标点，可演绎出如下故事：崔子忠少年时加入东诸麓崔氏家族，附崔勋名下，考中生员后自请担任教师，教授诸弟子侄皆有所成，崔氏家族诗书之风由此大盛。后移居北京。甲申之乱后，因触犯逃人法受到追捕，再次逃回东诸麓村，改名崔科，隐姓埋名生活。

从明亡前东诸麓崔氏子弟已经有不少人考取生员和崔子忠以"莱阳人"流寓北京的情况看，第二种断句似乎更为合理，能够完美解释崔子忠祖籍平度、入籍莱阳、流寓北京、晚年走入土室而"死"以及以假死之计隐居莱阳的猜想。《清史稿》等称崔子忠是"莱阳人"，宋琬称崔子忠是"博陵之裔"，崔科题画"禾斗为科，粒粒皆丹，志东也"，崔科后裔自称其先祖是崔子忠，《（民国）续平度县志》称崔子忠在明亡后"星归箕尾，剑依天外"，理教教徒面向东南而拜的习俗，在此也能得到合理的解释。

需要提及的是，在崔子忠的居所"方阁老园池"附近，今北京市陶然亭慈悲庵东锦秋墩半坡，曾有两座著名的无名冢——"香冢""婴武冢"，碑铭内容及专家研究结果，与崔子忠假死之说颇能关联。

香冢碑铭曰："浩浩愁，茫茫劫。短歌终，明月缺。郁郁佳城，中有碧血。碧亦有时尽，血亦有时灭。一缕烟痕无断绝。是耶？非耶？化为蝴蝶。"[54] 铭后有七绝一首，诗曰："飘零风雨可怜生，香雾迷离绿满汀。落尽夭桃与秾李，不堪重读瘗花铭。"（引文同上）婴武冢碑铭曰："文兮祸所伏，慧兮疢所生。呜乎作赋伤正平。"[55] 从碑铭所表达的思想看，两冢为一人所立，冢主是一位心念故国的忠贞之士，因遭遇"祢衡之祸"而死。连战的祖父连横作《锦秋墩》，认为冢主是一位刚直忠正、为正义事业而蒙冤抱恨的忠君爱国者，其筑坟立碑，乃是狡猾文人掩人耳目（假死）的伎俩。1952年，文物专家对两冢进行挖掘考证，虽深挖丈余，竟无一物所得。通过对大量文史资料进行研究，认为这两个冢出自同一个落第文人之手。《陶然亭公园志》引正汇、丁山《陶然亭》记载："清军入关后，强迫汉族人更改衣冠。一位深怀故国之情的明朝遗老，为了寄托其对明王朝的怀念，于是假托'美人香草'之名，把自己的衣冠埋藏在这里，并写下了这段扑朔迷离的铭词。"[56]

近当代学者、文物工作者对两冢考证的结果，不仅使人联想到崔子忠的书法作品《木石存天地，衣冠志古今》，他为西山友人（清兵）所逼走入自家菜窖而死的悲剧，宋琬称其"弥衡善骂"，王崇简记载"闻君埋骨在城隅"，而且还联想到民间传说他以假死之计隐居莱阳的故事。遥想天启年间，他教国子监生装疯卖傻躲过阉党纠缠，保住性命，如今他自己面临灭顶之灾，怎能不通过筑冢假死，瞒天过海，逃出浩浩之劫呢？香冢、婴武冢的故事与崔子忠假死之说契合，其又在崔子忠居所旁边，应当允许人们作如此联想。

七、总结

崔子忠睿智过人，他很早已经意识到天下即将大乱，原本想通过隐居深山的方式躲避战乱、瘟疫，保全一家人性命，但个人命运与国家兴亡如何能够截然分开？清兵入关后强行实施投充法，使他身不由己地成为清人的奴隶，倍受无礼待遇，直到这时，他才如梦初醒，逃离西山而去，成为清廷追捕的逃人。他原本可以循规蹈矩做一名清朝的御用画家，安享荣华富贵，也可以通过赎身的方式成为自由人，但他却不愿意违背古代士人的道德要求，像伯夷、叔齐那样抱节而死，演绎出一曲不食清粟的绝世悲歌。

关于崔子忠隐居莱阳东诸麓的传说及其与陶然亭二冢的关系，包括他与理教的关联，由于没有掌握第一手材料，目前尚不能完全确定。如果他确实是香冢、婴武冢的冢主和理教教主，可以说是史上最具传奇色彩的艺术家。试想，时代鼎革之际，他通过金蝉脱壳之计摆脱清廷追捕，既保全了生命，又保全了名节，当他隐居东海群山环抱的山村，暗中指挥理教教徒反清复明斗争，任凭他人赞美、诋毁自己时，会发出怎样的会心的微笑。

注释

[1]［晋］陆机：《陆士衡文集》卷八杂著《演连珠五十首》，清光绪小万卷楼丛书本，第 6 页 b。

[2]［明］管志道：《从先维俗议》卷五《儒流参二氏法度》，民国二十年刊本，第 43 页 a。

[3]［清］卓尔堪辑《遗民诗》卷十《崔子忠·送僧归滇南》，清康熙刻本，第 42 页 a。

[4] 参见［清］王崇简《青箱堂诗集》卷之四乙酉《寄青蚓、卜周、吉士、商贤、尧叟诸子》，收入《四库全书存目丛书》集部第二〇三册，齐鲁书社，影印本，1997 年，第 78 页上栏。

[5]［清］钱谦益辑《列朝诗集》丁集卷十《崔秀才子忠》，清顺治九年毛氏汲古阁刻本，第 67 页 a。

[6]［清］朱彝尊：《曝书亭集》卷六十四传三《崔子忠陈洪绶合传》，四部丛刊景清康熙刻本，第 14 页 b—15 页 a。

[7]［清］徐鼒：《小腆纪传》卷第五十八列传第五十一逸民《崔子忠》，清光绪金陵刻本，第 9 页 b。

[8]［清］叶鉁：《明纪编遗》卷二《殉难诸生姓氏》，清初刻本，第 43 页 a。

[9]［清］潘衍桐：《两浙輶轩续录》卷三十四《谢家禾·癸巳下第归卜堂兄出所藏崔道母〈倪高士洗桐图〉属题》，清光绪刻本，第 22 页 a。

[10]［清］宋弼编《山左明诗钞》卷三十《崔丹》，收入《山东文献集成》第一辑（4），山东大学出版社，2006 年，第 749 页下栏。

[11]［清］钱谦益辑《列朝诗集》丁集卷十《崔秀才子忠》，清顺治九年毛氏汲古阁刻本，第 66 页 b。

[12]［宋］黄庭坚：《豫章黄先生文集》第二十九《书缯卷后》，明嘉靖六年刻本，第 7 页 b。

[13] 孙泽晨：《明代易州山厂略论》，《巢湖学院学报》2016 年第 18 卷第 4 期，第 101 页。

[14]［明］刘若愚：《酌中志》卷十六《内府衙门执掌》，清道光海山仙馆丛书本，第 21 页 a。

[15] 李帆：《论清代畿辅皇庄》，《故宫博物院院刊》2001 年第 1 期，第 57 页。

[16] 顾诚：《南明史》，中国青年出版社，1997 年，第 218—219 页。

[17]［清］昭梿：《啸亭杂录》卷七，何英芳点校，中华书局，1980 年，第 189 页。

[18]［清］魏裔介：《魏文毅公奏议》卷一《流民急宜拯救并请发赈疏》，清光绪五至十八年定州王氏德谦堂刻三十二年汇印畿辅丛书本，第 38 页 a。

[19]《清实录〈世祖章皇帝实录〉》卷十五《顺治二年三月至

四月》，中华书局，1985 年，影印本，第 140 页上栏。

[20] 徐凯：《清初逃人事件述略》，《北京大学学报》（哲学社会科学版）1983 年第 2 期，第 67—68 页。

[21] [清] 谈迁：《北游录》纪闻上《崔青蚓》，中华书局，1960 年，第 329 页。

[22] [清] 靳荣藩辑《吴诗集览》卷六（下）七言古诗三之下《题崔青蚓洗象图》，清乾隆四十年凌云亭刻本，第 13 页 a。

[23] [清] 李祖陶辑《国朝文录续编》之《百尺梧桐阁文录·王筠侣传》，清同治本，第 13 页 a。

[24] [清] 昆冈修、[清] 刘启瑞纂《大清会典事例》卷一千一百十六八旗都统《旗人买卖奴仆》，清光绪石印本。

[25] 徐凯：《清初逃人事件述略》，《北京大学学报》（哲学社会科学版）1983 年第 2 期，第 68 页。

[26] 同 [25]。

[27] 孟昭信：《论清初顺治年间八旗奴仆的逃亡斗争》，收入《吉林大学社会科学论丛（历史专集）》，吉林大学社会科学委员会，1980 年，第 137 页。

[28] 顾诚：《南明史》上，光明日报出版社，2011 年，第 163 页。

[29] [清] 赵尔巽：《清史稿》卷二百五十列传三十七《吴正治》，民国十七年清史馆铅印本，第 7 页 a。

[30] 顾诚：《南明史》上，光明日报出版社，2011 年，第 164—165 页。

[31] 同 [25]。

[32] [清] 魏裔介：《兼济堂文集》卷十七今乐府《哀流民》，清文渊阁四库全书本，第 4 页 a。

[33] [清] 宋琬：《宋琬全集》，辛鸿义、赵家斌点校，齐鲁书社，2003 年，第 831 页。

[34] 曹齐编辑《中国历代画家大观——明》，上海人民美术出版社，1998 年，第 377 页。

[35] [清] 朱彝尊：《静志居诗话》卷二十一《崔丹》，清嘉庆扶荔山房刻本，第 30 页 a。

[36] [清] 王崇简：《青箱堂诗集》卷十五庚子《观崔青蚓遗画》，收入《四库全书存目丛书》集部第二〇三册，齐鲁书社，1997 年，影印本，第 183 页下栏。

[37] [明] 蒋一葵：《长安客话》之《黄金台》，北京古籍出版社，1982 年，第 4 页。

[38] [清] 曹溶：《静惕堂诗集》卷四十二《客贻崔道母画有感（道母京师人，以乙酉年冻死）》，清雍正刻本，第 12 页 b。

[39] [民国] 杨钟羲：《雪桥诗话》卷一，民国求恕斋丛书本，第 29 页 a。

[40] [清] 吴长元辑《宸垣识略》卷十二《郊坰一》，清乾隆池北草堂刻本，第 22 页 b。

[41] [清] 孙承泽：《天府广记》卷三十七《名迹》，清钞本。

[42] [清] 吴长元辑《宸垣识略》卷十二《郊坰一》，清乾隆池北草堂刻本，第 23 页 a。

[43] 参见方裕谨《顺治朝薙发案》，《历史档案》1982 年第 1 期，第 7—9 页。

[44] 曾却：《栖霞历史人物》（上册），山海书社，1992 年，第 184 页。

[45] 参见施祖毓《吴梅村〈题崔青蚓洗象图〉创作冲动钩沉》，厦门教育学院学报 2002 年 6 月第 4 卷第 2 期，第 2 页。

[46] 周瑞华：《八德化讲录》下册《羊祖师临判》，上海理教普缘社慈济仙坛原版周广放重印，民国二十九年，第 1 页。

[47] [清] 崔九苞等编纂《博陵郡崔氏合族全谱（元）》卷一《十世·科》，莱阳通兴石印局，民国十二年，第 6 页。

[48] 参见俞香顺《双桐意象考论》，北京林业大学学报（社会科学版）2011 年第 1 期，第 26—29 页。

[49] [宋] 欧阳修：《新唐书》卷一百九列传三十四《崔杨宝宗纪祝郭王》，清乾隆武英殿刻本，第 1 页 b。

[50] 石民琦：《螳螂拳宗师崔寿山小传》，《精武》2006 年第 6 期，第 52 页。

[51] [清] 王崇简：《青箱堂诗集》卷四乙酉《忆崔青蚓画》，收入《四库全书存目丛书》集部第二〇三册，齐鲁书社，1997 年，影印本，第 80 页下栏。

[52] [民国] 王丕煦纂《（民国）莱阳县志》卷三之三（上）人事志艺文（上）《张太守允抡传》，第 38 页 b。

[53] [民国] 王丕煦纂《（民国）莱阳县志》卷三之三（上）人事志艺文（上）《王隐君岂传》，第 42 页 b。

[54] 陶然亭公园志编纂委员编《陶然亭公园志》，中国林业出版社，1999 年，第 134 页。

[55] 陶然亭公园志编纂委员编《陶然亭公园志》，中国林业出版社，1999 年，第 135 页。

[56] 陶然亭公园志编纂委员编《陶然亭公园志》，中国林业出版社，1999 年，第 117 页。

再看"南陈北崔"

明末清初，人们习惯于南北相对，评价那些艺术成就相近的南北方艺术家，如山东莱阳宋琬兄弟诗文成就与浙江钱塘翁鸿业相仿，时称"翁宋"；莱阳诗人宋琬与安徽宣城施闰章齐名，人称"南施北宋"；包括积极宣传"南陈北崔"的朱彝尊，因诗歌成就与王士祯在伯仲之间，也被称为"南朱北王"；等等。这些提法虽然有些文人"好事""炒作"的意味，却也反映了某种客观事实，即他们在某一领域成就相近，能够代表那个时代南北方的最高水平。朱彝尊曰："予少时得洪绶画，辄惊喜，及观子忠所作，其人物怪伟略同，二子癖也相似也。崇祯之季，京师号南陈北崔。若二子者，非孔子所称狂简者与？惜乎仅以其画传也。"[1] 那么，"南陈北崔"到底有哪些异同，他们并称画坛的原因是什么？

一、崔子忠、陈洪绶的家族文化背景、生活经历及艺术成就概述

（一）崔陈的家族背景

崔氏家族原是金元时期胶东地区著名的将军世家，以尚武闻名于世。由于长期习武和居住乡野的缘故，崔氏子弟渐渐变得不懂礼仪。为改变这种状况，元末明初，崔氏一世祖崔得福举家移居平度州城学宫旁，聘请擅长礼仪者教授子孙，数代而过，至明嘉隆年间，崔氏家族开始发达，产生了著名诗人崔廷槐（进士，官四川按察司佥事奉敕提督水利茶法兼理学校）、崔桓（解元，官武邑县知县）、崔淳（贡生，官永平府同知）等人物，转型为著名的诗礼之家。崔氏家族虽然为官者多如牛毛，但却没有超过四品的文职官员，尤其是崔子忠一支，不仅官秩低，而且多为援官，如崔子忠的高祖崔廷桂官衡王府良医正，仅正八品；曾祖父崔津官鸿胪寺序班，从九品；从曾祖父崔淳官永平府同知，正五品；从祖父崔侠，官锦衣卫镇抚，从五品；父亲崔胤德官工部文思院大使，正九品。然而，该家族的姻亲背景却非常显赫，几乎涵盖了山东半岛最重要的世家大族，如崔子忠的曾祖父崔津配明嘉靖朝首辅毛纪的孙女（太仆寺卿毛渠女儿）。从曾祖父崔淳配知县官希伯女。族曾祖父崔旦配毛知府女，崔桓配解元王肇才女，崔启配李知府女，崔悟配张知府女，崔偕配知县傅寄奕女，崔衮配御史傅汉臣侄女，崔校配万历朝吏部尚书赵焕妹。从祖父崔侠配学正傅应诏女。族祖父崔灿配湖广巡抚翟赞孙女，崔儒、崔份配参政姜继曾女，崔启胤配太仆寺卿宿度孙女，等等。依靠良好的姻亲关系，崔氏家族历经百年而不衰，成为当地的名门望族。

崔氏家族发迹于军伍，兴盛于科举，诗礼传家，涌现出许多忠孝节义之士，如崔子忠的远祖、元代明威将军领侍卫亲军总管崔澍，与王著合谋击杀奸相阿合马，传载《（嘉靖）山东通志》；高祖崔廷桂义行乡里，传载《（道光）重修平度州志》；族祖父、安州知州崔维犨抗清，阖门殉国，传载《（宣统）山东通志》；祖父崔佶以孝闻名乡里，传载《胶东崔氏族谱》等，都是众所周知的历史人物。崔氏家族以医学、道学、礼学闻名于世，如崔子忠的高祖崔廷桂为胶东名医，精方论；曾祖父崔津是嘉靖、隆庆年间朝廷的礼官；从曾祖父崔淳是万历年间著

名的炼丹家，朝廷祭祀大典的组织者；其从祖父、父亲供职皇宫，均从事与司礼、祭祀有关的工作。崔氏家族还是著名的诗书画世家，族人工诗书画者数十辈，其中，崔子忠的从高祖崔廷槐工诗文，是明嘉靖年间具有全国性影响的诗文大家，诗文集《楼溪集》被收入《明史·艺文志》，家族笼罩着浓厚的医道、诗礼、艺术氛围。

陈氏家族是诸暨地区著名的官宦世家，家族人文蔚起，簪缨相继，仅有据可考的进士就有十人，且多高官。陈洪绶的高祖陈衮官至陕西布政使（从二品），曾祖父陈鹤鸣官至扬州经历（从六品），祖父陈性学官至陕西布政使（从二品），为一代名吏。陈氏家族的姻亲关系同样十分显赫，仅陈洪绶这一辈，他的妹妹胥宛归于太子太保、礼部尚书兼内阁大学士来宗道之子，他自己则娶工部主事来斯行（来宗道的弟弟）的女儿为妻。源远流长的仕宦历史，形成了牢固的仕宦文化观，在这种观念影响下，陈氏子孙竟奔功名不止，如陈洪绶的父亲陈于朝屡试不第，郁郁而终；陈洪绶上下奔波，倍受功名煎熬等。陈氏家族同样崇尚诗书。自元末以来，该家族先后建有日新楼、宝书楼等多座藏书楼，其中七樟庵书楼被称为"越中之冠"。陈洪绶的祖父陈性学好读书，著《光裕堂集》《西台疏草》；父亲陈于朝精于文学，喜欢与画家名士交往，著《苎萝山稿》等；均有所成就。尽管如此，在陈洪绶之前，该家族却没有产生具有重要影响力的诗文大家。

整体看，崔氏家族崇信道教，长于医学、礼学、诗文艺术，多武官；陈氏家族崇信佛教，长于科举仕宦，多进士高官。两种不同的文化背景，构成了崔子忠、陈洪绶未来发展的基础。

（二）崔陈的生活经历和艺术成就

崔子忠幼年受过良好教育，但由于家族遭遇金商之祸，家道开始中落，到他考中生员时，已经变得非常贫穷。他早年以诗歌闻名于世，流寓北京后，因得到畿辅督学御史左光斗的赏识，获得参加北直隶乡试的机会。但此后的科举历程很不顺利，数次考试均铩羽而归。大约崇祯元年（1628），当少年时期的同学基本都考上进士、举人之后，他发现自己并不适合科举，便毅然弃去举子业，与妻女过着莳花养鱼、诗画自娱的生活，萧然若在世外。

崔子忠少年时期便显现出过人的艺术才华。二十八岁作《品画图》，已经建立起以顾恺之、吴道子为宗的现实主义创作理念和方法。三十二岁作《藏云图》，已经基本形成自己的艺术风格，开始步入"诗中有画、画中有诗"的艺术境界。他的成功得益于复社、京师良好的人文平台，先后加入复社"山左大社""北直顺天府"两个分支组织，作为社中擅长主题性绘画的元老级成员，他的名声不胫而走，至崇祯六年（1633）得到董其昌奖誉，已经成为具有全国影响的绘画大家和北方人物画坛宗主，当时，他尚不满四十岁。他虽然年少成名，千金难求一画，却并不卖画，也不接待拜访者，一心修养道德，希圣希贤，像古代人那样生活着。由于生性孤傲且不善经济，名气越来越大，生活却越来越穷，经常处于"无终日之计"的状态，至其晚年，竟然穷饿而死。

陈洪绶的生活经历与崔子忠略似。他少年时期同样受过良好教育，但由于父母早亡，他的哥哥一心想独吞家产（按：此说各家不同），他就将自己那一份让出，另行生活，生活从此陷入困顿不堪之中。他为生活所迫两次赴京，初次不售，哥哥死后，他变卖家产再次赴京，携资入国子监，被召为中书舍人，因受明思宗青睐而声名鹊起。但他不愿意充当御用画家，任职数月即辞官回乡。明亡后遁入空门，因生计需要复又还俗，最后因得罪清朝鹰犬自杀而亡。

陈洪绶具有很高的艺术天赋，他四岁登案画九尺高的关羽像，其未来岳父看后大为震惊，立即设专室供奉。蓝瑛曾赞叹："使斯人画成，道子、子昂均当北面，吾辈尚敢措一笔乎？"[2]他几乎在刚开始学画时便形成了自己的艺术风格，产生了像《屈原》这样伟大的作品。但由于远离京师，朋友圈以地方名士为主，他的影响仅局限于江南民间，名声远不及已经移居京师的崔子忠。崇祯十四年（1641），渴望功名的他第二次来到北京，供奉内廷。明思宗命他临摹历代帝王像，因得观宫中所藏名画，技艺大进，名噪京华，"一时公卿识面为荣，……得其片纸只字，珍若圭璧，辄相矜夸，谓吾已得交章侯矣"[3]。直到这个时候，人们才开始把他与崔子忠相提并论，认为他的成就能够与崔子忠分庭抗礼。

崔子忠、陈洪绶均出身于官宦诗书之家，家境优裕，但到父亲这一辈都败落下来，陷于贫困之中。他们都曾幻想通过科举实现自己的人生理想，但在经历种种挫折之后，均不得不以画终老。家族昔日的辉煌与现实生活的巨大落差，对他们的心理产生了巨大影响，他们成年后或孤介自守，独立独行，或游戏人生，狂放不羁，成为世俗社会中的"畸者"。稍有不同的是，崔子忠很早便意识到精神生活与世俗生活的不可调和性，果断放弃科举，没有为声名所累，以高洁姿态走完一生；陈洪绶则沉迷世网，欲罢还休，经历了生活、精神双重磨难，晚年悔恨不已。

（三）精神品格的对比

晚明文人追求独特个性的兴趣远远大于完美人格，他们欣赏的是有特点的文人才子人格而不是完美的圣人人格，"有'病'，才有个性，有情趣，有锋芒，有不同世俗之处"[4]。这些病是癖、狂、懒、痴、拙、傲。他们傲视权贵，蔑视众生，不理生计，不修边幅，多愁善感，行为古怪。崔子忠、陈洪绶具有晚明知识分子的通病，所不同的是，他们的这些毛病更多的是来自先天禀赋而非有意模仿。朱彝尊称崔子忠、陈洪绶为"狂狷者"，何谓狂狷者？孔子曰："不得中行而与之，必也狂狷乎！狂者进取，狷者有所不为也。"邢昺疏："狂者，进取于善道，知进而不知退；狷者，守节无为，应进而退也。"[5]朱熹注："狂者，志极高而行不掩；狷者，知未及而守有余。"[6]按照这些说法，陈洪绶属于锐意进取的"狂者"，崔子忠属于有所不为的"狷者"。

1."狂者"陈洪绶

陈洪绶是"狂者"的典型。他四岁时用计支开一起玩耍的伙伴，在粉刷一新的墙壁上涂画，吓得同伴哇哇大哭，已经显示出聪明与恶作剧并存的顽童禀质。至其成年，上下奔波，纵酒使性，与邑中少年椎牛埋狗等行为，已经表明他是一位藐视世俗社会规范的独行者。他性格外向、怪诞而又侠义，他的好友周亮工记载："性诞僻，好游于酒。人所致金钱，随手尽，尤喜为贫不得志人作画，周其乏，凡贫士藉其生者，数十百家。若豪贵有势力者索之，虽千金不为搦笔也。"[7]某绅士以鉴定名画为由将他骗到船上，拿出绢素强之为画，他破口大骂，索性脱光衣服跳河走人。平生好醇酒妇人，试图收藏他作品的人，竟相到他经常出入的妓院去求画。清军攻占南京后被拿获，命画，不画。拿刀威胁也不画。最后以美酒和女人引诱才如愿以偿，第二天却又携画逃之夭夭。惜命。明亡后遁入空门，"借僧活命"，表现出良好的遗民形象，然而事过不久，却又返俗，称："佛法甚远，米汁甚迩，吾不能去彼而就此。"[8]仍旧活跃在世俗社会舞台。他成在积极进取，败在缺乏人生谋略，不知进退，曾借酒大骂降清汉将田雄，令其错愕不已；又因题写《生绡剪》书名被追索不休，虽大节不亏，然而退路已绝，最后只能默念佛语而死。

陈洪绶在艺术上同样无所顾忌，史传他少年时临摹李公麟七十二贤石刻像，十天临摹一本，人们都说画得很像，听了很高兴。又临摹一本并加以改造，人们都说临得不像，听了更加高兴，已经显示出不同流俗的创新精神。当其解衣盘礴时，规矩方圆皆置之度外，作品随性而为，少了一份完美，多了一份洒脱和创造，可谓"六经注我"，一任个性发展。世谓狂者锐意进取，又或逾越等差，不知进退，文怪以怒，有悖世俗，皆陈洪绶之写照也（图1）。

2."狷者"崔子忠

崔子忠是古代士人"狷者"的典型（图2）。作为一名理学家、道士、隐士，他既高标风节，孤介自守，谨遵儒家伦理道德，又尚恬乐道，追求自适自足的生活。他平常只与志趣相投的文人高士、僧道往来，决不与流俗为伍，"形容清古，言辞简质，望之不似今人"[9]。由于对自己（包括他人）要求太严，他在世俗社会中显得非常孤立，以至于朋友越来越少，生活越来越困难。但即使这样，他也不改初心，"一箪食、一瓢饮，在陋巷。人不堪其忧，

图1 《陈洪绶像》（左）
图2 崔子忠《白描佛像图》（局部）上海博物馆藏（右）

回也不改其乐"！仍然坚持着自己的理想追求。他心系国祚，明亡前通过诗画为明王朝摇旗呐喊，明亡后移孝作忠，关注故乡反清斗争形势，试图挽救明王朝的统治。当所有努力付诸东流之后，宁可走入土室饿死，也绝不做清朝的御用画家，表现出坚贞的士人品格（下述）。当代学者张安治写过一首诗《读崔子忠画》，对其精神品格做出了概括总结：

太白藏云云自去，
渔家虽乐国家危，
"南陈"惜死空余悔，
土室千秋有"北崔"。[10]

3. 相同的生命结局

崔子忠、陈洪绶的品格造就了他们卓尔不群的艺术，也决定了他们的命运归宿，研究表明，两人均死于非命，与清兵追捕有关。

关于陈洪绶的死，学界有两种说法。一说他遭遇黄祖之祸，为势所迫，趺坐床箦，喃喃念佛号而卒；一说他为人题写《生绡剪》，得罪杭州名医卢子由，被追索而死。从其晚年的表现看，第一种说法比较可信。清人丁耀亢《哀浙士陈章侯（时有黄祖之祸）》记载："鼓就三挝仍作赋，名高百尺莫登楼。惊看溺影山鸡舞，始信才多不自谋。"[11] "黄祖之祸"，即祢衡恃才傲物被杀之祸，在该诗中，丁耀亢将陈洪绶因骂招祸却浑然不觉的情形描写得淋漓尽致，最后以诗句"始信才多不自谋"，对其命运结局做出了总结。学者邓之诚《明诗纪事初编》按此诗曰："此诗作于顺治九年（1652），陈洪绶以不良死，他书未及。"古代称负责缉捕的官吏为不良人或不良帅，类似于当今的警察。陈洪绶晚年曾在酒席上大骂降清汉将田雄，之后匆匆自裁，死后配祀刘宗周（按：刘在明亡后不食清粟死），根据这些情节分析，他的死应该与田雄有关，他是在清兵追捕之下自杀而死。

崔子忠孤介自守，善于筹谋，晚年意识到天下即将大乱，提前隐居西山，最后竟然也不得善终，死于"祢衡善骂"[12]之祸。[按：崇祯十七年（1644），李自成农民军破京师，崔子忠南奔，潜避穷巷，无以给朝夕，易州洪崖山封黄顶庙祝友人怜之，将其收留寺庙中。时家人尚数口，日久，友人力不能负，开始待而无礼。他郁郁不自得，适逢清廷推行投充法，有人强迫他做清朝的御用画家，他深受刺激，潜逃而去并嘲骂了友人，因此触犯逃人法，受到清兵追捕。由于逃人法严惩窝主，没有人敢接待他，他也不愿意牵累他人，只能藏匿土室，三九严寒来临，遂冻饿而死。]

二、"南陈北崔"口号的形成

（一）明清时期人们对"南陈北崔"的认识

根据清初作家记载，"南陈北崔"最初的提法是"北崔南陈"，如徐沁《明画录》记载："近代北崔南陈力追古法，所谓人物近不如古，非通论也。"[13] 吴伟业《题刘伴阮凌烟阁图并序》记载："四十年来谁不朽？北有崔青蚓，南有陈章侯。"朱彝尊作《崔子忠陈洪绶合传》[14]，将崔子忠的名字列在陈洪绶之前，其诗歌《论画和宋中丞十二首》则记载："崔陈人物最瑰奇，仕女天然窈窕姿。"[15] 造成这种结果的原因，有崔子忠年龄大、成名早、生活在京师的因素，也有实际影响力的考量。崔子忠死后，陈洪绶开始独步画坛，作品越来越多，影响越来越大，"北崔南陈"遂逐步演变为"南陈北崔"，但在论及陈洪绶时，仍然称"与顺天崔子忠齐名"等，如《静志居诗话》记载："崇祯间与北平崔青蚓齐名，号南陈北崔。"[16] 后来则越来越多地称"南陈北崔"，至《清史稿》将崔子忠附陈洪绶名下，崔子忠的影响力日见衰微，已经很少有人提及"北崔南陈"。尽管如此，崔子忠却并没有被陈洪绶的光环淹没，相反，在绘画的思想性、艺术性方面，越发衬托出他独有的艺术价值。如果以当政者喜欢、官方认可作为评价标准，崔子忠死后的名声比生前还要显赫，如清高宗五题《苏轼留带图》并临摹刻石，称其与苏轼玉带"同称不朽"。他的许多作品被《石渠宝笈》收录，钤满皇帝的鉴藏印，其受宠程度，几与董其昌等同。其实，不唯当政者崇之，朝中显贵、文人士大夫也对他青睐有加，纷纷为其出书、作传，称其作品"不在文沈下也。……其画尤足重也"[17]。画家王崇节、费丹旭、任熊、钱慧安等则以他为宗，一些人仍然称其为"崔陈"。

（二）"南陈北崔"口号的提出

1. 崔子忠与陈洪绶的关系

古代号"南某北某"者往往彼此熟悉，保持着良好的私人关系，如号称"南施北宋"的施闰章与宋琬，两人订交在狱中，友谊终生不渝。但崔子忠与陈洪绶的关系却不是这样，他们俩不仅没有见面，甚至是不愿意见面。如崇祯十四年（1641）元夕，崔子忠的好友王崇简邀请陈洪绶宴饮，冯千秋、周灿甫、左硕人、方密之、吴鉴在、米吉士等人俱在，崔子忠却没有参加。更加奇怪的是，崇祯十六年（1643）春秋间，当"南陈北崔"口号被炒得沸沸扬扬时，崔子忠却跑到北京西郊隐居起来，直到顺治二年（1645）冬天，才开始在京郊露面，而此时，明清鼎革已毕，陈洪绶早已返回江南老家。

崔子忠与陈洪绶不愿意见面，可能有以下几方面原因。

其一，人生态度、志趣不同。崔子忠出身诗礼之家，是一位超尘脱俗、孤介自守的高洁之士。他尚恬乐道，不喜刺谒势人，始终与世俗社会保持着一定距离，具有强烈的逃名倾向。他的生活极其节俭，不喜饮酒。不肯轻易作画，作必有感而发，寄意深远，且多表现仙道、文人高士、忠臣孝子等。陈洪绶与崔子忠不同，他出身官宦世家，视功名富贵为第一等要事，毕生奔走其中。生性放诞，"喜结交，以朋友为性命。每文酒高会辄醉，醉必歌咏自豪，掉头不辍。又常就试南北雍，行李车辙所至，交游云集，……又花晨月夕，高士名僧，与夫黄衫侠客，记歌红豆之女郎，促席衔觞，神情酣畅"[18]，绘画则喜欢描写绿林、侠士和底层百姓，具有典型的职业画家作风。

崔子忠、陈洪绶对待女色的态度尤为不同。崔子忠是一位道学先生，恪守儒家道德伦理规范，生活极其节制，平常只与妻女以书画自娱。清人丁敬《题崔子忠醉酒图》记载：

此崔高士道母所画也。行笔绵丽，一变□劲清古之气，岂戏效宋元人作邪？中酒公酣态颇缓，十八九女郎扶而行，若不胜任者，跟跄欲何之，殆将入睡乡矣。饮醇酒，近妇人，亦须聪明才智之士。若庸奴纤儿，当付吴道子《地狱变相》中排遣，安有风流清放尔许。[19]

其高沽、自制的人生态度，与陈洪绶纵酒狎妓自放，"顾生平好妇人，非妇人在坐不饮；夕寝，非妇人不得寐。有携妇人乞画，辄应去。……及酒边召妓，辄自索笔墨，虽小夫稚子，征索无弗应"[20]，甚至在西湖畔尾随陌生女郎，形成鲜明对比。

其二，绘画目的不同。陈洪绶的生活薪资主要来自书画润笔，十四岁时，"悬其画市中，立致金钱"[21]。他从来不羞于卖画挣钱，曾在诗中写道："家破轻迁室，人饥难种田。所祈米价贱，卖画不羞钱。"[22] 也从来不回避自己的职业画家身份："故画有入神家，有名家，有当家，有作家，有匠者家，吾惟不离乎作家。"[23] 且有索必酬，无求不与。崔子忠与陈洪绶截然不同，他毕生希圣希贤，绘画之于他，乃是道德、情思的载体而非赚钱工具，"非意所许终不为"[24]，即使生活到了非常窘迫的境地，也不会违心地用它换取生活资料。他的作品只赠送亲朋好友和自己心仪的人，若有人以金帛相请，掉头不顾也。不仅如此，他对以盈利为目的的画家非常鄙视，"谓为插标卖首"[25]，绘画动机极其纯正。

其三，文人相轻观念的影响。文人相轻是一个古老而普遍存在的问题，尤其是对于那些以画为生的职业画家来说，由于名声与利益挂钩，相互之间的竞争就更为激烈。画史常见画家相互贬低、倾轧的故事，如宋代画家武宗元将唐代吴道子的壁画沉之洛河，以达到自立名声的目的；明代画家戴进因宫廷画家谢环谗言，被皇帝斥去不用等，都是人所共知的例子。崔子忠、陈洪绶都是不做第一不休的人物，当求取科举功名的道路被阻绝之后，退而求其次，以画名世或以画养家，便成为他们最后的选择。陈洪绶一生汲汲于功名，曾感叹："廿五年来名不成，题诗除夕莫伤情。世间多少真男子，白发俱从此夜生。"[26] 他对自己的绘画天赋非常自信，常常在大众场合自卖自夸，曾作诗《病中》："作画名根出，吾家自立宗。时时具此想，药气不需浓。"[27] 其《久留》诗曰："不可常傲物，我亦爱傲人。三旬不成事，诗酒江南春。"[28] 表达出借画流芳百世的

人生理想和傲视群雄的心态。崔子忠虽然是一名道士、佛教徒，但在绘画方面亦不肯稍让，他经常通过精心创作的作品，宣示其画坛宗主的地位（"时经营以寄傲"）。他坚信自己的作品能够流芳百世，曾在《扫象图》中不客气地说："自信不可一世者也。"他们都自视甚高，个性极强，偌大北京城，如何能够容下这样两位不可一世的人物？

丁耀亢诗歌《哀浙士陈章侯》记载："到处看君图画游，每从兰社问陈侯。西湖未隐林逋鹤，北海难同郭泰舟。"[29] 称陈洪绶在京与他人搞不好关系。崔子忠号北海，是公认的郭泰式的人物，此语显然是指陈洪绶与崔子忠难以相容。由此联想到曹溶的诗句："亭伯宜苗裔，长康泣尹邢。"[30]（按："长康"，顾恺之的字，代指崔子忠；"尹邢"，《史记》卷四十九《外戚世家》记载，汉武帝同时宠幸尹夫人、邢夫人，担心他们互相妒忌，下诏二人不得相见，尹夫人固请之，见面后自叹不如，低头而泣，后人即以"尹邢避面"，喻指同行之间的竞争。）称崔子忠因与同行竞争被皇帝遣去。明末京师擅长人物画的画家很多，但能够与崔子忠相提并论并形成竞争关系的人，却只有陈洪绶。

巧合的是，崇祯十六年（1643）三四月间，正当陈洪绶入宫临摹历代帝王像、名噪京华时，崔子忠却狼狈不堪地流落北京西山，居无定所，而刚刚遭到明思宗斥责的姜垓写信给崔子忠称："情绪狼狈，同病相怜，怀抱梗抑，万不能宣。"可知崔子忠也遭到了皇帝斥责。这件事发生在"南陈北崔"口号形成期间，崔子忠从此归隐道山，生命进入倒计时，其遭遇与诗句"长康泣尹邢"完全契合。笔者推测崔子忠流落西山与陈洪绶竞争有关，比如说，当陈洪绶备受明思宗青睐，千金难求一画时，崔子忠却嘲笑卖画是"插标卖首"，由此引起陈洪绶反感。时值崔子忠好友姜垓案发，明思宗盛怒未消，亟欲杀之，崔子忠却在大庭广众之下为其赠医送药，盛赞其高尚品格，陈洪绶常在帝侧，略仿谢环故事，导致他离开京城。

陈洪绶诗歌《问天》与崔子忠流落西山事件应

和，诗曰："李贺能诗玉楼去，曼卿善饮主芙蓉。病夫二事非长技，乞与人间作画工。"[31] 在该诗中，陈洪绶暗示明思宗胡乱安排工作，把他和崔子忠分开。[按：崔子忠是李贺式的诗人，该年春秋间却被迫走入西山道观（玉楼）绘制壁画。陈洪绶志在做官，却让他临摹历代帝王像。这种技巧原本是崔子忠的长处。] 而崔子忠走入西山后作《卫夫人像赞》，称卫夫人看到王羲之的书法后，知道他必然超越自己，因而"流涕簪花格"，自甘做一名夫人，表达出主动退出竞争的意思，也应和了陈洪绶诗歌《问天》和"长康泣尹邢"说法。

作为"南陈北崔"的当事者，崔陈二人即使没有见过面，也应该相互关注。而在陈洪绶的记载中，也确实有一位与崔子忠相像却未露面的"先生"，陈洪绶曾为他的作品题跋，时间在崇祯十三年（1640），地点在公浦之来章馆。跋曰：

> 唐人画法将绝，独先生延之，曾见《修竹草堂图》，伯仲右丞，此作神韵过之。张伯雨每叹元人得唐人之韵，惜无唐人之骨，先生特以骨胜，惜伯雨不及见尔。古今赏幽，每有不同之感。庚辰夏仲，书于公浦之来章馆。[32]

这位"先生"与崔子忠相似处很多，如崔子忠毕生研究晋唐画法，摹顾、陆、阎、吴遗迹，关、范以下不复措手，人称"顾虎头""长康"，"其人、文、画皆非近世所常见"，陈洪绶则跋曰"唐人画法将绝，独先生延之"；崔子忠追求王维"诗中有画、画中有诗"的艺术境界，绘画胜在风骨，为正一道士，陈洪绶则跋曰"伯仲右丞""特以骨胜"，并以元代书画家、正一道士张雨"不及见尔"为憾事；崔子忠作《辋川图》屏风二十幅，"漆园竹馆……翠嶅苍岩"[33]，陈洪绶则跋曰"曾见《修竹草堂图》，伯仲右丞"，皆相契合。需要提及的是，崔子忠祖居地即墨故城北有"之莱山"，传说黄帝之所常游，为秦汉祀月处，与陈洪绶题跋的地点"公浦之来章馆"关联。此题跋作于陈洪绶初来北京之时，如果确实是为崔子忠而题，可知他当初对崔子忠非常敬重。

2. "南陈北崔"口号的提出

尽管崔子忠与陈洪绶的关系并不密切，但京师文化圈的一些人物，如倪元璐、刘宗周、黄道周、金堡、周亮工、姜垓、宋玫、王崇简、孙承泽、米吉士、曹溶、高承埏、梁清标等，却与他们有所来往或收藏有他们的作品，其中，江南人刘宗周、倪元璐、周亮工等与陈洪绶关系密切，江北人王崇简、姜垓、宋琬、梁清标等与崔子忠交谊颇深，在相互交流过程中，"南陈北崔"的概念或早已存在于他们的脑海，开始口口相传。

最有可能提出"南陈北崔"口号的人，应该是顺天府文坛的核心人物王崇简和书画鉴赏家周亮工。王崇简少与崔子忠交好，举家拜崔子忠学画，收藏有大量崔子忠作品，是崔子忠艺术的赞助者。他经常通过各种方式不遗余力地宣传崔子忠，如把崔子忠《洛神图》与董其昌书法《王子敬洛神赋十三行》合裱，借以提高其社会地位和影响等。同时，他又与陈洪绶往来密切，相互酬唱。周亮工少年时与陈洪绶订交于五泄山，崇祯十四年（1641）进京谒选期间，与金堡结诗社，陈洪绶雅好亮诗，两人遂成莫逆之交。该年秋天，他奉命到崔子忠祖居地平度州担任潍县知县，时间两年，成为同时熟悉"南陈北崔"的人。崇祯十六年（1643）春，他因抗清有功官升监察御史，当时，正值人们竞相谈论崔子忠、陈洪绶，他和王崇简自然成为最有发言权的人物。其《因树屋书影》等史料表明，两人的确讨论过"南陈北崔"这一命题，如周亮工为崔子忠作传，起首语便写"王敬哉曰"，称信息来源于王崇简；论及晚明人物画，则将崔陈两人并列，称："陈章侯、崔青蚓不专以佛像名，所作大士像，亦遂欲远追道子，近逾丁、吴。"[34] 已经初步形成"南陈北崔"的概念。

倪元璐也有可能是"南陈北崔"口号的提出者。他曾担任国子监祭酒，崇祯十五年（1642）冬被重新起用，授兵部右侍郎兼侍讲学士。十六年（1643）三月，因陈述制敌之策中旨，五月超拜户部尚书兼翰林院学士,充日讲官,后又兼摄吏部,成为当时政坛、文坛一言九鼎的人物。倪元璐与陈洪绶有同乡之谊,关系密切,陈洪绶能够在他当政期间迅速进入内廷,应当与他的提携有关。古代画家一般由文坛宗主品定,这种惯例,决定了倪元璐必然要对陈洪绶进行评论,而把刚刚成名的陈洪绶与已经得到董其昌肯定、像神一样存在的崔子忠相提并论,显然能达到最佳品评效果(按:倪元璐对莱阳诗文非常熟悉,曾以"安平崔汝南"比之"莱阳宋氏")。

诗人姜垓是"南陈北崔"口号的积极推动者。他少年随兄居住江南,与方以智、徐枋等人往来密切。崇祯十三年(1640)考中进士后,官行人司行人,开始与崔子忠交流。崇祯十六年(1643)春夏间,当"南陈北崔"口号开始蕴养时,他拜访了遭到朝廷斥责、流落西山的崔子忠,称赞其"举动不作第一着不休,今之辟世者多矣,盖未有如足下之明决者也"。秋初,在得到崔子忠赠画之后,又再次称赞:"复拜一大篇雄浑典重,北地不足多也。"从这些评语看,"南陈北崔"口号已然形成,这一事件发生在他与崔子忠密切交流期间(崇祯十六年春秋间)。

除上述几位人物外,与崔陈关系密切、持有两人作品的人,从商业利益考虑,也有可能提出"南陈北崔"口号,如收藏家梁清标等。其实,明思宗有意将崔陈二人分开,他的行为已经变相提出"南陈北崔"概念,世俗社会不过是将"尹邢避面"故事转变为"南陈北崔"口号而已。

3. 最早记载"南陈北崔"的文献

高承埏是最早记载"南陈北崔"的作家,其《崇祯忠节录》记载:"一时与诸暨陈洪绶章侯齐名,有南陈北崔之称。"[35]高承埏死于清顺治五年(1648),由此可知,至少在该年之前,"南陈北崔"之说已经通过文字进行传播,可惜该书为钞本,影响十分有限,后世学者在论及"南陈北崔"时,几乎很少关注它的存在。需要说明的是,高承埏曾邀崔子忠为其母亲作画祝寿,他一直在京畿任职,可能经历了"南陈北崔"口号形成的全过程。

梁清标是在正式出版物中最早记载"南陈北崔"的人。清康熙十二年(1673)春,他编辑出版《息影轩画谱》,在《息影轩残稿序》中记载:"余友崔子忠,顺天人,字道毋,工书画,好读书,天启时为府庠生。甲申之变,走入土室而死。其所为人物与诸暨陈老莲齐名,世有'南陈北崔'之目。"该画谱同治年间再版,在民间广为流传,对传播"南陈北崔"起到了积极推动作用。

朱彝尊是记载"南陈北崔"事迹最多的作家,也是第一个为崔子忠、陈洪绶作合传的人,其《曝书亭集》卷六十四《崔子忠陈洪绶合传》记载:"崇祯之季,京师号南陈北崔。"[36]《曝书亭集》选文始于顺治二年(1645),约成书于清康熙五十三年(1714)。鉴于其中有些内容在成编之前已经开始流传(如《静志居诗话》),今暂将其列于梁清标辑《息影轩画谱》之后、《佩文斋书画谱》成书之前。

孙岳颁《佩文斋书画谱》刊刻于康熙四十七年(1708),其第五十八卷画家传十四《陈洪绶》记载:"盖绘事本天纵也,崇祯间与北平崔青蚓齐名,号南陈北崔(《静志居诗话》)。"[37]称其观点引自朱彝尊《静志居诗话》。《佩文斋书画谱》是清廷出资编撰的图书,刊出后影响很大,"南陈北崔"之说由此得到广泛传播。

徐沁《明画录》是一部明代绘画史专著,但成书时间很晚,大约刊刻于清康熙年间(目前可见嘉庆四年至十六年读画斋丛书本),其卷一《人物》绪论部分记载:"近代北崔南陈,力追古法,所谓人物近不如古,非通论也。"[38]明确提出"北崔南陈"的概念。

综上,从成书时间看,高承埏《崇祯忠节录》最早,其次为梁清标《息影轩画谱》,其他依次为朱彝尊《静志居诗话》、孙岳颁《佩文斋书画谱》、徐沁《明画录》。在此特别需要指出的是,尽管朱彝尊是记载"南陈北崔"故事最多、影响最大的作家,但他早年一直在南方生活,并没有经历过"南陈北崔"口号形成的过程,也没有见过崔子忠,他所记载的崔子忠的故事,都是从他的好友孙如铨、宋琬等处听来的。有学者在《"南陈北崔"与晚明人物画》一文中称："查阅一些主要的明代画史书籍，比如徐沁的《明画录》（约成书于康熙年间）、姜绍书的《无声诗史》[末有李光暎康熙庚子五十九年（1720年）跋]、韩昂的《图绘宝鉴续纂》等，都未曾应和'南陈北崔'的思路。"[39] 将提出该口号的功劳划归朱氏，观点有待商榷。

"南陈北崔"口号的形成是各方面因素相互作用的结果，非一人一言所能决定，仅仅根据文献记载时间的早晚，确定谁是该口号的提出者，既不准确，也无必要。对于当代美术史家和画家们来说，了解这一提法产生的时代背景、原因和崔陈艺术的异同，有助于美术史建设和绘画创作，才是研究这一现象的价值所在。

三、崔子忠、陈洪绶的绘画风格比较

（一）崔陈的审美观念及题材选择等

宋代以降，由于山水画、花鸟画的兴起，以主题表现为旨归的人物画日渐衰落，在这种背景下，崔子忠、陈洪绶力追古法，锐意创新，把明代人物画提升到与唐宋人物画相提并论的高度，贡献可谓巨大。然而，尽管他们均倡导继承传统，但在如何师古、创新等方面，却持有不同的观点，譬如在师法古人方面，崔子忠主张追本溯源，以北宋以前的一流大家顾恺之、陆探微、阎立本、吴道子为师，陈洪绶却主张以学习宋人为主，兼收并蓄：

> 如以唐之韵，运宋之板，宋之理，行元之格，则大成矣，……老莲愿名流学古人，博览宋画仅至于元，愿作家法宋人，乞带唐人，果深心斯道，得其正脉，将诸大家辨其此笔出某人，此意出某人，高曾不乱，曾串如列，然后落笔，便能横行天下也。[40]

在题材选择方面，崔子忠强调主题思想的表达，"正能量"满满，多表现忠义、高士、仕女，绝少人间烟火气。陈洪绶却不表忠义，喜欢描绘大众喜闻乐见的绿林侠士、平民百姓，作品充满鲜活的生活气息。在艺术表现方面，崔子忠重视诗情画意的表达，作品多高轴大卷，布局宏阔，高迈、典雅、洁净，意趣在晋、唐之间。陈洪绶却在研习宋画的基础上，吸收民间艺术营养，造型夸张变形，追求线描的可感性（下述）。如果用两位女子形容崔陈的绘画，陈洪绶光芒四射，灼灼其华；崔子忠则恬静儒雅，精光内蕴，甚至有些略显羞涩。

（二）陈洪绶的"线描人物画"与崔子忠的"山水人物画"

陈洪绶的人物画以人物表现为主。他常常在空白的背景上设计一个或几个人物形象，白描勾勒成形，稍做渲染即告完成。他的作品一般不画背景，即使有背景，顶多也只是陪衬几块石头几丛树林而已，如《痛饮读骚图》画一人于石桌前饮酒，背景空空如也；《扑蝶图》画两淑女雁行于空白背景之上，仪态娟雅，署穷款等。其个别作品虽然含有较为复杂的背景，但目的也仅在于与主体人物构成黑白对比关系，增加空间。总之，他重视人物造型、线描意趣的表现，不大在乎画面情景意境的表达。

崔子忠与陈洪绶不同，他非常重视空间的营造和诗情画意的表达，善于借助墨色渲染表现人物的立体感、空间感，并利用空间寄托某种寓意，使画面呈现出画中有诗、诗中有画的意境。如为田大受书法经卷所作配图《白描佛像图》，主体人物屹立画中，背后衬以茂密的树叶，云气缭绕，如雾如电，直入金刚法境。又如《长白仙踪图》，主体人物站在狰狞如怒的溪石前，远山半隐半显，风吹草低，显示出长白山的浩瀚与神秘等。他经常在大山大水中嵌入一些类似点景的小人物，从表现形式上看，更像是山水画，如《藏云图》身处云海深处的李白和拖车童子，比例不足画面三十分之一；《洗象图》贝多罗树下的僧道人物，集聚画面的左下方，犹如京师洗象的远景；《云中鸡犬图》许旌阳及其家眷行走在峰峦叠嶂之间，犹如精灵一样时隐时现；《云中玉女图》中屹立于云端的王母，背景万里晴空如洗等，均以山水景观为主，借山水之动势，渲染出特定的思想情绪。对于崔子忠来说，山水、草木都是人物形象的组成部分，只有将人物与这些形象元素融合在一起，才能借自然之力，最大限度地烘托人物的精神世界。如上述《藏云图》，李白的形象虽然微小，但通过流动的云海，却依然可以感受到李白旷达的胸怀和超然物外的精神世界；《云中玉女图》中的西王母，形象虽然文弱，但通过翻卷上升的云气和宏阔背景的衬托，却使他获得了统摄大地的力量，显得更加庄严和不可战胜（参见上册附图）。

中国古典绘画早就有借助山水景观表达主题思想和人物情绪的先例，崔子忠将这种绘画完善更新，使其上升到寄情达意的高度，的确是对主题性人物画的重要贡献。

（三）人物造型

中国古代画家大体可分为专业画家、文人画家两大类（民间绘画除外）。以顾恺之、吴道子为代表的专业画家，其人物画以写真为核心，强调自然物象与画家主观感受的融合，为达到真切表现对象精神气质的目的，经常对现实形象加以夸张变化。由于这种造型观念的影响，中国画中的人物看起来都有些"变形"，如阎立本《步辇图》中的李世民，躯体肥硕，神思静穆，与抬辇仕女亭亭玉立、婀娜多姿的体态及参拜胡人猥琐的"夷族"形象形成鲜明对比，表现出大唐皇帝至高无上的权威；周昉《簪花仕女图》中贵妇，肤若凝脂，指若春葱，散发出浓浓的宫廷女眷气息；梁楷《泼墨仙人》中仙人，襟怀模糊，巨头短身，醉眼蒙眬等，无不通过夸张"变形"的手法，达到真切表现对象神韵的目的。中国古代绘画"变形"基本上源于这种写真观念，同时，由于晚明摹古之风盛行，画家在学习古代绘画的过程中，也会不自觉地将其"变形"风格继承下来。

崔子忠善于摹古，经常临仿唐宋时期绘画作品，他的作品不仅章法布局酷似古人，有些作品甚至照搬原作形象，如《洗象图》《云林洗桐图》《杏园送客图》的人物形象，都可以在古代绘画中找到原型，他的"变形"，首先来源于学习模仿。除此而外，顾恺之等人的绘画理论，也是影响其"变形"的重要因素，如他在《长白仙踪图》张延登的眉弓上，凭空添加长长的眉毛，使其变得仙风道骨等。崔子忠的"变形"还与他曲折不定、"非唐非宋"的线描形式有关，这种本能的线描样式，使其作品不自觉地呈现出"嵩华谬真形"的形态（图3）。

陈洪绶早年临摹过许多古代绘画大师作品，入宫后遍览内府所藏名画，鉴识倍增。他严循中锋用笔之法，线条圆润遒劲，神采飞扬，非常人所能及，正如清人张庚所言："其力量气局超拔磊落，在仇、唐之上，盖三百年无此笔墨也。"[41] 但在造型方面却"高古奇骇"，缺少线描所具有的那种正统感，使人看后不能赞一语。他的人物造型头大身小（或身大头小），由于比例失调和各部位缺乏和谐，常常使人感到不适，对于这种变形，清人秦祖永认为："盖得之于性，非积习所能致者。"[42] 有学者认为取象民间，受民间年画、版画影响。总之，是属于原生态的艺术。学者邓拓认为：

> 现在我们能够看见的崔子忠作品，可惜已经太少了。曾见一幅《葛洪移居图》，可算得是崔子忠所画的精品。人物的衣褶和姿态刻画，充满着一家骨肉亲切动人的生活实感。这比起陈老莲笔下的和尚、道士之流，不食人间烟火，拉着一副长脸的那种怪样子，显然要高明得多了。[43]

其观点虽属文史家之见，却也坦率地提出了一个值得思考的问题：陈洪绶的人物造型缺乏令人愉悦的和谐感。当然，这一点恰恰为当代美术史家、画家所激赏，视为艺术上的创造，其意已经无关本话题主旨（图4）。

陈洪绶的原生态造型方法与古典写真思想没有什么联系，他最大的贡献是把这种怪诞的造型与古典线描形式结合起来，其绘画仰仗的仍然是线描自身的表现力，亦即今天人们所谈论的"本体语言"。

概而言之，在造型方面，崔子忠遵循的是古典绘画的写真传统，人物不甚变形；陈洪绶则无视这种传统，一任个性发展，开创了不可近玩的造型模式。在线描方面，崔子忠的线条屈曲崛奥，特以骨

图3 崔子忠《苏轼留带图》（局部）
台北故宫博物院藏

图4 陈洪绶《杂画图册之三》（局部）
故宫博物院藏

胜，"非唐非宋"，具有较为纯粹的原创性；陈洪绶则在师法宋人绘画的基础上，使线描技巧达到了炉火纯青的境界。从美术史的角度看，他们"非正统"的方面，恰恰是艺术上最大的创新点，崔子忠的"青蚓体"线描，陈洪绶的主观造型法，均对清代、民国时期的人物画产生了深远影响。

（四）文学与绘画

崔子忠与陈洪绶另一个显著的区别，在于绘画文学性的表达。陈洪绶诗书画皆佳，但他将自己定位在"作家"层面，只关心绘画本身的问题，重直觉表现，很少涉及道德主题和文学内容。崔子忠则恰恰相反，他关注现实生活和时事政治，重视主题思想的表达和情感寄托，乐于将绘画、诗词、书法融为一体，表现出文质彬彬的儒者气质。如在作品题识方面，陈洪绶"画多不题，间有题者，付之去，亦无稿本"[44]，仅题以"老莲某年某日写""为某某作于某某处"等；崔子忠却把题识当作绘画的一部分，假以大块文章，或记叙创作经历，或表达某种艺术观点，或作为画面情景的引子，激发观赏者丰富的联想。如《品画图》题识，洋洋数百言，先谈画理，再借助两位虚拟人物，把自己对人生、艺术的看法讲解清楚，最后，甚至将题识的原因都如实告诉观众，使人在鉴赏作品的同时，得到思想的启迪和心灵愉悦。又如崇祯十一年（1638），为答谢好友刘履丁赠宅之谊，创作《杏园送客图》，题识："戊寅中秋月三日，长安崔子忠为七闽鱼仲先生图此。先生之官去旬日，留之涿鹿，继而回，单骑去金陵。一使皇皇守此图，无此不复对主人，是以不食不寐为之，对宾客亦未去手。鱼仲之好予者至矣！予之报鱼仲者，岂碌碌耶？"把创作此画的原因、刘履丁的行迹、守画人诚惶诚恐的神态，描写得惟妙惟肖，令人忍俊不禁，仿佛又回到了三百多年前北京南城"方阁老园池"中。再如崇祯十三年（1640）春为好友宋璜作《唐代宫女图》，题识："一日为玉仲为此，学唐人宫女式而逸之者也，既竟，静观良久，为之言曰：翩然欲步下，幽然有所思，可与净言，可与解语，衣之天缥丝，照之犀脂炬，可乎？敬哉能诗，为我叶言于次，崔子忠。"[15] 暗托身家之意。晚年为姜垛作《洗象图》，题识："予从晋册五十三像中悟得此像，自信不可一世者也。吾卿墅宗兄色未具，遂命题姓字于上，可谓知爱之深耳，是以极力图之。海上崔子忠。"均将当时作画的真实情景展现在人们面前，虽已过数百年，却使人身临其境，"读画直作研经观"。

崔子忠作画必有寄托，这种寄托除了通过绘画语言进行表达外，常常通过题识文字予以点醒，如崇祯末年，有感于明王朝内外交困的政治形势和瘟疫流行，作《云中玉女图》，画西王母立于云中，题诗："杜远山下鲜桃花，一万里路蒸红霞。昨宵王母云中过，逢驻七香金凤车。"把为明王朝祈福的符箓咒语变为朗朗上口的诗歌，极具召唤力，今天读来仍然使人怦然心动。又如为好友姜垓作《云中鸡犬图》，题识："移家避俗学烧丹，挟子挈妻共入山。可知云内有鸡犬，孳生原不异人间。《许真人云中鸡犬图》诸家俱有粉本，予复师古而不泥。为南浦先生图之，长安崔子忠手识。"借许旌阳移家故事为好友送行，宣示自己归隐山林的决心。

从艺术鉴赏的角度看，陈洪绶的作品具有纯绘画性质，更容易引起直觉审美；崔子忠的作品则在给予观众整体印象的同时，引导人们仔细阅读题诗、题记，在画面中寻找与之相适应的故事或情境，鉴赏再三，思之有味，具有很强的文学性。需要说明的是，陈洪绶虽然题识较少，却并非缺乏文学修养，相反，他是一位非常优秀的诗文家，"诗才卓绝，……其古健直匹少陵"[46]。造成他题识少的原因，可能与他追求简洁明了的艺术效果有关，抑或又与他秉性躁狂及卖画有关。

四、结语

"南陈北崔"口号是晚明特定时代背景的产物，唯有从时代文化背景、画家的家族背景、画家品性及其审美观念等多方面进行研究，才能深刻揭示这一现象发生的原因、过程和美术史意义。综上，笔者认为"南陈北崔"口号的形成主要基于以下几方面原因：其一，相同的绘画创作领域和怪诞的艺术风格；其二，生活地域南北相对；其三，相似的精神品格以及由此引发的惊世骇俗的故事；其四，相同的人生结局；其五，晚明时事政治及官宦士子的推波助澜。为直观了解崔陈之异同，除了提供上册附图与陈洪绶作品比较外，今作简表如下。

"南陈"与"北崔"比较简表

人物 类别	崔子忠	陈洪绶	参考文献
籍贯	山东莱阳县	浙江诸暨县	《清史稿》《（民国）莱阳县志》《诸暨贤达传》
形体	1. 短小端饬，形容清古，双眸炯炯有神 2. 高冠草履，黄冠野服，冬一葛、夏一褐	幼年身材矮小	1. 《青箱堂文集》《列朝诗集》、朱彝尊《崔子忠陈洪绶合传》 2. 《明遗民诗》《青箱堂文集》
性格	1. 孤介、孤峭、孤傲 2. 言词简质 3. 睿智，有先见之明 4. 与世寡谐，好议论他人	1. 狂傲，行为骇俗 2. 性癖简不羁 3. 侠义，得金钱随手散尽，族人赖以举火者甚众，尤喜为瘘儒作画	1. 《畿辅人物志》《青箱堂文集》《安雅堂诗》《陈章侯先生遗集序》、吴伟业《题崔青蚓洗象图》 2. 《列朝诗集》《施愚山集》 3. 《桑梓之遗录文》《诸暨贤达传》《青箱堂文集》《陈洪绶年谱》 4. 《二乡亭词》
行为特点	1. 标榜"节义文章事功人品" 2. 高洁，轨守寂，严守古代士人道德规范，望之不似今人 3. 尚恬乐道，不喜刺谒势人，不愿意介入党争，平日只与妻女及文人高士往来 4. 行事明决 5. 不喜饮酒 6. 作画必有感而发，非意所许终不为，作品只赠送亲朋好友、意气相投之人及名士	1. 性笃忠孝，任真自得，每见古人嘉猷遗烈，辄面赤耳热 2. 独立独行，不就绳墨 3. 奔走功名，不得稍息。好社交游历，与高士名僧、黄衫侠客、记歌红豆之女郎等均能相处 4. 锐意进取、兼济百姓 5. 嗜酒，饮必醉，醉必歌咏自豪 6. 纵酒狎妓自放，客有求画者，罄折至恭，勿与。及酒边召妓，辄自索笔墨，虽小夫稚子，征索无弗应	1. 《云中鸡犬图》《桑梓之遗录文》《崇祯忠节录》《（民国）续平度县志》《陈洪绶年谱》《宝纶堂集》 2. 《列朝诗集》《北游录》《陈洪绶年谱》、全祖望《子刘子祠堂配享碑》 3. 《桑梓之遗录文》《青箱堂文集》、吴伟业《题刘伴阮凌烟阁功臣图并序》《陈洪绶年谱》、罗坤《陈章侯先生诗文遗集序》 4. 《桑梓之遗录文》《陈洪绶年谱》、胡其毅《陈章侯先生遗集序》 5. 《青箱堂文集》《陈洪绶传》 6. 《青箱堂诗集》《陈洪绶传》《静志居诗话》

(续表)

类别\人物	崔子忠	陈洪绶	参考文献
学术能力及兴趣	1. 好读书，通五经，深研诸戴礼，工诗，以文学知名于时 2. 善画，尤其擅长人物写真，为绝技 3. 绘画多作仙道高士、仁人志士及仕女 4. 兼习园艺、琴艺、医学等	1. 好读书，工诗 2. 善画，擅长线描、插图 3. 绘画不表著忠义，喜欢描写绿林豪客及平民生活	1.《畿辅人物志》《明画录》《青箱堂文集》《宝纶堂集》 2.《清史稿》《青箱堂文集》《历代画史汇传》《陈洪绶传》《陈老莲别传》 3.《青箱堂文集》、吴伟业《题刘伴阮凌烟阁功臣图并序》 4.《青箱堂诗集》《桑梓之遗录文》
谋生手段	莳花养鱼，授徒	卖画	《畿辅人物志》、朱彝尊《崔茂才子忠传》《陈章侯先生诗文遗集序》
宗教信仰	理学家、正一道士、僧人，信奉"三教合一"思想	崇佛，曾为僧人，复又还俗	《刘嘉颖摹崔子忠桃李园夜宴图》《桑梓之遗录文》《白描佛像图》《陈洪绶年谱》
人生目标	希圣希贤，立德、立功、立言	仕宦，成名成家	《云中鸡犬图》《桑梓之遗录文》《息影轩画谱》《陈章侯先生遗集序》《宝纶堂集》
政治态度	1. 明亡前：主战，以画寄情，为维护明王朝统治摇旗呐喊 2. 明亡后：以歌代哭，痛心国祚，移孝作忠，关注故乡抗清斗争形势	1. 明亡前：明思宗命供奉画苑，不拜，归乡 2. 明亡后：时而吞声哭泣，时而纵酒狂呼，见者咸指为狂士，出家为僧，复又还俗，自号"悔迟"	1.《息影轩画谱》《云中玉女图》、毛奇龄《陈老莲别传》 2.《（民国）续平度县志》《邃怀堂诗集》《曝书亭集》、任道斌《宁为玉碎不为瓦全——陈洪绶死因新探》、孟远《陈洪绶传》
生命结局	拒绝做清朝御用画家，遭遇"黄祖之祸"，清兵追捕，走入土室自甘饿死	借酒大骂降清汉将田雄，遭遇"黄祖之祸"，清兵缉捕，趺坐床箦，喃喃念佛号而卒	《桑梓之遗录文》《静惕堂诗集》《宋琬全集》《清诗纪事初编》、丁耀亢《哀浙士陈章侯》、裘沙《陈洪绶死于"黄祖之祸"初探》
死后哀荣	1. 祀洪崖山"崔爷殿"，理教教徒奉为香主，民间奉为"仁义爱国多福之神""民族英雄" 2. 传载《明史》《清史稿》《（康熙）宛平县志》《（民国）莱阳县志》等 3. 作品稀如星凤，藏者奉若圭璧，然知者甚少	1. 配祀刘宗周 2. 传载《清史稿》《诸暨县志》等 3. 作品流传甚广，价值连城，国内外出版传记、画集、研究文章等汗牛充栋，妇孺皆知	万斯同《明史》《清史稿》《保定地区庙会文化与民俗辑录》《明末民族艺人传》、全祖望《子刘子祠堂配享碑》等

注释

[1] [清] 朱彝尊：《曝书亭集》卷第六十四传三《崔子忠陈洪绶合传》，四部丛刊景清康熙本，第15页b。

[2] 黄涌泉编著《陈洪绶年谱》，人民美术出版社，1960年，第9页。

[3] [明] 陈洪绶：《宝纶堂集》传《陈洪绶传》，清康熙三十年刻本，第2页b。

[4] 参见吴承学、李光摩《晚明心态与晚明习气》，《文学遗产》1997年第6期，第66页。

[5] [三国] 何晏集解、[宋] 邢昺疏《论语注疏》卷十三《子路第十三》，清嘉庆二十年南昌府学重刊宋本十三经注疏本，第8页b。

[6] [宋] 朱熹：《四书章句集注》论语卷第七《子路第十三》，宋刻本，第17页b。

[7] [清] 周亮工：《读画录》卷之一《陈章侯》，清康熙烟云过眼堂刻本，第14页b。

[8] 黄涌泉编著《陈洪绶年谱》，人民美术出版社，1960年，第110页。

[9] [清] 钱谦益辑《列朝诗集》丁集卷十《崔秀才子忠》，清顺治九年毛氏汲古阁刻本，第66页b。

[10] 张安治：《漓江吟》，丽江出版社，1987年，第64页。

[11] [清] 丁耀亢：《陆舫诗草》卷四《哀浙士陈章侯（时有黄祖之祸）》，收入《清代诗文集汇编》，上海古籍出版社，2010年，第335页下栏。

[12] [清] 宋琬：《宋琬全集》，辛鸿义、赵家斌点校，齐鲁书社，2003年，第831页。

[13] [清] 徐沁：《明画录》卷一《人物》，清嘉庆读书斋丛书本，第6页a。

[14] [清] 朱彝尊：《曝书亭集》卷第六十四传三《崔子忠陈洪绶合传》，四部丛刊景清康熙本，第25页b。

[15] [清] 朱彝尊：《曝书亭集》卷第十六古今诗《论画和宋中丞十二首》，四部丛刊景清康熙本，第11页b。

[16] [清] 朱彝尊：《静志居诗话》卷十九，清嘉庆扶荔山房刻本，第39页b。

[17] [清] 秦祖永：《桐阴论画二编》卷上《崔子忠（神品）》，清光绪八年刻朱墨套印本，第15页b。

[18] 吴敢点校《陈洪绶集》附录《陈章侯先生诗文遗集序（罗坤）》，浙江古籍出版社，1994年，第581—582页。

[19] [清] 丁敬等：《西泠八家诗文集（上）》，萧建民点校，西泠印社出版社，2016年，第157—158页。

[20] 吴敢点校《陈洪绶集》附录《陈老莲别传（毛奇龄）》，浙江古籍出版社，1994年，第590—601页。

[21] 吴敢点校《陈洪绶集》附录《陈老莲别传》，浙江古籍出版社，1994年，第590页。

[22] 吴敢点校《陈洪绶集》卷五《祁奕远馆余竹雨庵，问余行藏，即出黄石斋先生所书扇上诗索和，随书其后》，浙江古籍出版社，1994年，第132页。

[23] 吴敢点校《陈洪绶集》附录《陈老莲别传（毛奇龄）》，浙江古籍出版社，1994年，第591页。

[24] [清] 王崇简：《青箱堂诗集》卷十一丁酉《温仲青以崔青蚓画见贻答之以歌》，收入《四库全书存目丛书》集部第二〇三册，齐鲁书社，1997年，影印本，第159页下栏—160页上栏。

[25] [民国] 芮鸿初主编、[民国] 丁翔熊编辑《蜗牛居士全集》子目《艺人小志》，上海丁寿世草堂，民国二十九年，第83页。

[26] [清] 陈洪绶：《宝纶堂集》卷九七言绝句《除夕》，清康熙三十年刻本，第65页b。

[27] [清] 陈洪绶：《宝纶堂集》卷五五言律《病中》，清康熙三十年刻本，第20页a。

[28] [清] 陈洪绶：《宝纶堂集》卷四五言古《久留》，清康熙三十年刻本，第2页a。

[29] 同 [11]。

[30] [清] 曹溶：《静惕堂诗集》卷十五五言律一《迪之出崔道母画扇索题仍用九青韵二首》，清雍正刻本，第4页a。

[31] [清] 陈洪绶：《宝纶堂集》卷九七言绝句《问天》，清康熙三十年刻本，第14页a。

[32] 吴敢、王双阳：《丹青有神——陈洪绶传》，浙江人民出版社，2008年，第108页。

[33] [清] 宋琬：《宋琬全集》，辛鸿义、赵家斌点校，齐鲁书社，2003年，第470页。

[34] [清] 周亮工：《因树屋书影》卷之四，清康熙六年刻本，第36页b。

[35] [清] 高承埏编辑《崇祯忠节录》卷一，收入周骏富辑《明代传记丛刊·名人类》(45)，明文书局，影印本，第209页。

[36] [清] 朱彝尊：《曝书亭集》卷第六十四传三《崔子忠陈洪绶合传》，四部丛刊景清康熙本，第25页b。

[37] [清] 孙岳颁：《佩文斋书画谱》卷第五十八画家传十四《陈洪绶》，清康熙刻本，第15页。

[38] 同 [13]。

[39] 故宫博物院、上海博物馆编《南陈北崔——故宫博物院、上海博物馆藏陈洪绶、崔子忠书画集》，上海书画出版社，2008年，第26页。

[40] [清] 陈洪绶：《宝纶堂集》卷二《画论》，清康熙三十年

刻本，第 1 页 b—2 页 a。

[41] ［清］张庚：《国朝画征录续录》卷上《陈洪绶》，清乾隆刻本，第 4 页 a。

[42] ［清］秦祖永：《桐阴论画》首卷《陈洪绶》，同治三年刻朱墨套印本，第 6 页 a。

[43] 马南邨：《燕山夜话》，北京出版社，1979 年，第 239 页。

[44] ［清］毛奇龄：《西河集》卷六十《跋·陈老莲诗跋》，清文渊阁四库全书本，第 6 页 b。

[45] ［清］李佐贤辑《书画鉴影》卷二十二轴类《明·崔子忠仕女轴》，清同治十年利津李氏刻本，第 12 页 a。

[46] 杨士安：《陈洪绶家世》，北京出版社，2004 年，第 245 页。

［图 1］［明］张岱：《三不朽图赞》，浙江古籍出版社，2017 年，第 223 页。

［图 2］中国古代书画鉴定组编《中国绘画全集 18：明 9》，浙江人民美术出版社、文物出版社，2000 年，第 88 页。

［图 3］台北故宫博物院编辑委员会编《故宫书画图录》第九册，台北故宫博物院，1992 年，第 233 页。

崔子忠年谱

明 万历二十三年（1595）乙未—明天启二年（1622）壬戌

明 万历二十三年（1595）乙未 一岁

【事迹】山东承宣布政使司登州府莱阳县（今山东省莱阳市）人。

崔子忠《品画图》（美国普林斯顿大学艺术博物馆藏）题识："时年二十有六，日月变迁，图形不易，故附记之。天启壬戌（1622）初冬，北海崔子忠题。"

王崇简《青箱堂文集》卷八《都门三子传》："年五十病，几废，亡何遭寇乱，……有怜之而不以礼者，去而不就，遂夫妇先后死。"

台北"中央"研究院历史语言研究所《人名权威——人物传记资料库》："崔子忠。……中历生卒：万历二十三年，崇祯十七年；西历生卒：1595—1644。"

按：古代计龄有实岁、虚岁之分，如《史记·孔子世家》记载孔子享年七十二，便是以实岁计龄的例子。入汉以后，虚岁计龄渐渐成为一种习俗。按照这种习俗，崔子忠《品画图》记载的年龄应为虚岁，出生于万历二十五年。然而，崔子忠是一位恪守上古礼法的礼学家和不同流俗的高士，奉孔子为神明，他毕生研习诸戴礼、学礼、习礼、弘礼，像古人那样生活着，孤介不苟，为了礼，甚至不惜走入土窑而死。从他坚定的礼学信仰和特立独行的人生态度看，必然会按照先秦规矩（模仿孔子）以实岁计龄，其天启二年26周岁，由此上溯，当出生于万历二十三年，这个时间，与王崇简《都门三子传》及台北"中央"研究院历史语言研究所根据明清内阁大库档案、故宫档案、清史馆传包传稿等编撰的《人名权威——人物传记资料库》记载相同（见本书《崔子忠生卒年考》）。

赵尔巽《清史稿》卷五百九列传二百九十一艺术传三《崔子忠》："子忠，一名丹，字道母，别号青蚓，山东莱阳人，寄籍顺天为诸生。"

杨士骧、孙葆田《（宣统）山东通志》第一百六十三卷人物志第十一《历代文苑·明》："崔子忠，字开予，……莱阳人，补顺天府学生。"

王丕煦《（民国）莱阳县志》卷三之三（上）人事志艺文（上）《崔茂才子忠传》："崔子忠，……先世莱阳人。居京师，补顺天府学生员。"

钱谦益《列朝诗集》丁集卷十《崔秀才子忠》："崔子忠，……莱阳人，侨居都门。"

宋继澄《万柳老人诗集残稿》附录《吾乡复社姓氏并载于后》："登州府莱阳县：宋继澄（澄岚），……崔丹（道母，姓氏北直顺天府籍）。"

张鉴《冬青馆集》甲集卷五文二《答震泽吴愚甫书》："崔青蚓原籍莱阳，既隶北直，只可一载。"

徐沁《明画录》卷一《人物》："崔子忠，……莱阳人。少为诸生，以诗名，后侨燕。"

汪懋麟《百尺梧桐阁集》文集卷五《王筠侣传》："初学画于崔秀才青蚓，……莱阳人，流寓京师。"

台北"中央"研究院历史语言研究所《人名权威——人物传记资料库》："崔子忠，……籍贯：山东承宣布政司—登州府—莱阳县。"

按：关于崔子忠的原籍，有"莱阳人""其先山东平度州人"之说。祖籍不能等同于现籍，今以官史及崔子忠的亲朋好友记载为准（见本书《崔子忠原籍及"家住三城二水滨"考》）。

祖籍青州府寿光县（今山东省寿光市）。

李图《（道光）重修平度州志》卷十七列传三历代人物传《崔世荣》："世荣，青州人，《唐书》宰相系表所谓乌河房也。"

李图《（道光）重修平度州志》卷二十二（上）列传八侨寓外徙《崔世荣》："《旧志》：青州人（按《崔氏族谱》：青州寿光人），徙胶水。"

崔诏之《胶东崔氏族谱序》（见《胶东崔氏族谱》）："去寿光来胶水，乃自昭武将军汉军都元帅左都监军吾祖世荣始也。"

崔子忠《仙人瑞兽图》（香港中文大学文物馆藏）题识："天启六年三月望日北海崔子忠写。"

按：自汉代在青州设置北海国以来，青州一直为北海国（郡）所在地，崔子忠自称"北海崔子忠"，可见他视青州寿光为自己的祖籍地，今追念其本意定之。

祖居莱州府平度州城东六十里即墨故城南城子（今山东省平度市古岘镇南城子村）一带。

王崇简《青箱堂文集》卷八《都门三子传》："崔子忠，……其先山东平度州人。"

高承埏《崇祯忠节录》卷一："顺天府学廪生崔子忠，……先世山东平度州（一作莱阳）人。"

时惟敏撰、崔廷槐考《元昭武将军汉军都元帅左都监军崔公神道碑考》（见《胶东崔氏族谱》）："公讳世荣，青人也，徙居胶湄八十年矣。"

李图《（道光）重修平度州志》卷二十二（上）列传八侨寓外徙《崔子忠》："平度人，或曰莱阳人。"

崔子忠《品画图》（美国普林斯顿大学艺术博物馆藏）、《藏云图》（故宫博物院藏）、《扫象图》（台北故宫博物院藏），钤印："家住三城二水滨"。

罗振玉《雪堂类稿·戊长物簿录（三）》戊之三书画目《雪堂书画偶录立轴》："123. 崔道母洗象图轴，绢本设色。……海上崔子忠图。南城子忠（朱文）。"

按：崔氏始祖崔世荣原居胶水县昌李（今山东省平度市店子镇昌里村），明初，崔氏一世祖得福迁家于平度州城孔庙旁（今平度市维客超市附近），后子孙繁衍，逐渐分居平度州各地，如南城子、白果园、崔家荆戈庄等。崔子忠有一方印，印文为"家住三城二水滨"，常用在赠送亲友、同乡的作品中，特指他的故乡所在地。考察与崔子忠有关的地区，今平度市古岘镇南城子村（按：此处为崔氏家族世居地）地理环境、文化内涵与印文相符，且有明人于慎行《崔公梅庄先生暨配曹孺人合墓表》等文献史料佐证，故定其为崔子忠的祖居地（见本书《崔子忠原籍及"家住三城二水滨"考》）。

始名崔丹，字道毋。改名崔子忠，字开予、开子。又字道母、道毌、青蚓、清引、青引。号北海，以字为号，又号青蚓、道母。

宋继澄《万柳老人诗集残稿》附录《吾乡复社姓氏并载于后》："登州府莱阳县：……崔丹（道母姓氏北直顺天府籍）。"

王崇简《青箱堂文集》卷八《都门三子传》："崔子忠，字青蚓。一名丹，字道毋。"

梁清标《息影轩残稿序》（见《息影轩画谱》）："余友崔子忠，顺天人，字道毋。"

李卫《（雍正）畿辅通志》卷七十九："崔子忠，字道毋。"

汪懋麟《百尺梧桐阁集》文集卷五《王筠侣传》："初学画于崔秀才青蚓，名子忠，又字道毋。"

王士禛《分甘余话》卷一："崔子忠，字青蚓，又字道母。"王士禛《带经堂诗话》卷二十三记载门五《书画类下》："崔子忠，字青蚓，又字道母。"

汤漱玉《玉台画史》卷三名媛下《崔子忠妻女》："子忠，字道母。"

周亮工《因树屋书影》卷五："崔子忠，字青蚓，一名丹，字道毋。"

王丕煦《（民国）莱阳县志》卷三之三（上）人事志艺文（上）《崔茂才子忠传（朱彝尊）》："崔子忠，字开子，一名丹，字道毋，别字青蚓。"

陈子龙《皇明经世文编》之《凡例》："他若宛

平金伯玉铉、王敬哉崇简、崔道母子忠。"

孙承泽《畿辅人物志》卷十九《崔文学子忠》："崔子忠，字道母。"

孙岳颁《佩文斋书画谱》卷五十八画家传十四《崔子忠》："崔子忠，字道母，初名丹，字开予，又字青蚓。"

张之洞《（光绪）顺天府志》卷九十八人物志八先贤八《崔子忠》："崔子忠，字青蚓，一名丹，字道母。"

赵尔巽《清史稿》卷五百九列传二百九十一艺术传三《崔子忠》："子忠，一名丹，字道母，别号青蚓。"

钱谦益《列朝诗集》丁集卷十《崔秀才子忠》："子忠，字道母。"

徐沁《明画录》卷一《人物》："崔子忠，字清引，一字道冊。……（一作青蚓）。"

万斯同《明史》卷三百九十六《隐逸传》："崔子忠，字道冊。"

杨士骧、孙葆田《（宣统）山东通志》第一百六十三卷人物志第十一《历代文苑·明》："崔子忠，字开予，一名丹，字道冊，别字青蚓。"

徐鼒《小腆纪传》卷五十八列传第五十一《逸民》："崔子忠，一名丹，字道冊，又字青蚓。"

刘侗《帝京景物略》卷六西山上《水尽头》："太和庵崔开予见过。"

吴山嘉《复社姓氏传略》卷一《北直顺天府》："崔丹，字道母，号青蚓。"

陈田《明诗纪事》辛签卷二十七上《崔丹》（二首）："丹字道母，更名子忠，字开予，又字青蚓。"

王崇简《青箱堂诗集》之《序（宋玫）》："敬哉居楼二年而刻胜引，草成，余与开予适登其楼。"

秦祖永《桐阴论画二编》卷上《崔子忠神品》："崔道母子忠。"

孙奇逢《畿辅人物考》卷之八补遗《崔文学子忠》（见《孙奇逢集》（中），中州古籍出版社2003年版）."子忠，字道母。"

卓尔堪《明遗民诗》卷十《崔子忠》："崔子忠，字青蚓，一名丹，字道母。"

孔尚任《享金簿》（见《美术丛书》初集第七辑）："莱阳崔子忠，号青蚓。"

彭蕴璨《历代画史汇传》卷十二《崔》："崔子忠，字道母，号北海，初名丹，字开予，又号青蚓。"

王丕煦《（民国）莱阳县志》卷三之一（中）人事志人物（中）《艺术书画·清》："崔丹，字开予，后改名崔子忠，号青蚓，又号道母。"

按：古代名字相表里，由此观之，丹与道母、道母、道冊对应，子忠与开予、开子对应。从阴阳五行关系看，丹又与青蚓、青引、清引、道冊关联，构成木生火、火生土、土生金、金生水、水生木的生命运势，据此认为崔子忠始名丹，字道母。改名子忠，字开予、开子。又字道母、道冊、青蚓、清引、青引。号北海，以字为号，又号青蚓、道母。

家族世代经商，童仆贸易海上，赀雄乡里。

崔旦《海运编》卷上《船舶考》："予家居滨海，童仆贸易海上。"

王崇简《青箱堂文集》卷八《都门三子传》："家故饶，万历时上供珠玉诸珍货，率金京师富民办纳。"

崔廷槐《先考处士府君暨先妣孺人行状》（见《胶东崔氏族谱》）："闻诸长老，自吾高曾而下，世以赀雄乡里，迨吾先府君，益大干□以恢洪先业。"

【时事】是年，顾宪成贬官归乡，与弟顾允成倡修东林书院。

崔子忠的从曾祖父崔淳隐居平度州大泽山修真炼丹，分食四方。

丁云鹏 四十九岁。

宋兆祥 四十四岁。

董其昌 四十一岁。

蓝瑛 十一岁。

王时敏 四岁。

明 万历二十四年（1596）丙申 二岁
【事迹】
【时事】三月，乾清宫、坤宁宫失火，二宫被焚毁。

是年，明神宗始遣中官开矿、榷税。陈增奉诏采金于山东平度州旧店（今山东省平度市旧店镇）。

明　万历二十五年（1597）丁酉　三岁
【事迹】
【时事】六月，皇极殿、中极殿、建极殿再次发生火灾，文昭阁、武成阁并焚。

宋琮生。

明　万历二十六年（1598）戊戌　四岁
【事迹】
【时事】六月，明神宗命内监李敬采珠于廉州。

八月，起赵焕为南京都察院右都御史，以编修董其昌为皇长子讲官。

十一月，明神宗谕选皇长子婚及册立加冠礼，三皇子、五皇子、六皇子、七皇子一并加冠分封。

明　万历二十七年（1599）己亥　五岁
【事迹】崔子忠的父亲崔胤德官工部文思院大使，率金京师富民办纳珠玉诸珍货，中官勒抑，费不赀，加之不以时价偿值，赀本悉罄，家道由此中落。

王崇简《青箱堂文集》卷八《都门三子传》："家故饶。万历时上供珠玉诸珍货，率金京师富民办纳，中官勒抑，费不赀，复不时与直，家以此中落。"

《明实录〈明神宗实录〉》卷之三百三十九《万历二十七年九月》："户部进大珠龙涎香，命内库验收，仍以大珠不堪及退出，未进者，谕令请求速办，毋误典礼。"

张廷玉等《明史》卷八十二志第五十八《食货六》："万历初年，益减至十三四万，中年渐增，几三十万，而铺户之累滋甚。……时中官进纳索赂，名铺垫钱，费不訾，所支不足相抵，民不堪命，相率避匿。乃金京师富户为商，……京民一遇金商，取之不遗毫发，赀本悉罄。"

王崇简《青箱堂文集》卷十二《家谱·内传》："神庙季年，……京师有金商之害，家稍裕，多不克免。"

按：自万历二十六年明神宗谕选皇长子婚及朋立加冠，三皇子、五皇子、六皇子、七皇子一并加冠以来，宫中所需珠玉激增，采办日繁。本年五月至九月，明神宗切责户部办纳珠玉迟缓，谕令速办。户部急于上供，京师商人乘机哄抬价格，比旧价涨至五六倍甚至二十倍。时中官索赂，名铺垫钱，商民不堪重负，相率避匿，有司不得已，只好打破当行应役的规矩，"乃金京都富户为商"。这段历史与崔胤德"率金京师富民办纳"珠玉事件印合，据此暂定该年为其败家之年。

【时事】是年，明神宗诏征杨应龙叛乱，至明年平定，耗银二三百万两。其时三大征踵接，用银总计一千多万两，国用大匮。

浙人赵一平、孟化鲸等借白莲教谋反。

明　万历二十八年（1600）庚子　六岁
【事迹】
【时事】四月，户部因皇长子婚礼及册立分封诸礼所需金宝珠玉众多，内帑匮竭，边饷告急，建议将见在者包装进库验收，其余部分待有钱时再次第办进。明神宗大怒，责其藐玩，命上紧办进。

是月，宦官张烨催取宛平、大兴二县所属及户部等衙门珍宝睛绿金玉等项牙商与京城内外当铺卯历，逐查姓名，坐派银一万五千两，委官轮管征收，数百商人于西长安门拦官号哭。

是年，崂山道士耿义兰状告僧人憨山霸占崂山道院基地胜诉，明神宗降旨毁寺复宫，敕封耿义兰为护教真人，赐《道藏》四百八十函以镇名山。

意大利传教士利玛窦进京，贡油画耶稣像、自鸣钟、铁丝琴、《万国图志》等方物，明神宗大悦，许其在京建教堂传教。

明　万历二十九年（1601）辛丑　七岁
【事迹】明神宗追查造办册宝冠服内外经营官责任，崔胤德被免去文思院大使。复又捐官陕西西安府同州吏目。

《明实录〈明神宗实录〉》卷之三百六十四《万

历二十九年十月》:"上谕内阁册立分封典礼。朕尊祖宗制度家法,自然次第举行,只缘皇太子气质清弱,屡旨少俟,何乃憸邪畜物,故逞私臆,沽名邀功,意欲离间渎阻。今春朕见皇太子气体充实,书仿进益,朕心嘉悦,且又内外仰体静听,朕命即于二月吉期移居,屡传各衙门,查照旧例,上紧造办应用钱粮,何以至期册宝虽备,尚未精纯,其余器物等项迟误,科道官未见一语催参,公私显然,职守安在?其造办册宝冠服内外经营官,卿可传示,便着该部查参,明白具奏。"

《胶东崔氏族谱》九世《胤德》:"工部文思院大使转西安府同州吏目。"

李图《(道光)重修平度州志》卷六杂进选举姓氏表《援纳》:"崔允(胤)德,同州吏目。"

按:明文思院大使官秩正九品,州吏目从九品。崔胤德由工部文思院大使转西安府同州吏目,此"转"不仅官降半级,且从朝廷转到地方,由独当一面的大使降为负责一州具体事务的吏目,无论从哪方面看都属于贬官。而在《(道光)重修平度州志》中,崔胤德的新职务"同州吏目"被列入《援纳》条目,可知他是在免去文思院大使之后,通过捐援获得该官职,其免官经历与本年明神宗追查文思院官员责任契合,据此暂定他于本年被免官,同时援官同州吏目(见本书《〈胶东崔氏族谱〉与崔子忠》)。

【时事】十月,册立皇长子朱常洛为皇太子,同时册封皇三子为福王,皇五子为瑞王,皇六子为惠王,皇七子为桂王。

十一月,河南道御史高举上疏请开胶莱运河,推荐崔子忠的从曾祖父崔淳担任治河大臣,称崔淳曾与其事,不须过多糜费,只需借班军之力,两年内即可完成。

明 万历三十年(1602)壬寅 八岁
【事迹】
【时事】二月十六日,明神宗以疾诏免矿税、释系囚、录建言贬斥诸臣,次日病愈,悔之,矿税使肆虐如故。

是年,王崇简生。

明 万历三十一年(1603)癸卯 九岁
【事迹】作《普贤菩萨洗象图》。题识:"□□□□人□□□王发财□□□时癸卯之冬子忠为□□。"

按:该图见于户田祯佑、小川裕充《中国绘画总合图录》续编第三卷,东京大学出版会1999年版,第116页。

【时事】是年,顾炳摹辑《历代名公画谱》刊行。画谱上起东晋顾恺之,下至明代董其昌等,总计一百零六家作品。

顾炳,字黯然,号怀泉,武林人。明万历二十七年召授中秘,供事武英殿。擅长花鸟画。

明 万历三十二年(1604)甲辰 十岁
【事迹】
【时事】是年,倪雅谷《圣路加圣母抱小耶稣像》在京师天主教堂展出,教徒见后欢欣异常,圣像画风靡一时。

按:崔子忠曾作《人物图》(2014年加州双木拍卖行秋季拍卖会拍品),描绘教士逗婴儿玩耍,造型设色皆西洋画作风。其又作《授道行装图》(浙江世贸拍卖中心有限公司"2015春季拍卖会 妙观逸致——古代书画专场"拍品),描绘西域红衣教士(疑是利玛窦)参与祭祀活动场景,宝象身覆华美璎珞毡毯,背驮祭祀法器、珊瑚等,图中器物与文思院应备祭天器皿相似。据此推测,崔子忠或因其父供职文思院见过利玛窦及西洋画作品,深受西方绘画影响。

倪雅谷,字一诚,中日混血儿,利玛窦的绘画助手。早年在日本跟随乔瓦尼学习,后回国从事教堂宗教绘画创作。

明 万历三十三年(1605)乙巳 十一岁
【事迹】
【时事】十一月,朱由校生。

是年,程大约撰、丁云鹏绘、黄鳞等镌刻《程氏墨苑》刊行,收入利玛窦《圣母抱耶稣像》等作品,独放异彩。

宋玫生。

明　万历三十四年（1606）丙午　十二岁

【事迹】

【时事】二月，左之龙官延安府同知。至榆林，先治军，再作人文于大漠，延师讲艺，士蒸蒸如邹鲁。

十二月，给事中王元翰疏论时政八弊，请明神宗改弦易辙，不报。

是年，沈一贯、沈鲤致仕，朱赓官内阁首辅。时朝政日弛，内外解体。

云南指挥使贺世勋率民众杀税监杨荣及其党羽百余人。

福建漳浦县人、原军中守备刘志迈起事失败，遁去。

河南永城县人刘天绪传"无为教"，招集教民谋划起事，事泄被杀。

明　万历三十五年（1607）丁未　十三岁

【事迹】

【时事】是年，起于慎行、李廷机、叶向高为礼部尚书兼东阁大学士，参与机务。

明　万历三十六年（1608）戊申　十四岁

【事迹】

【时事】是年，张野云卒。

按：张野云，莱阳（今山东省莱阳市）人。寓居京师。绘画取法宋元，笔法超逸，无世俗烟火气。

明　万历三十七年（1609）己酉　十五岁

【事迹】

【时事】是年，吴伟业生。

赵耀卒。

明　万历三十八年（1610）庚戌　十六岁

【事迹】偕好友蒋渔郎拜莱阳学者宋继登为师，与其子宋琮、宋珵、宋玫及群从赵士骥等同学，其中，与宋应亨、宋玫尤厚善。以诗名，文翰之暇，留心丹青画法。

宋继澄《文起楼文序》（见莱阳《东海世家宋氏族谱》）："万历庚戌，先大夫自汝南归，长兄（按：宋继登）以范阳令被人言之诬，未补官。仲兄下春宫第，皆在里。乃择及门士十余人，命余暨侄琮与为文社。余年十七，琮十四，以文字与人论交盖自此始。此十余人者，壮稚不等，各任坦夷，皆极相欢。今时追忆已超然若隆古也。赵子黄泽时年十九，文已就轨，其为人资性绝美不雕饰，居然笃雅。长兄命琮特相亲，投分尤深。嗣后，长兄任户部郎，督北平储粮，迁臬职，司运淮津，黄泽与琮俱从任，数年来朝夕无不与共，侄珵及玫执经为弟子，分黄泽之绪余，遂有声称。"

陈介锡《桑梓之遗录文》卷八《莱阳宋鸿胪继登帖二》："公名继登，字先之，号柏园。万历甲戌进士，官至鸿胪寺卿，文名震海内，言制艺者推宋氏，一时名士尽出其门，曰柏园社。"

钱谦益《列朝诗集》丁集卷十《崔秀才子忠》："少为书生，师事莱人宋继登，宋诸子及群从皆与同学，而玫及应亨尤厚善。"

徐沁《明画录》卷一《人物》："少为诸生，以诗名，后侨燕。"

王崇简《青箱堂文集》卷八《都门三子传》："子忠为诸生甚贫，于六经无不读，得诸戴礼者尤深。为文崛奥，动辄千言，不加绳削而自合，督学御史左公光斗奇其才，置高等食饩。……先是子忠偕蒋生渔郎受业于宋公应登之门，同学宋氏兄弟既贵为大官，并不至其门。"

孙承泽《畿辅人物志》卷十九《崔文学子忠》："形容清古，言辞简质，望之不似今人，文翰之暇，留心丹青，然亦法古规，摹顾、陆、阎、吴遗迹，唐人以下不复措手。"

按："柏园社"是明末莱阳最早成立的文社，又名"莱阳邑社"，后来以此为基础，逐步发展壮大为"山左大社"，成为复社在江北的重要组织。"山左大社"社员姜垓在给崔子忠的信中，称其为"盟翁""老老盟世翁兄"。陈子龙在《皇明经世文编》中将崔子忠与宋继澄同列为元老级参阅人。可知崔子忠是"山左大社"的早期成员，可能在

"柏园社"成立初期拜宋继登为师。

宋继登为官履历可分为两大段：第一段在北直隶任职，时间在万历三十八年至万历四十八年，其中，万历三十八年至万历四十年居家教授生徒；第二段在山西、陕西及江南任职，时间在万历四十八年至天启五年。万历四十八年，宋玫跟随宋继登南下宦游，天启五年考中进士；天启二年，崔子忠流寓北京并定居。由此观之，崔子忠拜师宋继登并与宋玫同学的时间，只能在宋继登居乡教授生徒和在北京任职期间，而根据钱谦益、徐沁、王崇简的记载，实应该在宋继登居乡教授生徒期间。今暂定他于本年拜宋继登为师。

【时事】十二月，朱由检生。

是年，弘仁生。

明　万历三十九年（1611）辛亥　十七岁
【事迹】
【时事】是年，孙克弘卒。

明　万历四十年（1612）壬子　十八岁
【事迹】
【时事】正月四日，顺天府官进春，明神宗免御殿，百官于午门行庆贺礼。大学士叶向高上疏曰："年来天下景象亦枯槁憔悴极矣。臣民望阳春之泽，年复一年，未有以对。今万历之纪已四十年，此亦人望更急之时也。……臣于皇上，今日既以为喜，而亦窃以为惧者也。今民穷财尽，内外空虚。房封未就，日肆要挟。臣适接蓟辽督抚官揭帖，又言东房大部纠集入犯，声势甚大，辽兵枵腹日久，何以御敌？一旦边疆不支，阑入内地，皇上试思：京师中何事足恃？何策足以自安？是宁可不寒心乎？自古国家所恃惟在人才，今自阁臣大僚以及方面无所不空，臣等苦口极言，尽心血尚不见听。此等官员皆祖宗建设以共理天下。当其时，百司庶职无一不备，而列圣尚且宵旰勤劳，不敢暇逸，今皇上既深居端拱于上，而使二三寥之臣工苟且承顺于下，乃欲求天下之不乱，有是理乎？人才虽天所生，亦须人主作养，乃克自立自。自各官不补，日就消磨，造物之所摧残，浮言之所牵蔓，不知其几。姑毋论其他，即阁臣之推，再迟，臣恐排荡之势无所纪极，而将来无人之可用矣。"（见叶向高《纶扉奏草》卷十五）

九月，礼部尚书兼东阁大学士李廷机拜疏自去。是时，内阁仅叶向高一人，六卿仅一赵焕在，台省空虚，诸务废堕。

是年，宋继登补顺天府武学教授。

周亮工生。

明　万历四十一年（1613）癸丑　十九岁
【事迹】
【时事】五月，明神宗谕令廷臣不得结党乱政，逾规者罪不宥。

七月，兵部尚书掌都察院事孙玮拜疏自去。

九月，吏部尚书赵焕拜疏自去。

明　万历四十二年（1614）甲寅　二十岁
【事迹】
【时事】是年，宋琬生。

宋继登官升户部主事。

明　万历四十三年（1615）乙卯　二十一岁
【事迹】
【时事】三月，吴彬客居米万钟勺园，作《勺园祓禊图》。

五月，梃击案发。

是年，宋应亨考中举人。

明　万历四十四年（1616）丙辰　二十二岁
【事迹】
【时事】正月，努尔哈赤统一女真各部称汗，定国号大金，年号天命。建都赫图阿拉。

是年，汤显祖卒。

明　万历四十五年（1617）丁巳　二十三岁
【事迹】
【时事】三月，米万钟仿吴彬《勺园祓禊图》，作《勺园祓禊图》。

八月，左之龙出永平府同知转署北平太守事。

是年，诏令京察，齐、楚、浙三党把持政局，尽斥东林人士。

两畿、山东、河南等地大旱。

明　万历四十六年（1618）戊午　二十四岁

【事迹】

【时事】四月，努尔哈赤书"七大恨"，誓师告天，兴兵伐明。

明　万历四十七年（1619）己未　二十五岁

【事迹】

【时事】是年，明军与后金激战萨尔浒，大败。

明　万历四十八年（泰昌元年）（1620）庚申　二十六岁

【事迹】

【时事】七月，明神宗崩。

八月，太子朱常洛即位，是为明光宗。

九月，明光宗进食红丸崩于乾清宫，皇长子朱由校即位，是为明熹宗。

是年，宋继登官苏松道，赵士骥于署中开绛帐，教授宋玠、宋玫读书。

黄嘉善致仕。

按：黄嘉善，字惟尚，号梓山，黄培祖父。即墨（今山东省青岛市）人。明万历五年进士。官至兵部尚书加太子太保，协理京营戎政。卒赠光禄大夫、上柱国太保。

黄培，字孟坚，号封岳，即墨人。官锦衣卫都指挥使。明亡后眷念故国，因作《含章馆诗集》被杀。

梁清标生。

明　天启元年（1621）辛酉　二十七岁

【事迹】

【时事】闰二月，左光斗巡按直隶兼督学御史，力杜请寄，识见如神，所拔多俊杰才子。衡文之暇，惟以道义名节与经世济人之略与多士相切攡。

按：《明实录〈熹宗哲皇帝实录〉》卷之七《天启元年闰二月》记载："乙亥，命御史左光斗提督北直隶学政。"马其昶编《左忠毅公年谱定本》之《天启元年三月》记载："巡按直隶兼提督学政，……力杜请寄，识见如神。"两者记载时间相差一月。今取《明实录〈熹宗哲皇帝实录〉》之说。

是年，叶向高复官首辅，重新启用东林党人。

宋琮、赵士骥考中举人。

明　天启二年（1622）壬戌—天启七年（1627）丁卯

明　天启二年壬戌（1622）　二十八岁

【事迹】赴北直隶屯学，畿辅督学御史左光斗奇其才，置高等食饩，补顺天府学庠生。

王崇简《青箱堂文集》卷八《都门三子传》："为文崛奥，动辄千言，不加绳削而自合。督学御史左公光斗奇其才，置高等食饩。……先是子忠偕蒋生渔郎受业于宋公应登之门，同学宋氏兄弟既贵为大官，并不至其门。"

徐沁《明画录》卷一《人物》："少为诸生，以诗名，后侨燕。"

赵尔巽《清史稿》卷五百九列传二百九十一艺术传三《崔子忠》："寄籍为顺天诸生。"

陈介锡《桑梓之遗录文》卷八《莱阳崔高士子忠行书一》："以寄籍为顺天府学生。"

朱彝尊《曝书亭集》卷第六十四传三《崔子忠陈洪绶合传》："先世莱阳人，居京师，补顺天府学生。"

梁清标《息影轩残稿序》："天启时为府庠生。"

按：崔子忠原为莱阳县人，按照明朝科考规定，他没有资格参加北直隶乡试考试，但是，由于本年朝廷施行屯学新政，他却获得了考试机会。屯学始于天启二年春，左光斗卸任督学御史于天启三年三月，因此，他参加屯学并得到左光斗赏识的时间，只能在天启二年春至天启三年三月之间。明律，提学官在任三年，两试诸生，第一年岁考，第二年科考，按此规定，左光斗举行科考的时间在天启二年，是以得知本年崔子忠被置高等食饩并补顺天府学生员（见本书《崔子忠流寓北京及放弃科举时间考》）。

初冬，作《品画图》，题识："逼视之如草书十行下，纵横览之如蟠虹曲葛。古人之画葡萄也，先得之晶光雨露之表，而不慊慊于草枝木理间，求之点睛，政（正）虞飞去。古之画龙者，又得之于云汉空明之外，不事濡毫泼墨为工。师人不如师造化，疑写真而不写伪也。颊上三毛，可与论画。画右翊于尺绡上，远之而□然行，即之而诩诩然笑，退然不胜衣。其右翊之为恭，寂焉无所□。其右翊之言讷，讷然如不出诸其口也。尝试于疏烟淡月之下，游鱼升升之间，开万卷书，引太白酒令，一科头童子以栞枝邛杖，张之前后，依其左右，右翊其自相宾主耶。时年二十有六，日月变迁，图形不易，故附记之。天启壬戌初冬，北海崔子忠题。"

【时事】二月，左光斗奏开屯学，以为："今诚仿汉，力田科，以田为殿，最裨火耕水耨之子，亦得与圜桥观听之荣。其法使人自为屯，先授田百亩，给以武生衣巾，使之且耕且读且射，寄学之后，文艺有长力田有加者，收之庠业，益进士、益闱者，即就田之入饩之，南方富室子弟不得志于有司者，必走如鹜，南人导北，北复踵南，每田一亩，入租一石，每试百人，得租万石，且以屯占籍，士子世守其业，国家世收其利，较鬻爵纳粟如日中而市者，于计孰便。请视卫学运学例一体举行。"（见马其昶《左忠毅公年谱定本》卷下《二年壬戌公四十八岁二月》）其又在涿州置水田数百顷，以赡贫生，通给乡试诸生卷，"屯学诸生，每生员十名，准做科举一名"，科举之路骤然开阔，屯学大兴。

春，重修崂山太清宫三清殿毕，立《重修太清宫三清殿碑》。明兵部尚书黄嘉善篆额，云南道监察御史左之宜撰写碑文，两淮盐运副使宋兆祥、淮□海防道参政宋继登、刑部河南司郎中左之龙等赞助。

五月，山东白莲教徐鸿儒起事，后事败被杀。

是年，徐枋生。

明　天启三年癸亥（1623）　二十九岁
【事迹】时家境甚贫。
王崇简《青箱堂文集》卷八《都门三子传》："子忠为诸生甚贫。"

【时事】三月，王崇简考取顺天府学附学生。

是年，陈洪绶为生计所迫第一次赴京。

德国传教士汤若望到达北京，在天主教堂展出他从欧洲带入中国的一些仪器，包括望远镜。

明　天启四年（1624）甲子　三十岁
【事迹】秋月，第一次参加北直隶乡试考试，落榜。其间与族祖父崔灿相会于京师。

按：天启二年崔子忠获得北直隶乡试考试资格，本年为其首次参加考试，必当全力以赴。崔灿在写给他的书信中称："自甲子秋长安奉违年兄颜范，几易寒暑矣，……恭维年兄鸿才夙学，又加沉息三年，咫尺秋风，扳桂联琼，为吾辈吐气。"可知他参加了本年的举人考试，落榜（见本书《〈桑梓之遗录文〉之姜垓、宋应亨、宋瑛、崔灿帖及无名帖考》崔灿帖及无名帖考部分）。

崔灿，号樵云，崔桓子，湖广巡抚翟瓒的孙女婿。平度州人。官至宣府镇抚。

与少年同学好友宋应亨相会于北京，宋应亨宴请并为其作荐书，相约明春再见。

陈介锡《桑梓之遗录文》卷八《莱阳宋节愍公应亨帖一》："故人聚首时欢若生平，去后之思，翻忆从前之不获朝夕也。离况日深一日，所谓一日三秋者，良不诬也。捧翰教恍如面谈，知福履安吉，稍慰阔怀。日晤北海年兄，极道高谊，亦云不可得之今人，信秉彝有同然耳。虚扬两月，不足供束装之资。台下之品自高，然亦太节也。虽归心甚迫，此别未卜何期，倘不鄙弃，再辱临，为十日饮，同作散场，亦快事也。台下许我否？承谕李舍亲书，敬付盛使，第其人，不甚通，方恐肉眼未必能识此高人，反为台丈笑耳。审编方竣，草此上复。无限离思，难究颖褚，惟有神兴偕往而已。计明春长安可图一晤也，殊甚悬结。弟亨又顿。"

按：详考见本书《〈桑梓之遗录文〉之姜垓、宋应亨、宋瑛、崔灿及无名氏帖考》之《〈莱阳宋节愍公应亨帖一〉考》部分。

【时事】是年，杨涟、左光斗上疏弹劾魏忠贤失败，内阁为阉党控制。

袁中道卒。

明　天启五年（1625）乙丑　三十一岁

【事迹】夏月，为路中贞作金纸笺扇面《三酸图》。

陈介锡《桑梓之遗录文》卷九《莱阳崔文学子忠三酸图扇一（金纸残）》："三酸图起于郭忠恕，盖谓酸出于淡，知淡则可与言酸，今人画三人当醯瓿者，殊失其旨。眉山长公曰：咸酸未必是盐梅。举此言以问郭更云何？乙丑夏为中贞先生图并记其说如此。海上崔子忠□□。"

路中贞，字苞九，宁阳人。少颖悟，有济世之志。天启末弃举子业，潜心研究兵法。史可法开府扬州，拜参谋，深倚仗之。

秋月，左光斗为阉党陷诏狱，人莫敢近。史可法以银贿狱卒就视于狱，王崇简哭于郊野，几遭不测。崔子忠批评曰："二生何愚也，不能为魏邵之脱史弼于死，徒效郭亮、董班哭李固、杜乔，何益耶？"主张输金营救左光斗。

张廷玉《明史》卷二百四十四列传一百三十二《左光斗》："光斗愤甚，草奏劾忠贤及魏广微三十二斩罪，拟十一月二日上之，先遣妻子南还。忠贤诇知，先二日假会推事，与涟俱削籍。群小恨不已，复构文言狱，入光斗名，遣使往逮。……至则下诏狱酷讯。……容城孙奇逢者，节侠士也，与定兴鹿正以光斗有德于畿辅，倡议醵金，诸生争应之。得金数千，谋代输，缓其狱，而光斗与涟已同日为狱卒所毙，时五年七月二十有六日也，年五十一。"

王崇简《青箱堂文集》卷八《都门三子传》："左公为阉竖陷诏狱，追毙而归榇，人莫敢近。时史公可法与予皆诸生，受知于公。史公就视于狱，予哭于郊，几不测。子忠曰：'二生何愚也，不能为魏劭之脱史弼于死，徒效郭亮、董班哭李固、杜乔，何益耶？'"

方苞《方望溪先生全集》文集卷九纪事《左忠毅公逸事》："左公下厂狱，史朝夕狱门外。逆阉防伺甚严，虽家仆不得近。久之，闻左公被炮烙，旦夕且死，持五十金，涕泣谋于禁卒，卒感焉。一日，使史更敝衣草履，背筐手长镵，为除不洁者，引入，微指左公处，则席地倚墙而坐，面额焦烂不可辨，左膝以下筋骨尽脱矣。"

约是年，王崇简、王崇节举家师从崔子忠学画。

王崇简《青箱堂文集》卷六《大士画像记》："余室人梁氏幼承中丞公训，……及归余，俨一良友……因忆读书宜轩时，饭后翻阅卷帙，室人见昔人（按：崔子忠）《大士像》，学临之，即得其笔意，然不欲多画，恐闻见人间也。窗晴几净时，余强之，再偶一属笔，终不欲多画。一日，董思白先生过斋中，称善，因题云：'于一毫端现宝王刹，向针缝里转大法轮。'既而复题一卷易一像去，岁在乙丑。……妾田氏临室人遗笔，略能仿佛。"

王崇简《青箱堂文集》卷八《五弟筠侣行状》："既而办事锦衣卫。卫员以善刺人阴事为称职，人侧目畏之，或借以挟人财，人恒屈意结纳免祸害，弟曰：'此岂吾之所为耶？'遂弃去，与崔文学青蚓友善。崔工于绘事，久而得其笔法。"

汪懋麟《百尺梧桐阁集》文集卷五《王筠侣传》："王筠侣字崇节，……初学画于崔秀才青蚓。"

王士祯《带经堂诗话》卷二十三记载门五《书画》："王崇节字筠侣，文贞之弟，文靖季父也，官把总，生于阀阅而任诞不羁，视富贵蔑如也，画学青蚓，京师贵之。"

王崇简《青箱堂文集》卷十《题画》："昔人（崔子忠）画桃源，……因学其意以应元功之命。"《题友人（崔子忠）小画》："古人笔墨之妙于法度外，独标惨淡微茫之致，始为超胜，若此烟云出没笔端变化浓淡间，想见胸次之宕逸，岂必古人也？"

按：本年左光斗为阉党所陷，左光斗是王崇简、崔忠的恩师，王崇节为尚义之士，时值阉党千夫所指，当是他放弃锦衣卫籍之时。且本年王崇简的妻子已经开始临摹崔子忠作品，故定本年王崇简举家师事崔子忠。

【时事】 春月，宋玫、宋应亨、宋果考中进士。

是春，阉党作《东林党人榜》，计三百零九人，生者削籍，为民者永锢，死者追夺。

是年，米万钟因不从阉党之请被削籍。

宋继登大计去官。

明　天启六年（1626）丙寅　三十二岁

【事迹】 三月十五日，作《仙人瑞兽图》。

五月五日，为崔玄胤作《藏云图》，题识："丙寅五月五日，予为玄胤同宗大书《李青莲藏云》一图，图竟而烟生薮泽，气满平林，恍如巫山，复恍如地肺。昔人谓巫山之云，晴则如絮，幻则如人，终不及地肺。地肺之山云祖也，春峦峦不辨草木，行出足下，坐生袖中，旅行者不见前后。史称李青莲安车入地肺，负瓶瓿而贮浓云，归来散之卧内，日饮清泉卧白云，即此事也。崔子忠。"钤印："丹仙骨""家住三城二水滨""画心"。

按："同宗"，不同族之谓也。"玄胤"速读音"勋"，疑是崔勋。

崔勋，崔煦长兄，博陵崔氏后裔，莱阳县东诸麓（今山东省莱阳市东诸麓村）人。崇佛，工诗文。

崔煦，字成和，号右川。与崔子忠厚善。善古文词，工书法。居京开办钱庄，富收藏。

【时事】 正月，宁远大捷，京师闻报，士庶空巷相庆。

六月，《三朝会典》刊布中外。

是年，吴彬于都门阅邸报，批评而訾议之，被逻者所侦，逮繋削夺。

朱耷生。

明　天启七年（1627）丁卯　三十三岁

【事迹】 五月，国子监生陆万龄疏请为魏忠贤立祠太学，约其同舍生共举。生不敢显绝，两难之际，崔子忠教其蓬头垢面病卧以免。

《明史》卷二十二《熹宗》："五月己巳，监生陆万龄请建魏忠贤生祠于太学，岁祀如孔子，许之。"

王崇简《青箱堂文集》卷八《都门三子传》："当天启时，阉竖魏忠贤用事，有国子生建议立祠太学，约其同舍生，生不敢显绝，子忠教生蓬垢病卧以免。"

计六奇《明季北略》卷三《陆万龄下狱》："熹宗时，监生陆万龄请祠魏忠贤于国学之傍。"

秋月，第二次参加北直隶乡试考试，再次落榜，慨然弃去，不复应试。

陈介锡《桑梓之遗录文》卷三《莱阳宋郎中应亨帖一》："闻年兄山居。下帷攻苦修大业，以时考之则可矣，两次不第，便觉此物无味，且将有穷途之悲也。年兄高才邃抱，自当云霄而上，如弟驽骀之质，老征种至，穷魔却之不去，日以冗杂应付作苦，但得无事，山居兀坐片时，亦是清福，况读书乎？"

王崇简《青箱堂文集》卷八《都门三子传》："及数试而困，慨然弃去，不复应试。"

陈介锡《桑梓之遗录文》卷五《无名氏帖一（未详书人姓氏）》："自甲子秋长安奉违年兄颜范，几易寒暑矣，……恭维年兄鸿才夙学，又加沉息三年，咫尺秋风，扳桂联琼（句法），为吾辈吐气。……年兄今大比之会（省字法），历山乎？燕山乎（字法）？北闱令人从容，较吾省不大苦，如开榜之前先从便铨考，为一通，万无如弟之株守无似也。郭兄近状弟亦未知，缺候考官否希一示之？长兄仙品玉姿，青云以上人，而谦婉和易，令人不忘。前督学使者可曾特鉴乎？不敢颟启（上方有下落），弟遥隔千里，敬将一芹介意，唯年兄勿鄙其簿，甚幸伏希照，另事再渎。弟名正具。"

陈介锡《桑梓之遗录文》卷四《平度崔灿帖一》："眷生崔灿顿首拜。久不闻起居状，时复悬悬。宅上有蟛头月继铁梗海棠，各分一枝，赠我胜丽矣，此恳。"

按：天启四年，崔子忠第一次参加北直隶乡试考试，落榜。天启七年，他的族祖父崔灿试图帮助他通过第二次考试，说明他参加了该年的考试。宋应亨称他只参加两次考试便放弃了举子业。王崇简称他数试而困，即慨然弃去，不复应试。可知他在本年考试失败之后，没有欲罢还休，便彻底放弃了举子业（见本书《〈桑梓之遗录文〉之姜垓、宋应亨、宋璜、崔灿及无名氏帖考》崔灿帖、无名氏帖考部分及《〈莱阳宋郎中应亨帖一〉考》。

居京师阛阓中，荜门土壁，洒扫洁清，莳花养鱼，杳然遗世。兴至则解衣盘礴，不断通过精品力作展示傲视群雄的实力。不喜刺谒势人，偶尔将作品赠送知己好友，若庸夫俗子用金帛相购请，虽穷饿，掉头不顾。

王崇简《青箱堂文集》卷八《都门三子传》："慨然弃去，不复应试。荜门土壁，洒扫洁清，……工图绘，为绝技，时经营以寄傲。人有欲得其画者，强之不可得，山斋佛壁则往往有焉。更善貌人，无不克肖。平生不修刺谒势人，当时贵人多折官位愿与之交，皆逃避不顾。"

孙承泽《畿辅人物志》卷十九《崔文学子忠》："居京师阛阓中，蓬蒿翳然，凝尘满席，莳花养鱼，杳然遗世。兴至则解衣盘礴，……间出以贻相善者，若庸夫俗子用金帛相购请，虽穷饿，掉头弗顾也。"

宋荦《筠廊偶笔二笔》之《筠廊二笔（卷下）》："余闻明季都门高士崔青蚓，人物奇古，人求之不可得，……性好盆景、朱鱼，每灌花饲鱼有一定晷刻。"

吴省钦《白华前稿》卷二十八《崔子忠钟馗》："朱门鼎鼎掉头去，盆鱼盎卉春如雾。"

按：明时京师有莳花习俗，右安门外丰台、草桥一带花木参天，兼葭密不容径，凡南北四时之花木，皆种植于此，清晨担入右安门内花市，获利颇厚，居民咸以为生计，人称"花儿匠"。崔子忠家住莳花之地，莳花规模宏大且按固定时间浇灌，可见并非闲情逸致。孙承泽称他"兴至则解衣盘礴"，王崇简称他"时经营以寄傲"，说明他以莳花养鱼为生，业余绘画。

崔子忠有一幅《卖花图》册页（美国大都会艺术博物馆藏），图中卖花郎身材短小，着蓝上衣，冠巾，戴花，神情喜悦地与同道谈话。身后一巨荷叶遮荫其上，花架摆满各式各样插花作品，琳琅满目，情景与历史记载"其人短小端饬""双眸炯炯""诸生""莳花养鱼""草履布衣"等契合，面部形象则与其自传体绘画《白描佛像图》等如出一辙，为其自画像无疑，可知他是一名"花儿匠"。需要提及的是，崔子忠的好友多园林花卉专家，如冯京第等；梁清标为崔子忠出版遗著《息影轩画谱》，特意选择在百花生日日（花神节）刊行，悼亡的意味非常浓厚；可见他不是普通的"花儿匠"，而是颇有造诣的园艺家。

又：崔子忠毕生追求高洁如灈的人生境界，崇敬倪云林，从他的人生态度看，王崇简记载其"荜门土壁，洒扫洁清"，较孙承泽记载"蓬蒿翳然，凝尘满席"更为可信，今取其说。

冬一褐，夏一葛，妻疏裳布衣，黾勉操作，虽无终日之计，而教授女儿读书诵诗琅然如故，晏如也。

王崇简《青箱堂文集》卷八《都门三子传》："子忠为诸生甚贫，……冬一褐，夏一葛。妻疏裳布衣，黾勉操作，……虽无终日之计，晏如也。"

钱谦益《牧斋初学集》卷十四试拈诗集下《中秋夜饯冯尔赓使君于城西方阁老园池，感怀叙别，赋诗八章，时德州卢德水、东莱崔道母及冯五十跻仲俱集》（其二）："……年岁何促迫，凉风鸣葛衣。"

孙静庵《明遗民录》之《韩石耕先生传·崔子忠附》："青蚓名子忠，又名丹，字道母。……荜门圭窦，裘葛不完，而课三女读书诵诗琅然如故也。"

卓尔堪《明遗民诗》卷十《崔子忠》："野服黄冠，有古隐君子遗风。"

三女亦解诵诗，点染设色，相与摩挲指示，共相愉悦。

王崇简《青箱堂文集》卷八《都门三子传》："三女亦解诵诗。"

钱谦益《列朝诗集》丁集卷十《崔秀才子忠》："一妻二女皆能点染设色，相与摩挲指示，共相娱悦。"

汤漱玉《玉台画史》卷三名媛下《崔子忠妻女》："子忠字道母，莱阳人。侨居都门，画法古规，摹顾、陆、阎、吴遗迹，一妻二女皆能点染设色，相与摩挲指示，共相娱悦。"

朱彝尊《静志居诗话》卷二十一《崔丹》："二女皆善画。"

吴省钦《白华前稿》卷二十八《崔子忠钟馗》："冯衍孺人惯对琴，左思娇女频裁赋。"

按：吴省钦将崔子忠与左思、冯衍相比，可知他其貌不扬，拙于交游，具有杰出的文学才华，善于作赋；将他的妻子比作冯衍之妻，可知他的妻子非常能干，甚至有些"霸悍"（按《后汉书·冯衍传》："衍娶北地女任氏为妻，悍忌，不得畜媵妾，儿女常自操井臼，老竟逐之，遂陷壈于时"）；将他的女儿比作左思之女，可知她们不仅善于绘画，而且擅长赋诗。需要提及的是，王崇简、孙静庵记载崔子忠三女，比钱谦益、朱彝尊记载多出一女，因王崇简与崔子忠朝夕相处，今从其说。

又：崔子忠三女皆能诵诗绘画的盛景，当在崇祯年间，今暂列于此。

是年，友人宋应亨推荐戏班到崔子忠所在县演出，知县及以下各主要官员乘机索要崔子忠作品，友人不得已，请求其作书画以应。

陈介锡《桑梓之遗录文》卷三《莱阳宋郎中应亨帖一》："闻年兄山居。……兹黎园一班，久居敝邑，颇能事人，小旦二陈，青春稍逾，断袖仍堪，绕梁之音，足供清赏。今持敝邑李父母书，投贵邑令君并拜谒诸大君子。弟极知不敢烦年兄，但各索书叩谒，年兄处义不得辞。敬藉羽修候，倘下帷之余，一曲一觞，亦甚快事，万不敢损年兄惠，但祈于贵令君处，赐之齿颊，命从者稍吹嘘之，口角春风，即渥泽也。不得已之，请谅，年兄自能鉴原尔！"

按：详考参见本书《〈桑梓之遗录文〉之姜垓、宋应亨、宋璟、崔灿及无名氏帖考》之《莱阳宋郎中应亨帖一考》部分。

【时事】八月，明熹宗朱由校崩，朱由检即皇帝位，是为明思宗。

是年，王崇简考中举人。

米万钟避暑奕园，作《园石》长卷。

明 崇祯元年（1628）戊辰—崇祯十五年（1642）壬午

明 崇祯元年（1628）戊辰 三十四岁

【事迹】春，与王崇简夜坐赏梅，至夜深方才离去。

王崇简《青箱堂诗集》卷之一丙寅至辛未《与崔青蚓夜对梅花歌》："我怀澹远同崔子，宵寒坐对香光里。香不在花反在干，铁枝矫健香情起。花花孤守不相党，坚幽点点欲成响。夜老移灯影走衣，如虬如蝶向人飞。"

按：本年春，王崇简与张溥、杜麟征等人目击朝纲不振，丑类猖狂，欲振起东林之绪，"慨然深结，计树百年"，首倡"燕台十子"之盟。王崇简非常清楚崔子忠远避"党锢之祸"的态度，他在诗歌中称"花花孤守不相党"，公开声明两人和而不同，可知他已经结盟，该诗约作于本年春季。另外，该诗与王崇简本年所作诗歌《送宋宗玉并怀呈玉、文玉》前后相连，本年春两人有西山之游（下述），也都将这次赏梅活动的时间指向本年春月。

三月，与王崇简、王崇节游北京西山。入滴水岩，至"龙宫"，见一白蚓蜒蜓于乳石"龙床"之上，随行僧人称其为龙，崔子忠立即正色反驳："龙往来无声无息，怎么能生活在如此嘈杂的环境？"王崇简深以为是。

王崇简《青箱堂文集》卷六《游滴水岩记》："滴水岩去都城西北八十里。昔游于明崇祯戊辰三月。尔时花初萼，草始芽，古木荒榛间，有石骨嶙峋，千嶂肃肃逼人，……忆昔来，见一白蚓蜒蜓其上，首如蜗，两角矗起，僧言其龙也，友人崔子忠正色曰：龙所往来，岂宜履声火屑相洎？思其言，良是。"

王崇简《青箱堂诗集》卷之一丙寅至辛未《滴水岩》："悬峰怒下势更起，点点滴滴声粼粼。阴风古气抱岩栗，僧言此是龙之室。龙能示我非龙形，意闲神晏密其灵。"

刘侗《帝京景物略》卷七西山下滴水岩《宛平王崇简游滴水岩》："云归风住闻山响，石礧路穷折仍往。夹壁阴木无冬春，日月不照声粼粼。洞风土气抱岩栗，僧言此是龙之室。龙能示我非龙形，呼啸上古神物灵。"

按：王崇简诗文皆有僧言白蚓为龙的情节，与崔子忠诗歌《西山滴水岩》契合（下述），是以得知该年两人有滴水岩之游。

作诗《滴水岩》三首记其事。

刘侗《帝京景物略》卷七西山下滴水岩《顺天崔子忠滴水岩》："（其一）入不知高下，山春水似秋。星河平地看，鸡犬半天游。数顷耕无异，千泉滴未休。白云朝出宿，知是绕神州。（其二）峭石当石口，扶摇上不情。雨花山庙湿，雷树羽宫晴。野爨无朝牧，阴畴难蚕耕。游心真自壮，奇绝处深行。（其三）凿开山之鼻，飞阁粘虚空。峭聚东西石，飞来上下风。岗峦天路迫，云水野龙通。草昧窥荒劫，珠泉万点中。"

按：该诗有多种版本，内容不尽同。第一种版本收录于《帝京景物略》（崇祯八年刻本），即上所录，疑为初稿；第二种版本收录于《明诗纪事》《列朝诗集》《山左明诗钞》等，疑为改进稿。今附录《山左明诗钞》卷三十《西山滴水岩二首》："（其一）入不知高下，山春水似秋。星河平地看，鸡犬半天游。洞腹藏元气，山根养泬流。白云朝出宿，知是绕神州。（其二）石似当空立，岩疑急就成。雨花山庙湿，雷树羽宫晴。绝壁洪荒在，阴畴晦朔并。古潭龙夜语，徐夏应泉声。"

七月，与王崇简一起送少年同学、新科进士宋琮出都，意有感触。

王崇简《青箱堂诗集》卷之一戊辰《送宋宗玉并怀呈玉文玉》："获与子深交，志意皆夙择。见面云七月，语默通魂魄。……言别未为难，相视眼光射。拜手难一词，怀思黯然积。低眉向崔子，读书是相益。车马顷刻间，远看天色碧。"

【时事】春，莱阳举子宋继澄、宋继发、宋琮叔侄赴京参加会试，居住京师泡子河旅舍。王崇简前往拜会。众人把酒论文，气压一世，间相戏谑，形迹俱忘。

是春，宋继发、宋琮、史可法考中进士。

七月，蓟镇、宁远士兵因缺饷哗变。

十一月，高迎祥起事。

是月，诏推阁臣，吏部列礼部侍郎钱谦益等人名以上，温体仁、周延儒以人望不与，由此酿成党争。

是年，姜埰、左懋第拜师宋继登，同学五十余人。

项圣谟北游入京。

王时敏荫官太常寺卿。

明 崇祯二年 (1629) 己巳 三十五岁

【事迹】约是年，以崔丹之名加入复社"山左大社"，又以崔丹、崔子忠之名加入复社"北直顺天府"，先后名字不同。

朱彝尊《静志居诗话》卷二十一："崇祯之初，嘉鱼熊开元宰吴江，进诸生而谋讲艺，于时孟朴里居，结吴翻扶九、吴允夏去盈、沈应瑞圣符等肇举复社。……复社始于戊辰，成于己巳。"

卢见曾《国朝山左诗钞》卷九："时云间有几社，浙西有闻社，江北有南社，江西有则社，又有历亭席社，昆阳有云簪社，而吴中别有羽朋社、匡社，武林有读书社，中州有海金社，山左有大社，统合于复社，著录共数千人。三会于吴中之虎丘，两会于金陵之秦淮。吾乡之预斯盟者，共九十一人，而莱阳居三分之二，且又过焉。"

宋继澄《万柳老人诗集残稿》附录《附吾乡复社姓氏并载于后》："登州府莱阳县：……崔丹（道母，姓氏北直顺天府籍）。"

朱彝尊《静志居诗话》卷二十一《崔丹》："复社一二集，道丹均与焉，先后名字不同。"

张鉴《冬青馆集》甲集卷五文二《答震泽吴愚甫书》："崔青蚓原籍莱阳，既隶北直，只可一载，今贵池本一载，前录一载，续录承用，吴江本处已属可疑，今新刊本又汇在一处，此又仆前所疑，后人有出入者此也。"

按："山左大社"是复社在江北的重要分支组织，成员以莱阳士子为主，宋继澄为盟主。根据《复社姓氏传略》

《复社姓氏考订》《万柳老人诗集残稿》等史料记载，其成员大略如下：济南府新城县王与麟（瑞里）、王与朋（寿三）、王士瞻（封嵒）、王与敕（凤来）、王士熊（非雄）、王士和（允海）、王士鹄（志千）、郑问元、艾馥（兰如）、王淳（羲人）、于重徽、王与夔（凤虞）。德州马世龙（汉水）、翟应玺（孟介）、马元驭（六和）、吕献策（席之）、程先贞（正夫）、吕献章。平原县赵见绅（带存）。兖州府滕县黄家瑞（祯臻）、孙念祖（侗甫）；郯城县张懋猷、刘世才。青州府王袞（补之）。登州府莱阳县宋继澄（澄岚）、宋琏（殷玉）、左懋泰（大来）、宋瑆（呈玉）、赵士骥（黄泽）、姜澜（具水）、宋瑚（子夏）、宋璜（玉仲）、宋璸（赤崖）、孙凤毛（紫庭）、宋灌（白水）、赵尔汲（紫水）、杨维櫕、钟四达（晓闻）、沈时升、迟龙跃（霖伯）、杨昗（士古）、杨昶、姜圻（紫翰）、姜垓（梯生）、孙长祚（性如）、咸应擢（穉升）、咸应召（受也）、耿光（子烈）、赵金鼎（伯肃）、赵金甗、左懋桂（天木）、左球（澹若）、宋继芳（茂溪）、宋琬（玉叔）、宋正伯（敷庵）、孙耀祚（晦生）、于起泗（陪尾）、姜植（仲木）、王旒凤（思岐）、刘起蛟（文琢）、迟龙肃（雨若）、陈廷蕴（玉笥）、宋才绪（敦复）、沈迓（羽弟）、冯振先（麟昆）、姜楷（子木）、任孟麟、左良辅（太平）、赵际昌（梦白）、任某、张允捷（仲白）、姜刚（子柔）、赵临远、左懋芬（学海）、迟龙衡、左懋第（仲及）、宋瑀（淮南）、沈迅（捷郎）、宋献（公玉）、姜垙（如农）、孙一脉、赵隆（次公）、孙扬烈（集六）、钟还、孙扬声（静来）、崔丹（道母姓氏北直顺天府籍）；栖霞郝晋（孟晋）。莱州府掖县赵士喆（伯濬）；即墨县孙忭（光封）、解楷。胶州法若真（黄石）。

复社"北直顺天府"成员大略如下：王崇简（敬哉）、王世约（次重）、范邦瞻（若侯）、米寿都（吉土）、王章（阁然）、崔丹（道母）、王谷（大含）、肖生烺（伯阁）、萧升（允之）、韩四维（张甫）、李仲熊（非熊）、张永祯（仲灿）、梁一樟（公狄）、牛裕范（式之）、于奕正（司直）、李茂才、王以约（敬止）、周宗（本卿）、韩四科（十甫）、崔子忠（开予）、温良璞（仲青）、黄鼎（唯梅）、李经国、张希贤、李耿（毅侯）、李子和、房之屏、史可程（赤豹）、梁以桂（析木）、傅作鼎、陈圣学（心王）、孙嗣烈（绳甫）、梁以枬（仲木）、孙晗（咸若）、孙铨（虞维）、房之范、方士□、薛穀、孙铨、金之皋、周晓、孙通（无疑）、伦之楷（百式）、孙奇逢（钟元）。

标榜风节，恪守礼法，潜心治学，尤深于《礼记》《大戴礼记》。高冠草履，布袍扬扬，不知贫贱之可戚也。四方慕名者多谢不见，社友求画者多不能得，人笑其迂，答曰："交游盛而朋党立，东汉之事可鉴也。"所作诗歌、古文词人鲜知者，徒知其画耳。

陈介锡《桑梓之遗录文》卷八《莱阳崔高士子忠行书一》："木石存天地，衣冠志古今。"

陈介锡编《桑梓之遗录文》卷八《莱阳宋节愍公应亨帖一》："日晤北海年兄，极道高谊，亦云不可得之今人，信秉彝有同然耳。……台下之品自高，然亦太节也。"

谈迁《北游录》纪闻上《崔青蚓》："轨守寂。"

孙承泽《畿辅人物志》卷十九《崔文学子忠》："生平好读奇书，于六经无所不窥，尤深于戴礼。发为古文诗歌，博奥不逊李长吉，华亭董公其昌尝称之，谓其人、文、画皆非近代所有。"

厉鹗《樊榭山房集》卷八诗辛《题敬身所藏崔子忠伏生授经图》："北平崔丹古节士，布袍草履神扬扬。贵人乞画怒不与，槁死土室甘饥恇。"

王崇简《青箱堂文集》卷八《都门三子传》："士自四方来，慕其人，多谢不见，人或尤之，笑曰：'交游盛而朋党立，东汉之季可鉴也。'后果有以复社植党言者，其识力过人如此。其人短小端饰，双眸炯炯，高冠草履，萧然若在世外，不知贫贱之可戚也。所作诗歌古文词，人鲜知者，徒知其画耳。"

王崇简《青箱堂文集》卷十《为米吉土题画》："昔崔青蚓工于绘事，而同社兄弟多不能得者。"

【时事】三月，明思宗亲定阉党逆案，首犯魏忠贤、客氏凌迟，首犯同谋崔呈秀等立斩，交结宦官国子监生陆万龄等秋后处决。

九月，刘宗周起官顺天府尹，上疏请正人心之危，仁以育天下，义以正万民。明思宗以为议论迂阔，然叹其忠。

冬，后金兵逼京师，秦良玉率数千白杆兵勤王，勇往直前。

是年，张溥、张采合天下诸社为复社。

明 崇祯三年（1630）庚午 三十六岁

【事迹】 是年，观米万钟《红杏双燕图》于勺园清痷斋。

米万钟《红杏双燕图》（苏州博物馆藏）题识："崇祯庚午仲春写于勺园清痷斋，米万钟。"

崔子忠《米万钟红杏双燕图跋》："此米老伯自夸自诩平生不可多得者也，无我一旦快然得之。南人多有扬董而抑米者，可恨未见此幅耳，见此如何不神魄飞荡，甘退三舍，北面请教耶？无我什袭之，非人不可轻与一视，崔生以此相戒。"

按：由语句"此米老伯自夸自诩平生不可多得者也"，可知米万钟创作（或鉴赏）该图时崔子忠在场。崇祯四年春，米万钟担任太仆寺少卿兼鸿胪寺丞，主持朝廷举办的各种祭祀活动，供应亿万，积劳成疾，三月病倒，四月病死，恐无此闲情逸致，据此认为这次赏画活动在崇祯三年。

与姚文初、王崇简、扬史古、晋古雅集于米寿都家漫园。暮色降临，天光水色，荷香扑鼻，众人神会于彼此言外之意，别有一种散淡澹约的意境。

王崇简《青箱堂诗集》卷之一丙寅至辛未《同姚文初、崔青蚓、扬史古、晋古集米吉士漫园》："意能存澹约，交定性情归。行为孤多僻，言于间处微。云浮山境远，日逐水光飞。荷夕空香外，深堂隐落晖。"

姚宗典，字文初，姚孟子，复社成员。吴县人。以诸生贡太学。甲申乱后隐居不仕，倡上善会。

杨昙，字士古，莱阳人。复社"山左大社"社员。

晋古，疑是杨昙的兄弟。

按：这次雅集处于复社活动最为活跃的时期，参会士子均为复社社员，推测这次集会发生于复社成立期间（崇祯二年至四年间）。崇祯二年为复社初创之年，南北士子交流尚少。崇祯四年米寿都居家守孝，故定此事发生于本年。

【时事】 八月，明思宗以"托付不效，专恃欺隐"等罪名，将袁崇焕处以磔刑。

是年，张献忠起事。

温体仁入阁。

御马监太监庞天寿受洗加入天主教。

明 崇祯四年（1631）辛未 三十七岁

【事迹】 春月，少年同学赵士骥偕王崇简夜访，于书斋中弹琴相迎。

王崇简《青箱堂诗集》卷之一丙寅至辛未《同赵黄泽夜坐崔青蚓书斋中听琴》："春壁夜影虚，相对关神志。有客弹素琴，穆如存古质。一声如一友，静襟见情谊。浅深杂悲欢，人奔余乡思。惊心入窈杳，萧萧引之出。曲折不可穷，恭敬而笃质。"

赵崶等《光禄寺卿赠奉直大夫赵公府君行实》（见莱阳《赵氏族谱》艺文卷末）："戊辰大父亡，父未偕公车，辛未甲戌屡困不第。"

按：天启六年至崇祯四年赵士骥活动情况如下：天启六年、天启七年非会试之年，未进京；崇祯元年居家守孝；崇祯四年赴京参加会试，下第；据此确定这次夜访在本年春月，赵士骥借进京赶考之机访问崔子忠。

夏月，明思宗步行至南郊祈雨，群臣相从，金银罗列，气势恢宏。崔子忠布衣怀纸笔，道中迎象写生。归作《洗象图》，悬长安市中，道旁观者呼奇绝，一时名满长安，名豪千金相夺。但他不愿意迎合市场卖画，依旧过着贫困而自由的生活。

张廷玉《明史》卷二十三本纪第二十三《庄烈帝一》："五月甲戌朔，步祷于南郊。"

谈迁《国榷》卷九十一《崇祯四年》："五月甲戌朔，上忧旱，步祷于南郊。"

倪会鼎《倪文正公年谱》卷一《四年辛未三十九岁》："四月，上忧旱，步祷南郊，群臣从。"

靳荣藩辑《吴诗集览》卷六下七言古诗《题崔青蚓洗象图》："当时驾幸承天门，鸾旗日月陈金根。鸡鸣钟动双阙下，岿然不动如昆仑。崔生布衣怀纸笔，道冲驵哄金吾卒。仰见天街驯象来，归去沉吟思十日。眼前突兀加摩挲，非山非屋非陂陀。昔闻阿难骑香象，旃檀林内频经过。我之此图无乃是，贝多罗树金沙河。十丈黄尘向天阙，霜天夜踏宫墙月。刍豆支来三品料，鞭梢趋就千官谒。……图成悬在长安市，道旁观者呼奇绝。性僻难供势要求，价高一任名豪夺。"

芮鸿初、丁翔熊《蜗牛居士全集》子目《艺人小志下卷·崔子忠》："一生无润笔，且极诋之，谓为插标卖首。"

按：吴伟业是一位书画家，早年就知道莱阳之文，本年与莱阳士子左懋第、姜垓考中同榜进士后，作为复社社员，他必然会与左姜互通声气，并通过他们认识当街写生的崔子忠。根据谈迁《北游录》记载，吴伟业对崔子忠的人品和艺术非常敬佩，称赞他"故人慷慨多奇节""有高节"，可知两人交谊颇深，有可能在这段时间相识。

崔子忠本年三十七岁，正值壮年，尚有"道冲驺哄金吾卒，仰见天街驯象来"的青春激情。但自本年九月九日以后，他开始信奉佛教并在寺庙中居住，与世俗社会渐行渐远，且本年九月七日后明思宗赐吴伟业回乡成亲，故将此事件列入本年夏月。

约夏月，与王崇简、张仲灿送韩铁汉出都。连续两日游览古寺、高梁河，其间，众人所言皆关乎名理，意气豪迈，相期千古。

王崇简《青箱堂诗集》卷一丙寅至辛未《送韩铁汉出都同张仲灿、崔青蚓》："（其一）张子性情笃，崔子神骨奇。韩生重结交，我亦滥于斯。气志不可解，同为千古期。前日坐古寺，昨日高梁陂。言笑关至理，非若今人为。别去固非难，念子车轮时。（其二）一官悦母心，何计薄与微。荣膴世所恋，子志独相违。读书存至性，孝友悟天机。幸值世圣明，微职亦光辉。生有救时骨，宁能不奋飞？子归须念此，吾亦真掩扉。"

张永祯，字仲灿，复社"北直顺天府"社员，顺天人，明天启七年举人。工诗。

韩铁汉，疑是韩畕，字石耕，宛平人。少随父亲至江南，往来吴越间，以琴艺名闻江左。结交庄严，自作《醉琴先生传》。

袁宏道《袁中郎全集》卷十四《高梁桥游记》："高梁桥在西直门外，京师最胜地也。两水夹堤，垂杨十余里，流急而清，鱼之沉水底者，鳞鬣皆见。精蓝棋置，丹楼珠塔，窈窕绿树中。而西山之在几席者，朝夕设色，以娱游人。当春盛时，城中士女云集，缙绅士大夫非甚不暇，未有不一至其地者。"

刘侗《帝京景物略》卷五西城外《高梁桥》："都人踏青高梁桥，舆者则褰，骑者则驰，塞驱、徒步，既有挈携。至则棚席幕青，毡地藉草，骄妓勤优，和剧争巧。厥有扒竿、筋斗、唎喇、筒子、马弹解数、烟火水嬉。"

按：这次雅集的人基本是复社"北直顺天府"成员，根据王崇简诗句："气志不可解，同为千古期。"推测这是京师复社社员的一次活动，时间在崇祯二年至崇祯四年间。因本年是会试之年和复社社员交流最频繁的一年，且雅集人中有授官者，暂定这次活动发生于本年。

宋上木、王崇简访崔子忠家，钱孚千、蔡迪之不期而至。众人对坐品茗，鉴赏书画，漫谈人文始祖伏羲故事，意颇闲适。时居京师城墙边低矮的房屋中。

王崇简《青箱堂诗集》卷之一丙寅至辛未《同宋上木访崔青蚓，钱孚千、蔡迪之适至》："动即君家去，城荫覆短墙，友能不约至，户启自生凉。书画古人性，香茗高士光。安恬无异务，相向说羲皇。"

宋征璧，原名存楠，字尚木。"几社"社员。华亭人，明崇祯十六年进士。入清，官广东潮州知府，著《三秋词》等。

钱嘉征，字孚千，海盐人。明贡生，天启七年上疏劾魏忠贤十大罪状。崇祯间官福建松溪知县。

按：蔡迪之藏有一幅崔子忠扇面，曹溶称该图有"渊淳""浩淼""亭伯""茅茨"等形象（见曹溶《迪之出崔道母画扇索题仍用九青韵二首》），其制式及图中形象，与2014年中国嘉德秋季拍卖会"中国古代书画专场"展出的崔子忠《万里烟波图》扇面相似，疑是同一系列作品。《万里烟波图》风格类似崔子忠崇祯四年的画风，推测蔡氏藏品也作于这段时间，或在这次会面中得到了这件扇面。

九月九日，拜河间府在家居士田大受为师，为其书法长卷《金刚经》补《白描佛像图》，题识："函翁吾师素手写《金刚》，乃换鹅之《黄庭》也。释与儒当无强生分别。吾师言足以说经，气足以遣魔，聪知足以断六欲，慷慨足以出世相。小子缘金刚两字，顾图一佛于首。辛未（1631）九月九日，长安门下士崔子忠手识。"公开赞成"三教合一"思想。

【时事】春，张溥、吴伟业、左懋第、姜垓、沈迅考中进士。

明　崇祯五年（1632）壬申　三十八岁

【事迹】是年，偕宋玫访王崇简家。时王崇简居住阜成门内朝天宫西向北，于宅后新筑一读书楼。崔子忠提议为书楼命名，王崇简谦让，崔宋两人交替劝说，王崇简欣然相从，筮而祝之曰"胜引"。此次会面非常愉快，三人彻夜不去。

王崇简《青箱堂诗集》之《序（宋玫）》："胜引者，敬哉之楼居著号也。筑胜引而古今在其中，奚意之必取乎胜引，何也？敬哉方毕役，二三人落焉，饮酒乐，崔开予曰：'子将以户庭之内形骸之外而肇锡以嘉名也。'敬哉曰：'此贤达之务也，如名吾楼而不荷吾名，诬土木矣。'余曰：'名居与名人异甚，苟不先有大吾名之意，则不必筑吾楼；如大吾名而筑吾楼，则莫如读其书而书在楼、友其友而友在楼也。'敬哉曰：'信夫！今日之有二三人，即非我独居之也。'开予与余间曰：'敬哉之人中慧而勤，又多交四方，中慧，故其心达；勤，故术业兼攻；交多四方，故耳目资之。夫图史在我生之上，而朋友在我生之傍，此大哲之才乃能取之，我知敬哉善取友者也。盖据是义而名楼？'余曰：'取架上书筮而祝之。'摘纸遇辞曰：'逸爵纤胜引训曰友。'遂命之。余又曰：'古在斯，今在斯，其以为铭乎？'是会也，卜夜不去。"

王崇简《青箱堂文集》之《年谱》："戊辰。二十七岁下第，……九月移居阜成门内朝天宫西向北，兄弟始异居。……壬申三十一岁，构楼于宅后，读书其中，宋给谏玫名以胜引，时来相唱和。"

按：王崇简的居所，当在今北京市西城区阜成门内宫门口西三条21号鲁迅故居一带。

【时事】二月，宋应亨由礼部主客司主事改吏部稽勋司主事，旋升文选副郎，署选事，与李其纪同署。

按：李其纪，字布宸，号文方。清丰人。明万历四十四年进士，官至吏部文选司郎中。崇祯十五年抗清，不屈死。

是月，明将孔有德叛明，破平度州城，烧杀掳掠，必欲绝崔氏而后快，崔氏子弟由是纷纷迁居乡下避难。

是年，宋琬与赵进美相识于北京天坛道士舍中。

按：赵进美，字韫退，号清止。益都（今属山东省青州市）人，明崇祯十三年进士。入清，官至福建按察使。

吴历生。

明　崇祯六年（1633）癸酉—崇祯十六年（1643）癸未

明　崇祯六年（1633）癸酉　三十九岁

【事迹】正月上元节，应米寿都之邀，与王崇简、宋璠、宋璜、宋琬一起前往东华门外观灯。众人追慕古人风雅，饮酒高歌，旁若无人。归过大明门，下马狂呼奔走，相与吟诵古人诗文于冰天雪地中，衣履尽污而不知。

王崇简《青箱堂诗集》卷之二癸酉《雪游灯市（米吉士约同崔开予、宋玉伯、玉仲、玉叔）》："灯光市气春峥嵘，敕役冻花早春生。纤娟四街妇子态，尔我独见冰雪情。怀抱明明忽若月，子饮我歌气卓越。下士叹息雪妒灯，我喜雪以补灯阙。挥杯跃马天地足，左拍君肩君右顾。遥光泛泛静人声，相戒蹈破未行路。豁然远近素辉起，身之前后如一纸。天空绎络纬冰绡，人面相逢寒影里。丈夫寸心血有余，涤荡情志鄙薄除。长笑醉窥烈士性，下马立谈古人书。夜深雪大情正多，子归我别意如何？"

王崇简《青箱堂诗集》之《序（宋琬）》："犹

忆上元之夕，余与米子吉士、崔子青蚓从灯市醉归，道经大明门，天大雪，夜少人，因下马狂呼，蹈藉雪中，明旦视之，衣履尽污。"

宋琬《二乡亭词》卷三长调《杨商贤病起话旧赋此志感》："忆当年、偕游诸子，天街跃马。跛扈飞扬惊四座，况有祢衡善骂（谓青蚓也）。同酹酒、昭王台下。袒裼高楼呼五白，和悲歌、旁若无人者。怀古昔，追风雅。"

按：祢衡，葛洪《抱朴子》外篇卷四十七《弹祢》："言行轻人，密愿荣显，是以高游凤林，不能幽翳蒿莱，然修己驳刺，迷而不觉，故开口见憎，举足蹈祸。赍如此之伎俩，亦何理容于天下而得其死哉？犹枭鸣狐嚁，人皆不喜，音响不改，易处何益？许下，人物之海也，文举为之主任，荷之足为至到，于此不安，已可知矣。犹必死之病，俞附、越人所无如何，朽木铅链，班输、欧冶所不能匠也。而复走投荆楚间，终陷极害，此乃衡懵蔽之效也，盖欲之而不能得，非能得而弗用者矣。于戏！才士可勿戒哉！"

刘侗《帝京景物略》卷二城东内外《灯市》："今北都灯市，起初八，至十三而盛，迄十七乃罢也。灯市者，朝逮夕市；而夕逮朝，灯也。市在东华门东亘二里。市之日，省直之商旅，夷蛮闽貊之珍异，三代八朝之骨董，五等四民之服用物，皆集。衢三行，市四列，所称九市开场，货随队分，人不得顾，车不能旋，阗城溢郭，旁流百廛也。市楼南北相向，朱扉，绣栋，素壁，绿绮疏，其设氍毹帘幕者，勋家、戚家、宦家、豪右家、眷属也。"

是年，游董其昌之门，董甚相契重，认为"其人、文、画皆非近世所常见"。赠诗："花鸟化人幻，婵娟林下幽。"崔子忠则想象倪云林高致，为其作《云林洗桐图》。自此以后，愈发羽毛自重，凡以金帛相购请者，一概拒之。

姜绍书《无声诗史》卷四《崔子忠》："崇祯癸酉，董宗伯思白应宫詹之召，子忠游于其门，甚相器重。悬想倪迂高致，以意为《洗桐图》，貌云林著古衣冠，注视苍头盥树，具透迤宽博之概，双鬟捧古器随侍，娟好静秀，有林下风。文石磊砢，双桐扶疏，览之令人神洒。想其磅礴时，真气吞云梦矣。子忠不惟善画，更以文学知名于时。"

秦祖永《桐阴论画二编》上卷《崔子忠神品》："崇祯时顺天诸生，曾游董伯宗之门，甚相契重。"

王丕煦纂《（民国）莱阳县志》卷三之一（中）人事志人物（中）《艺术书画·明》："游董宗伯其昌之门，甚见契。"

王崇简《青箱堂文集》卷八《都门三子传》："董文敏公尝谓其人、文、画皆非近世所常见。"

孙承泽《畿辅人物志》卷十九《崔文学子忠》："华亭董公其昌尝称之，谓其人、文、画皆非近代所有。"

万斯同《明史》卷三百九十六《隐逸传》："董其昌谓子忠人品诗画俱非近代所有。"

王崇简《青箱堂诗集》卷之四乙酉《忆崔青蚓画（花鸟二句董玄宰宗伯题语）》："崔生奇古笔，精卓迈时流，花鸟化人幻，婵娟林下幽。"

朱彝尊《静志居诗话》卷二十一《崔丹》："道册以画见知华亭董尚书，益自重，家最贫，有以金帛请者，概不纳。"

徐鼒《小腆纪传》卷五十八列传第五十一《逸民》："尝为尚书华亭董其昌所许，顾自矜贵，虽贫甚而不以金帛动。"

按：崔子忠赠送董其昌的作品今未见，台北故宫博物院藏《云林洗桐图》与其同名，章法布局、人物形象等与姜绍书记载相同，当为同一系列作品，其题识曰："古之人洁身及物，不受飞尘，爱及草木，今人何独不然？治其身，洁其浣濯，以精一介，何忧圣贤？圣贤宜一，无两道也。慎吾老先生之谓欤？为绘倪元镇洗梧桐一事，以祝其洁，可与也。若夫严介自修，三千年上下周秦及今日无两人。吾谓倪之洁，依稀一班尔。自好不染，世之人被其清风，曰：君子嘉乐，端与斯人共永也。长安崔子忠识。"

舒有翼，号慎吾。邵阳人。明万历二十二年举人。著清节，多惠政，官至两浙运同。年九十卒。

生活困顿不堪，少年好友、官吏部者念之，嘱人以千金为之寿。掷之于地，曰："若念我贫，可以

廪粟与我，不出橐中装饷我，而使我居间受选人金，同学少年，尚不识崔子忠何等面貌耶？"

朱彝尊《曝书亭集》卷六十四《崔子忠陈洪绶合传》："有官吏部者，属选人以千金为子忠寿，子忠投之于地，曰：若念我贫，不以廪粟与我，乃以选人金污我邪？卒不受。"

徐鼒《小腆纪传》卷五十八列传第五十一《逸民》："尝为尚书华亭董其昌所许，……友人官吏部者念之，嘱选人具金为寿，子忠怒投之地，曰：念我贫，当分俸饷我，乃以此外来物污我邪？"

秦祖永《桐阴论画二编》上卷《崔子忠神品》："崇祯时顺天诸生。"

按：徐鼒称崔子忠得到董其昌肯定后，"友人官吏部者念之"，可知此事发生在拜师董其昌之后。友人明年去官归乡，故定此事发生于本年。

又：崔子忠拒绝寿金，但称可以通过授与"廪粟"的方式资助他，可知他对科举仕宦尚存期待之心。

【时事】二月，董其昌因友人王志道被削职，诗社解散，无心朝政，唯日与京师文人书画酬唱，借以遣怀避祸。其间，与张延登、宋应亨、王崇简、姜绍书等人往来密切。

姜绍书《韵石斋笔谈》卷下《书家余派》："崇祯癸酉，余游燕都，适思翁应宫詹之召，年八十矣。政务闲简，端居多暇，余时过从，而楚侯恒在坐隅。长安士绅祈请公翰墨无虚日，不异铁门限。"

宋琬《重刻安雅堂文集》卷二《祁止祥书帖后》："昔予弱冠，从先大夫宦游京邸，董文敏公为大宗伯，年八十矣，丰神散朗，矍铄如壮盛时。间一过从，谈笑终日始去。"

是年，张溥在苏州虎丘召集复社大会，全国各地参会士子多至三千余人。

孔有德、耿仲明率部投降后金，后金得之为羽翼。

恽寿平生。

明 崇祯七年（1634）甲戌 四十岁

【事迹】中秋，为王崇简作《洛神图》。王崇简后将该图与昨年董其昌所书《王子敬洛神赋十三行》合裱成卷，钤印"诗境"。

董其昌《书王子敬洛神赋十三行》："敬哉征书王子敬洛神赋十三行。此宋拓本为涿鹿冯宫赞易去，久所惋惜，年老目昏，迫于趣装，略忆原本笔意如此。癸酉夏五念三日，其昌。"

翁方纲《复初斋诗集》卷第四十七苏斋小草三《崔青蚓洛神图（甲戌中秋为王敬哉作后有董临十三行）》："彼洛之灵审若斯，阴阳帅合与离。神光缥缈倏忽驰，阳林通谷何人知。帝子降兮北渚时，琼华翕艳弥瑶池。清思眇眇不可持，紫空仿佛飘云旗。翩焉骨轻云一丝，五铢衣裾不任吹。水光蒙蒙澹渺渺，云烟细袅穷豪厘。流风回雪霞升曦，凌波想象然犹疑。何从解佩交甫贻，真若翠羽明珠施。要之习礼兼明诗，恐是川上精骇移。崔生崔生洵好奇，仙灵恍忽笔底随。华亭画禅安得追，半段晋帖临奚为。青箱书堂非故基，嗒焉茶梦君谁思。与我苏斋香篆期，窗光皱起芝田漪。画摹恺之书献之，初非绢素非文辞。雪消帘卷小茅茨，一钩淡月西峰规。"

吴锡麒撰《有正味斋集》诗集卷十一《崔青蚓洛神图（款云甲戌中秋崔子中为敬哉盟兄图，后有董香光书十三行）》：（文略）。

九月，应邀为都察院左都御史张延登作写真肖像。张延登将该图与礼部左侍郎兼东阁大学士文震孟隶书引首《长白仙踪》、礼部尚书董其昌楷书《白兔公记》、礼部尚书姜逢元草书尾跋合裱成卷，崔子忠由此声誉鹊起。

文震孟引首《长白仙踪》题识："华翁遇瑞兔于长白之麓，因筑兔柴于山之翠微，颜之丹青为记。董宗伯书之而命余题其端。甲戌中秋，长洲文震孟。"钤印："洞有仙人箓，山藏太史书。"

董其昌书张延登《白兔公记》题识："临安山深处有异人居石洞中，不饮不食，面如铁，身如柴，旁有飞蟾，每以火啖之。两目赤红，已十二斤矣，至二十斤即骑之冲举。客有拉余访之者，未果去。乃知白兔上之兔即琴高之鲤、子乔之凤，盖借之助道，身外有身。如寒山拾得，非一非二。因为华东先生书此记之。崇祯六年岁在癸酉四月八日，云间董其昌跋。"

姜逢元尾跋："今日之获，不角不牙，缺口长须，八窍跌居，连山之筮，遂开万世文字之祖。华东先生善谕文，识拔多名士，此公岂即中山君耶乎？谓兔孕灵月窟，为太阴精。先生阴德过人，必食美报。不当于白麑、白蝠、黄麟、青鸟等同幻视也。留侯辟谷忆赤松，果老叠纸为骡游戏天壤。先生固请还山，斯亦大畅宗风矣。甲戌又八月廿九日，于越姜逢元记。"

按：张延登策划了这次书画创作活动，姜逢元把他与战国时期的中山君相提并论，称其"识拔多名士"，"阴德过人，必食美报"，可知他有意提携崔子忠，可能是崔子忠拜师董其昌的牵线人。

是年，偕宋玫再访王崇简家。

王崇简《青箱堂诗集》之《序宋玫》："敬哉居楼二年而刻胜引，草成，余与开予适登其楼，左右顾而言曰：友则犹是也，而书加多矣。"

按：崇祯五年，宋玫与崔子忠第一次访问王崇简胜引楼，他在《青箱堂诗集》序言中称两年后再登其楼，可知他们在本年拜访了王崇简。

约是年，少年挚友、官吏科给事中者数求画不应，诱而致之邸舍，闭门求画。崔子忠不得已作画，画成别去，坐邻舍，使僮往取其画，称需增润数笔，友人欣然与之，立碎之而去。

孙承泽《畿辅人物志》卷十九《崔文学子忠》："少时师事莱人宋继登，因与其诸子同学，而玫及应亨尤契合。……玫居谏垣，数求画不应，诱而致之邸舍，谓曰：'更浃日不听出，则子之盎鱼盆树且立槁矣，子将若何？'崔不得已，乃与画，画成别去，坐邻舍，使僮往取其画，曰：'有树石简略处须增润。'玫欣然与之，立碎之。……其赋性孤峭如此。"

钱谦益《列朝诗集》丁集卷十《崔秀才子忠》："少为书生，师事莱人宋继登，宋诸子及群从皆与同学，而玫及应亨尤厚善。……玫居谏垣，数求其画不予，诱而致之邸舍，谓曰：'更浃月不听出，则子之盎鱼盆树且立稿矣，子将若何？'道母不得已，乃与画。画成别去，坐邻舍，使僮往取其画，曰：'有树石简略处，须增润数笔。'玫欣然与之，立碎之而去。其孤峭绝俗皆此类也。"

王崇简《青箱堂文集》卷八《都门三子传》："先是子忠偕蒋生渔郎受业于宋公应登之门，同学宋氏兄弟既贵为大官，并不至其门。蒋生早死，则收辑其遗文，时为人称说之。"

宋荦《筠廊偶笔二笔》之《筠廊二笔》（卷下）："余闻明季都门高士崔青蚓（子忠）画人物奇古，人求之不可得。性好盆景、朱鱼，每灌花饲鱼，有一定晷刻。一日，为执友邀至家，闭门不令归，出绢素求画，曰：'子不画，我将留之三日，子之树萎鱼且死。'青蚓不得已作画而别，较玉水所好不啻什百过之。"

按：宋玫出身诗礼之家，为崇祯朝名臣，吴伟业称他"姿望吐纳，天下无二"，"与人交，有始终，能急人缓急"。他与崔子忠为至交好友，比崔子忠小十多岁，此次闭门索画，当是依恃少年同学感情所为，非强求陈洪绶画者可比也。

【时事】是年，宋玫丁忧毕，起故官。

宋应亨官升吏部稽勋司郎中，旋因周延儒、温体仁各树门户，请终养归。

计成《园冶》刊行。

王士祯生。

明　崇祯八年（1635）乙亥　四十一岁

【事迹】清明节，同黄以实、黄卜周、王崇简、王崇节至高梁河踏青，坐高梁桥上。时杨柳初发，远望秘如高烟。春水溶溶浮动，微风拂面，游人或坐或卧，意境颇为闲适。聚会至黄昏始罢。

王崇简《青箱堂诗集》卷之二乙亥《清明同黄

以实、崔开予、黄卜周、家四弟坐高梁河上》："初柳秘高烟，溶溶浮春水。霁云生微风，好音无起止。游人气色满，坐卧杂迁从。遐情授鸟群，西见山光紫。静开草木香，尔我心相似。"

黄耳鼎，字以实，号淡岩，复社成员。蕲水人。明崇祯十年进士。官至广西道御史，巡按陕西。

黄鼎，字卜周，霍山人，明诸生，入清，官总兵。

约是年秋，寄居北京西山水尽头太和庵。诗人毛锐前去拜访，两人彻夜长谈，直到晨晓鸟啼才告别离去。

刘侗《帝京景物略》卷六《水尽头·太和庵崔开予见过》："秋出肃霜容，秋庵夜气洁。来我所怀人，茗酒深怡悦。冻萤映窗飞，鸟啼晓将彻。蒙蒙雾片时，乃见山分别。数星枫树红，一假柏径折。溪声出有踪，石际非霜雪。夜语寐未成，朝光复难辍。"

毛锐，字颖叔，顺天人。工诗。崔子忠曾为其作《渔家图》扇面。

刘侗《帝京景物略》卷六《水尽头》："观音石阁而西，皆溪，……过隆教寺而又西，闻泉声，……西上圆通寺，望太和庵前，山中人指指水尽头儿，泉所源也。至则磊磊中，两石角如坎，泉盖从中出。鸟树声壮，泉喑喑，不可骤闻。坐久，始别，曰：彼鸟声，彼树声，此泉声也。"

按：崔子忠于崇祯四年拜佛教徒田大受为师，毛锐诗歌《太和庵崔开予见过》作于崇祯八年（或之前），由此推测崔子忠居住太和庵的时间，在崇祯四年至崇祯八年间，今暂定本年。

又：水尽头即今北京植物园水源。根据《帝京景物略》记载，"西上圆通寺，望太和庵前，山中人指指水尽头儿，泉所源也"，以及该书收录诗歌《景陵谭元春太和庵前听泉》《宛平于奕正太和庵前听泉》，可知太和庵在水尽头（水源）旁边。实地考查，水尽头（水源）右侧矗立两巨石，一石状似元宝，名曰"白鹿岩"；另一石松石相拥，树生石中，石裂则树死，树死则石裂，人称"石上松"。毛锐同期诗歌《入水源》曰："卧难择石危，我困泉亦急。僧于险处庵，依石依松立。"将该诗与《太和庵崔开予见过》及《帝京景物略》记载的太和庵位置对照分析，可知太和庵在"石上松"上方，乃是崔子忠自己搭建的修行场所。崔子忠的对联《木石存天地，衣冠志古今》，或与此景有关。

时画名如日中天，每有新作问世，京师豪贵重金相夺。由于性情孤僻，难以满足世俗要求，市场开始出现大量赝品。

靳荣藩辑《吴诗集览》卷六《题崔青蚓洗象图诗》："性僻难供势要求，价高一任名豪夺。"

崔子忠《渔家图》（故宫博物院藏）题识："毛颖叔雅爱予笔墨，客有持予尺水寸山，非措之重货，则易之珍玩。曾不问工拙真伪也。使易世后，重我如颖叔，则崔生重矣。乃以《渔家图》遗之，欲识崔生真面目耳。北海崔子忠。"

【时事】正月，张献忠农民军攻克凤阳，焚皇陵。十月，明思宗下罪己诏，辟居武英殿。

是年，刘侗《帝京景物略》刊行。

李日华卒。

明　崇祯九年（1636）丙子　四十二岁
【事迹】三月，仿姜隐《西王母图》，作《临池图》。

春月，作《货郎童儿图》。

晚秋，同宋琬、王崇简一起赏菊。

王崇简《青箱堂诗集》卷之二丙子《秋吟（仝宋玉叔、崔开予作）》："（一）渺然独坐意，风物静成群。叶叶飞高下，萧萧感见闻。疏林情倚日，寒岫势依云。幽素高秋晚，开窗纳夕曛。（二）曲房开一径，梧竹作云寮。日落山森肃，风吹秋寂寥。高怀多向菊，幽事欲书蕉。满砌虫声逼，凄凄共夜遥。"

【时事】四月，皇太极继位，改国号大清，改元崇德。

五月，太仓陆文声上疏参张溥、张采倡复社以乱天下，明思宗严旨察治穷追，江南士子惶惶不可终日。

是年，宋玫以吏科给事中副吴伟业典试湖广，相得甚欢。楚人郑友元赠诗曰："剖斗折衡为文章，天下娄东与莱阳。"

按：郑友元，字元韦，号澹石，京山人。明天启五年进士。官云南道御史，以谏言贬官，南明时官复原职。

明　崇祯十年（1637）丁丑　四十三岁

【事迹】夏月，应邀为王崇简新居作山水屏风。其间命题试王熙文章，大加赞赏。适友人米寿都不期而至，王崇简温酒宴集，命王熙弹琴助兴。

王崇简《青箱堂文集》之《年谱》："丁丑三十六岁。下第，移居于金城坊街王府仓。"

王崇简《青箱堂诗集》卷之二丁丑《崔开予、米吉士不期各至，夕坐，命熙儿弹琴（时年十岁）》："交寡攀援气自亲，依依寒夕远为因。稚怀好友能相值，初学儿童不畏人。风静琴声宵自迥，香供梅影事全贫，良时嘉会难如此，莫厌伤多暖酒频。"

王熙《王文靖公集》年谱："丁丑十岁。夏，移居锦城坊王府仓胡同。"

按：王熙，字子雍，王崇简次子。清顺治四年进士，官至礼部尚书、保和殿大学士，特加少傅兼太子太傅。卒谥文靖，入贤良祠。

【时事】春，赵士骥、曹溶考中进士。

是年，宋琮以卓异行取至都，拟进翰林院编修，无疾而卒，士类惜之。

宋应星《天工开物》刊行。

明　崇祯十一年（1638）戊寅　四十四岁

【事迹】七月，由刘履丁引荐结识钱谦益。时刘履丁居住南城天坛西方阁老园池，崔子忠喜其萧闲，刘履丁离去，遂移家于此。因与钱谦益晨夕过从，凡两月余，其间，以师礼事之。

钱谦益《列朝诗集》丁集卷十《崔秀才子忠》："崇祯戊寅，余匏系都城，道母因漳浦刘履丁见余。履丁寓方阁老园池，去余寓一牛鸣地，有疏桐古木，前临雉堞，道母喜其萧闲，履丁去，遂徙居焉，晨夕过从者，凡两月余。"

方良《钱牧斋年谱》第二部分《万历庚戌年（1610）—崇祯甲申年（1644）·戊寅年（1638）崇祯十一年五十七岁》："五月二十四日，得赦，遂出狱。……九月初三日，出狱南还，奉谒少师高阳公之里第。"

钱谦益《牧斋初学集》卷十四试牯诗集《中秋夜饯冯尔赓使君于城西方阁老园池，感怀叙别赋诗八章，时德州卢德水、东莱崔道母及冯五十跻仲俱集》："飞光城南隅，亦是尺五天。可怜大圆镜，移置小林泉。"

刘履丁，字鱼仲。黄道周弟子。漳浦人。明崇祯间以贡为郁林州知州。工诗书画，博物好古，通诸家兵法。

按：钱谦益于本年九月初南还，他自称与崔子忠晨夕过从，"凡两月余"，可知两人相识不晚于七月。他又称"方阁老园池"在"西城""城南隅""前临雉堞"。明清时期，北京以中轴线（北至鼓楼，南至永定门）划分东西两城，西城南城墙与先农坛外墙相交的拐角处，人们习惯称之为南城一隅，由此推测"方阁老园池"在今天坛西陶然亭湖慈悲庵一带。

明万历、崇祯年间有两位"方阁老"。一位是万历朝内阁首辅方从哲，一位是崇祯朝内阁次辅方逢年。方从哲的私家园林"方园"在德胜门水关西，地理位置与钱谦益记载不符。方逢年的私家园林位置不详。根据刘履丁与方逢年同为江南人，本年方逢年官升礼部尚书兼东阁大学士，旋于冬月罢归，以及本年秋崔子忠从刘履丁手中得到这幢别墅的情况看，"方阁老园池"应该是指方逢年的别墅。

方逢年，字书田，号狮峦。遂安人。明天启二年进士。官至礼部尚书兼东阁大学士，以谏言去官。福王起故官，不奉诏。清军破绍兴后假意投降，蜡丸密告明宗室以清军动向，事泄被杀。

又：明时北京东城属大兴县，西城属于宛平县。《（康熙）大兴县志》《（康熙）宛平县志》均将崔子忠收入志中，可能与这次移家有关。崔子忠或原先居住大兴县，为大兴县人，经过这次移家成为宛平县人（见本书《崔子忠原籍及"家住二城二水滨"考》）。

中秋月三日，为答谢刘履丁赠宅之谊，夜以继

日地为他绘制《杏园送客图》，即使有客来访也不停笔。刘履丁则派专使守候，使者惶惶不敢离开半步。

崔子忠《杏园送客图》（美国查森美术馆藏）题识："戊寅中秋月三日，长安崔子忠为七闽鱼仲先生图此，先生之官去旬日，留之涿鹿，继而回，单骑去金陵，一使惶惶守此图，无此不复对主人，是以不食不寐为之，对之宾客亦未去手，鱼仲之好予者至矣，予之报鱼仲者，岂碌碌哉？"

中秋节夜，钱谦益在南城方阁老园池为冯尔赓饯行，崔子忠、卢世㴶、冯京第等俱至。钱谦益感物伤情，即席赋诗八章以谢。众人怅然酒悲，唯独崔子忠不饮，不断仰望少微星象，以观察东林文人的命运。时天气已经转凉，崔子忠却仍然穿着单薄的夏衣，钱谦益感叹他的品学修养已经达到"大圆智"境界，但人到中年，却仍然未能考中举人，过着衣不遮体的贫困生活。

钱谦益《牧斋初学集》卷十四试牯诗集《中秋夜饯冯尔赓使君于城西方阁老园池，感怀叙别赋诗八章，时德州卢德水、东莱崔道母及冯五十跻仲俱集》："（其一）置酒坐广除，白月挂我前。纤云解翳骇，万象吐澄鲜。月驾何方来？先照双阙巅。稍破阁道暗，复向天街圆。飞光城南隅，亦是尺五天。可怜大圆镜，移置小林泉。明童泛玉卮，素魄流朱颜。叹息月中桂，芬芳弥岁年。（其二）年岁何促迫，凉风鸣葛衣。分张一尊酒，共揽明月晖。君如高林隼，刷羽秋怒飞。我如绕树鹊，三匝睨南枝。举酒向街北，天狼角差差。荧惑仍在庙，卷舌光未衰。盈觞不成醉，怅然生酒悲。崔生独不饮，卬首看少微。（其三）少微犹微茫，尾箕正动机。汉殿方延登，唐麻敢擗裂。卢携终绝吭，张濬空掉舌。玄菟贡仍至，卢龙卖未彻。筑宫种蒲萄，梌酒契金屑。峃嵁一亭障，何必烦俊杰。敛容向手版，开颜笑旌节。萧萧幽易地，风劲植素发。谁知千黄金，不直一马骨？中坐惨不欢，俯仰危涕雪。"

冯尔赓，明崇祯九年备兵太仓。

卢世㴶，字德水，号紫房，晚号南村病叟、杜亭亭长。德州人。明天启五年进士，官至监察御史，明亡不仕。工诗，诗崇杜甫。

冯京第，字跻仲，学者称簟溪先生。慈溪人。明贡生。鲁王监国，官御史，抗清不屈死。性喜兰。

《史记》卷二十七《天官书》："廷藩西有隋星五，曰少微，士大夫。"《正义》："少微四星在太微，南北列：第一星，处士也；第二星，议士也；第三星，博士也；第四星，士大夫也。"

九月，与郭宗昌送钱谦益出都，至报国寺古松树下，词馆诸教授同去送行，钱谦益笑问："公等多玉笋门生，亦有如崔、郭两生者乎？"

钱谦益《列朝诗集》丁集卷十《崔秀才子忠》："余放归，道母及华州郭宗昌送余至报国寺古松树下，余笑谓报国寺词馆诸公：公等多玉笋门生，亦有如崔、郭两生者乎？"

方良《钱牧斋年谱》之《万历庚戌年—崇祯甲申年·戊寅年崇祯十一年五十七岁》："牧斋记：戊寅九月，出狱南还，谒公高阳之里第。"

郭宗昌，字胤伯，又作允伯。华州人。贡生。明崇祯年间应召入都，以不屑迎合时俗归家著书。为人倜傥磊落，美须髯，秉礼正俗，士大夫多宗法之，人称郭有道。工书法，精鉴赏，著《金石史》。

刘侗《帝京景物略》卷三《报国寺》："送客出广宁门者，率置酒报国寺二偃松下。"

十一月，陈子龙编辑《皇明经世文编》告成，崔子忠列名参阅者。其参阅的文章有：明代储罐《防虏疏（兵略）》《马政疏》《马政利病疏》《寄费阁老（狼病流贼）》《寄刘司寇》《与张都宪》；姜宝《驿传议（川湖交界水驿）》《茶法驿（蜀茶）》《盐法议（盐井课额）》《议兴伊洛水田（伊洛水田）》《议防倭（闽粤防倭）》《议剿除山寇（汀漳山寇）》《漕河议（潘湖修闸）》《镇江府奉旨增造闸座记（镇江府增造闸座）》《送西溪刘贰守同知长芦运司序（盐运）》。

陈子龙《皇明经世文编》之《凡例》："同郡行辈若徐厚翁先生及唐缮部存少，闻予辈搜借艰苦，俱发邺架之藏，悉供传写。至许霞翁先生，移书远近，广收博览，裨益尤多。若徐勿斋、马素修、张西铭三先生，及张受先、黄仲霖、吴志衍、夏彝仲、吴坦公，搜轶编于吴越闽浙。张切叟、吴来之、朱闻玄，邮遗集于齐鲁燕赵。他若宛平金伯玉（铉）、王敬哉（崇简）、崔道母（子忠）、王大含（谷）；桐城方密之（以智）、孙克咸（临）；莱阳宋澄岚（继澄），侯官陈道掌（元纶）、陈克理（兆相）；金沙周介生（钟）；丹阳荆实君（廷实）；檇李钱孚千（嘉征）、钱彦林（栴）、钱雍诵（泮）、黄复仲（子锡）、陆芳洲（上澜）、朱子庄（茂暻）；归安唐子仪（起凤）；虎林严子岸（渡）、张幼青（岑）；茂苑杨维斗（廷枢）、许孟宏（元溥）、姚瑞初（宗典）、姚文初（宗昌）；玉峰王与游（志庆）；吴江周安期（逢年）、吴日生（易）；曝水侯雍瞻（岐曾）、傅令融（凝之）；娄东王子彦（瑞国）、吴纯祜（国杰）、张无近（王治）；维扬郑超宗（元勋）；海虞顾麟士（梦麟）；彭城万年少（寿祺）；皆系良友素知。琼瑶之赠，遥睎临风。二酉之藏，倾箱倒箧矣。四方兰谱，若杨子常（彝）、杨龙友（文骢），则分教吾土，乐与晨夕。其他诸友，或夙系同好，或本未谋面，但曾任较雠，暨名集惠寄者，俱登姓氏，不没其实。"

陈子龙，字卧子。华亭人。明崇祯十年进士，官兵科给事中。南都亡后，抗清不屈死。擅古文诗词，宗法魏、晋，骈体尤妙。

【时事】冬月，清军破长城而入。

是年，吴应箕、冯京第、宋继澄等一百四十位士子发表《留都防乱公揭》，讨伐阉党阮大铖。

明　崇祯十二年（1639）己卯　四十五岁

【事迹】约是年，作《苏轼留带图》。

按：该图与《桐荫博古图》风格相似，但笔墨稍弱，或作其前，今暂定作于本年。

【时事】三月，清军退回辽东。此次深入内陆二千里，攻占一府、三州、五十五县、二关，杀明总督二人，守备以上将吏百余人，俘获人口四十六万余，抢掠黄金四千余两、白银九十七万余两，中原百姓遭受的苦难和财产损失无法计量。

四月，史可法丁忧回京。

是年，左懋第官升户科给事中。

陈洪绶第二次赴京。

明　崇祯十三年（1640）庚辰　四十六岁

【事迹】中秋，作《桐荫博古图》。

按：清高宗题诗《桐荫博古图》："碧梧桐下草铺茵，博古相与会翰宾。夏鼎商彝共左右，墨华笔露永鲜新。书童雅称双丫髻，居士偏传垫角巾。仿佛苏王留妙躅，当年取咎致何频？"

是秋，为好友宋璜作《洗象图》。

方濬颐《梦园书画录》卷十四《明崔子忠洗象图》立幅："绫本，今尺高五尺八寸，阔一尺六寸五分，上幅画贝叶，中幅右列一象，象背立一蛮奴，以水倾注。旁一奴用帚承刷，左胡僧普贤三人，多拳发虬髯穿鼻黝目，一赤足执牟尼子，貌稍哲，当是普贤。一卓锡，执贝经。一祖朱袈裟，臂挂牟尼，手中亦有所执。旁立二童：一冠幅巾，手擎贝叶书；一被发拂额，两手托钵高举。又一星官朱履鞠躬象。下列宝瓶一，盆盂一，似供饲饮者。再下复作贝叶一层，丝络下垂，其下有龙女，妍柔姣好，奇衣宝服，手执珊瑚一株。复有一虬髯，似星官，导引龙王踏波而行，绫素稍有脱落而笔迹劲细，用色精密，亦当日作者经意之笔。从晋册五十三相中悟得此相，为玉仲窗兄画。崔子忠庚辰秋日，摹舜举笔意。"

冬月，故友、皖抚史可法家居，一日过其舍，见萧然闭户，晨炊不继，乃留所乘之马，徒步归。崔子忠牵马入市，售银四十锱，呼朋旧轰饮，曰："此酒自史道邻来，非盗泉也。"数日金尽，冻饿如故。

孙承泽《畿辅人物志》卷十九《崔文学子忠》："史公可法自皖抚家居，一日过其舍，见崔萧然闭户，晨炊不继，乃留所乘马赠之，徒步归。崔售白锱四十，呼朋旧轰饮，一日而尽，曰：'此酒自史道邻来，非盗泉也。'其赋性孤峭如此。"

朱彝尊《曝书亭集》卷六十四传三《崔子忠陈洪绶合传》："史公可法家居，过子忠舍，见子忠方绝食，乃留所骑马，徒步归。子忠牵马于市卖之，遂呼其友饮，曰：'此酒自史道邻来，非盗泉也。'一日而卖马之金尽，绝食如初。"

徐鼒《小腆纪传》卷五十八列传第五十一《逸民》："史可法故与子忠善，偶诣其舍，见方绝食，脱乘马曰：聊佐一夕卫！径徒步归。于是子忠牵马入市，得金呼友噱饮之，曰：'此酒自史道邻来，非盗泉也。'凡饮一日而金尽，绝食如故。"

万斯同《明史》卷三百九十六《隐逸传》："子忠鬻于市，得四十金，呼朋旧轰饮，……数日而金尽，冻饿如故。"

按：万斯同称崔子忠"冻饿如故"，可知此事发生于冬季。史可法丁忧始于崇祯十二年四月，结束于崇祯十四年六月，中间经历两个冬天。民俗守孝第一年一般不外出。本年冬，史可法邀请好友王崇简至家中叙旧，崔子忠与王崇简均是史可法的密友，关系至善，亦当在被邀之列，其或未赴会，史可法因此回访。今暂定此事发生于本年冬天。

又：徐鼒等人皆记载崔子忠"一日而金尽"，颇具戏剧色彩，但以明末物价考量，四十镒银子很难一次性消费，万斯同"数日而金尽"的说法更符合实际，今从其说。

与姜垓相遇于宋璜家，宴饮至深夜方离去。

姜垓《宋光禄宅晤崔青蚓》："兹夕晚风寒，寻交客外看。忽逢崔伯子，质朴在衣冠。独我知名久，斯人处世难。同来非有意，深夜坐盘餐。"（见王树春《明末清初胶东文化拾遗》，东方出版社 2010 年版，第 95 页。）

按：根据姜垓诗句"独我知名久"和宋璜已经担任光禄寺丞的情况看，这次会面应该在姜垓考中进士之后，暂定本年。

是年，为宋璜作《唐人宫女图》，题识寄托身家之意。

李佐贤《书画鉴影》卷二十二《崔子忠仕女》轴："绫本，高六尺九寸，宽二尺五寸五分，……自题在上左，又王题在下左，引首朱文画心长方印。一日为玉仲写此，学唐人宫女式而逸之者也，既竟，静观良久，为之言曰：'翩然欲步下，幽然有所思，可与净言，可与解语，衣之天缥丝，照之犀脂炬，可乎？敬哉能诗，为我叶言于次，崔子忠识。'行书八行。押尾白文子忠之印方印。梦醒诗书在，偏宜疏淡妆。临春风起媚，当夜月生香。性静成幽感，情微照寂光。幸同君子室，环佩有余芳。为玉仲盟兄题，社弟王崇简。真书四行。押尾朱文崇简方印，白文敬哉父方印。"

按：宋璜为人伉直刚毅，威望岳岳，人不敢犯。与人交，片言相许，不惜倾身以之，乡邑、亲朋好友赖其庇护者颇多。从崔子忠以身家相托的寓意看，宋璜可能已经考中进士，且该图风格介于《苏轼留带图》《桐荫博古图》之间，故定其作于本年。

【时事】春月，宋璜、姜垓考中进士。

夏，陈洪绶在公浦之来章馆为友人画题，跋曰："唐人画法将绝，独先生延之，曾见《修竹草堂图》，伯仲右丞，此作神韵过之。张伯雨每叹元人得唐人之韵，惜无唐人之骨，先生特以骨胜，惜伯雨不及见尔。古今赏幽，每有不同之感。庚辰夏仲书于公浦之来章馆。"

按：陈洪绶的这位友人与崔子忠颇为相似，如崔子忠以晋唐为宗，"摹顾、陆、阎、吴遗迹，关、范以下不复措手"，董其昌称"其人、文、画皆非近代所有"，陈洪绶则跋曰："唐人画法将绝，独先生延之。"崔子忠推崇王维"诗中有画、画中有诗"的艺术境界，用笔崛奥，胜在风骨，陈洪绶则跋曰"伯仲右丞""特以骨胜"；崔子忠作《辋川图》二十屏，漆园竹馆，翠壑苍岩，宋琬赞曰"浑疑摩诘宅仍留"，陈洪绶则跋曰："曾见修竹草堂图，伯仲右丞。"皆相契合。另外，崔子忠的故乡有之莱山（秦汉祀月处），与陈洪绶题跋的地点"公浦之来章馆"亦相契合，使人对"南陈北崔"关系产生丰富的联想。

是年，李自成农民军进入河南，饥民群起而从。宋璜授官杭州府推官，请父亲宋应亨同行，答曰："若为刑官，我保乡井。各有事守，勿相越也。"

明　崇祯十四年（1641）辛巳　四十七岁

【事迹】约是年，为同乡好友姜埰作《扫象图》，题识："予从晋册五十三像中悟得此像，自信不可一世也。吾卿墅宗兄色未具遂命题姓字于上，可谓知爱之深耳，是以极力图之，海上崔子忠"。

按：崔姜两姓同宗。姜埰，字卿墅，与崔子忠同师。是以得知"卿墅宗兄"即姜埰。

该图是典型的"青蚓体"绘画风格，为崔子忠晚年作品无疑，当创作于崇祯十年之后。姜埰自崇祯四年考中进士以后，十年在外。本年升任礼部主事，明年十一月即身陷诏狱，至崇祯十七年二月初才释放出狱，诏戍宣城，立即成行。因此，他与崔子忠见面并获得该画的时间，只能在今明两年。明年姜埰陷入党争，无暇他顾，故定其作于本年。

【时事】春月，李自成、张献忠先后攻破洛阳、襄阳，杀福王、襄王，明督师杨嗣昌惊惧交加而死。

明思宗下罪己诏。诏曰："朕自御极以来，事无大小，皆亲自裁决，是以积劳成疾，诸症交侵。且时事多艰，闾阎雕劫无告，灾黎困穷已极，目前更望饱得甘霖，百姓苏生，倒悬可解。……朕仰体天心，敬尊祖法，大赦中外。"

是年，周亮工谒选京师，与金堡、伍瑞隆结诗社，陈洪绶雅好亮诗，两人遂成莫逆之交。

明　崇祯十五年（1642）壬午　四十八岁

【事迹】约是年八月，赠黄道周《伏生授经图》。时黄道周方以建言出狱，居住北京双河庵客舍。

按：《伏生授经图》为崔子忠成熟期作品，风格介于《桐荫博古图》《云中鸡犬图》之间，当创作于崇祯十四年至十五年间。

黄道周是儒学大师，但性格刚直，经常顶撞皇帝，明思宗亟欲杀之而不能，在这种背景下，崔子忠向他赠送《伏生授经图》，显然具有劝谏的意思，意谓：在帝昏臣庸、是非颠倒的特殊时期，一味亢直不仅于事无补，甚至有可能丢掉身家性命，应效法伏生，先保全自己，再图将来。清人蒋征蔚非常了解崔子忠的创作意图，他在诗歌《崔道母伏生授经图》中写道："独解尊圣愧浮学，落笔深意存其闲。智囊刻削激国变，尚古奥谊高难攀。弟子流传失师说，事或可信非等闲。纷纷疑窦特障我，读画直作研经观。"（见王昶《湖海诗传》卷四十三）称此图寄意深远，润物细无声，比黄道周与明思宗当面争辩高明多了。巧合的是，本年王崇简拜访黄道周，所作诗歌《赠别黄石斋先生》，内容寓意与《伏生授经图》完全相同，两者一唱一和，创作时间叠合，显然事非偶然，笔者认为，王崇简有同崔子忠一起拜师访友的习惯，且他这次拜访黄道周，目的是邀请黄道周为他的父亲作墓志铭，例有润笔，故而与崔子忠一起策划了这起诗画拜访活动（见本书《崔子忠的绘画老师及其师法的诗书画家》黄道周部分）。

十一月，应沈宸荃门生刘敷仁、谭贞良之邀，为宝坻知县高承埏母亲作画祝寿。高承埏评曰："笔法不让古人，非今日画家所及也。"

高承埏《崇祯忠节录》卷一："顺天府廪生崔子忠，……壬午之岁，余为宝坻令，庚辰同门生沈宸荃彤庵以行人同考北闱，所得士江夏刘敷仁济甫、嘉兴谭贞良元孩（元孩以五经受知于彤庵，人称与济甫为沈门二妙）两孝廉于冬十一月，在京师，特嘱其为写一幅来祝老母屠太宜人六十寿，笔法不让古人，非今日画家所及也。"

沈宸荃，字友荪，号彤庵。慈溪人。明崇祯十三年进士。授行人。鲁王监国，官至东阁大学士兼兵部尚书，加太子太保。从鲁王泛海。追谥忠节。

刘敷仁，字济甫，江夏人。明崇祯十五年举人。甲申之乱后南归，抗节不仕。

谭贞良，字元孩，号筑岩。嘉兴人。明崇祯十六年进士。明亡赴南都，官礼部主事。大节皎然一世。工诗。

高承埏，字寓公。秀水人。明崇祯十三年进士，官至工部主事。明亡后隐居不仕。

十二月二十一日，明思宗诏杖姜埰、熊开元。姜埰出牢房至长安街，居民数万围观，崔子忠以斋木耳灰和酒以进，曰："此药性凉血，饮之当不死。"同时声泪俱下地赞道："真忠臣！"

姜垓《敬亭集·姜贞毅先生自著年谱》："壬午三十六岁。……上怒不解，二十一日发垓及开元午门外，廷杖一百。是时误传两人皆弃市，……自出狱户至长安街，居民拥视者数万。有斋木耳灰和酒以进者，曰：'性凉血，饮之当不死。'且为下哭泣曰：'真忠臣！'"

陈介锡《桑梓之遗录文》卷八《莱阳姜贞文先生垓帖三》："（帖一）间隔数时复尔聚首，且属握手药囊之下，情绪狼狈，同病相怜，怀抱梗抑，万不能宣，未识台驾何指去留？彼此种种胀断，既不能把酒话旧，聊具野味果饵四色为献。仆目下调理，只须补救元气。东归之心如火，料应不过一二月别耳。鹢尾出西郊，仍来一话，勿遐弃也。蚤晚梅鹤无恙，差慰鄙怀。弟旅次一土楼，上下六间，足比处过此，再有闻，当竟以小桨相就，荆钗布裙尚可操作供客，以我辈骨肉无异，同珍玉为属。阿弟报章一函附到，长长老甥道盟垓伏枕顿。冲。（帖二）初旬拜手札，知水警渐平，气又何为怅然他适耶？足下乐道尚恬，处千仞之巅，近聆铃铎，益占正性之学，古人步担求师结屋，投足徐仿其所造，愧我尘容世网未脱，辄令只尺如云汉也。赵元叔疾世之篇云：'乘理虽死而弗亡，违义虽生而匪存。'足下徘徊古哲良有故，举动不作第一着不休。今之辟世者多矣，盖未有如足下之明决者也。别来育风怪雨，忽忽三旬，思高山仪型，恨不日亲左右处。弟之地，上下内外悉有纠缠，不如意事十常八九，今秋冬为先卿大襄，支吾拮据，手口交瘁，秋冀少凉，即当塞驴旋，兹大事告成，奉老母南旋，便当与徐伯子结庐万峰，著书终老，不能复居城市也，伯子其许之。斗酒素腿明月之夕，为梁孟举杯，聊当问讯。昭老老盟世翁兄千古，小弟垓顿首。冲。（帖三）数年承教，受益良多，一但远别，何胜黯然。前药饵之锡，感不容言，复拜一大篇雄浑典重，北地不足多也，但奖誉过分，殊不安耳。崔君饮德，谢谢，容图把晤不尽。盟翁世长足下。弟垓顿具。"

按：《莱阳姜贞文先生垓帖三》是姜垓写给崔子忠的二封信，时间在崇祯十六年春至崇祯十六年秋。如果把第一封信内容（"间隔数时复尔聚首，且属握手药囊之下，情绪狼狈，同病相怜"）、第三封信内容（"前药饵之锡，感不容言，……崔君饮德，谢谢"）与姜垓《姜贞毅先生自著年谱》记载的"有斋木耳灰和酒以进者"联系起来，可知在长安街赠送姜垓汤药的人是崔子忠，有上述故事发生（详考见本书《〈桑梓之遗录文〉之姜垓、宋应亨、宋璜、崔灿帖及无名氏帖考》姜垓书信部分）。

【时事】二月，清兵下松山，明蓟辽总督洪承畴等降清，宁锦防线溃败，京师失去最后屏障。

是月，漕抚朱大典上疏表姜垓贤劳，明思宗批曰："廉循久任，准一体考选。"因目阁臣曰："有臣如此而不用，朕之过也。"

夏月，廷推阁臣，工部右侍郎宋玫等与焉。有大僚未逞己私者，为流言入内，明思宗深受其惑，疑诸臣推举有私，将宋玫等六人下狱。

九月，明军、李自成农民军先后决黄河，河水溃开封，城中军民淹死者无数，农民军拔营去。

是年，清军大举入塞，破安州，崔子忠的族祖父、安州知州崔维揩被俘不屈死，妻、子妇自缢。事闻，赠奉议大夫山西按察使佥事，奉旨建庙荫衣顶永祀，崇祀乡宦祠、名宦祠。

按：关于崔维揩死亡的时间，《（宣统）山东通志》《（道光）重修平度州志》记载崇祯十五年，《平度崔氏家世录》等记载崇祯九年，今暂取官志之说。

明　崇祯十六年（1643）癸未——明　弘光元年　隆武元年　清顺治二年（1645）乙酉

明　崇祯十六年　癸未　四十九岁

【事迹】春月，突遭不明之祸，与妻子流落北京西郊。行人司行人姜垓携带四色礼前去拜访，同时带去有关姜垓的邸报，咨询去留。见崔子忠居所逼仄，提出以途中所见土楼六间相赠。其时，"南陈北崔"之说始露端倪。

陈介锡《桑梓之遗录文》卷八《莱阳姜贞文先生垓帖三》：（帖一）内容同前。

按：本年春，正当陈洪绶名噪京华时，崔子忠却突然流落北京西山，生命从此进入倒计时。刚刚遭到明思宗斥责的姜垓写信给崔子忠，称他们遭遇了同样的命运（"情绪狼狈，同病相怜"）；曹溶诗歌《迪之出崔道母画扇索题仍用九青韵二首》称崔子忠的悲剧源于同行竞争，被皇帝遣去（"长康泣尹邢"）；陈洪绶诗歌《问天》暗示朝廷胡乱安排人事，将崔子忠遣去道观，让自己做不擅长的工作（"李贺能诗玉楼去，曼卿善饮主芙蓉"）；崔子忠《卫夫人像赞》称卫夫人见王羲之书法，知道他必然超越自己，"因而流涕簪花格，以夫人为首称焉"，主动让贤。根据这些记载，推测崔子忠流落西山与明思宗有关，是明思宗故意把他和陈洪绶分开，"南陈北崔"口号由此引起，肇始于本年春月（详考见本书《再看"南陈北崔"》《〈桑梓之遗录文〉之姜垓、宋应亨、宋璜、崔灿及无名氏帖考》姜垓书信部分）。

夏秋间，在得知开封城圮及京师形势之后，怅然他适，携妻走入千仞之巅的古寺中。其间浏览史籍，每遇到心仪的忠孝节义人物，无论巾帼丈夫，立即摹之于手，或搜罗其遗像，或想像于羹墙，务冀萃古人于一堂以为快。

陈介锡《桑梓之遗录文》卷八《莱阳姜贞文先生垓帖三》：（帖二）内容同前。

梁清标《息影轩残稿序》："余友崔子忠，……当其暮年，慨世道纷乱，息影深山，杜门却扫，颜其居曰息影轩，故其翰墨罕传于世。此册乃其隐居时浏览史籍以自娱，每遇一古人，或忠，或孝，或奇节，或义侠，无论巾帼丈夫，有契诸心，不觉摹之于手；或搜罗其遗像，或想像于羹墙，务冀萃古人于一堂以为快。"

按：详考见本书《〈桑梓之遗录文〉之姜垓、宋应亨、宋璜、崔灿及无名氏帖考》姜垓书信部分、《崔子忠的弟子及后世师法者》梁清标部分。

有感于明思宗无将可用、无兵可调以及京师流行大瘟疫的形势，作《许旌阳移居图》。图中鬼魅移家具散走，须鬈臂指，各异情状怪，然而形象慈和，与龚开画鬼大不相同，但寄托之情如一。

朱彝尊《曝书亭集》卷五十四跋十三《许旌阳移居图跋》："《许旌阳移居图》，宛平崔秀才道母所画。横幅丈余，图中移家具散走者，须鬈臂指，各异情状怪，疑皆鬼也。自吴道子、朱繇传地狱变相，其后貌鬼子、鬼母、钟馗、小妹，不一其人。至宋龚高士开，专以鬼物见长，观其骨象狞劣，令人不欢。兹图为神仙移居，故口无哆张，目无很视，较开所状略殊。然先民后贤，寄托之情一也。诗言之：'莫赤匪狐，莫黑匪乌。'高士盖有深慨于中寄之笔墨者。崇祯之季，有鬼白昼入市，用纸钱交易，死者魂未离散，叩人门户买棺。彼时思陵命将出师，辇下臣民，无一足供驱使者。翻不若旌阳令之使鬼、鬼忘其劳焉。道母绘此，得毋寄托在是与？道母初名丹，晚更名子忠，别字青蚓，国亡，走入土窟中死。图今藏莱阳宋氏，顺治庚子冬，观于云门舟中。"

俞蛟《梦厂杂著》卷七读画闲评《罗两峰传》："昔吴道子尝画地狱变相，鬼子鬼母，极琦瑰儡佹。明季宛平崔道母画《许旌阳移居图》，亦有鬼魅。道子人物为古今独步，其画鬼也，乃一时游戏之笔。而道母生当明季，目击乱亡，不无感慨寄托。"

张之洞《（光绪）顺天府志》卷九十八人物志八先贤八《明》："所作《许旌阳移居图》，横幅丈余，人物怪伟，较宋龚高士开所状鬼物略殊，然寄托之情一也。"

龚开，字圣予。淮阴人。宋亡后鬻画为生。善画人物鬼魅。

按：朱彝尊《许旌阳移居图跋》记载的情景，与崇祯十六年二月至九月京师发生大瘟疫及明思宗无兵将可用的形势吻合，朱彝尊称这是一件感慨时事的作品，可知其作于这一时期。又：本年夏冬间，该图原收藏者宋琬在明亡前最后一次进京，为抗清而死的父亲宋应亨请恤，知会在京故友，崔子忠是宋应亨的至交好友，当在告知之列。朱彝尊称《许旌阳移居图跋》作于与宋琬共赏该图之后，可知他对崔子忠创作思想的了解，来源于宋琬口述，宋琬见过崔子忠，这幅画作、收藏于本年。

《许旌阳移居图》原藏宋琬家，后来不知落于何人之手。今台北故宫博物院藏（传）龚开《钟进士移居图》手卷，横 332.6cm，折合清尺一丈略余，画钟馗等四十九人辽家。钟馗骑鹿（喻禄），头插桃花（喻制鬼器），手执笏板。身后一鬼手捧三巨元宝，魁星飞跃其上（喻名利）；一鬼手捧宝剑随之（喻刑法）。众鬼迎风护送钟馗妹前行，或举灯照明，或手持金吾开路，或搬运神龛、家具、博古鼎彝，跌跤、掇拾，欢呼雀跃（喻鬼忘其劳），故事情节、人物形象、人物数量、画幅尺寸及其所表达的主题思想与朱彝尊《许旌阳移居图跋》等记载印合，图式、线描法也与崔子忠画风相似，疑是崔子忠《许旌阳移居图》原作或仿品。由该图推测崔子忠所感慨者，乃是指明思宗既缺乏使臣民心忌的利器（道德礼法约束），又缺少功名利禄的诱惑，不能恩威并施，以至于人心难聚，将帅不肯用命，借画谏言的意味非常浓厚（参见拙作《崔子忠〈云中玉女图〉考略》，《中国书画》2022 年第 2 期，第 22—25 页）。

作《云中玉女图》，为明军同李自成农民军的决战祈祷。题识："杜远山下鲜桃花，一万里路蒸红霞。昨宵王母云中过，逢驻七香金凤车。王仲彝，汉魏间人也，尝画云中玉女于赤城古壁上，风雨不凋零，至有昇之而去者，百千人不见其多。予画一人于云中，亦复不见其少，画得其情，非以数具也。如曰许旌阳以五十旅行，虽多亦奚以为。"

按：该图笔墨已入化境，为崔子忠晚年作品无疑。由题识："如曰许旌阳以五十旅行，虽多亦奚以为。"可知该图作于《许旌阳移居图》之后，时间在本年夏秋之间或稍后。

崔子忠的绘画总是意有所寄，至其晚年，目击乱亡，痛心国祚，移孝作忠，更加频繁地借助绘画表达自己的思想感情。该图描绘职专惩恶扬善、镇妖驱邪的西王母，王母头戴胜（一种仪式化的鬼神面具，寓意压制、胜利等），诗文反复提及镇鬼驱邪的桃花，并在题识中强调"画得其情，非以数具也"，可知这是一件针对时事而创作的作品。

"杜"，杜塞之意。《周礼·夏官司马》："犯令陵政则杜之。注：'令犹命也。'王霸记曰：'犯令者违命也，陵政者轻政法不循也，杜之者，杜塞使不得与邻国交通；外内乱鸟兽行则灭之。'（注）王霸记曰：'悖人伦，外内无以异于禽兽，不可亲，百姓则诛灭去之也。'"

又姓，《广韵》："本自帝尧刘累之后，出京兆、濮阳、襄阳三望。……徙茂陵始居京兆。"刘累墓在河南鲁山县，地邻洛阳、郏县。

又地名，周杜伯国地，春秋置杜县（治今陕西省西安市东南）。西汉时属京兆尹。三国魏复名杜县。西晋称杜城县，北魏复名为杜县。

"桃花"，潼关东有桃林（又曰桃林塞），《元和郡县图志》卷第二关内道二《潼关》记载："在县东北三十九里，古桃林地也。"《续潼关厅志》载张开东诗歌《桃林》曰："潼关东望渺无涯，草色经春未发芽。闻道放牛成往事，至今人说有桃花。"

"赤城"，明朝设置赤城堡（在今河北省张家口市赤城县）。又比喻道教传说中的山名、帝王之城或赤色而状如城堞的山等。

"杜""桃花"等皆与崇祯十六年明将孙传庭同李自成农民军在河南、陕西决战的地点有关，含有镇压、阻挡农民军进攻的意思，联系到图中王母戴胜、题诗为青词诗体以及崔子忠的正一道士身份，可知该图是为明军同农民军的决战而作，意在祈祷明军获胜（按：正一道以符箓法术召劾鬼神，祈禳驱邪，崔子忠有此特长），诗句"杜远山下鲜桃花"，乃是指本年八月，明将孙传庭东出潼关与李自成决战，初战小胜的故事；"一万里路蒸红霞"，是祝福明军乘胜追击，匡复大明江山；王母戴胜驾临，寓意出师必胜（按：明人董斯张《广博物志》卷九："蚩尤幻变多方，征风召雨，吹烟喷雾，黄帝师众大迷。帝归息太山之阿，昏然忧寝。王母遣使者被玄狐之裘，以符授帝，……佩符既毕，王母乃命一妇人，人首鸟身，谓帝曰：我九天玄女也。授帝以三宫五意阴阳之略，太乙遁甲六壬步斗之术，阴符之机，灵宝五符五胜之文，遂克蚩尤于中冀"）。孙传庭出关与农民军决战的时间在本年八九月间，据此推测该图作于这段时间或稍前，暂定作于本年秋月。

秋月，梁清标入山拜访崔子忠。

梁清标《蕉林诗集》卷七五言诗《西山道中》："（一）渐与烟霞远，悠然野兴繁。白云秋草径，红树夕阳村。雁影回沙渚，泉声度寺门。行行山岫合，气象变晨昏。（二）立马依丛薄，阴崖鸟自啼。乱云关树北，秋草汉陵西。日气含朝雨，山光落断霓。野僧惊节候，向暖理寒绨。（三）始识西山路，前驱入翠微。水村依石转，沙鸟避人飞。木落交寒籁，川晴□夕晖。萋萋原上草，惆怅古今非。（四）曾闻西岭秀，此日惬幽寻。黄叶寒山寺，青杉古墓林。渔樵开径细，凫鸭浴塘深。斗酒何由得，凌虚醉碧岑。"

梁清标《息影轩残稿序》："余初见之，已约得百余人，不料其志未竟，猝罹家国之变，死后不知归诸谁何之手。"

按：根据诗句"始识西山路""曾闻西岭秀""白云秋草径"，可知这是梁清标第一次走访西山，时间在秋天，当时，河南、西安的形势已经岌岌可危（"秋草汉陵西"），北方的扰乱却正在激烈进行（"乱云关树北"），改朝换代已经进入倒计时（"山光落断霓""惆怅古今非"）。梁清标拜访了一位"野僧"，这位"野僧"居住在西山水源附近（"黄叶寒山寺""水村依石转"），当梁清标将目前的形势告知他时，"野僧"大惊，预感到大乱将至，下意识地梳理着自己的冬衣（"野僧惊节候，向暖理寒绨"）。其入山的时间、地点、历史背景及"野僧"的精神状态，与崇祯十六年清兵入关掳掠京畿、山东地区；八九月间，李自成与明军决战河南，大败明军，即将攻占潼关、西安，以及崔子忠隐居西山却仍然关注明朝国祚的表现契合。

又：梁清标《息影轩残稿序》称与崔子忠初次见面时，崔子忠已经完成一百幅肖像。崔子忠创作这套肖像约始于本年夏初，按照一天一幅的速度计算，完成一百幅作品大约需要四个月，时间恰好在中秋月前后，与梁清标诗歌《西山道中》记载契合。另外，张大千录崔子忠隐居诗句（见《青山红树图》《仿石涛山水》）："挂笏西山豁远眸，蓟门疏雨又迎秋。"也都与梁清标记载应和（详见本书《崔子忠的弟子及后世师法者》梁清标部分）。

赠姜垓《云中鸡犬图》，题识："移家避俗学烧丹，挟子挈妻共入山。可知云内有鸡犬，挚生原不异人间。《许真人云中鸡犬图》诸家俱有粉本，予复师古而不泥。为南浦先生图之，长安崔子忠手识。"钤印："青蚓氏""节义文章事功人品""画心"。姜垓复信感谢崔子忠数年来的指教、帮助，同时称赞其作品"北地不足多也"。

陈介锡《桑梓之遗录文》卷八《莱阳姜贞文先生垓帖三》：（帖三）内容同前。

按：详考见本书《〈桑梓之遗录文〉之姜垓、宋应亨、宋玫、崔灿及无名氏帖考》姜垓书信部分。

【时事】二月六日，清兵破莱阳，宋应亨、宋玫被执不屈死，赵士骥自投城下死，绅民死于刀锋拷掠者不下万人。

是月，京师爆发大瘟疫，死亡日以万计，人鬼错杂，贸易者多得纸钱，甚至白日成阵，墙上及屋脊行走，揶揄居人，闻有声而逐有影。

四月，明思宗涕请礼部尚书兼东阁大学士吴甡督师湖广，寻以所需兵多猝难集合作罢。

是月，清军掳掠北归，仅得内阁首辅周延儒领兵，然而驻通州不敢战，日腾章奏捷。

明思宗召龙虎山道士张真人设护国清醮坛于南城，祈祷上天绵延明祚。

十月，李自成攻克潼关，杀孙传庭。

明　崇祯十七年　清顺治元年（1644）甲申　五十岁

【事迹】春月，罹病，几废。不久，李自成农民军攻入京师。

王崇简《青箱堂文集》卷八《都门三子传》："年五十病，几废，亡何遭寇乱。"

举家南奔，潜避矮巷，无以给朝夕，保定府易州洪崖山封黄顶庙祝友人怜之，收留庙中。

朱彝尊《曝书亭集》卷第六十四传三《崔子忠陈洪绶合传》："李自成陷京师，子忠出奔。"

徐鼒《小腆纪传》卷第五十八列传第五十一《逸民》："乱后南奔。"

王崇简《青箱堂文集》卷八《都门三子传》："潜避穷巷，无以给朝夕，有怜之而不以礼者，去而不就。"

宋弼《山左明诗钞》卷第三十《崔丹》："乱后走入西山中。"

钱谦益《列朝诗集》丁集卷十《崔秀才子忠》："乱后依友人以居，家人尚数口。"

公李《易县洪涯山大庙及庙俗初探》（见耿保仓等著《保定地区庙会文化与民俗辑录》，天津古籍出版社2007年版，第237—238页）："明末清初，紫荆关、居庸关相继失守，崔子忠为躲避李自成和清世祖爱新觉罗·福临之灾，携眷离开京师，暂时移居洪涯山封黄顶庙祝房中。"

按：李自成进京前崔子忠一直隐居北京西山，据此推测，徐肃称他"乱后南奔"，乃是指他由北京西山逃往易州洪崖山（见本书《崔子忠晚年的隐居生活与绘画创作》）。

是年，以卖画收入购买绘画颜料，义务为洪崖山诸神庙绘制壁画，其中封黄顶退宫殿东壁《王母娘娘大宴蟠桃会图》、西壁《九天仙女行乐图》、北壁《白猿献桃图》，笔法高超，信是国手所绘。

公李《易县洪涯山大庙及庙俗初探》（见耿保仓等著《保定地区庙会文化与民俗辑录》，天津古籍出版社2007年版，第238页）："崔子忠在洪涯山避居数年间，为很多庙画画。据洪涯山附近刚刚谢世的东张家梁德山老人讲，他小时候就听老人们讲，崔老爷子以在洪涯山卖画银两买来染料，为封黄顶诸神殿义务作画。"

公李《易县洪涯山大庙及庙俗初探》（见耿保仓等著《保定地区庙会文化与民俗辑录》，天津古籍出版社，2007年版，第224页）："退宫殿后土黄帝身后北墙彩绘为《白猿献桃》，东墙为《王母娘娘大宴蟠桃会》，西墙为《九天仙女行乐图》，三壁画皆出自国工崔子忠之手，其艺术之高超，价值之珍贵可以想象。"

按：洪崖山封黄顶庙退宫殿是庙祝或有身份的香客打坐、休息的地方，史载崔子忠入山后居住庙祝房中，可知其居住于退宫殿，近水楼台先得月，该处壁画当作于本年。

为死节明将周遇吉画像题赞。

按：崔子忠晚年作品皆有感而发，周遇吉死于本年春二月，故定该画像作于本年。

【时事】三月十九日，明思宗自缢。

五月，清睿亲王多尔衮率清兵入京。

七月，清顺天学政曹溶条陈三事：一曰开廪事，请按明制，在京者户部支给，在外者州县官支给；二曰赈助贫生，兵灾之后，士有菜色，请广恩给以钱粟；三曰优恤死节。

十一月，南明兵部右侍郎兼右佥都御史左懋第率使团北上议和，归至沧州，复被追回，系之于太医院。

十二月，清廷颁布圈地令。

是年，山东抗清斗争风起云涌。夏秋间，胶州韩继本，高密单之赏、张宇，即墨黄宗贤、周六、邱尚佐、王尔玺，平度骚搭毛、翟五和尚、张广，即墨郭尔标等，先后率众起义，响应者十余万。八月，原明济宁知州朱光、生员孙胤泰起义反清，上折请援。九月，原李自成农民军裨将赵应元起义反清，率众进占青州。十月，高密张舆起义，自称总镇大元帅，与武印、徐振、管相周等共同抗清；青州秦尚行、葛东方在昌乐、寿光起义；原明副总兵杨威据莱州起兵反清，聚众万人，莱阳姜楷响应，攻占莱阳城。

明　弘光元年　隆武元年　清顺治二年（1645）乙酉　五十一岁

【事迹】痛心国祚，移孝作忠，满腔孤恨，率诉诸笔端。绘画过程中，常常掷笔高歌，以歌代哭。同时关注故乡反清斗争形势。

尚庆翰《（民国）续平度县志》卷十二下艺文志《胶东赋》："崔道母痛心国祚，……身列布衣，抗怀三代，移孝作忠，君亲爱戴，星归箕尾，剑倚天外。"

袁翼《邃怀堂全集》诗集前编卷三《题崔青蚓杜鹃花鸟》手卷："太学生员鲁男子，国亡走入破窑死。千年望帝魂不归，谢豹花开血痕紫。呜呼！青蚓作画如青藤，墨骨饮绢绢有棱。意匠经营腕曲铁，辟荔山鬼来窥灯。卷中活色双翎小，帝女前身精卫鸟。掷笔时闻歌哭声，故乡烽火东牟岛。君不见石城重建小南朝，燕子呢喃幕上巢。一时粉本轻鸿毛，龙友梅花蝶叟桃。"

为民族英雄左懋第画像，赞曰："九皋鸣鹤，冬岭孤松。材堪梁栋，声振苍穹。松高鹤洁，矫矫左公。为仲及世兄写照并题，子忠崔丹。"

左中行《左忠贞公外纪》扉页，莱阳瑞记石印局民国五年印本。

按：该图为悼念左懋第而作，左懋第死于清顺治二年闰六月，崔子忠死于本年冬月，故知其作于本年闰六月至冬月间。

送僧人归滇南，赠诗相别。

卓尔堪《遗民诗》卷十《崔丹·送僧人归滇南》："兵戈前路息，万里忆慈云。冬岭春花艳，秋江暑气熏。到时书少雁，去日梦随君。最是悲凉处，遐荒收夕曛。"

按：云南籍僧人在南方战事吃紧的情况下急于返乡，崔子忠却告诉他：时代更替已经不可避免，此次分手即意味着永别。从诗歌内容及其流露的悲观情绪看，南明王朝已经濒临灭亡，该诗当作于南明弘光、隆武时期，暂定作于本年。

时家人尚数口，日久，洪崖山封黄顶庙祝友人力不能供，开始待而无礼，郁郁不自得，适逢清廷施行投充法，世俗子友人强迫他做清朝的御用画家，深受刺激，潜逃而去，因此触犯逃人法，成为清廷追捕的逃人。

钱谦益《列朝诗集》丁集卷十《崔秀才子忠》："已而知道母乱后依友人以居，家人尚数口，友人力不能供而未忍言也，道母微知之，固辞而去。"

王崇简《青箱堂文集》卷八《都门三子传》："有怜之而不以礼者，去而不就。"

朱彝尊《曝书亭集》卷六十四传三《崔子忠陈洪绶合传》："李自成陷京师，子忠出奔，郁郁不自得，会人有触其意者，走入土室中匿不出。"

徐鼒《小腆纪传》卷第五十八列传第五十一《逸民》："乱后南奔，郁郁不自得。有世俗子拂其意，遁入土室中，匿不出。"

靳荣藩辑《吴诗集览》卷六下七言古诗三下《题崔青蚓洗象图》："材大宁堪世人用，徒使低头受羁绁。"

汪懋麟《百尺梧桐阁集》文集卷五《王筠侣传》："嗟乎！若王（按：王崇节）与崔（按：崔子忠）者，殆所谓狂狷者流与？以彼才技，使稍就绳墨，其所传当不止此，乃俱以任诞死，惜哉！"

厉鹗《樊榭山房集》诗集卷八《题敬身所藏崔子忠伏生授经图》："贵人乞画怒不与，槁死土室甘饥冱。"

公李《易县洪涯山大庙及庙俗初探》（见耿保仓等著《保定地区庙会文化与民俗辑录》，天津古籍出版社2007年版，第238页）："崔子忠在洪涯山避居数年间，……回北京不久，为躲避清兵，他钻进自家菜窖全节饿死。"

按：本年春月，清廷施行投充法，强迫京畿地区汉民投充为奴，各种能工巧匠务必投充。汉人投充满人旗下即系奴仆，没有人身自由，主人强迫他们耕作、服役，随意呵斥、买卖，杀死不需偿命，世代永充。崔子忠是京师首屈一指的画家，其人必在勒逼投充之列，也必定会遭遇无礼的待遇。王崇简称他因收留者待而无礼拂袖而去；朱彝尊、徐鼒称他因"世俗子"强迫他做不愿意做的事，逃入土穴不出；吴伟业称他不愿意才艺为世人所用而受到拘禁，被迫服务于他人；汪懋麟称他不听从当政者安排，以任诞死；说明他已经被迫投充，成为清人的奴隶。他逃离西山，必然会触犯逃人法，成为清廷追捕的逃犯。

**洪崖山友人追索，清兵缉捕，崔子忠宁死不回西山。按照清朝沿用的明朝法律，崔子忠可以通过出金赎人的方式解除与洪崖山友人的主仆关系，他的好友、清顺天府推官宋璜则可以证明他并无逃匿之罪。但他既不肯出首，也不寻求帮助，叹曰："西山邈矣，无处采薇。"走入土室，不复与人相接，三九严寒来临，遂夫妇先后冻饿而死。

钱谦益《列朝诗集》丁集卷十《崔秀才子忠》："道母微知之，固辞而去，竟穷饿以死。"

朱彝尊《静志居诗话》卷二十一《崔丹》："甲申寇变，走近郊，匿陶穴中不出，遂饿而死。"

徐鼒《小腆纪传》卷第五十八列传第五十一《逸民》："遁入土室中，匿不出，南都覆后以饿死。"

公李《易县洪涯山大庙及庙俗初探》（引文同前，第238页）："崔子忠在洪涯山避居数年间，……回北京不久，为躲避清兵，他钻进自家菜窖全节饿死。"

潘衍桐《两浙輶轩续录》卷三十四《谢家禾·癸巳下第归卜堂兄出所藏崔道母〈倪高士洗桐图〉属题》："画者北平古节士，饥死忍采西山薇。"

高承埏《崇祯忠节录》卷一："逆贼陷京师，子忠叹曰：'西山邈矣，无处采薇。'潜走郊外，匿土室中不出，不复与人相接，遂饿而死。"

曹溶《静惕堂诗集》卷四十二七言绝句《客贻崔道母画有感（道母京师人，以乙酉年冻死）》："含毫飞动玉绡圆，花鸟怜香小阁前。犹记沧波清浅日，凤城风雪困黄筌。"

王崇简《青箱堂文集》卷八《都门三子传》："有怜之而不以礼者，去而不就，遂夫妇先后死。"

汪懋麟《百尺梧桐阁集》文集卷五《王筠侣传》："遭甲申乱，失生计，入败窑中自饿死。"

陈介锡《桑梓之遗录文》卷十《莱阳宋员外璜帖一》："（宋字要紧好收之）事之无璜之罪也。为知己者死，亦复何憾！朴直一念，天地鬼神鉴之。此时家已破矣，心尽而力竭矣。大丈夫做事死不肯悔，矧未至死乎！出金赎人，初非怪事。论匿，则三九见在彼家；论取赎，则满有明例。北平所可自信者，此情此理；所持以难先生者，惟在不来。来则何难主持乎？尊谕敢不识心？自有此事以来，不并力图谋，全家死于月内。诸所欲言，去人自能口悉之。晚璜顿首。冲。"

清高宗《桐荫博古图跋》："仿佛苏王留妙躅，当年取咎致何颦？"

按：逃人法规定，奴隶逃走后，家主应行报告，本主未行呈报，鞭一百（官员加折赎）。按此律法，崔子忠逃离洪崖山后友人必定会告官，清兵必然要追捕。保定民间传说崔子忠回北京后，因躲避清兵钻进自家菜窖而死，谢家禾称崔子忠宁可饿死也不回西山，可知清兵追捕与他逃离洪崖山有关，他已经被洪崖山友人告官。而宋璜称可以证明他未曾逃匿，可以通过"出金赎人"的方法使他重获自由，也说明他是地地道道的"逃人"，已经受到洪崖山追索（见本书《〈桑梓之遗录文〉姜垓、宋应亨、宋璜、崔灿帖及无名氏帖考》宋璜书信部分）。

又根据高承埏《崇祯忠节录》记载："子忠叹曰：'西山邈矣，无处采薇。'"按：'邈'通'藐'，藐视、蔑视之意，可知崔子忠离开洪崖山后嘲骂了友人。而根据宋琬《杨商贤病起话旧赋此志感》记载"况有祢衡善骂（谓青蚓也）"，又可知崔子忠因骂被杀。综合上述各记载，推测友人被骂后恼羞成怒（抑或慑于逃人法对户主的处罚），状告崔子忠逃匿，反复追索"挽留"（"道母微知之，固辞而去"），崔子忠则宁死不回西山，不断逃跑（"饥死忍采西山薇""大丈夫做事死不肯悔"），当逃跑次数超过法定极限时，已经没有生路（"失生计"），只能困死土室（"凤城风雪困黄筌"）。

又：逃人法薄惩逃人，重治窝主，一有容留，虽亲如父子，亦照例治罪，据此推测崔子忠走入土室"不复与人相接"，乃是由于无人相救的缘故。

又：明时，崔子忠的居所"方阁老园池"附近（今北京市西城区陶然亭慈悲庵一带）及右安门内外，布满大量土窑、花窖，据此推测，历史记载他逃入"破窑""土室""败窑""陶穴""土窖""自家菜窖"等，乃是他在躲避清兵追捕时不断变换藏匿地点的反映。

死后，草草埋葬于北京南城一隅。

朱彝尊《静志居诗话》卷二十一《崔丹》："走近郊，匿陶穴中不出，遂饿而死。"

王崇简《青箱堂诗集》卷十五《观崔青蚓遗画》："妙笔依然生死殊，闻君埋骨在城隅。"

靳荣藩辑《吴诗集览》卷六《题崔青蚓洗象图》："嗟嗟！崔生饿死长安陌，乱离荒草埋残骨。"

叶鋑《明纪编遗》卷二："遂走入土窖中匿不出，甘饿而死。"

公李《易县洪涯山大庙及庙俗初探》（引文同前，第238页）："回北京不久，为躲避清兵，他钻进自家菜窖全节饿死。"

按：旧时菜窖一般在居所附近，据此推测崔子忠死于"方阁老园池"附近（今陶然亭慈悲庵一带）。这种猜测不仅与朱彝尊、王崇简记载应和（按：明清时，由于南城是在原来南郊的基础上扩建而成，比较荒芜，人们仍然习惯性地称其为南郊。而陶然亭慈悲庵一带，由于地处南城墙与先农坛外坛墙相交的拐角处，则被人们称之为南城一隅、东南一隅），与吴伟业《题崔青蚓洗象图》记载"乱离荒草埋残骨"也颇相吻合（按：明清时，陶然亭一带为荒冢之地，坟头出没）。

作品四散飘零，一时粉本轻如鸿毛。

王崇简《青箱堂诗集》卷之四乙酉《忆青蚓画》："虽人所共赏，唯我最多收。或犯鬼神忌，飘零不可留。"

梁清标《息影轩残稿序》："不料其志未竟，猝罹家国之变，死后不知归诸谁何之手。皇朝定鼎后，余游京师，于琉璃厂市肆中偶得之，劫烬之余，仅存四十余人。"

袁翼《邃怀堂全集》诗集前编卷三《题崔青蚓杜鹃花鸟》手卷："君不见石城重建小南朝，燕子呢喃幕上巢。一时粉本轻鸿毛，龙友梅花蝶叟桃。"

【时事】三月，清廷颁布投充法。

四月，扬州城破，南明督师史可法不屈死。

五月，南京守备忻城伯赵之龙、礼部尚书钱谦益、大学士王铎等率众出城降清，南明弘光政权灭亡。

六月十五日，清廷再颁剃发令。闰六月，南明使者左懋第在京就义。

崔煦卒。

明　隆武二年　清顺治三年（1646）丙戌及以后
崔子忠死讯传回洪崖山，佛道僧众无不为之哀痛，为感谢和纪念他绘制壁画之功，募捐在山中建筑"崔爷殿"（今名"三爷殿"），殿面三间，坐西北向东南，殿内供奉崔子忠夫妇像，面貌清瘦，骨林高风，观之令人崇敬。

公李《易县洪涯山大庙及庙俗初探》（引文同前，第238页）："噩耗传来，洪涯山佛道僧众，无不为之哀痛。为感谢和纪念这位中国艺术史上的名人，人们募捐修此庙。……崔爷殿殿面三间，为砖木结构蓝瓦之筑，不着彩绘，清雅恬淡。殿内崔爷夫妻像，神貌清瘦，骨林高风，令人崇敬。"

王崇简《青箱堂诗集》卷十五庚子《观崔青蚓遗画》："霜冷月华魂浩渺，云昏月半两模糊。沾襟时切西州恸，多是伤心掩旧图。"

按：崔子忠死于去年年底，因此，建筑"崔爷殿"的时间只能在本年或本年之后，暂定本年。

理教徒奉"崔爷殿"烧香者甚多。

公李《易县洪涯山大庙及庙俗初探》（引文同前，第238页）："在清王朝统治时期，理教徒奉此烧香者甚多。"

按：理教又名在理教、理门、白衣道等，清初秘密反清复明组织，山东即墨人羊宰创立。理教正式创立于康熙年间，初名不详，今暂借用此名。

清　康熙十二年（1673）癸丑
是年百花生日日，梁清标辑《息影轩画谱》刊行。

梁清标《息影轩残稿序》："皇朝定鼎后，余游京师，于琉璃厂市肆中偶得之，劫烬之余，仅存四十余人，于是以重价购归。昔人有云：'凡能拾人遗文残稿而代传之者，其功德与哺弃儿葬枯骨同。'念及此，不得不急付梨枣，以传崔君之不朽。……因识巅末编诸册首。康熙癸丑百花生日日，里弟梁清标拜撰并书。"

清　康熙二十八年（1689）己巳
平度崔氏家族编修《胶东崔氏族谱》，崔子忠失名，仅在三支十世注曰："流寓北京。"

民国元年（1912）壬子

民间称崔子忠为"民族英雄"，视其为"仁义爱国多福之神"。

公李《易县洪涯山大庙及庙俗初探》（引文同前，第 238 页）："民国年间，人们颂其为民族英雄，视其为仁义爱国多福之神。"

民国十六年（1927）丁卯

传记收入《清史稿》，传曰："作画意趣在晋、唐之间，不屑袭宋、元窠臼。人物士女尤胜，董其昌称之，谓非近代所有。……其后画人物士女最著者，曰禹之鼎、余集、改琦、费丹旭。"

后 记

当我还在中学读书的时候,因为爱好绘画,语文教师特意于正课之外选学朱彝尊《崔茂才子忠传》,讲解详尽,似有所寄。当时并不完全了解文中的意思,但已经在心中留下印象。此后数十年,虽涉足不同领域,却始终不断地遇到与崔子忠有关的问题,一见一遇皆如前定,始生专门研究的念头,开始留意各种材料。

2019年卸任行政职务之后,我才有时间对这一课题进行专门研究。随着研究逐步深入,原本概念化的崔子忠形象逐渐丰满,一个迥异于以往认知的高士形象呼之欲出。徜徉于历史文献、遗迹之中,突然发现壁立高峰,心中颇感压力。所幸身为同乡,略通东西绘画之变,能够感同身受地体悟他的某些艺术思想和绘画风格,或实地考察调研,求之老成者;或摩挲古绢,面壁遐想。集腋成裘,总算成书两册。不敢称为先贤立传,只求抛砖引玉,为后来者提供参考。

笔者认为绘画即人,要研究一位画家,尤其是像崔子忠这样立德、立功、立言,集理学家、诗文家、画家、书法家、园艺家等于一身的百科全书式的人物,必得从研究画家"这个人"开始,一些生活细节的发现,甚至能够决定对其人品、画品的判断。同时,又必得观摩画家各个时期的作品,揣摩其心意,才能对其绘画风格做出全面准确的判断,舍此进行争鸣,于学术建设意义不大。崔子忠毕生求隐,命运坎坷,留下的作品和资料少之又少,有鉴于此,本课题重点研究与崔子忠有关的基础性问题,如崔子忠的家族文化背景、师承关系、朋友圈等,收集整理其作品,力求通过这些具体内容,揭示其精神品格、绘画风格流变及对后世的影响。这种研究方法虽然有些老套和琐碎,却解决了一些悬而未决的问题,如崔子忠的审美取向与其家族文化背景的关系、崔子忠晚年的政治态度与其绘画创作的关系、崔子忠的绘画与宫廷绘画的关系等。尤其是将崔子忠及其老师、弟子的作品汇集于一堂,将崔派绘画的整体脉络展示出来,无疑会为学者研究崔子忠提供极大的便利。遗憾的是,由于崔子忠生前刻意与世俗社会保持距离,既没有留下诗文集,也没有留下太多绘画作品,死后作品四散飘零,笔者只能通过他仅存的作品、前人记载和实地调研进行研究,支绌前后,遑论信达雅,求信而已。

本研究得到了国内外专家学者、出版社编辑和同事好友的大力支持和帮助。在这里,我首先要感谢课题组成员和帮助该课题工作的同行,是他们使我摆脱许多具体性事务,专心投入研究和论文写作。其中,青岛农业大学图书馆姜仁珍负责崔子忠作品的征集和资料查询,吴晶晶、马晶、贾文科、胡丽丽帮助查询核实引用文献。青岛农业大学艺术学院王悦负责图片设计整理、国外作品的征集和英文翻译。宋少伯负责文本摄影插图及相关资料查询。范韶华负责调研活动的组织、资料整理等。

中央美术学院高荣生、江苏昆山田洪、河北易县公李、山东师范大学孔新苗、高毅清、张望、山东博物馆刘延常、山东大学(威海分校)张剑、河北博物院刘德发、浙江大学中国古代书画研究中心楼秋华、青岛农业大学程玉海、烟台市博物馆王富强、王述全，青岛市文化和旅游局巩升起，北京爱如生赵杰新，山东佳辰王辰，浙江杭州常宏，青岛画院张风塘、宋文京、于晓君，青岛农业大学艺术学院崔晓磊、阳泽宇、李静、林承琳、戴晓萌、侯晓晔，青岛农业大学动漫与传媒学院王进国，青岛农业大学人文社会科学学院贾乐芳、王效仿、蔡连卫，青岛农业大学理学与信息科学学院徐鹏民、徐明，平度市曲涛、李树，栖霞市曾却，莱阳市宋晓、李姝宜、李美陶、崔元峰、崔元俊、宋文华、王振华、宋宪超，包括天津人民美术出版社、青岛农业大学、莱阳市文化和旅游局的领导、工作人员及崔子忠的族人等，或建言献策规划设计，提供研究方便；或陪同访古探幽，质疑问难；或提供珍贵资料，有一字之赠等，都对该课题给予了无私帮助。尤其需要提及的是，在此次编辑出版之前，人民美术出版社金萌萌对本书下卷前四篇文章的结构处理、编写规范等提出了可贵的修改意见，谭国良对上卷的编写等提出了指导性意见，袁法周对语言的推敲等提出了中肯意见，杨会来、刘士忠等人对出版相关问题的解惑答疑等，均使我深受启发，在此深表感谢！

本书还得到了国家图书馆、故宫博物院、上海博物馆、首都博物馆、河北博物院、山东博物馆、烟台市博物馆、苏州博物馆、潍坊市博物馆、香港中文大学文物馆以及美国弗利尔美术馆、查森美术馆、克利夫兰美术馆、普林斯顿大学艺术博物馆、英国大英博物馆（BMCo）、瑞典国家世界文化博物馆（远东古物博物馆）等国内外专业机构的大力支持，负责具体工作的薛文辉、韩晓、庄秀霞、李娜、傅戎贞、黎佩怡、吕健、鲍艳囡等，不厌其烦地提供咨询和帮助，使本书能够尽可能全面地展现崔子忠的面貌，在此一并致谢！同时也感谢有益于本书出版的所有朋友和机构，请见到本书后及时联系，以便敬赠样书及稿酬。

最后特别要感谢的是莱阳市政协宋竹行，竭力促成该研究项目落实，对该书出版起到了积极推动作用。遥想三百年前莱阳宋氏以节义文章名闻天下，此或其余绪乎？而崔子忠身为宋氏门生，又何其幸哉！

宋磊
2024 年 3 月 30 日于青岛农业大学